KB212247

붓다의 법담학 연구

붓다의 법담학 연구

| 불교 상담학 원론에 대한 고찰 |

이광준 저

운주사

머리말

학문을 한다고 하고 전공을 한다고 하는 것에 대해서 필자는 참으로 가슴에 미련을 지니고 있다. 무엇인가 분명하지는 않지만 인간으로 태어나서 인생이란 무엇인지, 왜 사는 것인지, 고뇌 많던 청소년 시절 불교에 인연이 닿아 불교학 공부를 하게 되었고, 대학원에서는 카운슬링심리학을 공부하게 되면서 불교 카운슬링에 대한 책을 시리즈로 4권 정도는 써야겠다고 마음을 먹었다. 그리고 전문병원에서 수련도 하면서 실제 수많은 마음의 환자들을 돌보기도 하였다.

그 후 필자는 간호대학의 교원으로 갔으며, 한편으로 불교 심리학과 카운슬링에 대한 미련을 가지고 느지막이 일본으로 가서 수년간을 고군분투하였다. 그리고 학위논문으로는 「카운슬링에 있어서의 선심리학적 연구」를 제출하였다. 학위를 마친 후 귀국해야 할 입장이 되어 귀국하겠다고 하니 지도교수님 말씀이, "꼭 가야 하느냐, 그냥 있으면 어떻겠느냐"고 하는 것이었다. 그리고 대학원의 한 학생은 미리 집으로 찾아와서 잘 부탁한다는 인사까지 하는 것이었다. 이 말은 선학과 심리학의 융합적 연구가 이 대학에서는 필요한 것을 의미하는 것이었다.

그러나 필자는 한국의 교수로서 귀국을 해야 할 사정이 있어 귀국을 했다가, 다시 태생학胎生學에 대한 연구과제를 가지고 일본의 교토(京

都)로 가게 될 인연이 되었다. 그러면서 필자에게는 사회도 학문도 눈부신 발전을 해가면서 세월이 흘러가는 동안에도 불교 심리학이나 불교 카운슬링 시리즈 연구는 머릿속에서만 맴돌고 있을 뿐이었다. 그러면서 생각한 것이 불교 카운슬링의 원론으로서의 "불교 법담학"이다. 현대적인 불교 카운슬링 이전에 먼저 간략하게나마 원론이라도 정리를 해놓아야 되겠다는 생각이었다. 따라서 본 연구는 법담의 실제적인 면에만 집중하기보다 법담의 심리사상적 체계를 세우는 데 중심을 두고자 하였다.

현대사회에 있어서 사회환경은 수많은 문제들을 가지고 있으며, 수많은 사람들이 정상적이지 못한 병리적인 문제들에 부딪히게 되면서 발생하게 되는 마음의 병리문제가 있다. 그리고 이에 대처하기 위해 나타난 학문이 상담학이나 카운슬링, 심리치료라고 하는 학문이다. 이러한 마음의 문제가 불교에서는 이미 2천5백 년 전의 부처님 당시부터 실천되고 있었다. 이것은 법담法談이라고 불렀다. 즉 붓다의 법에 의거하여 상담을 한다는 의미이다.

불교에서는 미계迷界로부터의 해탈, 고해苦海로부터의 구제를 목표로 그곳을 향하여 매진할 것을 가르치고 있다. '깨달음'의 경지는 불교적 이상경理想境이고, '깨달은 자'(覺者=buddha)는 불교적 인간상의 최종적 이상상理想像이다. 그 의미에서 불교적 인간 형성은 깨달음으로 향하여 나아가는 것이 아니면 안 된다. 법담학은 그중의 하나이다. 법담학으로 말하면, 대저 붓다의 금구金口로부터 설해 주신 교법은 현대사회 상황으로 미루어보아, 불교경전 중에 존재하고 있는 심리학적인 요소를 조직적으로 연구하여 새로이 '불교 법담학佛敎法談學'이라고 하는 하나의 과목으로 연구를 일으킴으로써 세상에 별로 알려지지 못했던 중생구제론으로서 치료심리학의 진면목을 발휘시켜야 할 학문 분야이다.

여기에서 불교의 법담학 (I)(II)편으로 글을 쓰기 시작한 지가 10년은 되어가는 것 같다. 이 또한 시간이 되는 대로 작성을 하면서, 빼고 넣고 하기를 몇 번이나 반복하며 원론으로서의 기초라도 잡아 놓아야겠다는 생각으로 시간을 활용해 왔다. 그러는 가운데 원고의 작성과 자료의 보존을 비롯한 여러 가지 환경상의 어려운 문제를 겪는 가운데, 필자는 설명하기 어려운 부처님의 은덕과 선신들의 보살핌에 대한 불가사의한 체험을 하면서 중생들을 구제하기 위한 불·보살님의 사상을 아쉽게나마 정리하고 서술할 수 있게 되었다. 이것은 오로지 부처님의 은덕과 선신들의 보살핌에 의한 것이다.

이 글을 쓰면서 이 고난의 과정을 잘 보살펴 주시고 인도해 주신 부처님의 은덕과 선신들의 보살핌에 두 손 모아 마음속으로부터 감사의 말씀을 올리나이다.

그리하여 이런저런 사정으로 시간을 보내던 중, 다시 2권의 원고를 축소하여 1권으로 하고, 책명도 '붓다의 법담학 연구'로 정리를 하였다. 그리고 붓다 시대 이후의 이론까지도 필요에 따라 가필을 하였다. 따라서 그 내용은 법담학의 학문적 체계를 세우면서, 심리치료적인 면에서는 붓다의 법담과 심리적 질병관 그리고 실천적인 분야가 너무나도 광범위하기 때문에 간단간단하게 요약해서 소개할 수밖에 없었다.

끝으로 인간 개인도 사회생활도 복잡다단해져 가는 이 시대, 불·보살님의 가르침들이 세상의 많은 분들에게 도움이 되는 계기가 되기를 빌어마지 않는 마음으로 필자는 이 글을 펴 놓는다.

2020년 1월

京都의 西山 아래에서

이광준 합장

일러두기

〈약자略字 표시〉

DN : Digha Nikhaya – 장아함경

MN : Majihima Nikhaya – 중아함경

SN : Samyutta Nikhaya – 잡아함경(상응부)

AN : Anguttara Nikhaya – 증일아함경

ud : udãna 經

『龍谷』: 龍谷大學編纂, 佛教大辭彙, 富山房發行, 大正3年~11年

『望月』: 望月佛教大辭典, 世界聖典刊行協會發行, 昭和8年~11年

제2장 법담의 사상체계 51

제3장 붓다의 인간관 97

제4장 붓다의 고관苦觀 151

제6장 붓다의 법담 방법 227

제7장 불교의 심리적 질병관 277

제9장 불교의 심리치료 방법(Ⅱ) 349

제10장 붓다의 법담과 최후의 설법 381

제1장 법담학 서설

제1절 법담(法談: dharma-counseling)이란

1. 설법과 법담의 개념

1) 설법(說法: dharma-deśana)

설법이란 교법을 널리 설한다는 뜻으로, 또한 설교, 설경, 연설, 법시法施, 법독法讀, 담의談義 혹은 권화勸化라고도 부른다. 『장아함경』 제1 「대본경」에 이르기를 "두 사람이 부처님의 처소에 이르러 두면으로 발아래에 예를 올리고 물러나 한쪽에 앉는다. 붓다는 차례로 그를 위해 설법하고 가르침을 주어 기쁘게 한다"라고 하고, 『정법념처경』 제61에는 "소위 설법이란 일체 보시의 법을 설하고 모든 선법을 설하는 것이다. 일체 모든 존중할 것 가운데 문법聞法이 가장 뛰어나니 능히 모든 교만憍慢의 근본을 끊는다. 소위 설법이란 능히 교만을 응징하는 것이다"라고 한다. 이것은 교법을 널리 설하여 중생을 이익케 하고 깨달음의 길을 열어주는 것을 설법 또는 법시法施라고 한다는 뜻이다.

또 『십주비바사론』 제7 「분별법시품」에 "이른바 설법이란 마땅히 4법四法을 행해야 한다. 무엇이 4법인가. (1) 광박다학廣博多學하여 능히 일체 모든 언어와 문장의 표현능력을 지니고, (2) 결정코 세간 출세간 제법의 생멸상生滅相을 잘 알고, (3) 선정혜禪定慧를 얻어 모든 경법에 수순하여 걸림이 없고, (4) 더하지도 않고 덜하는 일도 없이 설하는 바와 같이 행하는 것이다.

설법자의 사자좌에 오름에 또 4가지 법이 있다. 무엇이 4가지 법인가. (1) 고좌高座에 오르고자 할 때는 먼저 마땅히 대중을 공경 예배하고 난 후에 자리에 올라야 한다. (2) 청중 가운데 여인이 있으면 마땅히 부정不淨을 관해야 한다. (3) 위의威儀와 대상을 바라봄에 대인의 상이 있고, 법음法音을 부연함에 안색이 화열하여 사람들이 모두 받아 지니며, 외도의 경서를 즐기지 않고, 마음에 두려움이 없다. (4) 악언惡言과 난처한 질문을 함에 있어서는 마땅히 인욕을 행해야 한다"라고 한다.[1]

한편, 붓다의 설법은 때를 맞추고 듣는 자의 능력에 따라서 이를 행하여 그 이익이 되도록 완전하게 하는 것이다. 『사익경思益經』 권2에서는 이를 언설言說·수의隨宜·방편方便·법문法門·대비大悲의 5력五力으로 설한다고 이른다. 신자信者로부터 재시財施가 있을 때에 대한 법시法施로서 설법을 하는 경우는 인도의 모든 논사들도 역시 경론의 깊은 이치를 탐구함과 동시에 세속에 대한 설법까지도 하였던 것이

1 望月佛教大辭典編纂委員會編, 『望月佛教大辭典』, 昭和8年 p.2937, 이하 望月로 약기한다.

분명하다. 설법 혹은 법담이란 법리를 펴고 중생의 마음을 깨달음으로 인도하는 데 있는 것이다.

다음에 중국에 있어서는 옛적에 불법이 처음 전할 때 재齋의 모임에는 단지 부처님의 명호를 선창하고 문장에 따라 예를 올리며, … (중략) … 후에 특별히 덕德 높은 이를 청하여 자리에 올라 설법하되 혹은 인연을 섞어 설하며 혹은 비유를 들어 설하였다. 그 후 여산廬山의 석혜원釋慧遠은 도업道業이 정결하고 빛이 나서 언제나 재齋 모임에 이르면 스스로 고좌에 올라 먼저 삼세三世의 인과를 밝히고 나서 일재一齋의 대의大意를 설한다. 이것은 후대에 전해져 드디어 영칙으로 되었다.[2]

이를 개념 정리하면, 설법이란 교법을 설하여 다른 사람을 깨달음의 세계로 인도하는 것이다. 붓다는 걸림 없는 변재辯才를 가지고 뭇 중생을 교화하고 시처時處와 듣는 자의 능력을 생각하여 능히 그 이익을 온전히 하고, 혹은 한자리의 설법에 있어서도 일음一音을 가지고 각기 다른 부류의 알아듣는 능력에 따라 각기 이익을 얻게 하는 것이었다.

2) 법문

불법佛法의 법은 성스런 지혜에 통달하고 신심信心으로 통해 들어가는 문호이므로 법문法門이라 한다. 『증일아함경』 권10에 이르기를 "여래께서 법문을 여니 듣는 자는 독신篤信을 얻는다"라고 설하고, 『법화경』 권1에는 "무수히 많은 모든 법문을 설하나 그 실은 일승一乘을 위한

2 龍谷大學編, 『佛教大辭彙』, 龍谷大學出版, 昭和2年 p.2961, 이하 龍谷으로 약기한다.

것이다"라고 한다. 『주注유마경』 권8 「불이법문不二法門」의 조에는 "말씀은 인간을 위한 것이므로 이를 법이라 하고, 모든 성현의 말미암은 것으로 이것을 문門이라 한다"라고 주석한다. 즉 법을 통해 들어가는 문의 뜻이라고 하는 것이다.

그리고 법문은 그 수가 무량으로서 당역 『화엄경』 권2에 "불찰미진수의 법문해法門海"라고 하고, 『승만경』·『심지관경』 권7 등에는 "팔만사천의 법문"이라 하며, 『관무량수경』에는 "백법명문百法明門"이라 하고, 『십주비바사론』 권5에는 "불법에 무량의 문門이 있다"라고 한다. 그리고 이와 같은 종종의 법문은 그 나타내는 뜻이 각기 일정하지 않기 때문에 소위 법문에 또한 차별의 뜻이 있다. 즉 다른 설에 대하여 차별될 수 있는 법의 뜻을 가리켜 법문이라 하여, 법상法相·교상教相과 거의 같은 뜻으로 쓰인다. 『대지도론』 권18에 이르기를 "지자智者는 3종의 법문에 들면 모든 불어佛語는 모두 실법으로서 틀림없다고 관한다. 이 삼문三門이란 무엇인가. (1) 곤륵문蜫勒門, (2) 아비담문阿毗曇門, (3) 공문空門이다"라고 하였다.[3]

이에 개념 정리를 하면, 법문法門이란 불보살의 가르침으로 그 교법에 따라 배우면 성자聖者의 지智에 들 수가 있는 문호이기 때문에 문門이라고 한다. 중생에게 8만4천의 번뇌가 있기 때문에 붓다는 그를 위해서 8만4천의 법문을 설하였다고 한다.[4] 법어란 법문에 관한 교시教示의 뜻이다.

---

3 龍谷, p.4163.

4 創價學會教學部編, 『佛教哲學大辭典』, 聖教新聞社, 昭和60年, p.1580.

3) 법어

법어法語란 이법理法에 따르는 용어로 법문에 관해 가르치는 용어의 뜻이다. 『대방등대집경』 제5에 "법어란 대저 연설하는 것은 법에 의거하여 말한다"라고 하고, 『대보적경』 제82 「욱가장자회」에는 "이와 같이 선장부善丈夫의 행을 닦아 익히고 모든 여래의 법설에 있어서 일체의 과오가 없는 것을 상응어相應語라 하며, 이름하여 법어法語라 한다"라고 한다. 또 『유가사지론』 제88에는 "여래는 4가지 도리에 의해서 정법을 선설하는 것이 앞과 같다. 이른바 관대도리觀待道理, 작용도리作用道理, 인성도리因成道理, 법이도리法爾道理이다. 이로 말미암아 여래를 법어자法語者라고 한다"라는 것이다. 이것은 도리에 의거하여 선설한 정법을 법어라고 이름한 것이다.

그러나 붓다의 말씀을 분별함에는 많은 설이 있다. 『장아함경』 제14 「범동경」에 "사문 구담은 기어寄語를 버리고 지시知時의 어語, 실어實語, 이어利語, 법어法語, 율어律語, 지비止非의 어, 다만 이 말씀만을 설한다"고 한다.

또 『유가사지론』 제88에는 법어法語, 진실어眞實語, 이익어利益語, 수세전隨世轉의 4종을 들고 있다. 즉 "4가지의 인연에 의해서 여래는 세간의 미집迷執과 원쟁怨諍을 하지 않는다. 그런데 그 세간은 삿된 분별을 일으켜 이르기를 원쟁이라고 한다. 무엇이 4가지인가. 첫째 도리道理의 뜻을 선설하기 때문에, 둘째 진실眞實의 뜻을 선설하기 때문에, 셋째 이익利益의 뜻을 선설하기 때문에, 넷째 때로는 세류世類에 따라 바꾸기 때문이다"라고 하는 것이다. 이것은 불보살은 세간과 경쟁하지 않고 항상 이 4가지의 뜻을 가지고 말씀을 하는 것을 말하는 것이니, 즉 법어는 그 가운데 하나로 보는 것이다.

후세에 이르러 이를 선가禪家에서는 모든 조사祖師들의 교시, 또는 사가師家의 기어機語 등을 오로지 법어라고 부르게 되고, 적실견광寂室堅光 선사禪師 어록에는 "법어란 도안道眼이 밝은 근본적인 종장宗匠의 사업이다. 그 종설宗說이 동시에 통하고 의구意句 원활하므로 납자衲子는 취하여 참선의 표식으로 할 뿐이다"라고 한다. 그리고 정토제가淨土諸家 등에서도 법문에 관한 교시를 법어라고 칭하고 있다.[5] 이에 『선학대사전』에서는 종사가宗師家가 학인學人에 대해 불법의 도리를 나타내는 말로 설명하고 있다.[6]

4) 법담

법담이란 법문法門의 의리를 설하여 깨우치는 것을 말한다. 나카무라(中村元) 박사의 『불교어대사전佛教語大辭典』에서는, '법담法談이란 설법담의說法談義의 약칭으로 불교의 요의要義를 언설言說하는 것'을 말한다. 불교교의의 요점을 담화談話하는 것으로 원래 창도唱導라고 부르고, 법회의 때에 전도를 목적으로 한 설법으로서 중국에서 5세기경부터 성해지게 되었다(p.1235)고 한다. 그리고 『실오기實悟記』에 이르기를 "보은報恩·강講·재齋가 아닌 때에는 대개 법담을 하고, 근행勤行의 때에도 때때로 법담을 한다"라고 한다.[7] 옛적에는 교법을 설하여

---

5 望月, pp.4591~4592 참조.

6 駒澤大學編, 『禪學大辭典』, 「法語」 항목.

7 『산밀왕래山密往來』에는 "화한지흥소생지태和漢之興少生之態, 개이기어지죄야皆以綺語之罪也, 개비법담청문재豈比法談聽聞哉"라고 한다. 龍谷, p.4144.

사람들을 개도開導한다는 의미에서 설법을 설교와 같은 뜻으로 사용하고 창도唱導·담의談義·권화勸化 혹은 법담이라 칭하기도 하였다. 팔리어 dhammi-kathā(f)는 법화法話·법담法談·설법說法으로 번역되고 있다.[8]

이상과 같이 설법과 법담의 의미를 살펴볼 때 법담 역시 붓다의 대기설법對機說法과 같은 의미로 보고 있다. 그러나 대기설법은 응병여약應病與藥, 즉 질병이나 나쁜 버릇에 맞추어 약을 준다고 하는 것과 마찬가지로 상대방, 즉 피면접자의 소질이나 능력에 맞추어 법法을 설한다고 하는 것이다. 이렇게 볼 때 대중을 상대로 하는 대기설법의 개념은 1 대 1의 개인적인 문제 혹은 집단적인 문제를 취급하는 심리학적 문제에 대해서는 용어상의 분류의 필요성이 있다고 본다. 이에 필자는 다음과 같이 정리하기로 한다.

이에 개념 정리를 하면, 설법說法이란 대중을 상대로 하거나 1인이라 하더라도 일방적으로 설하는 가르침이다. 그것은 설교라고도 한다. 이에 대해 법담法談이란 한 사람 한 사람에 대한 1 대 1의 대면관계 혹은 집단적인 정신적 문제를 상대로 대담하는 것이다. 그러므로 법담은 전문적인 교육과 훈련을 받은 법담가가 내담자의 고뇌나 지니고 있는 문제를 해결하고 마음을 열어주기 위해 불법佛法에 입각한 원조적인 조언을 해주는 것을 말한다. 또한 법담은 불법에 의거한 내담자의 인격이나 성장발달을 돕기 위해 조력하는 것을 목적으로 한다. 그것은 궁극적으로 깨달음을 지향하는 것이다.

---

8 雪井昭善, 『パーリ語佛教辭典』, 山喜房, 1977. p.438.

2. 법담의 신개념

1) 심리법담

법담은 마음을 열어 진실을 깨닫게 하기 위한 전문가와 내담자 간의 1 대 1의 대면관계 혹은 집단적인 대면관계이다. 그러므로 이를 이전의 법담과 구별 짓기 위해 심리법담心理法談으로 부르기로 한다. 심리법담은 내담자의 개인적인 문제나 대인관계의 문제에 대하여 불교교리로 구성된 교리의 응용으로 특징 지워지고, 경험이나 직관 또는 대인관계의 작용을 통하여 인격을 변화시켜 가는 법담 원리에 기초한 관계맺기이다. 그 관계 맺기는 어드바이스나 강제적인 것이 아니라 자발적인 것이고 촉진적인 것이며, 시간적으로는 극히 짧은 단시간으로부터 기나긴 장시간에 걸친 것일 수도 있다. 그것은 내담자에게 자비심으로서의 시간과 관심과 인격적 존엄성에 대한 경애심을 제공하는 것이어야 하며, 법담가를 필요로 하는 내담자에게 보다 좋은 삶을 지향하는 생활방식을 탐색하고 심리적인 문제성을 발견하며, 깨달음에 의한 인격적 성숙의 기회를 제공하는 것이다.

2) 심리법담의 과정

심리법담의 과정에는 많은 경험적 현실이 포함된다. 예컨대 인격적 성장문제로부터 감정이나 사고, 행동에서 볼 수 있는 열등의식에 따른 고뇌와의 대결, 생활 속의 고통스런 문제, 정신 신체적인 고통에 이르기까지 실로 다종다양하다. 법담가는 모든 사람이 인생의 정상적인 발달단계와 변화에 대하여 조언해 주고 원조해 주는 것이 일상적으로 필요하다고 깨닫고 있어야 한다.

불교에 있어서의 심리법담은 소의경전에 따라 많은 계층의 이론이 있을 수 있지만, 실유불성설悉有佛性說의 근본이념에 따라 내담자의 인격적 존엄성은 존중되지 않으면 안 된다. 법담은 통상 일주一週에 1회라고 하는 식으로 정할 수도 있지만 보다 융통성이 필요하고, 개인적으로 하는 것이 일반적이지만 가족·부부·소집단·대집단의 형식으로도 실천할 수 있다. 심리법담은 인간적인 문제해결에 초점을 맞추는 것이 기본이지만 동시에 세간적인 문제로부터 출세간적인 문제로 진척되지 않으면 안 되는, 깨달음의 문제로 연결되지 않으면 안 되는 것이다.

3) 치료적 법담

한편 심리 치료적 법담이란 응병여약應病與藥이라고 하는 불교에 있어서의 기본이념이 가리키는 법담과 심리치료법의 접점이라고 하는 문제를 가리킨다. 일반적으로 그 구별은, 법담은 그 자체로서는 현실적인 문제와 그 해결 또는 인격적 성숙을 관심의 대상으로 할 때에는 그를 위해서 단기간 혹은 장기간에 걸쳐 진행한다 하더라도 전이문제轉移問題는 취급하지 않는다. 그러나 심리 치료적 법담에서는 인격의 전체구조에 관심을 갖고 적극적으로 전이문제와 무의식적 갈등의 심층문제를 취급한다. 또 인격구조나 적응능력의 개량을 시도하기 위해 그에 상응하는 시간을 필요로 한다. 이 법담의 과정에 대한 용어와 표현방식에서 생기는 개념상의 혼란은 법담가로서의 전문적인 교육과 훈련에 있어서의 전통과 경제적·시간적인 투자에 관련되는 문제일 것이다. 여기에서 법담심리학法談心理學의 학문적 연구가 요청되는 것이다.

법담심리학이란 불교 심리학의 한 분야로 법담관계의 연구와 조사를 하고 그 성과를 실천으로 적용해 가는 학문이다.

3. 법담가의 자질

법담가法談家의 자질이란 선량한 법담가가 법法을 증득하여 몸에 익히고 있는 개인적 또는 직업적인 속성과 태도 및 기능을 지니고 있는 것을 말한다. 즉 법담가의 자질로서는 내담자가 말하고 있는 것에 법의 체험에 기초한 투명한 태도, 관여적인 태도, 몰두하는 자세 및 억제 또는 견제(Containment)의 능력이 특히 중요하다. 그리고 자기 자신에 대한 통찰과 인격적 성숙성, 심리적 안정성, 인생의 경험을 활용하고 또 반성하는 능력, 정동적情動的인 요구에 대처하는 적성, 원조적인 관계를 다져가는 능력, 자기 자신을 비판적으로 보는 능력, 소수자 집단에 대한 편견이나 사회적 억압의 본질을 객관적으로 바라볼 수 있는 능력, 자기 자신의 방어적인 수준을 깨닫고 있을 것 등이 요청되는 것이다. 법담가는 적어도 불교 심리학과 치유심리학적 지식을 갖추고 내담자를 만날 수 있어야 한다.

제2절 법담학으로서의 불교

1. 불성 실현에의 길

현대의 법담학은 만인에 대하여 그 인격의 철저한 향상－선험적 불성佛性의 구현을 기대하는 불교정신에 입각하여 그 인격주의를 철저히 해가지 않으면 안 된다. 불교의 법담학적 이상은 선험적 이상주의의 철학을 배경으로 하여 인간본성으로서의 불성佛性을 절대가치로 간주하고 그 구현을 기하는 형이상학적 인격주의의 입장에 있다. 그러면서 법담학은 주관적으로는 인격가치의 창조, 즉 절대인격의 완성을 기함과 동시에, 객관적으로는 소위 '정토건설의 이상'을 목표로 하여 인류사회에 있어서 인문의 가치를 증진하는 것을 본원本願으로 하는 것이다.

그리고 불성佛性을 범인류적으로 본래 갖추어져 있는 것이라고 보는 이상은, 어떠한 사람이라도 붓다 스스로 성불한 정법에 따라서 신행한다면 붓다와 같은 각자覺者의 지위에 오를 수 있다고 한다. 이것은 요컨대 불교는 어떠한 사람이라도 적당하게 이것을 법담으로 교화하면 언젠가는 그 본래 갖추어진 불성佛性을 실현하여 절대인격에 도달할 수 있다고 하는 견지에서 법담의 가능성에 대한 철저한 확신을 보이고 있는 것이다.

불교는 성불成佛의 이상을 실현하는 방법으로서 계정혜戒定慧 삼학三學의 실천 수행과 그 완성을 역설한다. 이른바 삼학의 완성이란 주관적으로는 인격의 원만한 조화적 발달이고, 객관적으로는 인격의 가치를 무한히 창조할 수 있는 능력을 갖추는 것이다. 붓다께서 처음에 성불의 실제적 방법으로서 보여주신 계정혜 삼학의 완성은 곧 인격의 종합적 실현이었던 것으로, 지계持戒는 지악수선止惡修善의 도덕적 실천에 의해 인격을 창조하고, 선정禪定은 오로지 정법을 관하여 마음을 통일하는 것에 의해 불성佛性을 창조하며, 지혜는 바른 인식체험에 의해 진리를 체득하는 것이다. 이러한 인문학적 가치창조를 실천함으로써 인격의 통일원리인 성스런 법신法身을 구체화할 수 있다고 보는 것이 법담학의 수행관이다. 그리하여 이 삼학의 완성에는 교훈을 주고 실천 수행으로 이끄는 인도자를 필요조건으로 하는 것이다.

2. 본불本佛 발견에의 길

불교는 우리들의 인격향상에 대하여 어떠한 한계도 두지 않고 각자 모두 평등하게 우주의 최고자로 될 수 있는 절대가치를 선천적으로 갖추고 있는 불성佛性을 인정한 점에 있어서 철저한 인격주의의 종교라고 말할 수 있다. 붓다의 입멸 후에 불교도 중에서 불설佛說에 대한 여러 가지 이론異論이 생겼는데, 그 가운데 문제의 중심으로 된 것이 불신론佛身論이었다. 소위 불신론이란 붓다의 인격을 어떻게 보아야 할까 하는 문제였다. 그리고 그 후 약 100년을 경과하여 보수파인 상좌부(上座部: Thera-vādin; Sthavira-vādin)는 불신佛身을 어디까지나 현실적으로 관찰하였다.

그러나 이에 대립한 진보파인 대중부(大衆部: Mahāsaṅghika)는 불신을 이상적으로 해석하여 여래의 색신(Rūpa-kāya: 身體)으로서 보편상주普遍常住의 실재라고 주장하였다. 이 경우 보편상주의 신身은 법신과 같은 현상적 육체적인 의미가 아니라 상주하는 진신眞身을 뜻하는 것이다. 다분히 이 사상계통을 계승하여 발전하였다고 볼 수 있는 대승불교에 이르러서는 오로지 80년의 수명을 가지고 입멸하신 색신 붓다의 본지본사本地本師를 찾고자 노력하였다. 이미 붓다는 자신이 증오證悟한 법은 자신이 만든 것이 아니고 또 타인이 만든 것도 아닌 항상 가득히 차 있는 것으로서 생生하지도 않고 멸滅하지도 않는 확정된 진리이고, 열반의 도성으로 통하는 도道이며, 과거의 제불도 이 도에 따라 성불한 것이라고 하셨던 것이다. 그러므로 대승불교도는 붓다를 단순한 역사적 붓다로 보지 않고 보통 상주常住의 실재인 법신(Dharma-kāya), 여여如如의 세계로부터 내생하신 여래(如來: Tathāgata)라고 믿었다.

여기에서 그들은 세존의 인격을 특징지은 무한한 지혜와 무한한 자애를 통하여 그 본지인 진여법신의 진성眞性을 직관하고, 혹은 주변법계의 비로자나(Vairocana: 遍照의 뜻)불을 세존의 본불本佛이라고 우러르고, 혹은 광명과 수명에 있어서 한없는 아미타(Amita: 無量의 뜻)불을 세존의 본사本師라고 믿기에 이르렀던 것이다. 이렇게 해서 대승불교도는 세존의 본불을 발견함과 동시에 일체중생의 본불까지도 발견하게 되었다. 그들이 발견한 세존의 본불은 세존 한 분의 독점적인 본불이 아니라 일체중생의 공통적인 본불임을 깨닫게 되고, 이에 일체중생이 성불하게 되는 길이 열려지게 된 것이다.

3. 절대적 인격 실현에의 길

1) 법의 체득

불교에서는 '존재로서의 경계'를 생사(jāti-maraṅa) 또는 윤회(saṁsāra)라고 하고, '마땅히 있어야 할 경계'를 해탈(vimukta 또는 vimukti) 또는 열반(nirvāṇa)이라고 한다. 전자는 무상 전변하는 객관적 법칙에 의해서 상주 원만하기를 기대하는 의욕이 뒷받침되어 있는 고뇌하는 미혹된 망념의 입장이고, 후자는 생사유전의 미혹한 세계를 벗어나서 어떠한 것에도 걸림이 없는 절대자유의 깨달음의 세계에 노니는 입장이다. 불교에서는 붓다의 입멸入滅을 열반이라는 말로 표현하는 것이 관례로 되어 있지만, 불교의 이상으로서의 열반의 본래의 뜻은 일체 모든 차별적인 얽매임을 끊고 모든 고뇌와 죄악의 심리적 상태를 멸한 절대자유의 초개인적인 세계인 것이다.

그러면 붓다는 어떻게 이 이상 경지에 도달하고 이상적 인격을 완성하셨을까. 붓다 스스로의 말씀에 따르면 법(法: 〔梵〕Dharma; 〔巴〕Dhamma)을 깨닫고 체득함으로써 성불하셨던 것이다. 이 경우에 있어서의 법은 인간으로 태어난 한 사람의 범부인 사문 고타마(Gautama, Gotama)로 하여금 무상존無上尊으로서의 붓다가 되도록 한 성스런 형이상학적 의미를 갖는 최고원리이다. 왜냐하면 이 법을 체득함으로써 붓다로서의 비지원만悲智圓滿한 인격의 전일적인 인격상이 구현되었기 때문이다. 그러므로 법法은 불교의 이상을 원리로 하여 표현한 것이지만, 이 원리는 또한 인격을 떠나서는 존재가치를 인정할 수가 없는 것이다. 법의 체득은 인격을 통하여 비로소 그 스스로를 실현하는 것이므로 이것을 법신(法身: Dharma-kāya)이라고도 부른다. 그리하여 이 이상적 원리인 법신을 체현하여 열반의 이상 경지에 도달한 것을 붓다라고 부르는 것이다.[9] 그러므로 붓다는 인류 최고의 이념을 실현한 절대인격인 것이다.

2) 공과 무아의 체득

불전佛典을 보면 '공空'이라든지 '무아無我'라고 하는 말이 빈번하게 나타나고, 그리고 이들은 불교에 있어서 중요한 관념으로 되어 있다. 그러므로 단지 문자에만 매달려 그 참뜻을 알 수 없는 초입자는 공空을 허무라고 해석하고 무아無我를 인격부정이라고 해석하여 인격주의에 대한 심한 오해를 불러일으키고 있는 것이다. 실로 많은 사람들이 공空을 유有에 대한 무無라고 이해하는 것은 결국 유무의 대립개념을 가지고 공을 이해하기 때문이다.

불교의 소위 공空이란 유무의 두 가지 상으로 나눌 수 없는 상태로서의 공일 때 절대적인 개념을 갖는다. 공空은 미분의 절대적 상태이기 때문에 제연諸緣에 따라 능히 일체의 상대적인 현상을 전개할 수 있는 것이다. 따라서 '일체개공一切皆空'이라고 하는 것은 우리들의 인식에 있어서 상대적인 관계를 이루는 일체의 모든 존재를 자기의 전체적 내용으로 통일하여 가는 것으로 표현한 것이다. 그리하여 이 통일된 경지에 도달하여 보면 이에 공한 일체 모든 것이 그대로 '제법실상諸法實相'으로 되고 절대긍정의 자유로운 천지가 전개되는 것이다. 이렇게

9 羽溪了諦, 『佛教教育學』, 大東出版社, 昭和11, pp.12~13.

해서 실상에 입각하여 자아 그 자체를 관찰하면 지금까지 오륙 척尺의 육체에 얽매어 육칠십 년의 생명에 한정되어 있던 소아小我의 그림자는 소실되고, 일체 모든 상대적 개체를 자아의 내용으로 통섭하는 절대아絶對我의 약동을 인식하게 된다. '무아즉대아無我卽大我'란 이를 말하는 것이다.

제3절 연기설의 세계관

1. 붓다 시대의 세계관

1) 인도의 사상체계

세계관(Weltanschauung)이란 세계 내지 생生의 주체적이고도 전체적인 해석이고 평가이며 태도를 말하는 것이다. 세계관은 단지 세계의 지적 파악에 그치지 않고 생生의 평가를 포함하는 한 인생관과 밀접한 관계에 있다. 인간은 세계 속에 있으면서 세계에 대하여 세계를 표현한다. 세계관은 실로 인간의 우주에 대한 시각의 세계관으로서 표현된다. 인간은 생生의 태도를 결정하는 데 있어서 어떠한 세계관을 갖지 않으면 안 된다. 그러나 많은 경우 그것은 자연적인 세계관이고, 자각적이지 못하고 반성적이지 못하다. 여기에 학문적으로 반성해야 할 철학적 세계관이 요구되는 것이다.

세계관의 법칙으로서는 일반적으로 현실파악(Wirklichkeitsauffassung), 생의 평가(Lebenswuerdigung), 목적설정(Zwecksetzung)의 3단구조로 구성될 수 있다. 즉 먼저 인간은 이 세계에서 어떠한 근본적인 태도로 살고 있는가, 다음에 이러한 태도에서 인간은 어떠한 가치를 갖는가, 끝으로 이와 같은 가치는 어떠한 인생의 목적에 기초하고 있는가를 구명하는 것이다. 첫째는 인생의 실존성(實存性: Existenzialitaet)의 문제이고, 둘째는 가치성(價値性: Wertigkeit)의 문제이며, 셋째는 목적성(目的性: Zweckmaessigkeit)의 문제이다.

붓다 시대에 있어서의 인도의 사상계는 『중아함경』 제3권 「도경」·『증지부增支部』 제3집 「제61경」 등에서 볼 수 있는 바와 같이, 일체 모든 것은 숙명적인 업력業力에 의해 좌우된다고 하는 숙작론(宿作論, 前作因論: pubbe kata hetu)과 실재신實在神의 의지에 의해 창조되고 지배된다고 하는 존우론(尊祐論: issaranimmāna hetu), 그리고 보편적 법칙에 의한 것이 아니라 전혀 우연적으로 발생한다고 설하는 무인무연론(無因無緣論: ahetu, apaccaya)의 세 가지로 총괄되고 있다.

『증지부』의 본문에 설하기를 "비구들이여, 한 부류의 사문·바라문이 있어 이와 같이 설하는 것을 본다. 모든 사부인士夫人은 낙樂, 혹은 고苦, 비고비락非苦非樂을 받으니 이 일체 모든 인因은 숙세宿世에 만들어지는 것이다. 비구들이여, 한 부류의 사문·바라문이 있어 이와 같이 설하는 것을 본다. 모든 사부인士夫人은 낙, 혹은 고, 비고비락을 받으니, 이 일체 모든 인因은 존우(尊祐: 神)로부터 지어주는 것이다. 비구들이여, 한 부류의 사문·바라문이 있어 이와 같이 설하는 것을 본다. 모든 사부인士夫人은 낙, 혹은 고, 비고비락을 받으니 이 모든 것은 무인무연無因無緣으로 생긴다"라고 한다.

그 숙작론宿作論이라고 하는 것은 6사六師외도 중의 파쿠다 캇차나, 니간타 나타풋타(一部無業論的宿作論-막카리 고사라)를 가리키고, 존우론尊祐論이라 하는 것은 정통 바라문을 가리키며, 무인무연無因無緣이라 하는 것은 아지타 케사캄바리, 푸라나 캇사파 내지 순세파(順世派: Lokāyata)를 말하는 것으로 본다. 그런데 붓다는 이러한 유무有無, 혹은 단상斷常, 고락苦樂 내지 자작타작自作他作 등의 극단적인 2변二邊에 기초한 세계관이나 인생관에 대해 결연히 돌아서서 독자적인 사상체계인 연기설(paticcasamuppāda vāda)을 밝히고 있는 것이다.[10]

2) 연기설의 체계

이 연기설의 체계는 3법인, 즉 제행무상·제법무아·일체행고의 취지와 전혀 그 내용을 같이 한다. 그러므로 『중부』 제28 「상적유대경」에서는 "연기緣起를 보는 것은 법法을 보고, 법을 보는 것은 연기를 본다"(yo paticcasamuppādaṁ passati so. dhammaṁ passȧti ; yo dhammaṁ passati so paṭiccasamuppādaṁ passati)라고 설하고 있는 것이다. 그리고 『상응부相應部』의 인연편 제1 「인연상응」에서는 다음과 같이 설하고 있다.

"비구들이여, 연기란 무엇인가. 비구들이여, 생生에 연하여 노사老死가 있다. 모든 여래의 세상에 나오는 것이나 나오지 않는 것도 이 법은 정해진 것으로 법의 고주성固住性이고 법의 정칙성定則性이다. 그것은 즉 상의성相依性이다. 여래는 이것을 깨닫고 이에 이르렀다. 깨달음에 이르고 나서 이것을 말씀하시고 보여주시고 알려주시고 자세히 설하시고 분별하시고 명료하게 밝히시고, 그리하여 '그대들은 보라'라고 말씀하신다." 또 그 법의 지시하는 내용을 일체의 것이라고

---

10 増永靈鳳, 根本佛教の硏究, 風間書房(千葉), 昭和23年, pp.176~177.

한다면 그것은 모두 연기緣起이고 연기에 의해 성립되고 있는 것을 뜻한다.

이 규범적인 모형은 모든 것이 상의상자相依相資의 관계에서 성립되고 있는 것을 말하는 것이고, 결코 고정적인 절대 독립의 존재를 인정하지 않는 것이다. 그러므로 연기는 상의성(相依性: idappaccayatā)이라고도 하고 연기설은 상의설相依說이라고도 부르는 것이다. 그리고 그 구체적으로 취급하는 것은 우리들의 심신心身이고, 근본불교에서는 이를 오온五蘊으로 설하고 있다. 그러므로 연기설은 불교의 세계관임과 동시에 불교의 인생관이기도 한 것이다.[11]

3) 연기론의 발전

'설일체유부'에서는 일체유위一切有爲의 제법의 연기상생緣起相生을 논하지만, 단지 육식六識을 세워서 생사의 고과苦果는 오직 번뇌와 업業이 초래하여 오는 것이라 하고, 이밖에 따로 상속되는 주主가 있는 것을 인정하지 않는다.

그러나 '대중부大衆部'에서는 근본식根本識의 존재를 인정하고, 뒤이어 대승 유식에 이르러서는 7식과 8식의 두 식(七八二識)을 설하여 만유萬有를 제8아뢰야식 중의 종자種子의 개발이라고 논한다. 여기에 아뢰야연기(賴耶緣起)의 설이 구성됨과 동시에, 한편으로는 또한 분별론자 등이 주창하는 심성본정설心性本淨說로부터 변하여 여래장如來藏의 교의가 나타나서 여래장심如來藏心으로부터 일체의 만유가 발생한

11 增永靈鳳, 전게서, 昭和23年, pp.179~180.

다고 설한다. 그리고 이것은 여래장연기如來藏緣起라고 부르기에 이르는 것이다.[12]

2. 연기

1) 연기의 어의語義

연기緣起란 범어 pratītya-samutpāda, 팔리어 paṭicca-samuppanna의 번역어로 연緣에 의하여 일어난다는 뜻이다. 연기의 어의에 관해서는 『대비바사론』 제23에 이르기를 "연기란 무슨 뜻인가. 답하되, 연緣을 기다려 일어나므로 연기라 한다. 무슨 연을 기다리는가. 이른바 인연 등이다. 어느 설은 연에 의해 일어날 것이 있으므로 연기라 한다. 이른바 성상性相이 있어 연에 의해 일어나는 것이다. 성상은 없는 것이 아니고 일어나지 않는 것이 아니다. 또 어느 설은 있는 연으로부터 일어나므로 연기라고 한다. 이르되 반드시 연이 있어 이 방식으로 일어날 수가 있는 것이다. 어떤 이는 이 설을 주장하고 각기 다른 연으로부터 일어나므로 연기라고 한다. 이른바 각기 다른 물체, 각기 다른 연으로 화합하여 일어난다"라고 하였다.

또 『구사론』 제9에서는 원어 pratītya-samutpāda의 의의에 관해, prati는 접두문자로서 지至의 뜻이고, ity는 어근으로서 행行의 뜻이다. prati의 조력에 의해 어근의 행의 뜻이 바뀌어 연의 뜻으로 된다. 또 sam은 접두문자로서 화합의 뜻이고, ut도 역시 접두문자로서 상승上

12 望月, p.295.

昇의 뜻이며, pad는 어근으로서 유有의 뜻이다. 즉 유有는 합合과 승昇에 의해 전변하여 기起의 뜻으로 된다. 이 유有의 법이 연에 이르러 화합하는 것에 의해서 발생하게 되는 것을 연기의 뜻이라고 보고 있다.

이상과 같이 그 해석에 많은 설이 있지만, 요컨대 유위有爲의 모든 법은 다른 연에 의해서 생기하는 인연생기因緣生起의 법임을 밝히는 데 있는 것이다.

2) 연기緣起와 연이생緣已生의 법

『잡아함경』 제12에서 "연기의 법은 내가 만든 것이 아니고 또한 다른 사람이 지은 것도 아니다. 그리고 저 여래如來가 세상에 나오시거나 아직 세상에 나오지 않으시거나 법계에 상주常住이다. 저 여래는 스스로 이 법을 깨달아 등정각等正覺을 이루고 모든 중생을 위해서 분별하고 연설하고 개발하고 현시한다. 이른바 이것이 있으므로 저것이 있고, 이것이 일어나므로 저것이 일어난다. 이르되 무명無明을 연으로 하여 행行이 있고, 내지 순대고취純大苦聚의 집集이 있다. 무명無明이 멸하므로 행이 멸하고 내지 순대고취가 멸한다"라고 하고, 또 『중아함경』 제47 「다계경」에서는 "이것으로 인하여 저것이 있고, 이것이 없으면 저것도 없다. 이것이 생기면 저것이 생기고, 이것이 멸하면 저것도 멸한다"[13]라고 하는 것이다.

이것은 소위 무명은 행行의 연으로 되고, 행은 식識의 연으로 되고,

---

13 (imasmiṃ sati, idaṃ hoti; imass' uppādā idaṃ uppajjati; imasmiṃ asati, idaṃ na hoti; imassa nirodhā idaṃ nirujjhati)

내지 생生은 노사老死의 연으로 된다. 이것이 있으므로 저것이 있고, 이것이 일어나므로 저것이 일어나 생사 상속이 그침이 없는 이치를 밝히는 것이다. 그리고 이 연기의 법은 붓다 성도(깨달음)의 내용으로 불교의 근본원리이다. 인도의 모든 외도가 개아個我 및 제법의 자성이 실재하는 것이라고 주장하는 데 대해, 붓다는 이를 모두 부정하고 만유는 오로지 상호 의존하는 것으로 독립적 자성을 갖는 것이 아니라고 함으로써 특수한 인생관과 세계관을 세우고 있는 것이다.

한편 『구사론』 제9 등에는 연기와 연이생緣已生의 법을 구별하여 논하기를 "제지諸支의 인분因分을 설하여 연기라 한다. 이것이 연으로 되어 능히 과果를 맺게 하기 때문이다. 제지의 과분果分을 연이생이라 한다. 이것은 모두 연에 의해 생기기 때문이다"라고 한다. 그리고 『품류족론』 제6에서는 이르기를 "연기법이란 무엇인가. 이르되 유위법有爲法이다. 비연기법非緣起法이란 무엇인가. 이르되 무위법이다. 연이생과 비연이생非緣已生의 법도 또한 그렇다"라고 설한다.

3. 인연·연기에 관한 비유

1) 인연의 화합

여기에서는 먼저 최초에 인간이나 세계 등의 모든 것이 인연에 의해 성립되어 있음을 설명하는 비유를 소개하겠다. 먼저 초기불교로부터 잘 쓰이고 있던 비유는 차車의 비유로, "여러 가지 재료를 조합하여 이것을 이름하여 차車라고 하는 것과 같이 제음(諸陰: 色·受·想·行·識의 五蘊)이 인연 화합하는 것을 임시로 중생衆生이라 한다"(『잡아함』

39, 『지도론』 1·12)라고 설한다.

이와 비슷한 것으로는 대들보·석가래·진흙·탁자 등으로 화합해 놓은 것을 집(舍)이라 한다고 하는 집(舍)의 비유이고(『중론』 2, 『십이문론』), 이와 함께 오지五指를 떠나 주먹 없고 주먹을 떠나 오지五指는 없다고 하는 비유도 꽤 쓰이고 있다(『중론』 2, 『북열반』 99). 또 "실(絲)로부터 견絹을 이룸과 같이, 대껍질(竹의 皮)로부터 소쿠리(筐)를 이룸과 같이"(『등론』 1)라고도 비유한다. 그리고 "목木과 제현諸絃과 인지人智의 셋이 합하기 때문에 공후(箜篌: 비파소리가 울려 퍼짐, 가야금〔琴〕을 말함)는 소리를 낸다"(『본행집경』 14, 『잡아함』 43, 『지도론』 99, 『북열반』 26)라고 하는 공후의 비유도 유명하다.

이상은 어느 쪽인가 하면 동시적·공간적·논리적인 인연이지만, 이것에 어느 정도의 시간적 경과를 포함한 비유에는 "종자·지地·수水·화火·풍風·허공·시절·인공人功 등이 화합하기 때문에 싹(芽)이 발생한다"(『십이문론』), "낙기酪器·찬요鑽搖·인공人功 등이 화합하기 때문에 우유에서 소酥가 생긴다"(『십이문론』)라고 하는 비유가 있다.

또 전자의 동시적 인과는 예컨대 기둥(柱)이 없으면 지붕이 없고 지붕이 없으면 기둥도 서 있지 못하는 것처럼, 어느 쪽이 인因이고 어느 쪽이 과果인지를 구별할 수 없는 경우도 많다. 이와 같이 인과동시因果同時로서 서로 인연으로 되는 관계가 "속로束蘆[14]의 구시(俱時: 同一時)로 있는 것과 같다"(『성유식』 4, 『팔십화엄』 37, 『보살학론』 15), "화합의 법이 생길 때 동시에 과果가 생기는 일이 있으니, 등불(燈)과

14 속로束蘆: 묶은 갈대를 말함. 혹은 갈대의 다발을 교차시켜 기대 세운 교로交蘆가 있다.

빛(光)이 동시에 생기는 것과 같다"(『등론』 12), "양손이 화합하여 상대하여 소리를 내는 것과 같다"(『잡아함』 11)라고 비유되는 것이 있다.

또 『화엄경』은 이와 같은 인과동시의 인연이 일다상즉상입一多相卽相入하여 무한히 겹쳐지는 세계를 설하는 것이라고 하는데, 중국에서는 이것을 중중무진연기重重無盡緣起라 부르고 인다라망因陀羅網의 비유로 설명된다. 즉 제석천(帝釋天: 인드라)의 천궁은, 그 이음매 하나하나에 주옥이 달려 있는 보배망으로 장엄되어 있고, 그 하나의 주옥에는 다른 일체의 주옥이 비치고, 동시에 또 그 하나의 주옥은 다른 일체의 주옥에 비춰지고 있다. 이와 같이 일체 모든 것은 중중무진重重無盡으로 인연에 의해 성립되고 있다고 하는 것이다.[15]

2) 시간적 경과에 대한 비유

인因·연緣·과果에는 또한 시간적 경과를 중심으로 한 견해도 있다. 이것은 다음과 같은 비유로 설명된다. "전에 인연이 있으면 후에 고苦를 더하게 된다. 전에 인연이 없으면 고苦는 무엇으로 인하여 생길까. 또한 샘물이 솟는 데서 물을 내고 강하江河를 이룸과 같다"(『출요』 18), "인因과 과果의 상속하는 것은 물의 흐름과 같다"("성유식" 3·2)라고 하듯이 강의 흐름에 비유된다. 또 대승불교에서는 이들의 인因·연緣도 공空이고 자성自性이 없다. 그래도 과보를 초래하는 것은 "일체의 유위법은 염념에 생멸한다고 하지만 상속은 끊어질 수가 없어 과보는

15 『화엄경탐현기』 1, 『화엄오교장』 1.

잃을 수가 없다. 등불(燈)이 염념에 생멸한다고 하지만 멸滅이라고 하지 않는 것과 같이 기름이 없어지고 심지(炷: 기름에 젖은 燈心)가 멸해야, 즉 멸이라고 말해야 한다"(『지도론』 30)라고 설명한다.[16]

3) 인중유과론因中有果論에 대한 비유

인因·연緣·과果는 이상과 같은 여러 가지 비유에 의해 설명되고 있지만, 여기에 하나의 문제가 존재한다. 즉 인으로부터 과가 생긴다고 할 때 인 가운데 과가 내포되어 있다고 볼 것인지(因中有果), 과 가운데 인이 내포되어 있다고 볼 것인지(因中無果, 果中有因) 하는 것이다.

전자의 인중유과설을 취하는 대표자는 상캬(數論)파로, "유중乳中에 이미 낙성酪性이 있고, 니중泥中에 이미 병성甁性이 있다"[17], "모래(沙)에서 기름을 내지 못해도 마麻를 눌러 짜면 즉 기름을 낸다"(『금칠십론』 상)라고 주장한다. 후자의 인중무과설(因中無果說: 果中有因說)을 취하는 대표자는 바이셰시카(勝論)파로, "과실로서의 보리 종자로부터 보리의 싹(芽)이 생기는 것과 같다"(『등론』 12)고 주장한다. 이에 대해 불교는 "곡자穀子로부터 싹 등이 상속하기 때문에 끊어지지 않고, 곡자 등의 인이 무너지기 때문에 항상하지 못하다. 이와 같이 제불은 십이분의 인연생법因緣生法을 설하여 인중유과·무과를 여의기 때문에 단상斷常에 집착되지 않고 중도를 행하여 열반에 드신 것이다"(『백론』 하), "인연 가운데 과果는 있다고 할 수 없고, 없다고 할 수도 없다. 있다고도 또 없다고도 할 수 없고, 있는 것도 아니고 없는 것도 아니라고

16 森章司, 『佛教比喩例話辭典』, 東京堂, 昭和62年 pp.38~40.

17 『등론』 6, 『백론』 下, 『중론』 3, 『북반열반경』 28.

할 수도 없고, 제법은 인연으로 생겨서 자성自性이 없는 것이 거울 속의 상像과 같다"(『지도론』 6)라고 주장한다.[18]

제4절 업과 인과사상

1. 업과 인과

근본불교에 있어서의 업과 인과사상으로서 들지 않으면 안 될 것은 소위 인과응보설이다. 이것은 업(業: kamman, karman)의 인과, 즉 우리들의 행위에 대해 인과관계를 세우는 것으로, 선의 업인業因에는 반드시 좋은 과보가 있고 악의 업인業因에는 반드시 좋지 않은 과보가 있다고 하는 설이다. 이것을 선인선과·악인악과라고 하는데 정확히는 선인낙과善因樂果·악인고과惡因苦果라 해야 할 설이다. 이 업의 인과는 전에 업인業因이 있어서 후에 업과業果가 생긴다고 하는 것이기 때문에 시간적인 인과관계를 말하는 것이다. 그리고 이 경우 인으로서의 선·악의 업과, 과로서의 고·락의 성질이 다르기 때문에, 후의 유부有部에서는 이것을 '이숙인(異熟因: vipāka-hetu)'과 '이숙과(異熟果: vipāka-phala)'의 관계라고 부르고 있다. 더욱이 업의 인과는 행위의 선악을 인정하고 그에 기초하여 요청된 도덕적인 의미로서의 인과관계를 말하는 것이다.

그런데 초기경전을 보면 인과응보에 관한 교설은 이미 오래전 시구詩句로부터 여러 가지 형태로 설하고 있고, 드디어 업과 과보를 주제로

18 森章司, 상게서, p.41.

하는 경전도 성립되었다. 재가신자에 대한 차제설법으로서 시론施論·계론戒論·생천론生天論은 인과응보설을 구체적으로 설한 것이고, 또 예컨대 흑백의 '4종의 업業'[19]처럼 업인업과業因業果를 구별하여 분류하기도 하였다.

그러나 다른 한편 이를 부인하는 일부의 자유사상가들도 있었기 때문에 붓다는 이러한 사람들을 통렬하게 비판하였다. 예컨대 팔리 소전(MN. I, pp.401~410)에 의하면 유물론적 입장에서 인과응보를 부정하는 자는 '허무론자'(natthika-vāda)이고, 도덕적인 선악과 그 업보를 모두 부정하는 자는 '무작용론자無作用論者'(akiriya-vāda)이며, 또 무인무연無因無緣의 결정론에 의해 인과를 부정하는 자는 '무인론자無因論者'(ahetu-vāda)이므로 어느 것이나 악계惡戒·사견邪見의 자라고 하여 비난되고 있다. 붓다는 스스로의 입장을 '업론자'(kamma-vāda, or-vādin), '작용론자'(kiriya-vāda, or-vādin)라 부르고, 또 '정진론자'(viriya-vāda)라고도 설하였다.[20] 이러한 것은 근본불교에 있어서 업과 인과응보설이 중시되고 있던 사실을 보여주는 것이다.

2. 초기불교의 인과설

그런데 인과응보설은 과거의 업인業因이 현재의 업과業果를 초래한다고 하는 한 숙명론적인 성격을 띠지 않을 수 없는 것이지만, 그러나

---

19 業을 異熟 개념에 의거하여 黑黑, 白白, 黑白, 黑白, 非黑非白의 4종業으로 구분한 것.

20 AN. I, p.286f DN. I, p.115, p.132.

초기불교에 있어서는 그와 같은 성격을 배제하는 방향에서 이를 설하고 있다.

첫째로 『증지부』 3·61 및 그 해당되는 한역(『중아함경』 권3 「度經」)에 의하면 "외도外道의 세 가지 의지처"로서 우리들이 감수하는 고·락·불고불락이 (1) 모두 전에 지어진 것을 인因으로 하고 있다(pubbe-katahetu: 〔한역〕 '인숙명조因宿命造'), (2) 모두 자재신自在神의 화작化作을 인因이라 하고 있다(issaranimmānahetu: 〔한역〕 '인존우조因尊祐造'), (3) 모두 무인무연無因無緣에 의해 있다(ahetu-appaccayā: 〔한역〕 '무인무연無因無緣')라고 하는 견해를 비난하고 있지만, 이에 의하면 불교가 (1)의 '인숙명조因宿命造', 즉 숙명론과 같은 입장에서 업의 인과를 설하는 것이 아닌 것은 분명하다. (2)의 '인존우조因尊祐造'와 (3)의 '무인무연無因無緣'과도 다른 것은 말할 것도 없다. 즉 불교의 인과응보설은 과거의 원인이 현재의 업과를 초래한다고 하는 점에서는 숙명론적 성격을 지워버릴 수 없다고 해도, 현재의 업인이 미래의 업과를 초래한다고 하는 점에서는 인간의 의지의 자유를 인정하고, 그에 기초하여 노력 정진하는 곳에 커다란 도덕적 의의를 인정하고 있는 것이다.

둘째로 『상응부』 36·21 및 그 해당 한역(『잡아함경』 977경)에 있어서의 숙명론의 비판에 의하면, 우리들의 감수하는 고·락·불고불락이 과거의 업인業因에 의한 것만이 아닌 증거로서, 신체의 감수(感受: 病痛)가 업의 과보로 생기는 것만이 아니라 담즙膽汁·담痰·풍風의 집합·계절의 변화·바르지 못한 자세·상해傷害에 의해서도 생기는 것을 들고 있다. 이것은 현재의 경험의 모든 것이 과거의 업인이 초래한 결과가 아니라고 하는 것을 보여주고 있다. 즉 업의 인과관계는 인정하지 않으면 안 되지만 그것만으로 모든 것이 결정되는 것은 아니라고 하는 것이고, 이 점에서 숙명론과의 차이점을 설하고 있는 것이다.

이상과 같이 볼 때 붓다의 인과응보설은 숙명론과는 다르고 윤리도덕상으로도 적극적인 의의를 가질 수 있는 것은 분명하다. 원래 인과응보설은 윤회사상을 근거로 한 세간적 입장의 교설이고 근본불교에 있어서는 주로 재가신자를 대상으로 하여 설해진 것이다. 그것은 불교 본래의 출세간적 입장에 들게 하기 위한 전단계의 교설이지만, 그러나 이 업의 인과를 인정하는 것은 불교 본래의 입장으로 나아가기 위한 불가결한 전제도 되는 것이다.[21]

3. 업과 연기

일반적으로 경전에서는 이르기를, 현재의 업은 지은 것이고 사념思念해서 받게 된 고업古業의 결과라고 설한다. 이와 전혀 같은 취지의 것으로 "이 몸은 그대의 것이 아니고 또 다른 사람의 것도 아니다. … 이것은 지어 놓고 사념하여 받게 된(abhisaṅkhatam abhisañcetayitam vedaniyam …) 오랜 업業이라고 알아야 한다. … 이와 같은 것은 모두 온蘊의 모둠(集)이다"라고 하는 설이 있다. 이 가운데의 업은 지금까지 보아온 업과는 무엇인가 약간 다른 느낌이 있다.

21 藤田宏達, 전게서, pp.108~115.

'이 몸(身)'을 한역에서는 '육식신六識身·육촉신六觸身·육수신六受身·육상신六想身·육사신六思身(大正 2, 84a)'이라고 하는데, 6입六入을 가지고 그 작용을 나타내고 있는 점에서 유정세간의 전체를 의미하는 것을 알 수 있다. 이것이 과거의 업으로부터 발생한 것이고 연생법緣生法에 다름 아니라고 하는 것이다.

가장 오랜 층에 속하는 『경집經集』에서는 설하기를 "연기를 보는 모든 현자賢者는 업業과 이숙異熟을 알고 여실하게 이 업을 본다. 업에 의해서 세간은 존재하고 업에 의해서 사람들은 행한다. 유정有情이 업에 매이는 것 또한 자동차의 쐐기(바퀴이음새)에 매이는 것과 같다"(654)라고 한다. 그러므로 업을 연기로서 해석하는 것은 불자의 가장 기본적인 것이고, 따라서 거기에서는 업설業說이 불교의 근본사상인 연기설과 동일한 것으로 되어 있는 것을 알 수 있다. 이것이 즉 연생(緣生: paṭiccasamuppanna)에 다름 아닌 것이라고 설한다.[22]

22 東海印度學佛教學會編, 『東海佛教』 第5輯, 昭和34, pp.62~64.

제2장 법담의 사상체계

제1절 선교방편으로서의 4무애변

1. 방편의 의미

1) 방편이란

불교에서 방편(方便: upāya)이라고 하는 말은 정법正法을 가지고 상대방에게 이를 이해시키고 체득시키기 위해서 강구되는 여러 가지 수단 방법을 말하는 것이다.

후세에 교상학적 입장에서 이것을 여러 가지 의미로 해석하여 진실의 법문으로 유도하기 위한 일시적인 법문으로 이해하거나 혹은 중생을 제도하는 방법에 통달한 불·보살의 권지權智라고 해석하지만, 이것은 요컨대 정법으로써 중생을 교화하기 위한 방법을 시설한 것에 다름 아니다. 그러므로 이것을 선교방편(upāyakauçalya)이라고 칭하는 것이다.

그런데 정법正法을 증득하기 위해서 실천해야 할 수행이나 가행加行을 또한 방편이라고 한다. 이 경우의 방편은 해탈에 도달하기 이전에 닦는 행(行: caryā)이므로 진취방편進趣方便이라 하고, 이것은 선교방편善巧方便과 함께 불교의 법담학적 목적을 달성하는 방법으로서 중요시되어야 하는 것이다. 오히려 선교방편은 진취방편을 성취하기 위한 보조적 시설이라고 보아야 하는 것이다.[23]

2) 선교방편

선교방편善巧方便이란 범어 upāya-kauśalya의 번역어로, 팔리어는 upāya-kusala이다. 뛰어나고 절묘한 방편의 뜻으로, 즉 상황에 따라 갖추는 절묘한 지혜의 심리적인 작용을 말하며, 불보살이 중생의 근기(根機: 이해능력)에 따라 조력해 주는 방법으로 이익을 베푸는 것을 말한다. 『대방광선교방편경』 제1에서는 다음과 같이 설하고 있다.

> "무엇이 이 보살마하살의 선교방편인지, 원컨대 불세존이시여, 널리 분별하여 설해 주시옵소서." 붓다는 지상智上 보살마하살에 이르시기를 "선남자여, 그대는 지금 마땅히 알아야 하리니 선교방편을 갖춘 보살마하살은 하나의 방편을 가지고 널리 일체중생으로 하여금 여법하게 수행케 한다. 선교방편을 갖춘 보살마하살은 내지 저 인간 이외에도 생명을 가진 모든 존재, 즉 지옥·아귀·축생들 가운데서도 보살은 또한 평등의 일체지혜심을 가지고 방편을 베푼

23 羽溪了諦, 『佛教教育學』, 大東出版社(東京), 昭和11年. pp.271~272.

다. 즉 이와 같은 선근善根을 가지고 일체중생에게 회향하고, 모든 중생으로 하여금 이법二法을 수행케 한다. 무엇이 2가지 법인가. 소위 일체지혜심一切智慧心과 회향심廻向心이다. 선남자여, 이와 같은 것을 이름하여 보살마하살의 선교방편이라고 한다."[24]

3) 십이교방편十二巧方便

대승보살이 이용하는 선교방편에 있어서 내內로 불법을 일으키는 6종과 외外로 중생을 성숙시키는 6종이 있음을 말한다. 『보살지지경』 권7에서 설한다. 안으로 불법을 일으키는 6종의 방편이란, (1) 보살이 자비심을 가지고 일체중생을 돌보는 것, (2) 보살이 일체제행을 실제처럼 깨달아 아는 것, (3) 보살이 무상보리의 지혜를 구하는 것, (4) 보살이 중생을 돌봄으로 인해 생사를 여의지 않는 것, (5) 보살이 제행을 실제와 같이 앎으로써 무염심無染心을 가지고 생사에 윤전輪轉하는 것, (6) 보살이 불지佛智를 구하여 정진 불퇴하는 것을 말한다.

또 밖으로 중생을 성숙시키는 6종의 방편이란, (1) 보살이 적은 선근善根을 가지고 무량의 과果를 일으키는 것, (2) 보살이 적은 방편을 가지고 무량의 선근을 일으키는 것, (3) 보살이 불법을 훼손하는 중생으로 하여금 해치지 못하게 하는 것, (4) 보살이 시중의 중생으로 하여금 불법에 들게 하는 것, (5) 보살이 이미 불도에 든 중생으로 하여금 성숙케 하는 것, (6) 보살이 이숙(已熟: 이미 성숙)한 중생으로 하여금 해탈을 얻게 하는 것을 말한다.[25]

---

24 望月, pp.2950~2951.

25 龍谷, p.1923 참조.

위와 같은 『보살지지경』의 설하는 바에 의해 『대승의장』 권15에는 십이교방편의十二巧方便義을 세우고 있다. 그 뜻에 의하면 안으로 불법을 일으키는 6종의 방편 가운데 (1)은 보살중생을 비념悲念하여 구제하고, (2)는 또 생사 유위有爲의 제행으로 무상無常·고苦·공空·무아無我 등의 도리를 알아 세상사를 멀리 여의고, (3)은 또 일체지혜를 구하고, (4)는 또 중생을 제도하기 위해서 먼저 자신에게 생사의 고苦를 내고, (5)는 생사가 허망하고 무실無實한 것임을 아는 것이니 염(染: 번뇌) 없이 그 가운데 잘 처하고, (6)은 또 불佛은 정진으로 말미암아 이루어지니 열심히 정진하고, 이와 같이 되기 때문에 능히 내內로 불법을 일으킬 수가 있는 것이다.

밖(外)으로 중생을 성숙케 하는 6종의 방편 가운데 (1)은 보살이 하열下劣의 중생으로 하여금 적은 재물을 하의 복전福田에 베풀게 하여 그 적은 선善으로 보리에 회향케 하고, (2)는 또 중생으로 하여금 사邪를 버리고 정正에 귀의케 하거나, 또는 소小를 버리고 대大에 귀의케 하는 것이며, (3)은 또 법法을 훼손하는 중생을 제도하여 신信을 내게 하고, (4)는 또 시중市中의 중생으로 하여금 이해하게 하고, (5)는 또는 이미 들어온 중생으로 하여금 행行을 일으키게 하고, (6)은 또 이미 성숙(已熟)한 중생으로 하여금 과果를 얻게 하고, 이와 같이 되기 때문에 능히 밖(外)으로 중생을 성숙케 할 수가 있는 것이다[26]라고 주석하는 것이다.

---

26 龍谷, pp.1922~1923 참조.

4) 지智와 변辨의 방편

『아함경』에 있어서는 붓다의 무애자재한 법담학적 방편을 총괄적으로 두 가지로 크게 구분하여 지(智: pañña)와 변(辯: paṭibhāna)의 2법으로 하고, 이어서 지智를 열어 법(法: dhamma)과 의(義: attha)로 2분하고, 변辯을 열어 사(辭: niru-tti)와 변(辯: paṭibhāna)으로 2분한 것이 소위 4무애변(四無碍辯: catu-paṭisambhidā)이다. 그리고 다시 변辯을 세분하여 절(節: matta)과 시(時: kāla)와 중(衆: parisa)으로 열고, 이들에 법法과 의義를 더하고 또 나아가 지기(知己: attā)와 인근(人根: puggala-para)을 더한 것이 소위 칠지(七知: 七法, satta-dhammā)설이다. 이를 간략히 도표로 표시하면 다음과 같이 된다.

〈법담의 사상체계〉

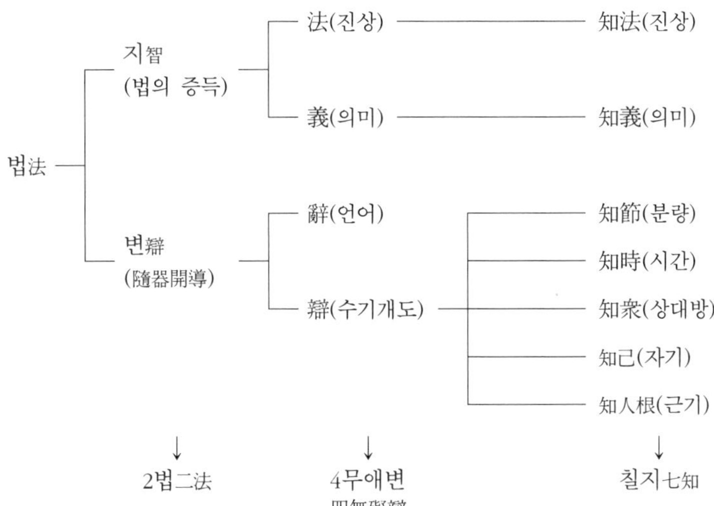

그러므로 이들 4종의 분류형식은 단지 그 내용에 광약廣略·개합開合·총별總別·정추精麤의 차이가 있을 뿐이고 그 내적인 의미에 있어서는 서로 관련되어 있는 것이다. 이에 그 실례를 간단히 살펴보기로 한다.

2. 4무애변과 7변七辯

1) 4무애변

4무애변(四無礙辯, catasraḥ pratisaṁvidaḥ)이란 불·보살·성중聖衆 등이 갖추고 있는 무애자재한 변재辯才에 네 가지가 있는 것을 말한다. 즉 1. 법무애변(法無礙辯: dharma-pratisaṁvit), 2. 의무애변(義無礙辯: artha-p.), 3. 사무애변(辭無礙辯: nirkuti-p.), 4. 변무애변(辯無礙辯: 樂說無礙辯: prati-bhāna-p.)이다. 약칭하여 4변四辯·4무애四無礙라고도 하고, 또 4무애지四無礙智·4무애해四無礙解라고도 번역한다.

이것은 소승교의에 의하면, 1. 법法무애변이란 일체의 법상法相·명자名字에 관하여 무애자재한 지해智解가 있어 능히 변설하는 것을 말한다. 그러므로 법무애지法無礙智·법무애해法無礙解라고도 부른다. 2. 의義무애변이란 일체의 법상·명자의 의리에 관한 무애자재한 지해智解·변재辯才를 말한다. 그러므로 의무애지義無礙智·의무애해義無礙解라고도 부른다. 3. 사辭무애변이란 일체의 방언方言[27]에 통하여 무애자재하게 변설하는 지해·변재이다. 그러므로 사무애지·4무애

27 方言이란 각 지역의 언어로, 각 지역의 사람들이 이해할 수 있는 언어를 사용하여 인도한 것을 말한다.

해라고도 한다. 4. 변辯무애변이란 즉 중생의 근기에 응하여 능숙하게 연설하여 즐겁게 듣게 할 수 있는 지해·변재를 말하는 것이다. 그러므로 변무애해·변무애지라고도 하고 혹은 낙설무애변樂說無礙辯이라고도 한다. 『대비바사론』 권180·『구사론』 권27 등에 자세히 설하고 있다.

또 대승불교에서는 그 내용은 서로 비슷하지만 법法·의義·사辭·변辯의 4무애변 어느 것이나 그 뜻이 매우 깊고 뛰어난 깨달음의 지혜를 얻는 경지에 들기 때문에 심히 묘하고 헤아리기 어려운 것이 있다고 한다. 따라서 참으로 4변四辯을 갖춘 것은 불·보살뿐이라고 하는 것이다. 『신역화엄경권』 38·『남본열반경권』 15·『유가사지론』 권45 등에서 자세하게 설하고 있다.[28]

또 『아비달마품류족론』 5에 이르기를 "4무애해四無礙解가 있다. 이른바 법무애해法無礙解·의무애해義無礙解·사무애해詞無礙解·변무애해辯無礙解이다"라고 한다. 또 『아비달마구사론』 27에 이르기를 "제무애해諸無礙解는 모두 넷이 있다. (1) 법무애해 (2) 의무애해 (3) 4무애해 (4) 변무애해이다"[29]라고 한다.

2) 7변七辯

이 가운데 특히 제(4)의 변무애해는 불·보살의 수승한 무애자재하게 변술하는 재능으로서 다음의 7가지로 나누어 상세하게 설하고 있다. 즉 ① 첩변(捷辯: 일체법에 있어서 무애자재하다), ② 신변(迅辯: 변설이

---

28 龍谷, p.2368; 望月, p.2020.

29 여기에서 4무애해라고 하는 것은 현장법사의 번역어이다.

선명하다), ③응변(應辯: 時所를 분별하여 상대에게 응하고 있다), ④무소류변(無疎謬辯: 잘못을 말함이 없다), ⑤무단진변(無斷盡辯: 어려운 질문에 막혀 단절하는 일이 없다), ⑥범소연설풍의미변(凡所演說豊義味辯: 일구 일구에 많은 진실을 내포하고 있다), ⑦일체세간최상변(一切世間最上辯: 수승한 화술로 세간제일의 불법을 설한다)이 그것이다. 이것은 또 ①첩질변(捷疾辯: 일체법에 있어서 무애자재하다), ②이변(利辯: 다른 사람에게 강한 감명을 준다), ③불진변(不盡辯: 제법의 실상을 설함에 다하는 일이 없다), ④불가단변(不可斷辯: 어려운 질문 때문에 단절하는 일이 없다), ⑤수응변(隨應辯: 時와 상대방에 응하여 적절하게 설한다), ⑥의변(義辯: 열반의 깨달음에 달하는 설법을 행한다), ⑦일체세간최상변(一切世間最上辯: 세간제일의 大乘을 설한다)라고도 한다.

그리고 일체세간최상묘변一切世間最上妙辯은 심심甚深·여뇌如雷·청淸·철徹·원문遠聞 등 5종의 소리를 갖추기 때문에 7변七辯이라고도 한다. 또 불시갈변재不嘶喝辯才를 더하여 8변八辯이라고 하고, 다시 무착변재無著辯才를 더하여 9변九辯이라고도 한다.[30]

자은 규기(慈恩基)는『법화현찬』2에서 다음과 같이 이르고 있다. "이른바 낙설변재樂說辯才라고 하는 것은, 변재는 즉 이 4변과 7변으로서 낙설이기 때문이다. 4변이란 즉 4무애해이다. (1) 법무애해, (2) 의무애해이니 이 둘은 교리를 이해하는 데 막힘이 없는 지혜이다. (3) 4무애해이니 즉 모든 방언方言의 음音을 이해하는 데 막힘이 없는 지혜이다. (4) 변설무애해이니 즉 법을 설하는 등에 있어 7종의 변辯에

30 望月, p.934.

막힘이 없는 지혜이다."

또한 7변이란 7종의 변의 뜻으로, 『대품반야경』 제8 「환청품」에 "제불의 곳에 따라서 법의 가르침을 청수하고, 즉 살바야薩婆若[31]에 이르기까지 처음부터 단절하지 않고 아직 삼매를 여의지 않을 때 마땅히 첩질변·이변·불진변·불가단변·수응변·의변·일체세간최상변을 얻으리라"고 하고, 『대반야경』 제499에 "제불의 처소에서 정법을 수지하고 내지 무상정등보리까지 항상 망실하지 않고 항상 수승한 정定에 머물러 요란擾亂한 마음을 여읜다. 이 인연에 의해서 무애변無礙辯·무단진변無斷盡辯·무소류변無疎謬辯·응변應辯·신변迅辯, 제소연설풍의미변諸所演說豊義味辯·일체세간최승묘변一切世間最勝妙辯을 얻는다"고 하는 것이다.[32]

3) 4무애해의 비유

이를 비유하는 것을 보면, 『팔십화엄경』 권42에서는 무열대지(無熱大池: anavatapta)[33]로부터 항하(恒河: 갠지스 강)·사타(私陀: śītā, 야르루칸도 강)·신도(信度: Sindhū, 인더스 강을 말함)·박추(縛芻: 오쿠사스 강)의 4대 강을 나와 드디어 대해大海에 드는 것처럼, "보살마하살도 4변재四辯才로부터 모든 행行을 유출하여 마침내 일체지해一切智海에 든다"라고 한다. 또 『북본열반』 권17에서는 성문의 4무애해를 이 4대 강의 물에 비유하고, 연각의 4무애해를 아뇩달지의 물에 비유하며,

---

31 살바야: Sarva-jña의 음역으로 一切智, 全智者의 뜻.

32 望月, p.1920.

33 아뇩달지阿耨達池라고 음사한다. 히말라야 산의 북쪽에 있는 못(池).

보살의 4무애해를 대해의 물에 비유하고 있다.

3. 4무애해

1) 4무애해의 정의

4무애해四無礙解[34]란 법무애해(法無礙解: dharma-pratisaṃvid)·의무애해(義無礙解: artha-pratisaṃvid)·4무애해(詞無礙解: nirukti-pratisaṃvid)·변무애해(辯無礙解: pratibhāna-pratisaṃvid)의 넷이다. 먼저 여러 경전에서 설하는 4무애해의 정의를 살펴보기로 하겠다. 아함경에서는 『증일아함경』 권36에서 4무애해를 다음과 같이 설하고 있다.

> "4변四辯이 있으니 무엇이 넷인가. 소위 의변義辯·법변法辯·사변辭辯·응변應辯이다. 무엇을 의변義辯이라 하는가. 소위 의변이란 저들이 말하는 천·용·귀신이 말하는 모든 뜻을 아는 것이니 이것이 의변이다. 무엇을 법변法辯이라 하는가. 12부 경전[35]의 여래의 설,

---

34 四無礙解의 번역어는 玄奘역에 의한 것이다. 4무애해는 앞서의 4무애변과 같은 개념이지만, 玄奘의 번역어로서 거듭 살펴보기로 한다. 4무애해의 번역어로서는 dharma-pratisaṃvid-法無礙解·法無礙智·法辯, artha-pratisaṃvid-義無礙解·義無礙智·義辯, nirukti-pratisaṃvid-詞無礙解·方言無礙解·訓詞無礙解·辭無礙智·辭辯, pratibhāna-pratisaṃvid-辯無礙解·巧辯無礙解·辯才無礙解·辯說無礙解·樂說無礙智·應辯 등이 있다. 또 4무애해를 설하는 순서도 구구각색이지만, 가장 일반적인 순서에 따랐다. 4무애해를 설하는 순서에 관해서는 『대비바사론』 권180, 『순정리론』 권76, 『현종론』 권37 등에서 언급하고 있다.

35 12부경: 佛典의 서술형 또는 내용으로부터 12가지로 분류한 것. 각 경전에 따라 순서·내용은 조금씩 다르다.

즉 계경(契經: 수다라)·기야(祇夜: 重頌)·본말本末·게偈·인연因緣·수결授決·이설已說·조송造頌·생경生經·방등方等·합집合集·미증유未曾有 및 모든 유위법·무위법·유루법·무루법, 제법이 충실하여 무너지지 아니하고 모두 지니고 있는 것, 이것을 법변이라 한다. 무엇을 사변辭辯이라 하는가. 만약 중생 앞에서 장단長短의 말·남어男語·여어女語·불어佛語, 범지梵志·천·용·귀신의 말, 아수라(阿須倫: asura)·가유라迦留羅·견다라(甄陀羅: 人非人) 긴나라들의 말을 그 근원을 따라서 설법을 해주는 것, 이를 사변이라 한다. 무엇을 응변應辯이라 하는가. 마땅히 설법할 때에 겁약함이 없고, 두려움이 없이 능히 4부 대중을 화열케 함이니 이를 응변應辯이라 한다."

2) 법담과 4무애해

여기에서 법담과의 관계에 있어서 4무애해를 고찰하여 보겠다. 먼저 『증일아함경』 권36에서 사詞무애해와 변辨무애해를 설하는 가운데 법담과의 관계를 설하고 있다. 대승경전에서는 『십지경』에서 4무애해를 정의하고 4무애해와 변무애해가 법담과 관계가 있음을 설하고 있다. 그 가운데 법法·의義무애해에 대해서는, "법法(義)무애해에 의해서 …… 을 안다"고 하고, 사詞·변辨무애해에 대해서는 "사詞(辨)무애해에 의해서 …… 법을 설시한다"고 설한다.[36] 이에 의해 사와 변무애해가 법담과 관계가 있음을 알 수 있다.

그리고 『대지도론』 권25에서는 십력十力·4무외四無畏·4무애四無礙는 어느 것이나 지혜이고, 안으로 십력이 있으므로 밖으로 두려움이

---

36 『十地經』 권7(大正藏10, 564下~565上).

없는데, 왜 또 4무애해를 설하는 것인가 하는 물음이 있다. 이에 대해 두려움 없이 대중에게 설법을 해도 걸림이 있는 자가 있기 때문이라고 답하고 있다. 또 안혜(安慧: Sthiramati)의 『장엄경론석소』에서는 "의依에 관해 설한 후에 무애해에 관해 설하는 것은 왜 그런가. 사의四依[37]를 구족하였을 때 세간 사람들의 소의所依로 되고, 4무애해를 구족하였을 때 유정有情을 위해서 설법하기 때문에 의依의 후에 4무애해를 설하는 것이다"라고 말한다. 그리고 『유가사지론』에서도 대설법사가 되어 다른 사람을 위해서 법을 설하는 데는 4무애해를 얻는 것을 필요로 한다고 설하고 있다.

3) 법담학적 의미

우리들은 4무애해 가운데 붓다의 법담체계를 살펴볼 수가 있다. 붓다는 기나긴 고행의 후에 법法과 의義를 증득하였다. 따라서 법과 의무애해는 붓다의 보리수하에서의 깨달음에 의해 나타난 것이라 할 수 있다. 붓다는 깨달음을 여신 후 범천권청梵天勸請에 의해 설법할 것을 결의하고 초전법륜에서 붓다의 깨달으신 법과 의를 5비구에게 전하였다. 여기에 비로소 사詞와 변무애해가 나타났다고 할 수 있다. 우리들은 붓다의 말씀을 통하여 붓다에 가까이하고 붓다를 알고 4무애해를 얻어 다른 사람에게 붓다의 가르침을 말할 수가 있다. 즉 우리들이 법담가로 되어 붓다의 가르침을 전하려고 한다면 붓다의 법담(=붓다

37 四依란 의지처로 하지 않으면 안 되는 4가지 법, 즉 가르침의 내용 자체에 의해 가르치는 것, 가르침의 의미, 참 지혜, 了義經의 4가지 법을 의지처로 해야 한다는 것.

의 말씀)을 통하여 법法과 의義를 배우고 이해하고 올바른 말, 이해하기 쉬운 말을 가지고 또 말의 차이를 극복하여 스스로 이해한 법과 의를 설명하지 않으면 안 된다.

그러나 우리들이 붓다의 깨달음의 내용을 이해하는 것은 쉽지 않다. 우리들은 소승경전·대승경전을 불문하고 붓다의 정신에 입각하여 쓰인 경전류는 모두 붓다의 설법이라고 생각한다. 붓다의 설법은 대기설법이다. 이 설법에는 법담과 구별되어야 할 개념적인 내용도 다양하다. 여러 가지 방편도 적용된다. 따라서 붓다의 설법은 다채로우면서도 근저에 있어서는 하나이다. 불교는 분별심을 버리라고 한다. 분별심을 버린다는 것은 말을 여의는 것이다. 그러나 말을 떠나서는 사람들에게 진실을 전할 수가 없다. 말을 떠난 무분별의 세계와 말을 필요로 하는 분별의 세계를 잇는 것은 후득지後得智이다. 법담에 관계되는 문제는 이밖에도 다양하다. 다양한 각도에서 법담에 관한 문제를 고찰해볼 필요가 있는 것이다.[38]

제2절 사辭와 변辯

불교의 법담학적 요건으로서 들고 있는 모든 항목 가운데 지智와 법法은 같은 내용을 전자는 주관적으로, 후자는 객관적으로 설명한 것으로서 법을 깨달아 증득한 것을 즉 지智라고 한 것이다. 그러므로 칠지七知에 있어서의 지법知法은 바로 이 지智에 상당하는 것이다.

---

38 大正大學綜合佛敎研究所 편,『大正大學綜合佛敎研究所年報』創刊號, 昭和54年 5月, pp.115~126 참고.

이에 여기에서는 4무애변四無碍辯 가운데의 사辭와 변辯에 대해서 살펴보기로 하겠다.

1. 사(辭: 언어)

사(辭: nirutti)란 모든 방언方言에 통하는 것이다. 그러므로 붓다는 수많은 제자들 중에 가섭 삼형제나 사리불이나 목건련 등에 대해서는 소박하고 고상한 범어梵語를 사용하고, 또 일정한 지방에서는 대체로 방언方言으로 설법과 문답을 하셨다. 그러나 모든 지방의 사람들과 모든 계급의 사람들에게 설법을 하신 경우에는 당시의 교통의 필요상 원래부터 성립되어 있던 혼합적인 공통어에 의하였다. 붓다는 그의 제자들과 함께 인도 각지에 걸쳐 모든 민족과 모든 계급을 교화대상으로 하기에는 사辭, 즉 언어에 있어서 걸림이 없었던 것이다.

중국에 있어서 후한의 환제桓帝 이래 역경 및 전도에 종사하였던 수많은 인도 및 서역의 승려들도 또한 누구나 사辭에 통달하고 있었던 것 같고, 특히 서진西晋 시대 165부의 불전을 번역한 법호(法護: dharmarkṣa)와 같은 사람은 36종의 국어에 통하고 있었다고 전한다.[39]

2. 변(辯: 수기개도隨器開導)

다음에 변(辯: paṭibhāna)이란 법담에 있어서의 언어가 내담자의 각기

---

39 『梁高僧傳』 권1 竺曇摩羅刹의 條.

다른 근기, 즉 이해능력에 응하여 심리적 상황에 적합하고 절묘하게 표현하며, 이로써 그들로 하여금 기꺼이 생각할 수 있도록 하는 것을 뜻한다. 그러므로 이것은 응변應辯이나 낙설변樂說辯 또는 낙설무장애樂說無障碍로도 번역되고 있다. 이것은 바로 수기개도隨器開導·응병여약應病與藥의 의의를 가장 적절하게 말하는 것이다. 이 무애변의 수기개도법을 가장 구체적으로 나타낸 것은 비유와 인연 및 문답법과 환골탈태법일 것이다.

1) 비유법譬喩法－포지·사슴·중도·비유담의 비유

비유(upamā)는 붓다의 설법이나 법담에 있어서 하나의 특징이다. 추상적 원리를 구체적 유례를 들어 나타내고 고원한 이상을 현실의 사물에 비추어 설명하고, 이로써 상대방이 직관으로 직접 이해할 수 있도록 한다. 경전에 있어서는 이러한 예증은 매우 많아서 일일이 들 수 없을 정도이고, 드디어 불교의 비유만을 가지고 한 개의 독립적인 문고文庫를 이루기에 이르렀던 것이다. 이에 두세 가지의 예를 들어보겠다.

(1) 포지布地의 비유

첫째로 사람의 마음에 의해서 선악의 양취兩趣의 과보를 초래하는 것을, 포지布地의 청정함과 더러움에 의해서 염색을 할 때에 차이가 있음을 다음과 같이 비유하고 있다.

"비구들이여, 이에 더러워져 때가 낀 포布가 있다면, 염공染工은 이것을 남색으로 혹은 황색이나 홍색으로 혹은 빨강색으로 물들이기 위해서 이런저런 염색물에 담근다고 하자. 그러나 그것은 색이 칙칙하여 선명하게 물들여지지 않을 것이다. 왜냐하면 그것은 포가 부정성不淨性을 지닌 것이기 때문이다. 이와 같이 비구가 마음이 더러워졌을 때는 악취(惡趣: 三惡道)가 예정되는 것이다. 또 만일 청정하여 깨끗한 포가 있다면, 염공은 이것을 남색으로 혹은 황색이나 홍색으로 혹은 빨강색으로 물들이기 위해서 이런저런 염색물에 담근다고 하자. 그것은 색이 좋고 선명하게 물들여질 것이다. 왜냐하면 그것은 포가 청정성을 지니고 있기 때문이다. 이와 같이 비구가 마음이 청정할 때는 선취(善趣: 三善道)가 예정되는 것이다."(『팔리중부』 1. 36頁)

(2) 덫에 걸린 사슴의 비유

둘째로 안眼·이耳·비鼻·설舌·신身의 5감관에 의해서 대체로 알게 되고 사랑받고 좋아하게 되어 욕구를 따라 정을 부추기는 색色·성聲·향香·미味·촉觸의 오욕에 매이게 되는 두려운 일에 대해서는 엽사獵師의 덫에 걸린 불행한 사슴의 운명에 비유하여 다음과 같이 설하고 있다.

"비구들이여, 마치 사슴들이 덫에 걸리면 그 사슴은 불행에 빠지고 파멸을 만나 엽사의 뜻대로 처리되게 되는 것이고, 엽사도 하고 싶은 마음에서 벗어날 수가 없는 것과 같이, 이와 같이 비구들이여, 어떠한 사문·바라문이라도 이들의 오욕에 매이고 미치게 되고 탐착하여 재환災患을 보지 못하고 벗어나는 길을 알지 못하고서 이것들을 향수하는 자는 불행에 빠지고 파멸을 만나 악마의 뜻대로 처리되게 되는 것임을 알아야 한다."(『팔리중부』 1. 173頁)

이러한 물질욕에 집착하는 것을 경계한 절묘한 비유적 교훈은 이루 다 들 수 없을 정도로 경전 가운데 나타나고 있다.

(3) 중도中道의 비유

또 모든 상대적 존재에 집착하지 않는 중도中道 생활은 다음과 같은 비유를 들어 설하고 있다.

"혹은 흐르는 강물에 떠 있는 재목이 강의 양쪽 언덕에도 가깝지 않고 육지에도 오르지 못하고 사람에게도 잡히지 못하고 소용돌이에 휩쓸리지도 않고 안에서 썩지도 않으면 드디어 바다에 들어가게 된다(중도 생활이란 이런 것이다). 혹은 천상天上에 걸린 달빛이 집안에 들어와서도 벽에도 달라붙지 않고 옷에도 달라붙지 않고 깔개에도 들러붙지 않는 것에 비유하며, 혹은 모래를 가지고 집을 만들어 이것에 애착하고 있는 동안은 이것으로 즐거움을 삼고 있지만, 그 애착이 없어지면 바로 손발을 가지고 이를 무너트려서 이미 이것을 가지고 놀지 않는 어린이들의 천진난만하여 집착 없는 태도에 비유한다. 혹은 위험한 강가에서 뗏목을 만들어 큰 강을 건너고서 안전한 강가에 닿은 사람이 어떻게 자기 몸을 도운 공功이 있는데 하고 이것을 자기 어깨로 메고 갈려고 생각했다면, 그것은 뗏목에 대하여 해야 할 올바른 생각이 아니고, 그 경우에는 뗏목을 강가로 끌어올려 두든지, 또는 물 위에 띄워둔 채로 두든지, 어느 것에도 그것에 집착하지 않고 버려야 할 올바른 태도로, 예를 들어 법法마저 버리지 않으면 안 되는 것이다. 하물며 비법非法은 더욱더 버리지 않으면 안 된다."

이상과 같은 예를 듦으로써 무소득공無所得空의 중도를 절묘 적절하게 사용하고 있다. 이밖에 고원한 교리로부터 비근한 실천에 이르기까지 평범한 비유도 있지만, 이러한 기지機智에 찬 비유법을 가지고 어떠한 이해능력의 수준의 사람이라도 이해될 수 있도록 설하고 있다.

(4) 비유담

이상은 단지 아함경 안에서 설하고 있는 예이지만, 특히 '비유담'만을 편집한 경전 및 대승교에 속하는 경전에서는 수많은 절묘한 비유를 접하게 된다. 그 가운데 『법화경』「비유품」에 있어서의 삼승三乘과 일승一乘의 관계를 설한 화택火宅의 비유라든지, 그 「신해품」에 있어서의 삼승을 일승으로 이끌어가는 장자궁자長者窮子의 비유 등에 있어서는, 일체중생을 일불승一佛乘으로 인도하기 위해서 선교방편을 운용하는 여래의 자비심이 매우 위태로운 입장에 있는 우리 아이를 구하기 위해서 수단방법을 다하여 애쓰는 부모 마음에 대비시켜 종교적 구제의 극치가 적절하게 발양되고 있음을 볼 수 있다.

또한 『여래장경』에 있어서는 중생에게 본래 갖추어져 있는 불성佛性이 무명·번뇌에 덮여 있는 것을, 누더기에 싸여져 광야에 버려져 있는 보옥寶玉이나 비천한 신분의 여인의 태내에 장래 전륜성왕으로 될 수 있는 아이가 깃들고 있는 것 등으로 비유하고, 이밖에도 흥미를 자아내면서 읽어가는 가운데 알지 못하는 사이에 진리의 직관直觀에 이르게 되는 가치 있는 비유를 적지 않게 볼 수가 있는 것이다.

2) 인연담因緣譚

(1) 수마제의 득법안정得法眼淨

그러면 초기의 불교교단을 발전시키는 데 있어서 줄 수 있는 힘이 있던 수달(須達: Sudatta) 장자의 딸 수마제(Sumāgadhā)에 대해 붓다께서 말씀하셨다고 전해지고 있는 인연담을 소개해 보기로 하겠다.

수달장자須達長者는 붓다의 성도 제1년에 삼보귀의자가 되고, 그 이듬해 유명한 기원정사(Jeta-vana)를 창립하고, 세존과 그 제자들을 맞이한 이래 많은 자선사업을 행했기 때문에 급고독(給孤獨: Anāhapiṇḍika)이라고 하는 별명을 얻은 유명한 신자였다. 그 딸 수마제도 부친과 같이 열정적인 불교신자였으므로, 만부성滿富城의 만재滿財라고 하는 장자의 아들에게 출가했지만 그 가족이 신봉하는 외도外道의 스승에게 인사 예배하지 않았다고 해서 가족의 노여움을 샀다. 그러나 그 후 수마제의 독실한 신앙에 감화를 받아 일가족 모두가 삼보의 귀의자로 되어 붓다의 교화를 입게 되었다. 그 교화에 의해 만재장자의 일가를 비롯한 수많은 사람들[40]도 법안정法眼淨을 얻게 되었다. 그때 붓다는 모든 비구의 청을 받고 어떠한 인연에 의해 수마제녀須摩提女가 부귀한 가문에 태어나 그 외도의 가문에 출가하고, 또 어떠한

---

40 經에는 8만4천인이라고 함.

선한 공덕이 있어서 이제 스스로 법안정을 얻었을 뿐만 아니라 수많은 사람들로 하여금 똑같이 법안정을 얻게 되었는지를 다음과 같이 설하셨다.

"구원의 옛적, 가섭불이 대비구중 2만인과 함께 파라날사국을 유행하고 있었다. 그때 애민哀愍이라고 하는 국왕의 여식인 수마나는 매우 경건한 마음을 지닌 아가씨로 가섭불을 향하여 계율을 받들어 지니고, 항상 보시행을 즐겨하며, 또 보시布施·애어愛語·이행利行·동사同事의 4섭사四攝事에 따르고 있었다. 그리하여 가섭불의 곳에서 법구法句를 송誦하고, 또 높은 누각에 올라 높은 소리로 송하며 원을 세워 말하기를 '첩妾의 행지行持 중 만약 조금이라도 복이 있으면 내생은 3악취에 떨어지지 않고 빈가에 태어나지 않으며, 내생의 세계에도 또한 이러한 부처님을 받들어 모시고, 첩으로 하여금 여인의 몸을 받는 일 없게 하여 법안정法眼淨을 얻게 하소서' 라고 하였다.

이때 성城 내의 인민은 왕녀가 이러한 서원을 세우고 있다는 소리를 듣고, 모두 함께 왕녀의 곳으로 모여와서 그들 국민도 또한 왕녀와 함께 득도하고 싶다고 하는 생각을 표하자, '첩은 이 공덕을 가지고 당신들에게 베풀 것이다. 만일 여래의 법을 만나면 당신들도 동시에 득도할 것이다'라고 왕녀는 답하였다. 비구들이여, 의심해서는 안 된다. 그때의 애민왕이란 지금의 수달장자이고, 그때의 왕녀는 지금의 수마제자이고, 그때의 국민은 지금 법안정을 얻은 사람들이다. 저 서원에 의해 지금 내 몸에 연이 되어 법을 듣고 그의 여식은 스스로도 그의 국민도 모두 법안정을 얻은 것이다. 모든 일은 이와 같은 법이다."[41]

(2) 법담학적 의미

이상과 같이 인연(nidāna)에 대한 이야기도 또한 비유와 똑같이 붓다가 구체적 효과를 들기 위해서 종종 말씀하셨던 것으로, 이것은 현재의 사실에 대하여 그 유래하는 바로서, 소위 본기本起를 설하는 것이다.

그런데 이러한 인연담이 어떻게 법담학적 효과를 나타내는 방법이 되는가 하면, 내담자가 현재의 입장이 선하건 악하건 우연히 나타난 것이 아니라, 멀리 숙세宿世로부터 이러한 입장에 있어야 할 인연이 맺어져 있던 것이라고 하는 것을 들려주면 자연히 현재의 입장에 대한 반성이 깊어지게 되고, 현재의 입장에서 그 유래하는 과거의 인연을 추상하게 된다. 그리고 동시에 현재의 생활에서 그 과보로 받아야 할 미래의 운명을 예상함으로써 현재에 있어서의 그 종교적 내지는 도덕적 생활을 일층 긴장시킬 수 있을 뿐만 아니라, 자기에 대한 그러한 인연담을 듣는다고 하는 것은 누구나 흥미를 자아낼 것이므로, 내담자로 하여금 즐겁게 듣도록 하는 데 도움이 되는 선교방편으로도 되기 때문이다.

3) 문답법(問答法: 四記論)

(1) 문답법 개설

문답법도 역시 붓다의 법담교화에 있어서의 선교방편으로서 항상

41 『증일아함경』 권22. 제3경, 「수마제녀경」; 『팔리 법구경 주석』 3. 467頁 등.

쓰이고 있던 것으로, 특히 이학외도異學外道의 무리들에 대응한 경우, 그들의 사견邪見과 편견을 바꾸어 스스로 정견正見으로 향하게 하는 방편으로써 절묘하게 운용한 것이다. 붓다는 상대방의 질문 형식 여하에 따라서 그 답변 방법을 달리하신 것으로 통상 이것을 1. 일향론一向論, 2. 분별론分別論, 3. 반힐론反詰論, 4. 사치론捨置論의 4기론四記論으로 정리하고 있다.[42]

제1의 일향론(一向論: ekaṃsa-vyākarana; ekāmça-v.)이란 상대방의 질문이 타당할 때 이것을 그대로 긍정하는 것이고, 제2의 분별론(vibhajjha-v.; vibhajya-v.)이란 제출된 질문이 뜻에 합당한 경우와 그렇지 않은 경우를 분별하여 가부간의 반답返答을 주는 것이고, 제3의 반힐론(patipucohā-v.; paripṛcchā-v.)이란 상대방의 질문에 즉답하지 않고 반문을 거듭하여 그 묻는 뜻을 분명히 하고, 또는 반대로 힐책하여 상대방의 사상적 입장의 오류를 깨닫게 하는 방법이다. 제4의 사치론(thāpanīya-v.; sthāpanīya-v.)이란 소위 무기설無記說에 해당하는 것으로, 제출된 문제가 정당한 인식범위를 넘어 독단적 형이상학에 끌린 경우 또는 아무리 말로 이해시키려고 노력해도 해탈의 체득에 하등의 효과를 보지 못할 경우에는 단지 침묵하여 그대로 내버려두는 것이다.

붓다께서 당시 형이상학적 문제를 가지고 논하기를 즐기던 그 제자들 또는 이학異學의 무리들로부터 세계는 상주常住하는가 무상無常한가, 유한한가 무한한가, 또는 신身과 명命은 같은 것인가 다른 것인가,

---

42 大正藏 권1. 51. 230. 609頁.

여래의 사후에 생生이 있는가 없는가 등의 문제를 낼 때에는 항상 무기적 태도를 취하셨던 것이 아함경 중에 전해지고 있다.

(2) 반힐론과 조산법

이들의 4기론 가운데 제3의 반힐론은 법담학상 특히 중요한 의미를 갖는다. 이 반힐론은 소크라테스가 청년을 상대로 하여 인생의 모든 가치·도덕의 제 규범에 관한 문제를 논했을 때, 문답을 절묘하게 다루어 먼저 반어적 질문에 의해 상대방을 자가당착의 궁지에 빠트리고, 그 주장의 이치에 어긋난 것임을 밝혀 상대방이 스스로의 무지를 알고 진지하게 진리를 구하려고 하는 마음을 내도록 유도한 반어법(反語法: Socratic irony)과 전혀 그 형식을 같이 하는 것이라고 볼 수 있다. 그리하여 소크라테스는 그 반어법을 운용하여 상대방으로 하여금 자신의 무지를 고백케 하고, 상대방이 진리를 얻겠다고 하는 마음을 일으키자 그는 이에 귀납적 문답법에 의해 상대방을 근본적이고 일반적인 원칙으로 이끌었던 것이다. 이것이 소크라테스의 조산법(助産法, 산파술: Mäeu'ik)이라고 하는 것이다.

붓다는 이미 그 훨씬 이전 역시 이학외도의 무리들에 대해서는 특히 이 방법을 가지고 먼저 상대방의 주장의 잘못을 깨닫게 하고, 그 후 그를 유도하여 정견正見으로 귀입시키셨던 것이다. 다음에 그 한두 가지의 예를 들어보겠다.

① 장과범지

사리불의 숙부인 장과범지長瓜梵志는 당시에 이교도 중의 출가자 가운데 뛰어난 인물이었다. 그는 사리불이 부처님에게 귀의한 것을 유감으로 생각하고 스스로 붓다의 인물됨을 시험해 보려고 생각하였다. 그리하여 붓다를 방문하여 곧바로 말하기를 "나는 일체의 견見을 인정하지 않는다"라고 하면서 붓다의 논설하시는 입을 막아버리려고 했다. 이에 붓다는 이르시기를 "자네는 일체의 견見을 인정하지 않는다고 하는 그 견을 인정하고 있는 것이 아닌가."라고 힐책하셨던 것이다. 이로 인하여 역시 총명한 장과범지는 갑자기 자신이 패한 것을 고백하고, 붓다로부터 간절한 교화를 입고 붓다께 귀의하여 불교신자로 되었다고 하는 것이다.[43]

② 니건자

또 어느 날 니건자尼乾子, 즉 자이나교도인 삿챠(Saccaka)라고 하는 사람이 5백인의 동자童子를 데리고 붓다의 처소에 와서 말하기를 "사문 구담이여, 어떠한 가르침으로 제자를 가르치십니까."라고 질문을 하였다. 이에 대하여 붓다는 "오온五蘊은 무상無常·고苦·공空·무아無我이라고 나는 설한다"라고 답하셨다. 이와 같은 말을 듣기를 좋아하지 않던 삿챠는 말하기를 "내가 아는 바의 도리에 따르면 색(色: 五蘊의 하나로서 감각적 대상)은 상(常: 住)이다"라고 주장하였다. 그로부터 붓다와 삿챠 사이에 거듭된 문답이 경전에는 다음과 같이 전해지고 있다.

---

43 大正藏 권2. 249. 449頁.

"그대는 지금 일단 심의心意를 오로지하여 묘리妙理를 사유하라. 그런 후에 말하라."

"내가 지금 말하는 것은 색色은 상常입니다. 이 5백 동자들의 뜻 또한 그렇습니다."

"그대는 지금 자신의 말로써 말을 하는데, 어째서 그 5백인을 데려오는가."

"나는 지금 색色은 상常이라고 말합니다. 사문은 어떠한 말을 하려는 것입니까."

"나는 지금 색色은 무상無常이고, 또 무아無我라고 설한다. 거짓으로 이 색色이 항상 있다고 하면 이것은 진실이 아니고 견고한 것이 아닌 것이며, 눈(雪)을 움켜쥔 것과 같이 이것들은 마멸磨滅의 법이고 변역變易의 법이다. 그대는 지금 정말로 색色은 이 상常이라고 말하면 나는 도리어 그대에게 묻겠다. 뜻대로 답하라. 니건자여. 전륜성왕은 자기 나라에 돌아가 자재自在를 얻겠는가 못 얻겠는가. 또 그 대왕은 벗어나지 못한다고 하고서 이를 벗어나고, 잇지 못한다고 하고서 이를 잇는 것과 같은 일을 할 수 없겠는가."

"이 성왕에게는 이 자재의 힘이 있습니다. 죽일 수 없는 자도 능히 이를 죽이고, 이을 수 없는 자도 능히 이를 잇습니다."

"그러면 니건자여, 전륜성왕은 마땅히 늙을 것인가."

이때 삿챠니건자는 묵묵히 답을 하지 못하고 재삼 세존으로부터 답변을 재촉 받았으나 침묵만을 지키고 있었다. 드디어 마음속에 두려움을 느끼면서 입을 열었다. 그리고 다음과 같은 답변이 오고 갔다.

"다만 원하옵기는, 구담이여, 마땅히 구제되어야 합니다. 지금 다시 물어 주십시오. 마땅히 대답하겠습니다."

"어떻게 생각하는가, 니건자여, 전륜성왕은 늙을 것인가."

"사문 구담이여, 이런 말씀이 있다고 하더라도 나의 뜻에 따르면 색色은 상常입니다."

"그대는 생각을 잘하고 나서 답하라. 전과 후의 뜻을 상응시키지 말고 단지 함께 논하라. 성왕은 마땅히 또 늙겠는가."

"성왕이 늙어갈 것을 믿을 수 있을까요."

"성왕은 언제나 능히 자기 나라에서 자유를 얻는다. 무엇 때문에 늙음을 물리치고 병을 물리치고 죽음을 물리칠 수 없겠는가. 만일 내가 이것을 상常이라고 하면, 나는 늙음·병·죽음을 받아들이지 않으려고 하는 것과 같다. 그렇게 할 수 없겠는가."

이때 삿챠니건자는 또 묵묵히 우수憂愁에 빠져 있었지만, 함께 온 동자들에게 부끄러워 잠시 문답을 계속하였다.

"다만 의리義理를 질문해 주십시오. 마땅히 다시 이를 말하겠습니다."

"어떻게 생각하는가, 니건자여, 전륜성왕은 늙고 병들고 죽음이 오지 못하게 하고 싶다면 이렇게 할 수 있겠는가. 저 성왕은 이 원을 이루겠는가."

"이 원을 이루지 못할 것입니다."

"이 색色으로 하여금 있게 하고 싶고, 이 색으로 하여금 없게 하고 싶다고 해서 이것을 이룰 수 있겠는가."

"이룰 수 없습니다."

"어떻게 생각하는가, 니건자여, 색色은 이것은 상常인가 무상無常인가."

"색은 무상입니다."

"만일 무상이라면 변역變易의 법이 되겠는가. 자네는 이것을 "나(我)"라고 보는가."

"그렇지 않습니다, 구담이시여."

"오온五蘊은 이 상常인가 무상無常인가."

"무상입니다."

"만일 또 무상이라면 변역법變易法이 되겠는가. 그대는 이것을 유有라고 보는가."

"무無입니다."

"어떻게 생각하는가, 니건자여, 자네는 이것을 상常이라고 하는데, 이 이치는 뜻과 상응하지 않는가."

이와 같이 반힐법反詰法으로써 스스로 '색色은 상주常住이다'라고 하는 주장이 비리非理인 것을 깨달은 삿챠니건자는 붓다에게 다음과 같이 말씀드렸다.

"제가 지금 우치하여 진제眞諦를 알지 못하고 이 생각을 고집하여 구담과 함께 논하고 '색色은 상常이다'라고 하였습니다. …… 제가 지금 광혹狂惑하여 또 깊은 뜻을 밝히지 못하고 감히 사문 구담과 겨루었습니다. 말하는 바가 너무 많았습니다. 그러나 맹자盲者가 눈을 얻고, 롱자聾者가 훤히 들으며, 미혹한 자가 길을 보고, 눈 없는 자가 색色을 보는 것과 같이, 사문 구담도 역시 또한 이와 같습니다. 수없는 방편으로 (중생을) 위해서 법을 설하십니다.

제가 지금 스스로 사문 구담(佛)과 법法과 승僧에게 귀의합니다. 지금으로부터 이후 형수形壽를 다할 때까지 신자일 것을 받아주소서."

이렇게 해서 불교의 재가신자인 것을 청허 받은 삿챠니건자는 부처님과 비구중을 청하여 공양하고, 세존으로부터 시론施論·계론戒論·생천론生天論을 듣고 점차 마음이 열려 뜻을 이해하기에 이르고, 붓다로부터 사성제의 법을 듣고 홀연히 법안정法眼淨을 얻었다고 한다."[44]

붓다는 이학외도異學外道의 무리들을 교화하시는 경우에 대체로 이와 같이 먼저 반힐론법에 의해 상대방이 고집하는 사상적 입장의 이치에 어긋난 것을 깨닫게 하고, 그 연후에 유도법으로 정법正法에 눈을 뜨게 하셨던 것이다.

4) 환골탈태법換骨奪胎法－『육방예경』의 경우

끝으로 환골탈태법이란 상대방의 논설을 처음부터 정하지 않고 형식은 우선 그대로 받아들이고, 그 내용을 전환하여 거기에 올바른 새로운 의의를 부여하는 법담 방법으로서, 이 또한 붓다께서 선교방편의 하나로 종종 쓰셨던 것이다.

여기에는 『팔리상응부』(한역 『잡아함경』)의 「게품偈品」에서 볼 수 있는 것과 같은 문학적 표현의 예도 있고, 또 단지 혈통적 관계 위에서 바라문종 지상주의를 강조한 바라문에 대하여 일단 그 주장을 긍정한

---

44 大正藏 권2. 715. 35頁; 『팔리중부』. 35경 참조.

뒤에, 문답을 해가는 사이에 자연히 바라문이 최고인 이유가 혈통에 있는 것이 아니라 전적으로 그 정신생활에 있는 것임을 깨닫게 하듯이 절묘하게 대화를 이끌고, 끝으로 불도佛道에 의해서 해탈에 이른 자가 참된 바라문인 것을 인식시킨 경우도 있다. 그리고 기타 당시의 외도들이 존중하던 사화祠火나 고행 등에 대해서도, 말은 그대로 두고 그들의 의의를 불도수행에 따르도록 전환시킨 예도 있지만, 지금은 이러한 대화법의 가장 적절한 예로서 유명한 『육방예경六方禮經』, 즉 『선생경善生經』을 들어보겠다.

왕사성 내에 선생(善生: Siṅgālovāda)이라고 하는 장자의 한 아들이 있었다. 그는 망부亡父의 유훈을 받들어 매일 이른 아침에 목욕하고 뜰에 나와 반드시 동서남북상하(천지)의 육방六方에 예배하고 있었다. 이것을 보고 그 까닭을 들으신 붓다는 다음과 같이 일러 주셨다.

"매일 아침 육방을 예배한다고 하는 것은 좋은 습관이지만, 다만 오로지 그러한 형식을 반복한다고 하는 것만으로는 무의미하다. 그러므로 이제부터는 살생·투도·음일婬逸·망어妄語의 네 가지 악행을 여의고, 음주·야유夜遊·기락伎樂·도박에 빠지거나, 나쁜 친구와 사귀며, 게으름으로 흐르는 것이 가계家計를 부수는 악업임을 알고서 육방에 예배해야 하는 것이다. 육방이란 부모를 동방으로 하고, 사장師長을 남방으로 하고, 처와 형제를 서방으로 하고, 붕우朋友를 북방으로 하고, 노비를 하방으로 하고, 사문·바라문을 상방으로 하는 것이다.

① 동방으로서의 부모에 대해서는 (1) 그 가재家財를 지키고 더욱

늘리며 받들어 모시는 일을 게을리 하지 않는다. (2) 정업正業을 계승하고 그 명령에 거역하지 않는다. (3) 가계를 유지하여 그 뜻에 따른다. (4) 자손을 둔다. (5) 선조의 공양을 게을리 하지 않는다.

② 남방으로서의 사주師主에 대해서는 (1) 일어서서 예배하고, (2) 봉사하고, (3) 그 교설을 들어 받아들이고, (4) 존중하고, (5) 그 가르침을 기억해야 한다.

③ 서방으로서의 처와 형제에 대해서는 (1) 존중하고, (2) 경멸하지 않고, (3) 정조를 지키고, (5) 가정을 맡기고, (5) 의복과 장신구를 주어야 한다.

④ 북방으로서의 붕우朋友에 대해서는 (1) 보시布施하고, (2) 애어愛語하고, (3) 이행利行하고, (4) 동사同事하고, (5) 나쁜 소리를 하지 않는다.

⑤ 하방으로서의 노비에 대해서는 (1) 능력에 따라서 일을 맡기고, (2) 의식衣食을 급여하고, (3) 병든 때에는 의약을 주고, (4) 때로는 미식美食을 베풀고, (5) 때로 휴양을 시켜야 한다.

⑥ 상방으로서의 사문·바라문에 대해서는 (1) 몸으로 자慈를 행하고, (2) 입으로 자慈를 말하고, (3) 마음으로 자慈를 생각하고, (4) 그를 우리 집으로 기쁘게 영접하고, (5) 음식을 베풀어야 하는 것이다."[45]

---

45 경전에는 양친이 아들에 대해, 사주師主가 제자에 대해, 처가 부에 대해, 앞의 오사五事를 가지고 사귀는 친구에 대해, 복비僕婢가 주인에 대해, 출가자가 신자信者에 대해 지켜야 할 오사를 설하고 있다.

이렇게 함으로 해서 비로소 육방六方은 호념되고 안온하여 우환이 없다고 하는 것을 가르치신 것이다.[46] 이것은 전혀 선생善生이 부친의 유언을 지킨다고 하는 이외에 하등의 의미도 없이 단지 형식적으로 육방을 예배하고 있던 것에 대하여, 세존은 그 전통적 습관을 깨는 일이 없이 그 무의미한 내용을 윤리적 의의로 전환시키신 것이기 때문에 가장 성공한 환골탈태換骨奪胎의 적절한 실례라고 보아 좋은 것이다.[47]

제3절 변방편辨方便으로서의 칠지七知

1. 칠지의 의미

앞의 제1절에서 설명한 선교방편과 관련하여, 같은 지智에 대한 변辯의 방편 가운데 칠지七知설이 있다. 칠지(七知: 七善法)란 지법知法, 지의知義와 더불어 지기(知已: attaññū)는 법담자 스스로 자기의 자각·인격·학식·재능 등을 정확하게 아는 것이고, 지절(知節: mattaññū)은 적당한 정도의 분량을 고려하여 가르치고 정신의 교화를 베푸는 것이며, 지시(知時: kālaññū)는 시의時宜를 잃지 않고 순서를 따라서 법담을 행하는 것이고, 지중(知衆: parisaññū)이란 상대방의 신분·직업·환경에 적응시켜 인도하는 것이며, 지인근(知人根: Pauggalapraññu)이란 상대방의 기근機根, 즉 개성·이해능력에 순응하여 법담에 임하는 것으

46 『팔리장부』 3. 189~191頁, 『장아함』 권11. 『선생경』 등.

47 羽溪了諦, 전게서, pp.273~291.

로서, 이들 어느 것이나 법담학의 방법으로 필수조건인 것이다.

이러한 칠지란 칠법七法·칠선七善·칠지七知·칠장부七丈夫라고도 부른다. 『북본열반경』 권15·『증일아함경』 권33·『중아함경』 권1 「선법경」 및 그 별역인 『칠지경七知經』 등에서 설하고 있다. 그러나 대소승에 따라 설하는 것이 한결같지는 않다.

1) 『열반경』의 설

먼저 『대반열반경』에 의한 대승의 칠지설을 보면 1. 지법知法이란 12부경의 진리의 법을 아는 것. 2. 지의知義란 십이부경 가운데 모든 문자언어의 전하고자 하는 의리를 아는 것. 3. 지시知時란 때를 분별요지하여 능히 어느 때는 적정寂靜을 닦아야 하고, 어느 때는 정진을 수행해야 하며, 어느 때는 공양해야 하고, 내지 보시 등의 육도六度의 행을 수행해야 할 시절을 모두 아는 것. 4. 지족知足이란 소욕지족·지족절제의 뜻으로, 일체 모든 음식·의약·행주좌와·어묵동정 등에 있어서 항상 지족절제를 아는 것. 5. 지기知己란 자기 자신의 자격을 아는 것으로, 나는 이러이러한 믿음·계율·다문多聞·사捨·혜慧·정념·선행 능력 등이 있다고 모두 명료하게 아는 것. 6. 지중知衆이란 사람의 종류와 종족을 아는 것으로, 이것들은 찰제리중·바라문중·거사중·사문중 등등이라는 것을 알고, 또 이 중衆은 이러저러하게 왕래·좌기坐起·설법·문답하는 것 등을 모두 아는 것. 7. 지존비知尊卑란 사람의 존비를 아는 것으로, 정법을 믿는 자는 존귀한 사람이고 그렇지 않은 자는 비천한 자이며, 내지 이승의 사람은 스스로 응징하고 홀로 구제하되 다른 사람을 제도할 수 없으면 비천자이고, 보살은 능히 자리이타를 갖추어 일체중생을 이익 안락케 하기 때문에 존귀의 사람이라는 등을 모두 아는 것이다.

이 칠선법에 머물러 보살은 대승에 주하고 범행梵行을 구족한다고 하는 것이다. 『대명삼장법수』 권29에서는 전부 이 경설에 의해 논하고 있다.

2) 『중아함경』의 설

그러나 만일 소승에 의하면, 『중아함경』에 나오는 하나하나의 설명은 전혀 『열반경』의 것과 같으나 오직 "만일 비구가 있어 7법을 성취하는 자는 즉 현성賢聖에서 환희락을 얻어 곧바로 누진漏盡으로 향한다"고 하는 것이 다르다.[48]

2. 『불설칠지경佛說七知經』[49]의 칠지七知

부처님께서는 사위국 기수급고독원에 노니시면서 모든 비구들에게 말씀하시자, 비구들은 분부를 받아 듣고 있었다. 부처님께서는 비구들에게 말씀하셨다.

"일곱 가지 법도法道의 제자는 현세에서 안온하고 화和하며 기쁘고 행이 많으며 꾸준히 힘써 법을 관찰하고 익히기를 다한다. 어떤 것을 7법이라 하는가. 1은 법을 아는 것이요, 2는 뜻을 아는 것이며,

---

48 龍谷, pp.2275~2276 참조.

49 지겸支謙 한역, 한글대장경 13책(1995)을 저본으로 초역한 것임.

3은 때를 아는 것이요, 4는 절제를 아는 것이며, 5는 자기를 아는 것이요, 6은 대중을 아는 것이며, 7은 사람을 아는 것이니라.

비구들이여, ①어떤 것이 법法을 아는 것인가. 이른바 12부部 경전을 아는 것이니, 1은 문文이요, 2는 가歌며, 3은 설說이요, 4는 송頌이며, 5는 비유요, 6은 본기기本起紀며, 7은 사해事解요, 8은 생전生傳이며, 9는 광박廣博이요, 10은 자연自然이며, 11은 행行이요, 12는 장구章句니라. 이것이 법을 아는 것이다.

②어떤 것이 뜻(義)을 아는 것인가. 여러 가지 말한 경전의 법에서 그 뜻을 알고 해득하면 이것이 뜻을 아는 것이다.

③어떤 것이 때를 아는 것인가. '이때는 적멸상寂滅想을 생각해야 한다. 이때는 수행상受行想을 생각하지 않아야 한다. 이때는 신호상愼護想을 생각해야 한다'고 하는 이것이 때를 아는 것이니, 행할 바 마땅한 때를 아는 것이다.

④어떤 것이 절제를 아는 것인가. 음식을 적게 먹어 대변이나 소변이 곧 소화되며, 드나들기와 앉고 일어나기와 걸어 다님에 절제가 있으며, 자고 깨기와 말하고 침묵하기를 간략히 하면 이것이 절제를 아는 것이다.

⑤어떤 것이 자기를 아는 것인가. 스스로 자기 몸과 뜻이 얼마나 노숙한지를 알고, 믿음·계율·들음·보시·슬기·앎·이르름·들어감의 깊고 얕음과 두텁고 엷은 일들을 스스로 알면 이것이 자기를 아는 것이다.

⑥어떤 것이 대중을 아는 것인가. 그 대중이 군자인가, 혹은 살림꾼인가, 혹은 범지梵志인가, 혹은 사문인가를 알고, 혹 때로는 그들에

게 가서 앉고 서기와 말하고 침묵하기를 마땅히 하여 그때의 마땅함을 따를 줄 알면 이것이 대중을 아는 것이다.

⑦ 어떤 것이 사람을 아는 것인가. 만일 어떤 두 사람이 있는데, 한 사람은 도道를 믿고 한 사람은 도를 믿지 않으면 도를 믿는 사람은 칭찬할 만하며, 도를 믿지 않는 사람은 칭찬할 수 없다. 도를 믿음에는 두 가지 무리가 있으니 한 사람은 자주 도량에 나아가 사문沙門을 즐겨하고, 한 사람은 자주 도량에 나아가지 않아 사문에 대한 지혜가 없으면 자주 나아가는 사람은 칭찬할 만하며, 자주 나아가지 않는 사람은 칭찬할 수 없다. 칭찬에도 두 가지 무리가 있다. 한 사람은 경법經法 묻기를 즐겨하고, 한 사람은 경법 묻기를 즐겨하지 않으면 묻기를 즐겨하는 사람은 칭찬할 만하며, 묻기를 즐겨하지 않는 사람은 칭찬할 수 없다. 묻기를 즐겨함에도 두 가지가 있고 귀 기울여 들음에도 두 가지가 있으며, 법을 들어 받아지님에도 두 가지가 있고, 법을 들어 뜻을 생각함에도 두 가지가 있다. 한 사람은 경經 뜻과 같이 해석하고 법을 받아 법다이 서며, 한 사람은 경 뜻과 같이 해석하지도 않고 법을 받지도 않고 법다이 서지도 않으면 경 뜻과 같이 해석하는 사람은 칭찬할 만하고, 경 뜻과 같이 해석하지 않는 사람은 칭찬할 수 없으며, 경 뜻과 같이 해석함에도 두 가지 무리가 있다. 한 사람은 다만 자기만 편안하고 남을 편안하게 하거나 남을 많이 편안하게 하지 않으며 세간을 가엾이 여기지도 않고 천하를 이롭게 하지도 않으며, 한 사람은 능히 자기도 편안하고 남도 편안하게 하며 천하를 두루 편안하게 하고 세간을 가엾이 여기며 하늘과

사람을 이익하게 하면 비구들이여, 마땅히 분별해 알라. 그 자기도 능히 편안하고 남도 편안하게 하며 천하를 두루 편안하게 하고 세간을 가엾이 여기고 천하를 이롭고 편안하게 하는 사람은 가장 위가 되고 가장 어른이 되며 가장 높고 지극히 귀한 사람이니라. 비유하면 소젖이 타락(酪)이 되고 타락이 연유(酥)가 되며 연유가 타락 웃물이 되는 것처럼, 그런 사람은 사람 중의 사람으로서 곧 위 항렬이요 높은 항렬이며 지극히 높은 항렬이요 가장 훌륭하고 위없는 제일의 서원誓願이니라. 모든 비구는 이 두 사람의 지혜로움과 높음을 보아 '이 사람은 착하고 이 사람은 훌륭하다'고 능히 분별하여야 하나니, 이것이 사람을 아는 것이니라."

3. 『집이문족론』의 칠묘법七妙法

또 칠묘법七妙法[50]이 있다는 것은 무엇을 7이라 하는가. 답하되 (1) 지법知法, (2) 지의知義, (3) 지시知時, (4) 지량知量, (5) 지기知己, (6) 지중知衆, (7) 지보특가라유승유열知補特伽羅有勝有劣이다.

(1) 지법知法[51]이란 이른바 여래의 교법을 올바로 정지正知하는 것을 지법이라 한다.

(2) 지의知義[52]란 이른바 저들의 어의語義－이른바 여시여시如是如

---

50 七妙法(Saṅg-S. Satta sappurisa-dhammā〔Rhya D.-Seven qualities of the good;〕): 칠묘법이란 智·覺 내지 해탈·열반에 이르기 위해 향하는 법이라는 것으로 이에 7종이 있음을 말하는 것이다.

51 지법知法: 〔팔〕 Dhammaññū(Rhya D.-Knowledge of the Dhamma)

52 지의知義: 〔팔〕 Atthaññū〔Rhys D.-Knowledge of the meaning(contained in its

是[53]의 어는 여시여시의 뜻이 있다고-라고 올바로 깨달아 아는 것을 지의라 한다.

(3) 지시知時[54]란 이른바 시시是時와 비시非時-이른바 이 시時는 실로 지상止相[55]을 수행해야 하고, 이 시時는 실로 거상擧相[56]을 닦아야 하고, 이 시는 마땅히 사상捨相[57]을 수행해야 하는 등-라고 올바로 깨달아야 하는 것을 지시라고 한다.

(4) 지량知量[58]이란 이른바 여러 가지 분량-이른바 소음所飮[59]·소식所食·소상(所嘗: 제사), 혹은 행·주·좌·와, 혹은 수睡·각覺, 혹은 어語·묵默, 혹은 해로민(解勞悶: 괴로움으로부터 벗어나고 힘쓰고 고뇌하는) 등을

---

doctrines)]

53 여시여시如是如是의 어語는 이란 A. VII. 64(IV.113.)-Tassa tass' eva bhāsitassa attham̩ jānāti……, 즉 "如是如是의 해설의 attham̩를 요지了知한다……"라고 기한다. 즉 '意味'라고 해석하여도 '대상'이라 번역하여도 양자 공히 의미는 얻을 수 있다.

54 지시知時: 〔팔〕 V. Kālaññū(Rhya D.-Knowledge how to choose and keep time).

55 지상止相이란 『법결승가니론』 1357(=Saṇg.-S. II24. a.)에 지상(止相: 奢摩他相, Samatha-nimittam̩)이라고 한다. "마음의 住·不亂·不混亂 등……"이라고 주석한다.

56 거상擧相이란 준하여 동상 1358(=Saṇg.-S. II24. b.)에 책심상(策心相, Paggaha-nimittam̩)이라 칭한다. 마음의 정근·용맹·노력…… 등으로 주석한다.

57 사상捨相이란 『중집경』에는 또 Upekhānimittam̩로서 "심心의 락樂이 아니고 불락不樂이 아니며 심촉소생心觸所生의 비고비낙수非苦非樂受의 성性, 심촉소생의 비고비락의수"라고 한다.

58 지량知量: No4. IV. Mattaññū(Rhya D.-Knowledge how to be temperate)

59 소음所飮 등: 『팔리증지부』 1·7·64에는 음식飮食, 의복衣服, 와구臥具, 의약 등에 대해 설한다.

지니고 있는 분량-을 올바로 아는 것을 지량이라 한다.

(5) 지기(知已: 自知)[60]란 이른바 스스로의 덕의 다소-이른바 스스로가 소유한 믿음[61] 또는 계율, 문聞·사捨, 혹은 혜慧, 혹은 교教·증證·념念, 혹은 족성·변재[62] 등-을 올바로 깨달아 아는 것을 지기라고 한다.

(6) 지중知衆[63]이란 이른바 중회의 승열勝劣-이른바 이 사람은 찰제리중이다. 이 사람은 바라문중이다. 이 사람은 장자중[64]이다. 이 사람은 거사중이다. 이 사람은 사문중이다. 이 사람은 외도중外道衆이다. 나는 이 가운데서 마땅히 이와 같이 행해야 하고, 이와 같이 주해야 하고, 이와 같이 앉아야 하고, 이와 같이 말해야 하고, 이와 같이 침묵해야 하는 등-이라고 올바로 분명히 아는 것을 지중이라 한다.

(7) 지보특가라유승유열[65]이란 이른바 보특가라(補特伽羅: 사람)의 덕행의 승열勝劣-이른바 이와 같은 보특가라는 이와 같은 덕행의 승勝

---

60 지기(知已: 自知): 〔팔〕 No3. Attaññū(Rhys D.-Knowiedge of self).

61 신信 등: 『팔리증지부』 1 동상에는 Saddhā, Sīla, Suta, Cāga, Paññā, 즉 지금과 같은 신계문시(信戒聞施: 捨) 및 혜慧의 5와 지금의 최후의 변재 Paṭibhāna의 6만 나온다.

62 변재辯才: 〔팔〕, Paṭibhāna=readiness or confidence of speech.

63 지중知衆: 〔팔〕. No.6. Parisaññū(Rhya D.-Knowledge of groups of persons).

64 장자중長者衆 및 거사중에 해당하는 것: 『팔리증지부』 1, 7·64에는 오직 Gahapatiparisā만 기술한다(전륜왕의 칠보중, 거사보居士寶는 이 자를 씀).

65 지보특가라유승유열知補特伽羅有勝有劣: Saṇg.-S. Puggalaññū(Rhya D.-Knowledge of individuals). 『팔리증지부』 1, 7·64에서는 "2종의 보특가라가 있다. (1) 성스러운 것을 보려고 하고, (2) 보려고 하지 않는다. 그 보려고 하는 것에 또한 2가 있다. 첫째 정법을 들으려고 하고, 둘째 들으려고 하지 않는……" 등이라고 수단계의 인을 구별(人別)을 하여 거명擧明·해설한다.

혹은 열劣이 있다-고 올바로 아는 것을 지보특가라유승유열이라 한다. 이와 같은 7종을 들어 묘법妙法이라 한다.

묘법妙法의 의의: 묻기를, 무엇 때문에 이 7을 묘법[66]이라 하는가. 답하기를, 묘妙[67]란 이른바 선사善士[68]이다. 이것은 그것이 법이므로 묘법이라 한다. 이른바 이 모든 법은 선사의 주변에서 얻고 증득해야 한다. 이것을 저 선사가 현재 지니고 있기 때문에 묘법이라 한다.[69]

제4절 칠지 중의 이지二知

여기에서는 칠지설七知說 가운데 법담의 방법으로서 가장 중요하고, 또 붓다의 실제적 법담에 있어서 특히 종횡무애하게 적용된 끝부분의 지중知衆과 지인근知人根에 대해서 살펴보기로 하겠다.

1. 지중

지중知衆이란 피법담가의 심리적 상황을 이해하는 것이다. 붓다 시대의 인도인들은 이미 그 종족으로부터 보거나 계급으로 보거나 직업 또는 지식 정도로 보거나 제각각이어서, 그 종족·계급·직업의 차이에 기초하여 그들의 사회적 생활양식이 준별되고 있었다. 그리하여 불교의 입장에서 보면 당시의 인도인은 일반의 미신자未信者와 재가신자와

66 묘법妙法: Satpuruṣa-dharma(Sappurisa-dhamma).

67 묘妙: Satpuruṣa(Sappurisa).

68 선사善士: Satpuruṣa(Sappurisa).

69 『아미달마집이문족론』 권제17.

출가신자의 3부류로 나누어지고 있었다. 그런데 이들 천차만별의 환경에 매어 있는 사람들에 대하여 붓다가 발휘하신 설법과 법담교화의 기능은 실로 놀랍지 않을 수 없는 것이다. 이제 이들의 실례를 모두 열거할 여유는 없지만, 가장 특색 있는 몇 가지만 살펴보기로 하겠다.

1) 치국의 요도

붓다는 왕족에 대해서는 언제나 치국治國의 요도로서 정법正法 존중과 상하 화합을 설하셨다. 예컨대 마갈타국의 아사세 왕이 처음 부처님을 방문하여 그 가르침을 받았을 때, 붓다는 왕에 대하여 현보現報의 확실한 것과, 왕인 자는 마땅히 정법正法으로 다스려야 할 것을 설하고, 그렇게 하면 명성이 천하에 떨치고 사후에는 천상天上에 태어나 낙보樂報를 얻게 될 것이라는 뜻을 가르친 것이다.[70]

또 그 후 아사세 왕이 발지공화국을 정벌하려고 대신大臣 우행(雨行: Vassakāra)을 부처님에게 파견하여 이에 대한 붓다의 의견을 듣게 하였다. 그때 붓다는 발지 국민들이 (1) 누차 집회를 열어 국사國事를 의논하고, (2) 군신君臣이 화합하여 상하 서로 존중하고, (3) 전통적 국법을 준봉하여 함부로 바꾸지 않고, (4) 부모에 효도하고 스승에 경순하며, (5) 정조를 엄수하고, (6) 내외의 종묘宗廟를 존숭하고, (7) 사문과 지계자를 여법하게 존경하고 보호하는 등의 칠법七法을 실천하여 그 국가의 화합이 공고하기 때문에 어떠한 외적도 이것을

70 大正藏 권1. 109, 276頁, 권2. 764頁.

격파할 수는 없다고 말씀하셨다. 그리하여 아사세 왕이 품고 있던 발지국 토벌의 야심을 일시에 버리도록 함과 동시에, 건전한 이상적 국가 건설의 요체를 가르쳤던 것이다.[71]

2) 조마調馬의 예

다음에 붓다께서 상대방의 직업에 적응한 법담을 하신 예를 들어 보겠다.

왕사성에서 조마調馬를 직업으로 하는 사람이 붓다의 앞에 와서 묻기를, 아무리 광폭한 말이라도 잘 길들일 수 있는 방법이 무엇인지를 말씀드리니까, 붓다는 그 방법을 그에게 물어보셨다. 이에 대해 조마사는 유연(柔軟: 부드러움)과 추삽(麤澁: 거칠음)과 유추柔麤 중간의 3종의 방법을 말하면서 "만일 세 가지 방법으로서도 길들일 수 없는 경우에는, 이것은 나를 욕되게 하는 것이므로 그 말(馬)을 죽이고 맙니다"라고 하였다. 여기에서 붓다는 이르시기를 "자신이 사람을 조복하는 데도 역시 유柔와 추麤와 중간의 3종의 방편이 있어서, 유柔한 자에게는 선법善法을 권하여 이야기하고, 거친(麤) 자에게는 악법을 경계하여 금하도록 한다. 이렇게 해도 만일 조복할 수 없을 때에는 그것은 나를 욕되게 하는 것이므로 그를 죽이고 만다"라고 하셨다.

이 말을 듣고 놀란 조마사調馬師는 말하기를 "생명을 죽인다고 하는 것은 청정하지 않습니다. 부처님께서는 살생을 금하고 있지 않으십니까. 그런데 지금 죽인다고 하신 것은 무슨 의미입니까."라고 힐문하였

---

71 大正藏 권1. 11. 160. 176頁, 『팔리증지부』. 4. 18~20頁.

다. 이 힐문에 대하여 붓다께서는 다음과 같이 말씀하셨다.

"살생은 확실히 부정不淨하다. 그러므로 나의 법에 있어서는 생生을 죽이지 않는다. 지금 내가 말한 죽임이란 그에게 말하지 않고 가르치지 않고 훈계하지 않는 것이다. 깨달은 자에게 가르침을 받지 않는다고 하는 것은 그 사람에게 있어서 정신적인 죽음이 아닌가."

이 말씀을 듣고 그는 매우 감동하여, 오늘 이후 스스로 모든 악하고 선하지 못한 업業을 여읠 것을 붓다의 앞에서 맹서하였다고 한다.

3) 심전경작心田耕作

더운 어느 날, 붓다께서 마을에 들어가 농경에 종사하고 있는 바라문의 처소에서 음식을 얻으려고 하셨다. 그때 바라문은 붓다가 스스로 경작하지 않고 언제나 음식을 받아 드시는 것을 불만스럽게 생각하고 붓다를 향하여 말했다. "우리들은 모두 밭을 갈아 씨앗을 심고 음식을 먹고 있습니다. 사문 구담도 역시 경작하고 있겠지요?"라고 다소 비난하는 식으로 물었다. 이에 대해 붓다는 "확실히 그와 같다"라고 답을 하셨다. 이에 다시 바라문은 분명하게 힐문하여 말했다. "그러나 나는 아직 일찍이 사문 구담이 쟁기를 가지고 멍에를 끄는 것을 본적이 없습니다. 또 밭을 가는 것을 본 일도 없습니다. 아무쪼록 나에게 그 밭을 가는 법을 가르침 받고 싶습니다"라고 하면서 비꼬는 식의 청을 하였다. 이에 대해 붓다께서는 다음과 같이 답을 하셨다.

"여래는 신심을 종자로 삼고, 수행을 시우時雨로 삼고, 지혜를 멍에로 삼고, 참괴慚愧를 수레로 삼아 정념正念으로 스스로 수호한다. 이렇게 해서 퇴전하지 않으면 무우처無憂處에 이르러 감로(甘露: 不死果)를 얻는다.”

이 말씀을 듣고 바라문은 크게 감탄하여 이르기를, “사문 구담은 밭을 가장 잘 경작하시는 분이다”[72]라고 하였다. 이상의 예는 붓다께서 상대방의 직업에 따라 적절한 법담교화를 베푼 예이다.

4) 사회적 적응성

끝으로, 또 하나 믿음이 없는 재가자에 대하여 경제생활을 가르치신 예를 들어보겠다.

어느 날 우자야(Ujjaya)라고 하는 연소한 바라문이 있었는데, 그는 부처님에게 속인은 어떠한 법을 행해야 현세에 안락을 얻을 수 있는지를 물었다. 이에 붓다는 농경農耕·상매商賣·정무政務·서소書疏·산화算畫 등의 여러 가지 직업에서 정근하고 게을리 하지 않음으로써 스스로 생활하는 방편구족方便具足과, 소유의 재산을 여법하게 보존하는 수호구족守護具足과, 선우와 사귀어 도덕적 생활을 하는 선지식구족善知識具足과, 소유의 금전재물을 낭비하지 않고 인색하지도 않으며 수입과 지출이 균형을 이루는 중도적 경제생활을 하는 정명구족正命具足의 4가지 법을 가르치셨다.[73]

위와 같은 약간의 예를 비추어보아도 붓다께서는 사회의 각 계급에 걸쳐 경우에 적절한 법담을 하고, 적게는 개인과 가정에 대해서, 크게는 국가에 대하여 정치적·경제적·도덕적·종교적 지도를 해주시고 정법으로써 널리 이 세상을 밝히셨음을 알 수 있다.

---

72 『잡아함경』 권4 등.

73 대정장 권2. 23. 404頁.

2. 지인근

지인근知人根이란 상대방의 근기根機, 즉 이해능력을 이해하고 접하는 것이다. 붓다께서 상대방의 근기에 순응하여 법담활동을 펴신 것은 세계의 법담사상 실로 경탄할 사실이고, 근대에 이르러 더욱더 강조되고 있는 개성적응주의적인 서양의 카운슬링 활동이 이미 2천6백 년 전의 붓다에 의해 설해지고 또 행해지고 있었던 것이다. 붓다의 대기설법對機說法·수기개도隨器開導, 응병여약應病與藥의 예는 경전 가운데 처처에 보이는 바이지만, 이것은 개인 또는 집단적으로 응용되는 법담학적 의미를 갖는 경우도 수없이 많은 것인데, 여기서는 단지 한두 가지의 예를 드는 것으로 그치고자 한다.

1) 선생善生 부인의 경우

저 유명한 급고독장자給孤獨長者의 아들에게 출가한 선생(善生: Sujātā: 玉耶女) 부인은, 파사익 왕의 대신大臣의 여식이었기 때문이었는지 아주 교만하고 그 양친과 남편에 대해서도 순종하지 않고, 그 가족이 신봉하는 삼보三寶에 대해서도 전혀 숭경의 생각이 없었다. 이 때문에 장자는 이것을 걱정하여 부처님을 그의 집으로 청하여 선생善生의 교화를 부탁하였다. 거기에서 부처님은 선생에게 서서히 세간의 부인에게 볼 수 있는 여러 가지 성격에 대해서 말씀하시고, 이를 다음과 같은 네 가지 형型으로 나누어 물어보셨다. 첫째는 남편에 대하여 모母를 닮은 부인, 둘째는 부夫를 닮은 부인, 셋째는 적賊을 닮은 부인, 넷째는 비婢를 닮은 부인이 있다. 이들 가운데 그 딸은 어디에 속하는지를 물어보셨다. 이에 선생은 충심으로 크게 참괴慚愧하고 회과悔過하여 드디어 비婢와 같이 종순한 부인으로 되고, 다시 부처님으로부터 시론施論·계론戒論·생천론生天論을 듣고 열심히 삼보에의 귀의자가 되었다.[74]

2) 천차만별의 제자와 신자들

실로 재가와 출가에 걸친 붓다의 교단 내에는 성격으로 보나 지능으로 보나 천차만별의 사람들을 포용하고 있었다. 붓다께서는 대체로 특수한 개성에 따라 법담교화하신 결과, 그 출가제자 가운데서 비구로서는 지혜제일이라고 하는 사리불, 신통 제일의 목건련, 두타행 제일의 대가섭, 천안 제일의 아나율, 설법 제일의 부루나, 분별부연 제일의 가전연, 해공 제일의 수보리, 다문 제일의 아난, 지율 제일의 우바리(Upāli)을 배출하고, 비구니로서는 지혜 제일의 케마(Khemā), 신통 제일의 연화색(Uppalavaṇṇā) 등과 비구와 똑같은 여러 가지 특징 있는 장로長老들을 배출하였다. 또 재가제자에 있어서는 수달 장자로 하여금 보시 제일, 치타 장자로 하여금 설법 또는 지혜 제일, 하다카 장자로 하여금 사섭사四攝事 제일, 비사거 부인으로 하여금 보시 제일, 구수다라 부인으로 하여금 다문多聞 제일, 웃다라난다모로 하여금 선정禪定 제일이 되도록 인도해 주셨다.

---

74 대정장 권2, 820, 860頁.

3. 선교방편으로서의 칠지七知

붓다의 개성個性 계발의 법담에 의해서 이러한 특수한 능력을 발휘한 다른 불제자를 열거하자면 한이 없다. 특히 일문불통一文不通의 무학無學으로 들은 법도 곧바로 잊어버린다고 하는 근기, 즉 이해능력이 극히 암둔한 주리반특 같은 사람이 붓다의 특수한 번뇌를 털어버리는 가르침을 받고서 점차적으로 깨달음에 이를 수 있었다고 하는 것은 전적으로 그 수기개도隨器開導 또는 응병여약의 묘용妙用의 결과라고 볼 수 있는 것이다.[75]

요컨대 지중知衆과 지인근知人根이란 사람들의 개성과 이해능력을 모두 알고 난 후 그 상황에 적응하여 그들을 최고의 이상 경지에 도달케 하는 법담의 실제적인 방법이고, 불교의 가장 중요시하는 것으로서의 선교방편이다. 불교에 경전의 종류와 부수가 많은 이유 또는 근본불교가 많은 종파로 분열한 이유도 주로 여기에 있다고 볼 수 있다. 법담에 있어서 이러한 유효적절한 당당한 방법이 2천6백년에 걸친 불교 법담가를 통하여 운용되었다고 하는 것은, 결국은 붓다의 자각自覺에 기초한 자비사상으로부터 흘러나온 법담으로부터 비롯된 것이라 볼 수 있는 것이다.

---

75 羽溪了諦, 전게서, pp.292~300.

제3장 붓다의 인간관

제1절 중생으로서의 인간

1. 인간의 의미

1) 인간의 개념

불교에서는 인간을 포함한 모든 존재는 인연소생 내지 연이생緣已生으로, 이를 간략히 '연생緣生'이라고 하듯이 연緣에 의해 생긴 것으로 본다. 구체적으로는 육체적 요소인 '색色'과 정신적 요소인 '수受·상想·행行·식識'의 다섯 가지 요소가 임시로 모여진 존재체, 즉 오온가화합五蘊假和合이라고 보는 것이 기본적인 불교의 인간관을 나타내고 있다. 불전에서 '인간'이라고 한역되는 원어는 10여 개의 언어를 들고 있지만 주된 것을 보면 다음과 같다.

① 첫째, 초기불교에서 등장하는 윤회하고 있는 오취五趣 내지 육도六道의 하나로서의 '사람이 사는 곳', '세상 가운데'라고 하는 인간계의

의미로서의 마누샤(manuṣya)는 오취의 하나로 manuṣya-loka, 즉 '사람의 세계'라는 의미를 나타낸다. 산스크리트 문헌 가운데서 인간을 나타내는 대표적인 manuṣya의 용어는 man(생각하다)라는 동사에서 유래하고 '생각하는 자'라고 하는 의미를 가지며 오취의 하나로서 위치 지워지지만, 다른 생물과의 차이를 동시에 나타내고 있다.

②둘째, 중생衆生·유정有情의 의미가 있다. 인도 후기의 불교사상에서는 인간을 아我·영혼·개인의 의미로부터 중생·유정이라고 한역되는 pudgala 및 sattva의 용어가 등장한다. sattva는 sañj(집착하다)라고 하는 어원으로부터 생기고, 유정(有情: 집착하는 자)으로 번역된다고 하는 견해와, as(있다)라고 하는 동사로부터 생기고 sat(존재하다)에 접미어 tva가 더해져 생긴 말로서 중생(존재하는 것, 살아 있는 모든 것)으로 한역되었다고 보는 견해가 있다. 그리고 대승불교 사상의 보살인 bodhi-sattva는 집착하는 것으로부터의 깨달음(覺: bodhi)이라고 하는 말에 중생이라는 sattva를 접합시킨 말이다.

③셋째, 범부凡夫의 의미이다. 정토교에서는 인간을 범부라고 부른다. 범부는 pṛthag-jana의 번역어로, 이생異生이라고도 한다. 사제四諦의 도리를 알지 못하는 범용凡庸한 사부士夫, 어리석은 자라는 의미이다. 정토교에서는 어리석은 자라고 하는 범부의 의미를 인간 존재를 응시하는 입장에서 보는 것이다.[76]

76 古田紹欽 外3人 監修, 『佛教大事典』, 小學館, 1988, p.772.

2) 인간이라고 하는 명칭과 업인業因

인간이란 범어 manuṣya의 번역어로 팔리어는 manussa 또는 manussaloka이다. 또 인간계人間界·인계人界·인취人趣·인도人道 혹은 단지 인人이라고도 한다. 즉 사람이 거주하는 계역界域을 말한다. 『장아함』 제6 「전륜성왕수행경」에 "한때 붓다는 마라혜수에 계시면서 인간계에 유행遊行하시다"라고 하고, 동 제20 「도리천품」에는 "내가 옛적에 인간계에 있으면서 몸으로 선善을 행하고 입으로 선을 말하고 뜻으로 선을 생각하였다"라고 한다. 또 『중아함경』 제36 「문덕경」에 "천상과 인간을 칠왕래七往來하고 나면 즉 고苦의 변제(邊際: 끝)을 얻으리라"고 하는 것이 그 예이다.

인人의 명칭에 관해서는 『입세아비담론』 제6에, 총명·승勝·의미세意微細·정각正覺·지혜증상智慧增上·능별허실能別虛實·성도정기聖道正器·총혜업소생聰慧業所生의 여덟 가지 뜻이 있으므로 인도人道를 설하여 '마누샤'라 이름한다고 한다. 또 『대비바사론』 제172에서는 많은 설을 하는 가운데 능히 뜻(意)으로서 짓는 바의 것을 사유 관찰하므로 '마누샤'라 한다고 하고, 또 『대반열반경』 제18에서는 능히 많은 뜻을 생각하므로 신구身口가 유연하고 교만하며 또 능히 교만을 파하므로 사람(人)이라 이름한다고 한다. 또 『잡아함경』 제13·『대품반야경』 제2 등에는 사람(人)을 아(我: ātman)의 다른 이름의 하나라고 한다.

또 인간의 생生을 받는 업인業因에 관해 『잡아함경』 제37에서는 10불선업十不善業을 행하면 지옥에 태어나고 만일 인계에 태어나면 여러 가지 어려움을 받으며, 또 10선업을 행하면 천상에 태어나고 만일 인계에 태어나면 이들의 난難을 면한다고 한다. 『신화엄경』

제35에 설하는 것 또한 대체로 이와 같다. 또 『불위수가장자설업보차별경』에서는 10선업에서 모자라는 것이 있어 완전하지 못하면 인취人趣의 보報를 받는다고 설한다.[77]

2. 중생(유정)의 의미

1) 중생

중생衆生은 범어 jantu(bahu-) jana, jagat, sattva의 번역어로, sattva는 유정有情 또는 함식含識 등으로도 번역된다. 이것들은 $\sqrt{\text{jan}}$ (태어나다), $\sqrt{\text{gā}}$ (움직이다), $\sqrt{\text{as}}$ (있다, 존재하다)를 어원으로 하는 말로서 '생명을 가지고 존재하는 것'을 나타내며, '마음을 갖는 것'으로 해석된다. 즉 중생이란 정식情識이 있는 생물을 말한다. 중생은 구역이고 유정有情은 신역이다. 혹은 bhūjāna를 번역하여 중생이라 하기도 한다. 중생의 자의字義에는 무리지어 함께 살기 때문에 중생이라 한다고 하고, 혹은 중다衆多의 생사를 받기 때문에 중생이라고 하며, 혹은 중연衆緣 화합하여 태어나기 때문에 중생이라 한다는 설도 있다.[78] 이것은 산천초목을 제하고 살아 있는 모든 생물체를 의미하고, 반드시 인간만이 아니라 동물이나 지옥·아귀·아수라·천 등도 포함된 개념이다. 다만 일반적인 용어법으로서는 미혹의 세계에 생존하는 것을 가리키고, 붓다나 아라한 등의 각자覺者는 이 가운데서 제외되는 경우가 많다.

---

77 『望月佛教大辭典』, pp.4108~4109.

78 龍谷, p.2461.

2) 유정

불교에서는 인간을 중생 또는 유정(有情: aṣṭan duḥkhatāh)이라고 부른다. 『상응부』 제23, 2, 2경에서는 다음과 같이 설하고 있다.

> "유정有情이라 하는 것은 왜 유정이라 하는 것인가.(satto satto ti vuccati/kittāvatā nu kho bhante satto ti vuccatītī//) 색色·수受·상想·행行·식識의 오온五蘊에 대해 욕(欲: chanda)이 있고, 탐(貪: rāga)이 있고, 희(喜: nandi)가 있고, 갈애(渴愛: taṇhā)가 있고, 거기에 집착하고 염착染著하기 때문에 유정(satto, visatto tasmā satto)이라 한다."[79]

이 해석은 남방 논부인 『청정도론清淨道論』(Visuddhimagga)에서도 그대로 볼 수 있다.

> "유정이란 색色 등의 제온(諸蘊: 모임)에 대하여 욕탐을 가지고 집착하고 염착하고 있기 때문에 유정이다(chandarāgena sattāvisattā ti sattā)."[80]

위의 해석은 불교에서 말하는 인간을 구체적으로 파악하고 있다고 보아도 좋다. 초기불교의 경전에서는 설하기를 "왜 그대는 유정(중생)이라고 하는가. 오온五蘊이 있음으로 해서 유정이라고 하는 이름이

79 SN.III, p.190.

80 Visuddhimagga, I, p.310.

있다(evaṁ khandhesu santesu hoti satto ti sammuti)."[81]라고 하지만, 그렇다 해도 그 참뜻은 오온 그 자체를 중생이라고 하는 것이 아니라, '오온이 있음으로서 중생이라고 하는 이름이 있다'고 하는 곳에 불교의 본질적인 의미가 있다고 보지 않으면 안 된다. 그러면 우리들 유정은 무엇에 대해 무엇을 염착하고 집착하는 것인가. 그것은 앞서의 『상응부』 경전에서 설하는 바와 같이 그 대상은 오온에 대한 것이고, 오온에 대하여 무엇을 욕탐하고 집착하는가 하면 오온이 무상無常·고苦·무아無我인 것에 대하여 "상常이다, 아我이다"라고 집착하는 데 있는 것을 말하는 것이다.

3) 오온과 유정

아함경에 있어서 오온五蘊은 십이지연기 중 명색名色의 다른 이름이라고 해석하고 있다.[82] 색(色: 신체)·수(受: 感受)·상(想: 상념, 판단)·행(行: 의지)·식(識: 의식)이라고 하는 다섯 가지 온(蘊: 모임) 가운데서 색色은 사대(地·水·火·風) 및 사대가 만들어내는 몸이라 하고, 수受·상想·행行·식識은 4무색온四無色蘊으로 해석된다. 그로부터 색을 육체적인 질료인質料因, 수·상·행·식을 정신적인 질료인이라 하고, 이 명색名色의 오온이 무명·갈애에 의해 구체적인 유정의 개체를 형성한다고 보고 있다.

---

81 SN.I, p.135.

82 五蘊論에 관하여 우리들은 先人學者들의 훌륭한 업적을 가지고 있다. 和辻哲郎 博士의 『原始佛教の實踐哲學』 및 赤沼智善 教授의 『原始佛教之研究』 중의 五蘊에 관한 論攷 참조.

그러나 오온을 설한 경에서 다루는 중심적인 과제는 어디까지나 오온의 무상·고·무아의 문제이다. 그리고 그것은 추상적인 일체법보다도 구체적인 우리들 인간의 개체를 문제로 하고 있다. 색(色: 내지 識)은 무상하다. 무상한 것은 고苦이고 고인 것은 무아無我이다. 무아인 것은 나의 것이 아니고, 나가 아니며, 나의 아(我: attā)도 아니다"[83]라고 한다. 이것은 오온이 온蘊이라고 하는 바와 같이 다섯 가지 요소가 화합하여 유정의 개체를 구성하고 있는 것이기 때문에 거기에는 당연히 '나의 아我'라고 하는 것과 같은 실체적인 존재는 생각할 수 없는 것이다.

그리고 『청정도론』에 의하면, 비유컨대 부분들이 모여 차車라고 하는 말이 있는 것처럼, 그와 같이 제온諸蘊이 있을 때 유정이라고 하는 가명假名이 있다(khandhesu santesu hoti satto ti sammutīti).[84]라고 설한다. 이것을 『상응부』의 경전에서는 설하기를 "어째서 그대는 유정이라 주장하는가. (그것은) 그대는 악마의 견해로 가는 것이다. 이것은 다만 제행諸行의 취聚이고 거기에 유정·중생은 있을 수 없다. 예컨대 제지諸支가 모여서 차車의 이름이 생기는 것과 같이, 오온이 있어서 중생이라고 하는 이름이 있다"[85]라고 설한다. 이것은 우리들에게 불교의 유정, 즉 인간의 존재를 가리키고 있는 것이다. 앞서 게시한 『청정도론』에서는 다시 이를 다음과 같이 상세히 해설하고 있다.

---

83 SN.III, pp.21~25.

84 *Visuddhimagga*, p.593.

85 SN.I, p.135G.

"줄기(幹)·가지(枝)·잎사귀(葉) 등이 하나의 것으로 형태 지워졌을 때 거기에 나무(木)라고 하는 말이 있는 것이고, 제일의적第一義的으로는 나무라고 하는 것은 존재하지 않는다. 그와 같이 오취온五取蘊이 있을 때에 유정·보특가라(人)라고 하는 말만이 있다."[86]

이 소론에 의해 유정·보특가라라고 하는 것도 결코 실체적 존재가 아니고, 그것은 어디까지나 '오취온이 있을 때 유정이라고 하는 말만이 있음'에 지나지 않았다. 이것은 불교에서 말하는 유정, 즉 인간은 일시적으로 건립된 존재자인 것을 가리키는 것이다.

3. 중생의 실존적 비유

중생은 육도六道를 윤회하며 생사를 거듭하는 존재이기 때문에 "공(鞠)과 같이 바퀴처럼 굴러 안정됨이 없다"(『보적경』 41)라고 하고, 그 사이 삼계三界[87]를 벗어나올 수 없는 것, "끈에 매인 새가 끈이 다하면 또 돌아가는 것과 같은"(『지도론』 75) 것으로 비유된다. 그간 중생은 생맹生盲과 같이 올바른 도道를 알지 못하고 헤매 다니며(『팔십화엄』 4·72·77), "선善을 알지 못하는 것이 야수와 다름이 없다"(『잡아함』 25), 군우群牛와 같이 수초水草를 즐겨 그 몸을 장양長養한다 하더라도 호랑이·악수惡獸에게 먹혀버리는 것처럼 어리석다(『출요』 2). 그것은 중생이 무명·번뇌에 매여 염오되어 있기 때문이고, 그것이 감옥에

86 *Visuddhimagga*, p.594.

87 欲·色·無色界의 것으로 輪廻轉生하는 세계 모두를 말함.

유폐되어 있는 죄 있는 사람(『출요』 24), 멍에에 매여 있는 소(牛)(『출요』 5), 그물에 걸려 든 물고기(『출요』 5), 욕망에 부림을 당하고 있는 머슴(『대집경』 35)으로 비유되고 있다(『불퇴전륜경』 2). 또 중생은 "눈이 어두워 보는 눈이 없고, 크게 험한 길에 들어가 모든 번뇌 때문에 얽히고 매여 중병 든 사람이 항상 고통을 받는"(『팔십화엄』 19) 것처럼 괴로움의 존재이다. 그뿐만이 아니라 "중생은 상견相見하고 상쇄相殺를 하고 싶은 것 또한 엽사獵師가 사슴의 무리를 노리는 것과 같다"(『장아함』 6)라고도 설하고 있다.

이와 같은 중생이 하나의 수미산 세계에 충만한 것은 "한 그릇(一器) 속에 백의 모기와 파리를 모아 놓으니 훌쩍이며 어지러이 울부짖어" 미쳐 시끄러운 것과 같다고 한다(『능엄경』 5). 이것이 삼천대천세계[88] 라도 되면 도저히 수數를 가지고 계산할 수가 없는 것이고, 따라서 대해大海·허공·항사恒沙에 비유되고(『지도론』 5·64, 『장엄경론』 7), 때로는 '중생해衆生海'라고 표현하며(『팔십화엄』 6·42·62, 『대집경』 46), '사해四海'가 일체중생 그 자체를 나타내는 경우도 있다(『관정경』 12). 이와 같이 무수한 중생도 불이나 보살은 부모·형제·친척·한 자녀처럼 자애롭게 길러 주시고(『대반야』 566, 『팔십화엄』 75, 『법화경』 2), '일체중생의 밭(田)'으로서 경작하여 공덕을 심게 하신다(『팔십화엄』 78).

그러나 모든 것은 연기에 의해 성립되고 공空하지 않은 것이 없다고 보는 대승불교의 입장에서는 궁극적으로 "중생도 또한 공한 것, 예컨대

---

88 1世界가 10억 모인 것.

여러 가지 채색을 가지고 허공에 그리려고 하는 것과 같다"(『지도론』 64), "중생은 환幻과 같고 그림자와 같으며 연緣에 따라 발생한다"(『입능가경』 1), "중생은 환화幻化이고, 모두 이것들은 허구이고 가짜이며 공중의 꽃과 같다"(『인왕반야경』 上)라고 관하지 않으면 안 된다. 『유마경』에서는 다시 보살이 중생을 관하는 것이 이와 같다고 하여 환인幻人·수중월水中月·경중상鏡中像·열시염熱時焰·향響·운雲·수취말水聚沫·수상포水上泡·파초芭蕉의 견堅[89]·전電의 구주久住 등을 들어 비유하고 있다(『유마경』 권中).[90]

제2절 붓다의 업설業說과 윤회하는 인간

1. 붓다의 업사상

1) 붓다의 업설

업(業: karma)은 행하는 것 또는 짓는 것으로, 행위와 그 행위의 여력余力이라고 볼 수 있다. 행위는 그때 그 순간의 일시적인 것이 아니라 그것이 하나의 힘으로 되어 이후의 일이나 다음의 성격을 규정하는 것이다. 말하자면 생명이 자기 창조를 영위하는 내적 규정인 것이다. 업에는 사회적인 공업共業과 개인적인 불공업不共業이 있다. 개인적인 업사상이 성립되기 위해서는 선인낙과善因樂果 악인고과惡因苦果라고 하는 인과설이 인정되어야 하고, 그 인과를 연결시키는 어떤 세력의

89 芭蕉의 堅이라는 것은 있을 수 없는 것을 의미한다.

90 森章司, 『佛教比喩例話辭典』, 東京堂, 昭和62, pp.222~223 참조.

존재를 인정하며, 인因과 과果의 사이에 인격적인 동일성이 존재하는 것을 인정하지 않으면 안 된다.

『증지부』 3·135에서는 "비구들이여, 대저 현세에서 응공應供·정등각자正等覺者이신 세존은 업론자業論者·업과론자業果論者·정진론자精進論者이다"라고 말한다. 이와 같이 붓다는 업론자이고 의욕과 노력을 존중하는 정진론자였다. 또 『상응부』 12·18에서 볼 수 있는 바와 같이 붓다는 "고락은 스스로 짓는 것도 아니고 다른 이가 짓는 것도 아니니, 이러한 이변二邊을 여읜 가운데서 법을 설한다"라고 해서 중도연기설을 보여주고 있다. 그 행위(作)는 업業에 다름 아닌 것이다. 즉 스스로의 업이 주체적으로 고락을 생기게 하는 연緣으로 되고 있는 것이다.

대저 의지의 작용은 대상을 향하여 자유로이 선택할 수 있는 세력을 가지고 있다. 따라서 붓다는 업을 내면적인 의지의 작용, 즉 사思라고 보고 있는 것이다. 그러므로 붓다의 업설은 의업意業에 무게를 두고 있던 것임을 알 수 있다. 또 붓다는 악업惡業에도 업이라는 용어를 쓰신 것에서 붓다의 업사상은 결과론이나 동기론에 같은 무게를 두고 있었던 것을 알 수 있다.

그리고 붓다의 업사상은 연기무아설緣起無我說과 연관시켜 이해하는 것이 좋다. 연기설은 인생이 얼마나 괴로운 것인지, 또 고苦를 멸하여 얼마나 뜻있는 생활을 할 수 있는지를 그 상호관계를 살펴 조직된 체계이다. 심식心識이 행위를 지음과 동시에 행위 생활이 마음을 지어가는 것이다. 요컨대 붓다의 업설은 결코 숙작인설宿作因說이 아니라, 자유의지를 인정하고 책임의 소재를 분명히 하며, 그 업은 항상 유동하는 모습으로 볼 수도 있고, 신구의身口意의 삼업 가운데 의업을 중시하고 결과보다도 동기를 중시하는 것이었다.[91]

2) 윤회전생의 가르침

『아라바카경』(Āḷavaka-sutta)에 의하면, 붓다께서 아라바카 야차夜叉의 거처에 머물고 계실 때, 야차가 붓다에게 어떻게 하면 현세로부터 내세로 향해 갈 때 걱정이 없겠습니까? 하고 묻는다. 이에 대해 붓다는 "신앙심이 있는 생활을 하는 재가자는 어떠한 자라도 진실(sacca)·진리(dhamma)·견고(dhiti)·보시(cāga)의 네 가지 법(dhamma)을 지닌 자는 내세에 걱정이 없다"[92]라고 설한다. 또 붓다가 담미카(Dhammika)라고 하는 재가자에게 설한 『담미카경』에서는 설하기를 "의무에 따라서 부모를 효양하는 것이 좋다. 그대는 올바른 장사를 하라. 이와 같이 노력하여 게으름이 없는 재가자는 (사후死後에) 스스로 빛을 발하는 자(sayampabha)라고 하는 신神들에게로 간다"[93]고 하는 시구詩句로 맺고 있다. 여기에서 붓다가 윤회전생을 설한 것은 출가하지 않은 재가자를 대상으로 한 경우이다.

그런데 『사경』(蛇經: Uraga-sutta)을 보면 수행을 쌓은 비구는 뱀이 허물을 벗는 것처럼 "이 세상과 저 세상을 버린다"(jahāti orapāram)고 반복하는 17시구가 있다.[94] 또 사문은 "…… 이 세계와 저 세계를

---

91 大日方大乘, 佛教醫學の研究, 風間書房, 昭和40, pp.501~503 참조.

92 SN. 185.

93 SN. 404. SN.의 注 paramatthajotikā에서는 육욕천六欲天의 전부를 총칭하는 것을 지적하고 있다(中村元譯, ブッタのことば, 岩波文庫, p.228).

알고 생사生死를 벗어난 자"라고 한다.[95] 그리고 "이 세상에도 혹은 저 세상에도 붙들려 있지 않은 여래"라고도 한다.[96] "그러나 집착하는 자는 이 세상의 존재와 다른 세상의 존재에 붙들려 있어 윤회를 초월하지 못한다."[97] "윤회를 식별하고 생生을 멸한 자"를 붓다(佛陀)라고 한다.

그리고 윤회의 초월은 윤회 그 자체의 부정이라고 하는 형식으로 나타난다. 예컨대 『법구경』에서 "마치 대지와도 같이 장애를 받지 않고, 마을의 입구에 놓인 석판石板과 같이 다소곳하고, 흙탕물 없는 호수와도 같이 (맑아) 있는 그와 같은 자에게는 윤회가 없다."[98] "다시 모태母胎에 깃들지 않는다"[99]고 하는 표현도 인정되고, "지자(智者: vidvat)인 성자(ariya)는 모태로 향해 가지 않는다(naupeti gabbhaseyyam)."[100] 이와 같이 해서 초기불교가 도달한 윤회전생관은 무명無明에 의해 윤회전생이 나타나고, 명明에 의해 재생再生, 즉 다시 태어나지 않는다고 하는 것이었다.[101]

---

94 SN. 1~17.

95 SN. 520(*Sabhiya-sutta*). 여기에서 이 세상과 저 세상은 이 세상과 저 천상세계를 말하는 것일 것이다. 육도 윤회를 벗어나야 생사초월이 되기 때문이다.

96 SN. 470. cf. 517.

97 SN. 752, 746, 519, 517. 또 DN. 1, 54, III. 206; MN. I, 81; SM. II, 178 ff; etc.

98 Dhp. 95.

99 SN. 192.

100 SN. 533.

101 SN. 729, 730. 이 詩句는 '業을 如實하게 보는 그들은 緣起를 보는 자들이다'(SN.

3) 환생還生하지 않는 경우

이 세상의 존재와 저 세상의 존재에 반복하여 생사윤회하는 자들은 무명無明으로만 돌아가는 귀취歸趣가 있다. 실로 이 무명(avidyā)은 커다란 무지無知이고 이 무명에 의해 이 기나긴 여정을 윤회하고 있는 것이다. 그러나 명(明: vidyā)에 도달한 깨어 있는 자들은 태어날(再生) 일이 없다. 『숫타니파타』에서는 비구에게 "그는 재생하지 않는다(n' atthi tassa punabbhavo)"[102], 혹은 "재생이 멸진한 자(khīṇapunabbhavo)"[103]라고 한다.

다시 태어나지 않는 것을 부정하는 경우의 붓다가 설한 표현에는 두 가지 형식을 인정할 수 있다. 그 하나는 붓다가 마가 청년에게 가르쳐 주신 것으로, "이것이 최후(의 生)이다. 재생은 없다. 이와 같이 있는 그대로 이 세상에서 아는 자들은 ……." 둘째는 바라도바쟈·순다리카 바라도바쟈·사비야·세라 등의 장로들이 그것을 깨닫고 성자聖者로 되었다고 하는 것이다. 즉 "생生은 멸진하였다. 범행梵行은 성취되었다. 해야 할 일은 이루어 마쳤다. 다시 이러한 상태로 되지 않는다고 깨달았다." 이것은 현세가 최후의 생生이고 다시는 후의 생을 받지 않는다고 하는 것이 붓다의 기본적 입장이다.

『승리경』(勝利經, Vijaya-sutta)에 다음과 같은 시구가 있다. "현세에서 탐욕을 여의고 지혜 있는 저 비구는 불사不死·적정寂靜·불멸不滅의 열반의 경지에 도달하였다." 『숫타니파타』에서는 또 "적멸(nirodha)을

653, 654)라고 하는 業-緣起觀과 관련시켜 볼 수가 있다.

102 SN. 163, 746, cf. 162.

103 SN. 514, 656.

알고 있지 못한 살아 있는 자들은 재생再生으로 향해 가는 자이다"[104], "적멸에서 해방되어 있는 자들은 사死를 놓아버린 자이다"[105]라고 설한다.

『숫타니파타』를 중심으로 불교에 있어서의 초기의 윤회사상을 검토한 결과 알 수 있는 것은 대체로 다음과 같은 것이다.

첫째, 불교는 궁극적으로 윤회를 벗어나서 재생하지 않는다고 하는 입장을 명확히 하고 있다. 고古우파니샤드에서는 브라흐만의 세계에 도달하는 자는 재생하지 않는다고 설하는 데 대해, 불교에서는 현세에서 업業이 다한 자는 다시 태어나지 않는다고 설한다.

둘째, 궁극적으로는 윤회전생輪廻轉生을 벗어나는 것에 있지만, 그것은 어디까지나 윤회전생을 전제로 하는 것이다. 무명無明에 의해 윤회전생이 있고, 명明에 의해 윤회전생이 없다고 하는 것이 붓다의 윤회관이었다고 볼 수 있다.[106]

2. 붓다의 업설과 윤회와의 관계

1) 계정혜 삼학의 도덕성

붓다는 업사상을 가지고 윤회사상의 주체로 삼고 그 인과관계를 가지고 환공幻空인 현상계에 있어서의 유일한 원리라고 설하셨다. "업에

---

104 SN. 754. nirodha는 注에서는 nibbāna의 의미라고 한다.

105 SN. 755.

106 日本佛教學會編,『佛教における生死の問題』, 平樂寺書店, 1981, pp.63~68 참조.

의해 세계는 규정되고 업에 의해 인간은 규정된다. 차축이 차륜을 굴리는 것과 같이 일체 모든 것은 업 때문에 윤회하는 것이다."[107] 그러므로 이 업은 유일한 우주적 규율이고, 세계도 인간도 기타 일체만물 모두가 이 업력業力 아래 복종되어 있는 것이다.

불교는 철두철미 도덕적 종교이다. 이것은 계·정·혜의 삼학이 불교의 수행법에 있어서 중추를 이루고 있는 것으로도 알 수 있다. 또 도덕심을 행하는 것은 진지眞知를 얻기 위한 방편이 아니라 도덕심 그 자체가 열반의 문으로 들어가게 되는 직도直道이기 때문이다. 그러나 그 도덕심을 닦는 것은 탐진치貪瞋癡의 삼독 번뇌를 단절하여 업의 근본인 무명을 멸진시키려고 하는 것이다. 무명번뇌를 멸진하면 업화業火는 자연히 소멸되지 않을 수 없다. 이렇게 해서 현세에 있어서의 일체 모든 규정을 벗어난 안온열반安穩涅槃의 경지에 들 수가 있는 것이다.[108]

2) 업의 상속자의 자각

붓다는 유행자 푼나에게 이르시기를 "나는 '유정은 업의 상속자이다'라고 설한다"(kammadāyādā sattā ti vadāmi P'ahaṃ Puṇṇa)[109]라고 가르치고 있다. 거기에서는 예컨대 에업恚業을 행하면 유에계有恚界에 태어나고 그 계界의 고수苦受를 받는다고 하는 설명이 따르고 있다. 또 악업을 행하는 자는 지옥 또는 뱀이나 백족百足 등의 사행蛇行 축생으로 떨어진

---

107 Majjihima-nikâya. 98. Vâvâseṭṭho(Vol. II. p.627)

108 羽溪了諦, 『釋尊の研究』, 丙午出版社, 明治43年, pp.110~113.

109 M. I, p.390 cf. Kv. p.522.

다고 하는 「사행蛇行의 법문」에서 "비구들이여, 유정은 업을 소유하고, 업을 상속하고, 업을 모태로 하고, 업을 친족으로 하고, 업을 의지처로 하고, 선악의 업을 지어 그의 상속자로 된다"[110]라고 설한다.

그런데 위 글의 "선악의 업을 지어 운운" 대신에 "업은 유정을 분별하여 우열優劣의 성性을 정한다"고 하는 교설도 있다.[111] 앞서의 「사행의 법문」에서 설한 업의 상속자에 관한 글을 팔리 불전에서는 누누이 설하고 있고, 특히 오처五處의 관찰 제5의 내용으로도 되어 있다.[112] 오처五處의 관찰이란 출가·재가, 남·여를 불문하고 노老와 병病과 사死와 소애가의所愛可意와 업業의 다섯을 관찰하는 것이다. 『숫타니파타』의 시구에서는 다음과 같이 설한다.[113]

"136. 태어남에 의해서 천한 사람으로 되는 것이 아니다. 행위에 의해서 천한 사람으로도 되고, 행위에 의해서 바라문으로도 된다."

"462. 태어남을 묻지 말라. 행을 물어라. 불은 실로 모든 땔나무 거리로부터 생긴다. 천한 집에 태어난 사람이라도 성자로서 도심道心이 견고하고, 참괴의 마음으로 조심하면 고귀한 사람으로 된다."

인간존재의 자각이 붓다가 설하는 업론에 기초하여 이루어질 때

---

110 kammassako'mhi kammadāyādo kammayoni kammabandhu kammapaṭi-saraṇo, yaṃ kammaṃ karissāmi kalyāṇaṃ vā pāpakaṃ vā, tassa dāyādo bhavissāmi ti, A. V, p.288.

111 M. III, p.203.

112 A. III, p.72.

113 中村元 역, 『ブッダのことば』, 岩波文庫의 業 관련 내용.

자기가 업의 상속자라고 깨닫게 되는 것은 중요하다. 업의 상속자라고 하는 것은 실은 윤회의 존재자라고 하는 것이기 때문이다. 붓다의 교화를 받은 불제자들은 그 가르침대로 업의 상속자인 자각을 깊이 해갔다. 조티다사(Jotidāsa) 장로는 말한다. "사람이 만일 선악의 업을 행하면 그는 하나하나 행한 업의 상속자로 된다."[114] 또 마하카차야나(Mahākaccāyana) 장로는 말한다. "사람은 타인과의 관계로 행위가 악으로 되는 것이 아니다. 사람은 스스로 그 〔악의 행위〕에 익숙해지는 것이 아니다. 왜냐하면 사람들은 업의 친족이기 때문이다."[115]

여기에서의 업은 유전적으로도 설명되고 있다. 위의 '업의 상속자'라고 하는 자각은 마침내 붓다가 밝히는 담마(法)의 체현으로 연속된다. 그리고 제불·세존의 다름없는 "그것"에 의해서 깨달은 "담마의 상속자"라고 하는 자각이 생기게 된다.

3) 법法의 상속자로 되라

팔리 불전에서 법신法身[116]이라고 하는 용어가 나오는 곳에 여래에의 불괴不壞의 신심을 지닌 불제자가 표명해야 할 말을 말하고 있다.

"바셋타여, 태어남이 다르고 이름이 다르고 성이 다르고 가문家門이

---

114 yaṃ karoti naro kammaṃ kalyāṇaṃ yadi pāpakaṃ, tassa tass'eva dāyādo yaṃ yaṃ kammaṃpakubbatī ti., Therag. 144.

115 na parass'upanidhāya kammaṃ maccassa pāpakam, attanātaṃ na saveyyā, kammabandhū hi mātiyā, Therag. 496.

116 법이라고 하는 身體, 법의 신체화라고 하는 것, dhammakāya.

다른 그대들은 세속의 생활을 버리고 출가하였다. '그대들은 어떤 자인가'라고 물었다면 그때 그대들은 '우리들은 석가족의 자손인 그를 따르는 사문이다'라고 답할 것이다. 바셋타여, 여래에게 믿음(信)을 두고 믿음을 뿌리박고, 믿음을 확립하고, 믿음을 굳히고, 사문·바라문·천天·마魔·범천 혹은 세간의 어떠한 자에 의해서도 믿음이 동요하지 않는 사람은 실로 이러할 것이다. '나는 세존의 아들이고, 실자實子이고, 〔그의〕 입(口)으로부터 태어나고, 법으로부터 나고, 법의 화생자化生者이며, 법의 상속자이다.'"[117]

붓다는 '법의 상속자로 되라, 재산의 상속자로 되지 말라'고 강조한다.

"비구들이여, 그대들은 나의 아들이고, 입으로부터 태어나고, 법으로부터 생기고, 법의 화생자이고, 법의 상속자이며, 재산의 상속자가 아니다."[118]
"비구들이여, 그대들은 나의 법의 상속자로 되고, 재산의 상속자로 되지 말라."[119]

---

117 "Bhagavato'mhi putto oraso mukhato jāto dhammajo dhammanimmito dhammadāyādo"ti., D. III, p.84.

118 Iv. p.101 "財의 相續者"의 '財'란 주석에서는 '利養·恭敬 등'을 가리킨다고 해석하고 있다. Itivuttaka Commentary, vols. I, II(combined reprint, 1977), p.144.

119 M. I, p.12.

'법의 상속자'라고 하는 법설은 『중부경전』에 수록되어 있다. 업의 상속자와 법의 상속자의 두 가지의 자각은 업과 법의 양자에 관해서는 정반대의 것이지만, 그러나 이들 양자의 자각에 대해서 말하면 서로 상대를 떠나서는 있을 수 없는 것이다.[120]

3. 업사상의 법담학적 의의

1) 업과 우열의 성질

『중부』 135「소업분별경」에 의하면 토데야(都提)의 자녀인 수바 유중은 붓다에게 질문하기를 "어떠한 인因·어떠한 연緣이 있어서 모든 사람들 사이에는 우열優劣의 성질이 있는가. 무슨 말인가 하면 존자 구담이여, 모든 사람은 수壽가 짧은 사람이 있고 장수하는 사람이 있으며, 병이 많은 사람이 있고 무병한 사람이 있으며, 누추한 사람이 있고 수려한 사람이 있으며, 권세 있는 사람과 빈궁한 사람과 재부財富의 사람, 비천한 사람과 귀족의 사람, 우둔한 사람과 영리한 사람이 있으니, 존자 구담이여, 어떠한 인因·어떠한 연緣이 있어서 모든 사람들 사이에는 우열의 성질이 있는 것인가"라고 질문하였다.

붓다는 이에 대하여 "유중이여, 모든 유정有情은 각각의 업이 있어 업의 상속자이고, 업을 태장胎藏으로서 갖고, 업에 얽매이고, 업을 의지처로 한다. 업이 모든 유정을 분별하니, 즉 우열의 성질이 있도록 한다"라고 답하고 있다. 이와 같이 인간의 능력·지위·경우상의 차별을

120 古田紹欽博士古稀紀念會編, 『佛教の歷史的展開に見る諸形態』, 創文社, 昭和 56, pp.161~164 참조.

인정한다면, 그것은 업사상을 가지고 설명하는 것이 타당하다고 볼 수 있다.

또 현세에 있어서 적선積善한 자 반드시 영화롭지 않고, 적선하지 않은 자 때를 만난 듯 자랑스런 얼굴을 하는 예 또한 결코 적지 않다. 이러한 경우 3세世에 걸친 업사상業思想은 인간의 마음에 일말의 안도감을 줄 수도 있을 것이다. 인과응보의 사상에 기초하여 권선징악을 요청하는 것은 인생관에 있어서 하나의 교훈을 주게도 될 것이다. 현재의 차별을 당하는 경우에 있어서도 쓸데없는 불만을 품는 일이 없이, 또 비관하는 일 없이 교만한 마음도 제어 될 수도 있다. 업사상을 인정함으로써 인간사회의 질서를 유지하고 사회의 진보 발전에도 기여할 수도 있을 것이다. 여기에서 업사상도 단순히 불공업不共業만이 있는 것이 아니라, 공업共業의 문제도 고려해볼 필요가 있게 되는 것이다. 왜냐하면 개인과 사회는 내적으로 불가분리의 관계에 있기 때문이다. 따라서 인생의 의의를 분명히 하고 도덕적인 세계의 건설이나 도덕생활에도 확신을 주게 됨으로써 정신적인 건전성을 확립시키는데 중요한 역할을 담당하게 될 것이다.[121]

2) 업사상의 개변성改變性

한편 업사상은 상당한 깊이를 지니고 있지만, 업사상이 아무리 진리적인 내용이라 하더라도 현대와 같은 인간의 존엄성이 중시되어야 하는 시대에 과연 그 업사상에 의지해야 할 것인지 아닌지를 생각하게

---

121 大日方大乘, 상게서, pp.503~504.

된다. 생각건대 붓다의 설하시는 업業이라고 하는 것은 과거와 현재 그리고 미래를 만들어가는 동인動因임에도 불구하고, 업사상을 잘못 과대하게 평가할 때는 도리어 숙명론에 빠지고 인간의 자유의지를 부정하며 책임의 소재까지도 불명료하게 될지도 모른다. 그러나 붓다의 업사상은 진실에로 유도하는 하나의 방편으로서, 또 그 예비단계로서의 선행과 수행정진을 위한 인생의 개변적改變的인 학설로서는 지극히 의의 있는 사상이라고 볼 수 있는 것이다.

제3절 아와 무아의 사상

1. 아와 무아

1) 아의 개념

아我는 범어 ātman의 번역으로 팔리어는 attan이다. 주재主宰의 뜻으로, 자아 또는 신체를 뜻하니 기아己我, 즉 신체를 가진 나 그 자체를 말한다. 『대품반야경』 제2에는 아我의 이명異名을 16가지로 열거하고 있다. (1) 아我 (2) 중생衆生 (3) 수자壽者 (4) 명자命者 (5) 생자生者 (6) 양육자養育者 (7) 중수衆數 (8) 인人 (9) 작자作者 (10) 사작자使作者 (11) 기자起者 (12) 사기자使起者 (13) 수자受者 (14) 사수자使受者 (15) 지자知者 (16) 견자見者이다.

또 소승의 경량부經量部에서는 오온 이외에 미세한 실아實我가 있다고 설한다. 『이부종륜론술기』에서는 말하기를 "경량부는 승의보특가라勝義補特伽羅가 있다고 한다. 다만 이것은 미세하여 논하기가 어렵다. 즉 실아이다"라고 한다. 또 소승의 독자부·정량부 등에서 주장하는 비즉비리온非卽非離蘊의 아我란, 즉 오법장五法藏을 세워 놓고 아我를 불가설장不可說藏에 끌어넣어서 아我는 오온에 의거한 것이 아니고 또 오온을 떠난 것도 아닌, 오온과 아는 불즉불리不卽不離로서 실재하는 것이라고 설하고 있다.

그런데 경전 가운데 아我의 용어를 사용한 곳 또한 많다. 『대지도론』 제1에 의하면, 세계법 가운데 아我의 말을 설함에는 세 가지 근본이 있으니, 즉 (1) 사견邪見 (2) 만慢 (3) 명자名字이다. 사견이란 범부는 아견我見이 아직 없어지지 않기 때문에 실로 내가 있다고 고집하여 아我라는 말을 쓰는 것을 말하고, 만慢이란 유학有學의 성자는 아견이 이미 없어졌다고 하더라도 또한 아만我慢이 있기 때문에 아我라는 말을 쓰는 것을 말하며, 명자名字란 붓다와 무학無學의 성자는 아견과 아만이 모두 이미 없어져 아집이 전혀 없다고 하더라도, 세간의 유포에 따라 아我라는 말을 쓰는 것을 말한다.[122]

2) 무아의 개념

무아無我는 범어 nirātman의 번역어이고, 또 anātman, nairātmya도 있다. 팔리어는 anattā로 실아實我가 없다는 뜻이다. 또 비아非我라고도 번역한다. 즉 유정의 오취온五取蘊 중에 실아가 없고 또 일체법은 아我의 성性이 없는 것을 말한다. 『잡아함경』 제3에서 설하기를 "색色은 이 무아, 수상행식受想行識도 이 무아이다. 이 색은 실로 있는 것이

122 望月, p.372.

아니고 수상행식도 실로 있는 것이 아니다. 이 색은 무너짐(壞)이 있고, 수상행식도 무너짐이 있다. 그러므로 아我가 아니고 아소我所가 아니다. 아와 아소는 실로 있는 것이 아니니, 이와 같이 해탈하는 자는 즉 오하분결五下分結[123]을 끊는다"라고 한다.

그러나 『성실론』 제12 「멸법심품」에서는 공관空觀과 무아관無我觀을 나누어 논하기를 "또 2종의 관觀이 있으니, 공관과 무아관이다. 공관이란 가명假名의 중생을 보지 않는다. 사람이 병甁을 볼 때 물이 없는 것을 보고는 공空이라고 하는 것과 같다. 이와 같이 오음五陰의 속을 보면 사람이 없으므로 공空이다. 또 경에 설하기를, 무아지無我智를 얻은즉 올바로 해탈한다고 한다. 그러므로 알라. 색色의 성性이 멸하고 수상행식의 성이 멸하니 이것을 무아라고 한다는 것을. 무아는 즉 이 무성無性이다"라고 하는 것이다. 이것은 오온 중에 참된 자아가 없다고 보는 것을 공관이라 하고, 오온의 법은 모두 무상하고 멸滅하는 것으로서 참된 자성이 없다고 관하는 것을 무아관無我觀이라고 한다는 것이다.[124]

이상과 같이 '무아無我'라고 하는 용어와 사상은 함축하는 바가 매우 많다. 그것은 '주체성'이라든지 '종교적 행위의 주체'라고 하는 이른바 '책임'의 문제라든지 불교의 사상인 '업業'이나 '윤회輪廻'의 문제와도 연결되고, 또 인도사상의 저류에 있는 '아트만(我)'의 사상과도 관련되어 매우 복잡한 문제로 되어 있는 것이다.

---

123 五下分結이란 欲界에 있어서의 身見(慢), 疑, 戒禁取(痴), 瞋恚, 欲貪의 다섯 가지 번뇌를 말한다.

124 望月, p.4823.

3) 아와 무아의 의의

일반적으로 말하는 자아란 아견我見·아욕我慾·아만我慢·아치(我痴: 無明)의 4근본번뇌로부터 발생하여 무의식을 이루고, 그 위에 108번뇌라고 하는 심리구조를 발생시켜 가면서 자아의식을 형성하여 간다. 그리고 '무아'는 분명히 '아我'를 부정하는 것이고, 그것은 팔리어 'anattan'에서도 산스크리트어 'anātman, anātmaka, nirātman, nirātmika'에서도 변함이 없다. 그러므로 무아는 아我가 없어질 때 이루어질 수 있는 것이다. '무아'는 소위 번뇌를 내포한 욕망 일반과 집착, 그리고 집착으로 향하는 본능적인 것, 그와 같은 것에의 부정까지도 함축하고 있다. 이와 같이 무아無我는 이론적으로는 무자성無自性이라고 하여 자기自已로서의 고정한 실체나 상태가 없다는 것을 의미한다. 모든 것은 시간적으로나 공간적으로나 타자와 관련되어 존재하는 상의상관相依相關의 것이다. 모든 것은 연기緣起이고, 조건이 주어지는 데 따라 어떻게든 변할 수 있는 성질을 가지고 있다.

또한 무아는 실천적인 의미로는 무소득無所得·무가애無罣碍라는 두 가지 측면을 가지고 있다. 무소득이란 모든 것에 대하여 집착이 없다고 하는 것이다. 우리들은 자기나 자기의 소유물에 대하여 그것이 고정불변의 것으로 보기 때문에 이에 집착하는 것이다. 연기에 의해 모든 것이 가변적이고 끊임없이 변화를 거듭하는 제행무상諸行無常의 것임을 알게 되면 거기에 집착하지 않게 된다. 이것이 무소득이다. 그리고 무가애란 모든 일을 하는 데 있어서 방해나 막힘이 없이 자유자재라고 하는 것이다. 집착도 없고 자유자재로 움직여 그것이 그대로 법에 어울려 있다고 하는 것이다.

이와 같이 무아는 자신이 비워진 상태이기 때문에 자기중심적인 것의 견해나 탐욕도 없어지고, 헛되게 타자를 두려워하거나 싫어하거나 알랑거리거나 으스대거나 화를 내거나 하는 일도 없어지게 된다. 그것은 자신과 타인, 또는 주위의 존재와의 대립을 하지 않고 크게 포용하는 것이고, 따라서 무아란 결국은 대아大我라고 이해할 수도 있는 것이다.

2. 오온무아설五蘊無我說

1) 오온의 개념

오온五蘊이란 범어 pañca-skandha, 팔리어 pañca-kkhandha의 번역어이다. 우리 인간의 존재를 다섯 가지 요소로 분석하여 설한 것으로, 온蘊이란 집합의 의미이다. 즉 우리들 인간은 색(色: rūpa), 수(受: vedanā), 상(想: saṃjñā), 행(行: saṃskāra), 식(識: vijñāna)의 다섯 가지 요소로 구성되어 있다고 본 것이다. 그 각각의 뜻을 살펴보면 다음과 같다.

1) 색(色: rūpa)이란 오온 중의 색온色蘊, 즉 물질 일반을 의미한다. 초기불교에서는 인간의 존재를 오온(다섯 가지 요소의 집합)으로 설하였다. 그리고 색色은 사대종(四大種: catvāri mahābhūtāni; mahābhūta)[125]과 사대소조색(四大所造色: catvāri mahābhūtāny upādāya rūpa; upādāya rūpa)[126]의 2종으로 설하였다. 사대종이란 지(地: pṛthivī)·수

---

125 四大라고도 하고 大種이라고도 한다.

126 bhautika, 所造色이라고도 한다.

(水: ap)・화(火: tejas)・풍(風: vāyu)의 넷이지만 현실의 땅 같은 것이 아니라, 제각각의 견(堅: khara)・습(濕: sneha)・난(煖: uṣṇatā)・동(動: īraṇā)을 본질로서 지니고 있는 사대원소를 말하는 것이다. 사대소조색이란 이들 사대종에 의해 만들어진 색色이라고 하는 의미이다. 일체의 모든 물질은 사대종에 의해서 구성되어 있지만, 불교에서는 이들 사대소조색은 사대종에 '의지하고(upādāya)'는 있어도 사대종과는 전혀 다른 물질이고, 극미極微는 전혀 다른 것이라고 한다. 이렇게 해서 색色이란 지・수・화・풍의 사대종과 그밖의 사대소조색(顯色・形色) 등으로 나누어진다.

2) 수(受: vedanā)란 감수작용感受作用을 말하는 것으로, 외계로부터의 자극에 대하여 어떠한 감각・지각・인상 등을 받아들이는 것이다. 그 받아들이는 방법에 고苦・락樂・불고불락不苦不樂의 3종류가 있다. 쾌・불쾌 그 어느 것도 아닌 중간의 것의 3종류라고 하는 의미이다.

3) 상(想: saṃjña)이란 표상작용表象作用을 말하는 것으로, 감수한 것을 색상이나 형태 등에 있어서 마음 가운데 떠올려 표상하고 개념화하는 것이다. 대상은 반드시 외계만이 아니라 기억의 내용 등도 포함된다.

4) 행(行: saṃskāra)이란 의지작용(意志作用=思)을 말하는 것으로, 대상에 대해 스스로의 의지에 의해 적극적으로 기능하도록 하는 작용, 혹은 널리 잠재적인 형성력을 가리킨다.(=業)

5) 식(識: vijñāna)이란 식별작용識別作用을 말하는 것으로, 대상을 구별하여 인식하는 것이다. 또 마음의 작용 전체를 통괄하는 기능도 있고, 마음 그 자체를 가리키는 경우도 있다.

2) 오취온의 자아

우리 인간은 이와 같이 물질적인 면(色)과 정신적인 면(受想行識)으로부터 이루어지는 것이지만, 그것이 자아(아-트만)에 대한 취(取: upādana), 즉 집착의 원인(오온을 취하여 我를 상정함)이라고 하는 데에서 오취온五趣蘊이라 불리는 경우도 있다. 그러나 그보다도 실천적 관점에서 보면 우리들은 이미 오온에 집착하면서 존재하고 있는 가아적假我的인 존재이기 때문에 오취온이라고 부르는 것이다.

그리고 초기불교 이후에 온은 우리들을 포함한 모든 존재를 의미하게 된다. 이 경우 색色은 물질 일반, 행行은 수受·상想·식識 이외에 마음 기능의 모든 것을 포함하는 것으로 확대 해석된다. 우리들은 자기 자신 가운데 중핵으로 되어 스스로를 지배하고 있는 것과 같은 영원한 실체를 상정하고, 그에 집착하여 자기 자신에게 붙들려 있다.

우리들은 생로병사 하는 존재이다. 그러나 우리들에게는 항상 젊고 건강한 채로 그대로 있는 상주常住를 구해마지 않는 욕구가 있다. 그와 같은 욕구가 사실에 반하는 것이고, 그로부터 고苦가 발생한다. 그러므로 인간이라고 하는 존재는 상주불변의 자아가 아니라고 올바로 인식하게 될 때 고苦로부터 해방될 수 있는 초석이 마련되는 것이다. 색色 등의 오온은 무상하다. 무상한 것은 고苦이고, 고인 것은 비아非我이다. 비아인 것은 나의 것이 아니고 나도 아니며, 나의 자아自我도 아니라고 올바로 인식해야 한다. 그 후 이것이 소위 오온무아설에로 발전하여 가는 것이다.[127]

---

127 中村元, 『原始佛教の思想』 上(中村元選集 13), 春秋社, 昭45, 『佛教·印度思想辭典』 참조.

3. 실아무아설實我無我說

1) 인법2무아설人法二無我說

무아無我는 범어 anātman, nirātman; anātmaka, nirātmika; nairātmya, 팔리어 anattan의 번역어로, 아(我: 아트만)가 아닌(非我), 혹은 아(自我: 본성·실체)가 없는 것, 그리고 그것(無我의 理, nairātmya)은 불교의 기본교리의 하나로서 불교의 특색으로 간주되고 있다.

여기에서 '아(我: 아트만)'란 '상일주재常一主宰하는 존재, 즉 영원불멸의 존재로서 오직 하나의 실재이고, 개인의 기관器官과 기능, 그 욕구하는 것, 외계의 대상을 모두 자유롭게 지배할 수 있는 것'이라 해석될 수 있다. 그러나 그와 같은 존재는 어디에도 없다고 하는 것이 무아無我의 법리(理: 諸法無我)이다. 여기에서부터 무아無我라고 결론을 내리는 데 대해서는, 종종 차車라고 불리는 것이 축軸이나 바퀴 등의 부분의 집합에 대한 명칭에 지나지 않는 것에 비유된다. 즉 '아我'라고 하는 것은 색色 등의 오온을 소재(取, upādāna)로 하여 임시로 구성된 관념상의 존재(假, prajñapti)에 지나지 않는다고 한다.

아我의 비존재와 함께 일체법도 또한 무아라고 해석되는 것인데, 이 경우의 아我란 물질의 고유의 본성 혹은 실체로 설명할 수 있다. 이 해석에는 제행(諸行: 혹은 일체법)을 '공空'으로 보는 것 혹은 무실질(無實質: asāraka, 不堅實) 등으로 보는 것과 관련이 있다(空은 '我·我所의 欠如'로 설명된다). 대승불교에서는 무아를 공의 뜻으로 해석하고(無我=無自性=空〔自性의 欠如〕), 아도 법도 모두 공이라고 하는 의미에서 인법이공人法二空 혹은 인법2무아人法二無我라 부르고 있다. 그리고 거기에서는 무아·공이란 연기緣起와 다른 것이 아니라고 해석하고 있다.

무아설은 원래 일차적으로는 신체라든지 재산이나 처자권속 등을 '나의 것'이라고 생각하고 자유롭게 지배할 수 있다고 생각하거나 혹은 그것을 자아라고 생각하는 데서 아집我執이 생기고, 그것이 고뇌의 원인이라고 보고, 아집을 제거해야 할 무아관無我觀을 닦아 익혀야 할 것을 가르친 것이다. 아집을 없애고 고뇌를 여의고 열반을 증득하기 위해서는 스스로 노력해야 할 것을 권하고 있다. 그러나 2차적인 무아설의 문제는 이 세간적인 견해가 아니라 출세간적인 문제이다.

2) 유부有部의 실아 부정

한편 무아설의 확립에 따라 사후의 운명을 짊어져야 할 아트만의 존재가 부정되면 업설業說과의 관계에서 윤회의 주체, 즉 업業의 담당자(다음 生의 자기의 연속성)란 무엇인가 하는 설명이 어려워지게 되고, 따라서 일종의 실체적 존재를 상정하는 학설도 나타났다. 예컨대 독자부의 비즉비리온非卽非離蘊의 아(我: 푸드갈라)와 같은 설이다. 유가행파瑜伽行派에서 설하는 아뢰야식설은 이 난문제를 해결하는 데 있어서 훌륭한 논설로서 등장하였다.

이에 대해 유부有部와 남방상좌부는 자아의 실재를 부정하고, 다만 오온을 소재로 하여(五蘊에 의해) 세워진 관념적 존재(施設有, 假有)라고 논한다. 가(假: prajñapti)란 실체(實體: dravya=自性, svabhāva)가 없다고 하는 의미이다. 그리고 개인 존재는 찰나멸의 마음의 전후상속(心相續, citta-santāna)으로서 설명되고, 세친世親은 다시 마음의 상속의 특수한 변화(相續轉變差別)라고 해석하여 업설業說과 회통시키고 있다.[128] 유부는 이와 같이 실아實我를 부정하고 가아假我를 인정하는 것이 상견常見·단견斷見을 여읜 정견正見임을 강조하고 있다. 또한 유가행파의 아뢰야식은 업의 담당자로서의 기능도 갖지만 마나스(manas)가 이것을 자아라고 오인하는 곳에 자아의식自我意識이 발생한다고 하고, 마나스에 아치我癡·아견我見·아애我愛·아만我慢이 상응하여 작용하기 때문이라고 설명하고 있다.[129]

제4절 붓다의 심성관

1. 심성본정설

1) 심성본정설의 전거

심성心性이란 범어 citta-prakṛti로, 마음의 본성 또는 자성自性의 뜻을 말한다. 먼저 초기불교에 있어서의 심성설을 보면, 증지부경전(A.N.1. 5, 6)에는 "비구들이여, 이 마음은 명정明淨하다. 이것은 또 객진번뇌客塵煩惱에 의해 잡염雜染되어 있다. 무문無聞의 범부는 여실하게 그것을 알지 못한다. 그러므로 무문의 범부는 마음을 닦지 않는다고 나는 말한다. 비구들이여, 이 마음은 밝고 깨끗하다. 이것은 또 객진번뇌로

128 『俱舍論』「破我品」.

129 中村元編『自我と無我』, 平樂寺書店, 昭38; 三枝充悳『初期佛教の思想』, 東洋哲學研究所, 昭53; 藤田宏達「原始佛教における空」(『空』下, 佛教思想 7, 平樂寺書店, 昭57).

부터 해탈하여 있다. 유문有聞의 성제자는 여실하게 그것을 안다. 그러므로 유문의 성제자는 마음을 닦는다고 나는 말한다"라고 설하고 있다.

여기에서는 단지 마음(心: citta)이라고 할 뿐이지만, 그 의미로 보면 마음의 본성을 문제로 하고 있는 것이고, 그 마음의 본성은 청정하다고 설하는 것이다. 그리고 이 문장은 『사리불아비담론』 제27에 인용되어 심성본정설心性本淨說의 전거로 되어 있다.

2) 본성청정의 비유

심성본정설은 본성청정이라고도 한다. 그 어의는 중생의 심성은 본래 더러움(악습에 물들음)을 여의어 있는 깨끗한 것이라고 하는 것이다. 따라서 현재의 번뇌에 더러워진 미혹된 모습은 중생의 본래의 것이 아니며, 이것은 객진번뇌客塵煩惱라고 한다. 불교에서는 초기불교 이래 이와 같은 사고방식에 있었으나, 이것은 후대에 대승불교에서 불성설佛性說로서 강조되게 되었다. 본성이 청정하다는 비유를 보면, 마음이 본래 청정한 것을 경전에서는 다음과 같이 비유하고 있다.

"마음은 본성청정하여 금광金鑛이나 은광을 도야연야陶冶鍊冶하면 금과 은이 나타나는 것과 같다"[130], "마음은 대비유리마니보가 진흙 속에 천년이나 내던져 박혀 있었다고 해도 그것을 찾아내어 씻으면 청정무구의 그대로인 것과 같다"[131], "마음은 수정주水精珠가 혼탁한 물을 깨끗하게 잘 맑히는 것과 같고, 마음은 성性으로서 맑고 깨끗하

130 『입능가』 7, 『잡아함』 47, 『금광명경』 2, 『보적』 20.

131 『보성』 3, 『팔십화엄』 23. 『보적』 20은 진정眞淨의 금金이라고 한다.

다"[132], "마음은 물과 같이 본래 청정하다. 탁한 물이 맑아져 깨끗한 것으로 되어도 그 깨끗한 것은 밖으로부터 온 것이 아니기 때문이다"[133] 라고 하고, 중생의 마음이 밝고 깨끗한 거울(鏡)에 비유되는 경우도 있다.[134]

또 "마음은 흰옷(白衣: 素衣)과 같이 청정하지만 번뇌에 의해 더러워 진다(악습이 된다)."[135], "허공은 항상 청정하나 안개와 비구름이 일시에 와서 덮어버려 부정하게 되는 것과 같이 마음도 번뇌의 객진 때문에 더러워진다"[136]라고 표현하고, 그리고 물의 파도의 비유로서 "대해의 물이 바람으로 인하여 파동하니 수상水相과 풍상風相이 서로 여읜 것이 아니다. 더욱이 물은 동성動性이 아니다. 만일 바람이 그치면 동상動相은 즉 멸하나 습성濕性은 없어지지 않음과 같은 것이기 때문이다. 이와 같이 중생의 자성청정심은 무명無明의 바람으로 인하여 움직인다"[137]라고 한다.

3) 무자성 공의 비유

또 공(空: 無自性)에 대해서 비유하는 것을 살펴보면 "그 일체법은 자성청정으로서 법계본공法界本空이다. 그러나 거울 속에 그 영상을

---

132 『성유식론』 6.

133 『팔십화엄』 73, 『중아함경』 5, 『지도론』 36, 『불성론』 2 등.

134 『기신론』, 『唐기신』 1.

135 『금강정경』 2, 『입능가』 6, 『보적』 67.

136 『지도론』 41, 『팔십화엄』 26, 『입능가』 6, 『보성』 3, 『불성론』 2, 『심지관경』 8 등.

137 『기신론』.

나타내는 것과 같다"[138], "허공은 본래 청정하지만 구름이나 안개가 끼는 것과 같이 제법의 본성도 청정함에도 불구하고 음욕이나 분노로 더러워진다"[139]라고 그 청정한 것임을 설하고 있다. 기타 "허공의 성性은 항상 스스로 청정하고 법계의 성性도 또한 이와 같다"[140]고 하는 식으로 표현하고 있다.[141]

그리고 청정심의 수행설을 보면 증지부경전(A.N.3.100)이나 『잡아함경』 제47에는 주금자鑄金者가 사금沙金을 주조하되 점차로 큰 때(麤垢)를 버리고 다시 자잘한 때(細垢)를 버려 순금으로 만드는 것과 같이, 마음의 수행도 이와 같다고 설한다. 또 상응부경전(S.N.46.33)에는 철·동·석錫·연鉛·은銀을 금金의 오구五垢라고 설하고, 이 5구를 여의어 금이 깨끗하고 유연하게 된다고 비유한다. 중부경전(M.N.7)에는 16심구十六心垢을 설하고, 이에 해당하는 『중아함경』의 「수정범지경水淨梵志經」에는 21예穢를 헤아리면서 이들의 더러움을 여의면 마음이 청정하게 된다고 하는 설은 심성본정설을 배경으로 하고 있는 것이다.[142] 따라서 초기불교에 있어서의 심성心性의 문제로서는 심성본정설이 그 기조를 이루고 있었던 것을 알 수가 있다.

---

138 『보살학론』 19.

139 『지도론』 6.

140 『대집경』 13, 『장엄경론』 6.

141 森章司編, 전게서, p.505.

142 望月, p.462.

2. 부파불교의 심성설

1) 부파들의 견해

초기불교의 심성청정설은 부파불교 시대가 되면 대중부·분별론자 등은 심성본정설心性本淨說을 주장하고, 유부 등은 이 설을 파하여 심성정부정각이설心性淨不淨各異說을 세웠다. 『수상론隨想論』에서는 "중생의 심성은 본정本淨이지만 객진客塵에 물들게 된다"고 논하고, 또 『이부종륜론』에서는 대중부는 "심성은 본정本淨이지만 객진수번뇌에 잡념雜念되는 것을 논하여 부정不淨이라 한다"고 하였다.

또 『대비바사론』 제27에서는 "혹은 심성본정心性本淨이라고 주장하는 자가 있으니 분별론자와 같은 사람들이다. 그는 논하기를, 마음의 본성은 청정하지만 객진번뇌에 염오染汚되기 때문에 모양은 청정하지 않다"고 한다. 또 "분별론자는 설하기를 염오染汚와 불염오심不染汚心의 그 체體는 다름이 없다. 이르기를, 만일 상응하는 번뇌가 아직 끊어지지 않았으면 이를 염오심이라 한다. 만일 상응하는 번뇌가 이미 끊어졌으면 이것을 불염오심이라 한다. 동기銅器 등과 같이 아직 때(垢)를 없애지 못하였을 때를 때가 묻은 그릇(有垢器) 등으로 이름하고, 만일 때를 제거하고 나면 때가 없는 깨끗한 그릇(無垢器)이라고 이름한다. 마음도 역시 이와 같다"라고 하여 분별론자의 심성본정설을 논하고 있다. 또 똑같이 『대비바사론』 제22에서는, 일심一心의 상속론자가 완의浣衣·마경磨鏡·연금鍊金의 비유를 가지고 마음에는 수면(隨眠: 번뇌심)이 있을 때와 없을 때의 다름은 있지만, 마음의 본성은 동일하다고 하는 설을 들어 이 일심의 상속론자도 심성본정설을 근거로 하고 있다고 해석하고 있다.

2) 『성실론』의 상설

그리고 『성실론』에서는 심성에 관한 학설을 상세히 설하고 있다. 먼저 「심성품」에서는 심성본정설을 들고 이 설을 부정하는 쪽으로 기울고 있다. 그러나 심성본정설도 붓다의 설인 것을 인정하고, 그것은 중생이 마음은 상주常住라고 집착하는 상태이기 때문에 그 집착을 제거하기 위해서 객진번뇌에 물들어 있는 마음은 부정不淨하게 된다고 설한 것이라고 한다. 또 붓다는 한 중생이 만일 마음은 본래 부정한 것이라고 들으면 그 부정한 본성을 고칠 수가 없다고 생각하고 정심淨心을 일으키지 않으므로 마음은 본성이 청정하다고 설한 것이라고 한다. 그러므로 심성본정설은 도리상 인정하기 어렵지만 붓다의 중생교화의 방편설로서는 그것은 상당한 의미가 있다고 하는 것을 인정하고 있다. 그리고 다시 「비상응품」에서는 심心·심소心所 상응사상을 부정하는 입장에서 심성본정설을 논파하고 있다. 그리하여 심성心性에 정淨과 부정不淨의 둘이 있는 것으로 보고 정·부정의 심성각이설心性各異說을 세웠던 것이다.

다음에 『순정이론』 제72에도 분별론자의 심성본정설을 들어 이것을 논하고 있다. 그리고 『순정이론』의 심성관의 결론으로서는 불염심不染心은 본성청정하고, 염오심染汚心은 본성염오라고 논하여 『성실론』과 같이 심성을 정·부정의 각기 다른 것으로 보고 있다.

3. 대승불교의 심성설

1) 사상적 발전

대승불교에 있어서의 심성설은 초기불교 이래의 심성본정설을 계승하여 발달되고 있는 데에 그 특색이 있고, 이 점에서 대승불교의 사상적 원류를 초기불교의 심성본정설에서 찾아볼 수가 있다. 그리고 그 심성본정설은 초기·중기 및 후기의 대승경론에서 종종 논하고 있고, 그것은 심성본정·객진번뇌의 사상 형태 그대로 논하고 있는 경우도 많다. 그러나 그밖에 그 심성본정설은 여래장·불성·보리심·심진여心眞如·법성심法性心·공성空性·정식淨識·아마라식阿摩羅識·유식실성唯識實性·원성실성圓成實性, 심체心體 등의 사상으로 바뀌어 사상적 발전을 이루고 있는 경우도 있다.

2) 심성설의 특색

그리고 대승경론에 있어서의 심성설의 특색은, 부파불교의 여러 논서에 있어서와 같은 마음(心)의 본성이 정淨인지 염染인지 하는 심리문제의 취급방식과 달리, 성불成佛의 가능성과 깨달음의 마음과 붓다의 정신적 특질 등에 관한 제문제의 해명의 사상적 근거라고 하는 점에 있다. 범문梵文의 『팔천송반야경八千頌般若經』에는 반야의 수행에 의한 보리심은 무심無心이고, 그 마음의 본성은 청정하다고 설하고 있다. 또 『대지도론』 제19에는 심념처관心念處觀을 설하는 곳에서 “이 심성은 불생불멸로서 이것은 항상 정상淨相이다. 그러나 객진번뇌의 상相이 착상하기 때문에 이름하여 부정심不淨心이라 한다”고 하여 마음은 무상無常이라고 관한다. 그러나 마음은 무생無生·무상無相·공空이라고 관하면 심성은 항상 정상淨相이라고 논한다.

또 『대승장엄경론』 제6에는 "비유하면 맑은 물은 혼탁한 것이 제거되어 본래 맑은 상태로 돌아간 것과 같이, 자심自心의 청정도 또한 그러하다. 단지 객진을 여읜 것이기 때문에, 이미 심성은 청정이지만 객진 때문에 염오되는 것이다. 심진여心眞如를 떠나서 따로 심성의 청정이 있는 것이 아니다"라고 논한다. 또 『변중변론辯中邊論』 권상에도 "염染이 아니고 불염不染이 아니며, 정淨이 아니고 부정不淨이 아니며, 심성 본정하기 때문에 객진에 물들게 되는 것에 따른 것이다"라고 하고, 이 설은 『중변분별론』 권상이나 안혜安慧의 범문 『중변분별론석』에서도 볼 수 있다. 또 『구경일승보성론』 제3에도 "허공과 같이 정심淨心은 항상 밝은 것(明)으로서 전변轉變이 없으나 허망분별의 객진번뇌 때문에 염오된다"라고 하고, 기타 이 논서의 곳곳에서 심성본정설을 가지고 불성·법성·진여·자성청정·이구청정離垢淸淨·여래계·여래법신 등의 사상을 해명하고 있다.

또 『성유식론』 제2에는 심성청정이란 마음의 공리空理에 나타나게 되는 진여, 즉 식識의 실성實性이 청정하다고 하는 의미와 의타기依他起의 마음이 번뇌가 아니라고 하는 점에서 심성본정이라고 하는 것이라고 하였다.[143]

143 望月, pp.462~464 참조.

제5절 불교에 있어서의 이상적 인간상

1. 심청정의 인간상

1) 마음을 맑히는 것

심청정心淸淨에 대해서는 초기불교 이래 대승불교에서도 일관되게 설하고 있는 불통계게佛通誡偈를 들어 살펴보고자 한다.

Sabbapāpassa akaraṇaṁ	일체의 악惡을 짓지 않고
kusalassa upasampadā	선善을 행한다.
sacittapariyodapanaṁ	자기의 마음을 맑히는 것
etaṁ Buddhāna sāsanaṁ.	이것이 제불諸佛의 가르침이다.

(Dhammapada, 183)

이 게송에서 최초의 '일체의 악을 짓지 않고 선을 행한다'고 하는 2구二句는 보통의 윤리도덕과 같지만, 다음의 '자기의 마음을 맑히는 것'이라고 하는 곳에 이 게송의 종교성과 불교인 이유가 있다. 지금 '맑히는'이라고 하는 말은 pariyodapana로 구마라즙도 이곳을 '자정기의自淨其意'라고 번역하고 있는 것인데, 이 말의 뜻은 일반적으로는 '정복한다'·'이기다'의 의미가 있다. 현장玄奘은 『유가사지론』에 이 게를 인용하는 곳에서 '자조복기심自調伏其心'이라고 하고 있는 것은 이 뜻의 번역이다. 또 '가라앉다'고 하는 의미도 있다. 황폐한 물은 혼탁하지만 파도가 가라앉으면 맑게 된다는 데서 '맑히는 것'이라는 뜻이 나오는 것이고, 라즙의 번역은 이러한 의미에서 이해되어야 한다. 그리하여 칠불통계게에서는 인간의 이상으로서 '마음을 맑히는' 것으로 설하고 있는 것이다.

그러나 심청정의 경지에 안주하고 있는 것만으로 좋은 것은 아니다. 『유마경』의 「불국품」에는 "만일 보살이 정토를 얻고자 하면 그 마음을 맑혀야 한다"라고 설하듯이, 먼저 마음을 맑게 하여 정토의 건설에 노력해야 하는 것이다. 마음의 청정을 정토에까지 밀고 나아감으로써 개인적 달성뿐만 아니라 사회적 완성을 달성할 수 있는 것이다.

2) 마음과 번뇌의 관계

그러면 마음과 번뇌의 관계는 불교에서는 어떻게 설하고 있는 것일까. 『증지부』 I·5·제6경에는 마음은 청정하지만 객진客塵의 번뇌에 의해서 오염되어 있다고 설하여 심성본정心性本淨·객진번뇌客塵煩惱의 설을 논하고 있다. 그리고 이 글을 받아들여 아비달마불교에서도 대중부·분별부 등은 이 설을 취하고, 유부有部는 이에 반대한 것을 『바사론』·『성실론』·『이부종륜론』 등에서 볼 수 있다. 그리고 『여래장경』에는 다음과 같이 설하고 있다.

> "나는 불안佛眼을 가지고 일체중생을 보건대 탐욕·진에·우치의 제 번뇌 중에 여래지如來智·여래안如來眼·여래신如來身을 가지고 결가부좌하여 엄연부동儼然不動하다. 선남자여. 일체중생은 제취諸趣의 번뇌신煩惱身 중에 있다 하더라도 여래장이 있어 항상 오염이 없다. 덕상德相을 족히 갖추어 나와 다른 것이 없다."

여기에서 설하는 취지는 중생의 번뇌를 무한히 비워가는 곳에 나타나는 불성佛性이고 여래장이다. 즉 여래로 되어야 할 가능태可能態로서 여래장을 설하고 있는 것이다. 따라서 여래장과 동의어로 쓰이는 gotra(한자 역에서는 이것을 "如來性」혹은 "如來種姓」이라 번역함)에는 '광맥鑛脈'·'종자種子'·'생인生因' 등의 뜻을 내포하고 있어 광맥을 파서 비로소 금이나 철을 산출하고 종자가 땅에 뿌려져 드디어 싹이 나고 나무로 성장하여 꽃을 피우고 열매를 맺듯이, 인간에게도 개발되어야 할 가능성을 가지고 있는 것을 의미하는 것이다. 이와 같은 깨달음(=心淸淨)에의 길이 불교에서 말하는 인간 형성에의 길(道)이라고 할 수가 있는 것이다.

3) 성실한 믿음

그러나 여기에서 또 하나 주의해야 할 것은 심청정은 믿음(信)에 의해 얻을 수 있는 것이고, 인도불교의 전통적 해석으로 되어 있다. 즉 『구사론』에서는 "믿음(信)이란 마음을 징정澄淨케 한다"고 설하고 『입아비달마론』에서도 "믿음(信)은 이른바 마음으로 하여금 경계에 있어서 징정澄淨케 한다"라고 논하고 있다. 서기전 3세기에 인도에 군림한 아쇼카 왕은 불교적인 사고방식 아래 주목할 만한 인간상을 그리고 있다. 그 가운데 14장 「법칙法勅」의 제7장에서는 다음과 같이 설하고 있다.

"사람들은 여러 가지 낙욕樂欲이 있는 것이고 탐욕이 있는 것이다. …… 예컨대 광대한 보시를 하는 사람이라도 이미 본성청정과

보은報恩, 견고하고 성실한 믿음(信)이 없으면 비천한 사람이다."

이것은 다시 말하면 극기와 본성청정本性清淨과 보은, 견고하고 성실한 믿음(信)에 의해서 보시를 행하는 사람이 귀한 사람이라고 하는 의미이다. 극기는 현장류玄奘流의 번역에 의하면 '자조복기심自調伏其心'과 같은 취지이고, 본성청정은 라즙류羅什流 번역의 '자정기의自淨其意'에 통하며, 보은報恩도 자기의 존재가 중연화합衆緣和合에 의한 것이라고 하는 자각으로부터 생겨나는 것인데, 그 자각은 마음의 정화에 의해 혹은 믿음의 확립으로부터 오는 것이다.

그리하여 불교에 있어서의 인간상의 특색은 비지悲智 원만한 '깨달음'에 있는 것은 물론이지만, 그 마음의 내용은 청정심이고 청정심에는 믿음(信)이 전제로 되는 것이다. 그리고 그 인간상은 스스로의 '깨달음'에 안주하는 것이 아니라 다른 사람에 대해서도 정화의 활동에 매진하여 정불국토淨佛國土의 건설이라고 하는 이상세계에로 향하는 것이다.

2. 대승보살도에 나타난 인간상

1) 육바라밀의 행

대승보살도大乘菩薩道에서는 보시·지계·인욕·정진·선정·지혜의 육바라밀의 행을 실천 수행함으로써 개인적으로는 물론 사회적으로도 인격의 완성을 이룰 수 있다고 한다. 이 6항목 가운데 보시를 제한 다른 다섯 가지는 팔정도 가운데도 볼 수가 있지만, 보시만은 팔정도에도 보이지 않는 대승보살도의 독특한 행이고, 또 그것이 대승불교의 특색까지도 나타내고 있는 것이다. 이에 보시바라밀을 중심으로 하여 육바라밀에 대해 간략히 살펴보기로 한다.

보시행布施行은 대승보살의 이타행이고 보살행은 이것을 결여해서는 성립될 수 없다. 보시행은 대승경전뿐만 아니라 자타카 중에도 보살의 중요한 행으로서 강조되고 상찬되고 있다. 지금 그 하나의 예를 들어보겠다.

시비왕이 매(鷹)에게 쫓긴 비둘기 무게만큼의 자신의 살을 매에게 주어 비둘기를 도왔다(Jātaka 499, 아마라바티 古跡, A.D. 2~3세기의 玉垣이나 탑의 기저부). 기타 불석신명不惜身命의 보시행을 고취한 이야기가 현재 남아 있는 조각이나 경전에서 볼 수 있으므로 서기 전후경에 이러한 보시행을 설하기 위해서 본생담의 형식으로 전해지고 있는 것이다. 이야말로 대승보살행의 본질이고 대자비행인 것이다.

2) 보시의 마음

그리고 반야경에서는 보시가 다른 5바라밀과 함께 바라밀행을 닦는데 있어서 어떠한 마음으로 이루어져야 하는가 하는 점을 상세하게 설하고 있다. 『대품반야경』 제15(大正 8, 330c~331a)에서는 다음과 같이 설하고 있다.

"수보리여. 만약 불도를 구하는 선남자·선여인이 있어 초발의初發意로부터 이래로 아我·아소我所의 마음을 가지고 보시·지계·인욕·정진·선정·지혜를 행한다. 이 선남자·선여인은 보시의 때에 이렇게 생각한다. '나는 이 시주施主이다, 나는 이 사람에게 베풀겠다,

나는 이것을 베풀겠다, 나는 계戒를 지킨다, 나는 인욕을 닦는다, 나는 정진한다, 나는 선정禪定에 든다, 나는 지혜를 닦는다'라고. 이 선남자·선여인은 이 보시가 있어 이것은 나의 보시이다라고 생각한다. 내지 이 혜慧가 있어 이것은 나의 혜慧이다라고 생각한다. …… 이 사람은 차안此岸을 모르고 피안彼岸을 알지 못하며 이 사람은 단나바라밀檀那波羅蜜을 하지 않는다. 내지 일체종지一切種智를 지키는 바가 되지 못하기 때문에 성문·벽지불지에 떨어지고 살바야薩婆若에 이를 수가 없다."

육바라밀을 닦는다 하더라도 아我·아소我所의 마음을 가지고 닦고 있어서는 정말로 육바라밀을 닦는 것이 되지 못하는 것을 밝히고, 또 이어서 참 육바라밀의 모습을 설해 주고 있는 것이다. 즉

"수보리여, 어떻게 보살마하살은 반야바라밀 방편력의 지키는 바가 되어 성문·벽지불도 가운데로 떨어지지 않고 속히 아뇩다라삼먁삼보리를 얻는가.
수보리여, 보살은 처음부터 미래 방편력을 가지고 보시하고, 아·아의 마음 없이 보시하고, 내지 아·아소의 마음 없이 지혜를 닦는다. 이 사람은 이 뜻을 짓지 않는다. 나에게 이 보시가 있고, 이것은 나의 보시라고 이 보시를 가지고 스스로 높이지 않는다. 내지 반야바라밀도 또한 이와 같다. …… 무엇 때문인가. 이 단나바라밀 중에 이와 같은 분별이 없기 때문이다. 차此·피안彼岸을 멀리 여의는 것은 이 단나바라밀상檀那波羅蜜相이다. 차·피안을 …… 시라尸羅

…… 찬제羼提 …… 비리야毗梨耶 …… 선나禪那 ……… 반야바라밀상般若波羅蜜相이다. 무엇 때문인가. 이 반야바라밀 가운데 이와 같은 생각 분별이 없기 때문이다. 이 보살마하살은 차안을 알고 피안을 안다. 이 사람은 단나바라밀을 지키는 바가 된다. 시라 …… 찬제 …… 비리야 …… 선나 ……… 반야바라밀의 지키는 바가 된다. 내지 일체종지의 지키는 바가 되기 때문에 성문·벽지불지에 떨어지지 않고 살바야에 이를 수가 있다. 이와 같이 수보리여, 보살마하살은 반야바라밀 방편력을 지키는 바가 되기 때문에 성문·벽지불지에 떨어지지 않고 속히 아뇩다라삼막삼보리를 얻는다."

위의 경문에 보여준 마음의 모습은 보시를 예로 들면 시주施主·시인施人·시물施物이라고 하는 생각을 여윈 아·아소가 없는 무분별의 생각에 의한 보시행이 보살이 닦아야 할 참 보시행이고, 그를 위해서는 무분별지無分別智의 체득이 이루어지지 않으면 안 된다. 이것은 또 반야바라밀의 성취이고 다른 제바라밀의 완성이라고 하는 것도 된다. 즉 전5바라밀은 반야바라밀의 성만盛滿에 의해서 성취되고 반야바라밀은 전5바라밀의 완성에 의해서 달성된다. 이 양자는 서로 상의상관相依相關의 사이에 있는 것이다. 이와 같은 무집착의 마음으로 밀고 나아간다고 하는 것은 무명번뇌를 한없이 비워가는 공空의 실천이고, 그 완성의 때에는 보시바라밀에 의해서 대표되는 자비와 지혜바라밀에 의해 통섭되는 지혜의 불교적 인간상의 덕이 실현되게 되는 것이다.

3. 불교에 있어서의 인간상의 제상諸相

불교의 각종·각파에는 독자적인 교의를 세움으로써 대체로 그 종풍宗風으로부터 오는 독특한 인간상을 볼 수 있다. 여기에서 그러한 것을 비교하여 그 특이성이나 공통점을 보는 것도 불교의 인간상을 살펴봄에 있어 의의가 있다고 보아 그 대표적인 것 몇 가지를 살펴보고자 한다.

1) 아라한적 인간상

소승의 부파불교에서는 성문聲聞은 예류豫流·일래一來·불환不還이라고 하는 수행계제를 거쳐 최후에 일체의 번뇌를 단절하고 진지盡智를 얻어 공양을 받을 수 있는 최고의 성자를 아라한이라 부르고 있다. 이 성자는 부파불교에 있어서는 이상적 인간상이기 때문에 지금 아라한적 인간상이라 불렀던 것이다. 이에 아라한의 성격을 검토하고 부파에 있어서의 인간상의 모습을 살펴보겠다. 아라한의 어의에 대해서는 여러 가지 해석을 할 수 있을 것 같다. 예컨대 『대비바사론』 권94에서 설하는 아라한의 어의 해석은 다음과 같이 요약할 수가 있다.

(a) 세간世間의 승공양勝供養을 받음에 응한다.

(b) 아라阿羅는 일체의 모든 번뇌, 한漢은 능해能害의 뜻이라 한다. 이혜利慧의 칼로써 번뇌의 적賊을 해하여 남김이 없게 하는 것이다.

(c) 나한羅漢을 생生이라 이름한다. 아阿는 무無의 뜻이니 무생無生을 갖기 때문이고, 생사의 법 가운데 또 다시 태어나지 않기 때문이다.

(d) 한漢은 일체의 악惡·불선법不善法이라 이름한다. 아라阿羅란 멀리 여윔(遠離)의 뜻이다. 제악불선법諸惡不善法을 멀리 여의기 때문이다.

또 『대지도론』 권2의 해석에 의하면 위의 (a), (b), (c)의 3가지 뜻을 들고 있다. 이 가운데 (a)의 해석은 한역으로 응공應供이라고도 의역되듯이 가장 일반적인 이해이다. (b)의 해석은 티베트에 전승되고, 실제 티베트 역에서는 dgra-bcom-pa(怨賊을 죽이는 자)라 번역되고 있는 것이다. 또 (c)의 해석에 대해서도 "arhat를 aruhat로 해석하면 aruhat는 '태어나다'의 뜻인 어근 ruh에 지워진 a를 붙인 것이기 때문에, 즉 불생不生의 뜻으로 될 수 있는 것이다."라고 설명하고 있다.

이상의 것을 인간 형성의 면에서 바라볼 때 중요한 것은, 아라한이란 일체의 번뇌를 멸각滅却한 무루無漏의 인격이고 응당 수학해야 할 것이 없기 때문에 무학無學이라고 이름한다고 하는 것이다. 이 경우의 학은 계戒·정定·혜慧의 삼학三學이지만 삼학에 의해서 얻어진 최고의 계위가 아라한의 인격이라고 설하고 있다. 이 삼학은 앞서의 육바라밀 가운데 보시를 제한 5바라밀에 배당될 수 있듯이 혜慧가 중심이 된다. 지혜의 획득을 위해서 계戒를 지니고 정定을 닦는 것인데, 그 의미에서는 대승보살도와 마찬가지로의 지혜의 종교이다. 그러나 보시행=이타행이 여기에서는 문제로 되어 있지 않은 곳에 대승보살도와의 커다란 차이가 있는 것이다.

2) 선적禪的 인간상

선승禪僧에게는 선자 특유의 풍격이 있다. 그에는 먼저 선가禪家의 인간관으로부터 고찰할 필요가 있다. 선자禪者의 인간관은 한마디로 말해서 '불즉인간佛卽人間'의 사고방식이 주류를 이루고 있고, 인간 이외에 불佛이 있는 것이 아니라 인간 그 자체가 불佛이라고 보고 있다. 예컨대 임제臨濟는 인간과 붓다의 관계에 대하여 다음과 같이 말하고 있다.

"상당上堂하여 이르되, 적육단상赤肉團上에 일무위一無位의 진인眞人이 있다. 항상 그대들과 모든 사람들의 면문面門으로부터 출입한다. 아직 증거하지 못한 자는 보라, 보라."(『臨濟錄』)

여기에 적육단赤肉團이라고 하는 것은 육체적인 신체의 것이고 '진인眞人'이란 인간으로 하여금 인간이게 하고 있는 것이다. 따라서 육체적인 신체에 진불眞佛이 있고 진불은 인간을 떠나서 어디에도 존재하지 않는 것이다. 그리고 그것을 아직 보고 있지 못한 자는 보라, 보라고 하는 것이다. 그리고 그 문장에 이어서 다음과 같이 어느 승僧과의 문답을 전개하고 있다.

"그때에 승僧이 있어 나와서 묻는다. '무엇인가, 이 무위無位의 진인眞人.' 선사는 선상禪牀을 내려와 승을 붙잡고 이른다. '말하라, 말하라.' 그 승僧은 무슨 뜻인가, 망설인다(擬議). 선사는 이른다. '무위의 진인, 이 무슨 건시궐乾屎橛인가' 하고 바로 방장方丈으로 돌아갔다."

이 승僧은 더욱더 무위의 진인이란 무엇인가 하고 질문하였는데, 선사는 선상에서 내려와 승의 가슴을 잡고 거꾸로 진인의 의미를 말하라, 말하라고 몰아대고는 드디어 승을 뿌리치면서 그대는 무위의 진인인가 하고 생각하면, 건시궐인가 하고 매도하고는 방장으로 돌아갔다고 하는 것은 참으로 선승다운 태도가 아닌가. 거기에서 지금 '선승답다'고 하는 선승다움은 일반적으로는 사물에 집착되지 않는다든지 좀 거친 남자 같은 생각이 들지만, 임제는 어떠한 인간상을 그리고 있는 것일까. 그의 어록에서 보면 다음과 같은 말이 있다.

"만일 이 진정한 도인道人이라면 마침내 이와 같이 되지 않고 다만 능히 연緣에 따라서 구업舊業을 없애고 임운任運에 의상을 걸치고 갈려고 하면 즉 가고, 앉으려고 하면 즉 앉고, 일념一念도 마음에 불과佛果를 희구하는 것이 없다."라고 한다. 여기에 '진정眞正한 도인道人', '참 학도인學道人'이라 불리는 사람은 행주좌와行住坐臥, 임운자재任運自在이고, 어떤 것에도 속박당하지 않고 자유자재로운 생활태도를 보이고, 붓다가 현전한다 해도 기쁠 것 없고, 지옥에 떨어져도 두려울 일 없으면, 이른바 '깨달은 인격'이고, 무집착, 행운유수行雲流水의 인간상이다. 선禪에서는 이와 같은 인간을 이상상으로 하고 있는 것이고, '공空'이라든지 '적정寂靜'의 경지를 체득한 모습으로서 받아들인다.

3) 정토교적 인간상

정토교, 특히 법연상인法然上人은 지혜 제일의 법연방法然房이라 칭할 정도로 걸출한 인물이다. 그는 『십이개조문답十二箇條問答』에서 다음과 같이 말하고 있다.

"물어 가로되, 죄업까지도 지혜의 등불을 가지고 번뇌의 어둠을 없애게 되면 우치愚癡의 몸으로 죄를 짓는 일은 병이지만 속죄할 일은 없다. 무엇을 가지고 이 죄를 없앨지라도 느끼지 못하면 어떠한가. 답하여 이르되, 다만 부처님의 말씀을 믿고 의심이 없으면 부처님의 힘으로 왕생往生하리라."

지혜의 등불에 의해서 죄업을 없앤다고 하는 것은 성도문적聖道門的 자력自力의 가르침이고, 붓다의 말씀을 믿어 의심 없음에 의해 붓다의 힘으로 왕생한다는 것은 정토문적 타력他力의 가르침(教)이다. 그 타력의 은혜를 입기 위해서는 그 전에 '믿음(信)'이 중요한 전제가 되는 것이다. 법연法然의 『선택집』에 이르기를,

"생사生死의 가家에는 의심(疑)을 가지고 소지所止로 하고, 열반의 성에는 믿음(信)을 가지고 능입能入으로 한다."

라고 하는 것으로도 분명하다. 이는 정토경전인 『무량수경』과 『관무량수경』에서부터 그 전통이 계승되고 있다. 즉 한자역 제본에는 없지만 범梵·장藏 양본에만 있는 경문에서는 다음과 같이 설하고 있다.

"일체의 중생은 남김없이 선서善逝로 될 것이다.
믿음(信)이야말로 제일의第一義를 얻기 위한 근본이다.
그러므로 실제로 듣고 의심을 끊어버려야 한다."(제25장)

여기에 일체중생이 남김없이 붓다로 될 수 있는 가능성이 있는 것이 명확하게 나타나고, 그 근본적인 조건이 의심을 끊고 믿음을 획득하는 것에 있는 것이다. 이어서 그 제26장에는 다음과 같이 설하고 있다.

"만일 어느 중생이 있어 저 무량광세존의 명호를 듣고 나서, 예컨대 일념이라도 일으켜서 정심(淨心: prasāda)과 함께하는 심심(深心: adhyāçaya)을 가지고 염(念: citta)을 일으키면 그들 모두는 무상정등각으로부터 퇴전하지 않는 계위에 주한다."

이 가운데 염念은 염불왕생의 원願에 있는 십념의 염念인데, 그것은 "정심淨心과 함께하는 심심深心을 가지고 일으킨다"라고 하고 있다. 지금 정심淨心이라고 번역한 prasāda는 citta-prasāda로 이어져 마음의 청정을 의미하고 심심深心이라 번역한 adhyāçaya는 견고신堅固信으로도 번역되어, 이 양자는 adhimukti(信解·信樂)와 함께 동의어로 쓰이는 말이다. 그리고 이 정심淨心, 심심深心은 『관무량수경』의 3심三心[144]으로 전개된다. 여기에서 3심에 대하여 살펴보기로 하겠다. 법연法然은 3심을 선도대사의 해석에 의거하여 다음과 같이 설명하고 있다.

지성심至誠心이란 진실심眞實心이다. 그 진실이란 몸으로 행하고, 입으로 말하고, 마음으로 생각하는 것 모두 진실한 마음을 갖추어야 한다. 즉 내內는 잡념을 떨쳐버려 마음을 비우고 외外를 꾸미는 마음이 없는 것을 말하는 것이다. 이 마음은 덧없는 세상을 멀리하고 진실된

144 三心: 지성심至誠心, 심심深心, 회향발원심回向發願心을 말한다.

길로 향하여 가는 것으로 보이는 사람들 속에 다시없이 준비해야 할 성품이다.

다음의 심심深心이란 "처음에는 나 자신의 분수를 믿고, 다음에는 붓다의 원願을 믿는 것이다. 다만 후의 신信을 결정하기 위해서 처음의 신심信心으로써 받드는 것이다. 그 가운데는 만일 처음의 신심을 올리지 않고 다음의 신심을 낸다면 여러 가지의 왕생을 바라는 사람, 예컨대 본원本願의 명호로서 칭찬하여도 스스로의 마음에 탐욕·진에 등의 번뇌까지 일으킨다. 신체에 십악파계十惡破戒 등의 죄악까지 지은 일이 있으면 함부로 스스로 몸(身)을 곡해하여 도리어 본원을 의심할 것이다."(『御消息』) 이 심심에는 기법이종機法二種의 신信을 들고 앞서 나 자신이 범부인 것의 자각自覺을 촉구하고 있다.

끝의 회향발원심回向發願心이란 "먼저 나 자신에 대하여 앞의 세상을 불러 이 세상에 몸(身)으로나 입(口)으로나 뜻(意)으로 지어놓은 공덕을 모두 다 극락으로 회향하여 왕생을 바라는 것이다."(『御消息』) 자신이 지은 선근공덕을 다른 사람들에게 회향함으로써 비로소 대승불교로서의 의의가 발휘될 수 있는 것이다.

여기에서 지성심·심심은 자리적自利的인 데 대해 회향발원심은 이타적利他的이라 할 수 있다. 그러나 이것은 양자가 따로 따로 있는 것이 아니라 서로 상의상대相依相待하여 왕생이 성취될 수 있는 것으로 볼 수 있다. 이 양자는 마치 지혜와 자비에도 적용시킬 수가 있다. 지성심·심심이 있어서 비로소 참된 회향발원심이 있을 수 있고, 또 회향발원심을 구족해야 지성심·심심을 얻을 수 있는 것이다. 정토불교에서 삼심구족三心具足의 품성을 주장하는 것은 삼심구족의 인간을

이상상으로 하고, 그와 같은 인간을 형성시켜 가려고 하는 데 있다고 볼 수 있는 것이다.[145]

145 齋藤昭俊, 『佛敎敎育의 世界』, 溪水社, 1993, pp.109~128을 참조하여 정리함.

제4장 붓다의 고관苦觀

제1절 고의 해설

1. 고의 종류와 삼도三道

고(苦: dukkha)란 핍박의 뜻으로 심신이 괴롭거나 불쾌한 것을 말한다. 즐거움에 대응한 말로 몸과 마음을 구별하여 신체로 느끼는 고와 마음으로 느끼는 근심·걱정으로 나누는 경우도 있다. 불교에서는 고苦에 대해 여러 가지 각도에서 해명하고 있다.

1) 고의 종류

고苦의 종류를 대별해 보면 대략 다음과 같다.

①2고二苦: 노병사老病死 등 자기의 심신으로부터 일어나는 고(苦: 依內苦)와 외부로부터 받는 고(苦: 依外苦)의 두 가지이다. 또 외고外苦에는 악인이나 짐승 등의 유정에 의한 해고害苦와 풍우한열風雨寒熱

등 자연에 의한 재해의 2종이 있다.

②3고三苦: 풍수해·천재지변 등 좋지 않은 대상으로부터 느끼는 고(苦: 苦苦), 좋아하는 대상이 무너질 때 느끼는 고(苦: 壞苦), 삼라만상이 무상하게 변하는 것으로부터 느끼는 고(苦: 行苦)의 세 가지이다.

③4고四苦: 생生·노老·병病·사死의 네 가지 고통이다.

④8고八苦: 4고 외에 애별리고愛別離苦·원증회고怨憎會苦·구부득고求不得苦·오음성고(五陰盛苦: 심신을 형성하는 五陰의 부조화에 의한 苦)를 총괄하여 합친 8고이다. 생로병사를 하나로 하고 뒤의 4고와 더하여 5고五苦라고 하는 경우도 있다.

⑤10고十苦: 『석씨요람』에 『보살장경』을 인용하여 인간의 고苦에 10종이 있음을 설하고 있다. 생고·노고·병고·사고·수고愁苦·원고怨苦·고수(苦受: 三受의 하나)·우고憂苦·통뇌고痛惱苦·유전대고流轉大苦의 10고를 말한다.

2) 3도三道의 전개

3도란 번뇌(煩惱: 惑)·업業·고苦의 3도를 말하는 것으로, 번뇌는 업의 인因이고, 업은 번뇌와 죄장罪障의 나타남이고, 고苦는 그로 인해 육도六道의 생사의 고과苦果를 초래하는 것을 말한다.

이와 같이 여러 가지 고苦가 있지만, 법화사상에서는 '나무묘법연화경'의 본존을 믿고 창제수행 할 때 『당체의초當體義抄』에서는 "정직하게 방편을 버리고 다만 『법화경』을 믿고 '나무묘법연화경'이라고 창하는 사람은 번뇌·업·고의 3도는 법신·반야·해탈의 3덕三德으로 바뀌고, 삼관三觀·삼제三諦 즉 일심一心으로 나타나며, 그 사람의 머무는 처소는 상적광토常寂光土가 된다."[146]라고 설하고 있으며, 대체로 수지·전독·암송·해설·서사의 5종 수행을 하는 것으로 주를 삼고 있다. 그러나 이와 같은 성불에의 방편은 각 경전마다 특징이 있는 것이고, 육도의 고계苦界를 유전하는 중생은 경전 각 곳에서 설하는 수행을 통해 최고 성불成佛의 경지를 획득할 수가 있다고 하는 것이다.

2. 고의 원인－무명과 갈애

지혜가 없는 것을 불교에서는 무명無明이라고 한다. 이것은 인생의 이상을 달성하기 위한 올바른 세계관이나 인생관이 없는 것을 의미하기도 한다. 즉 진리에 비추어보지 못하는 잘못된 사고방식, 잘못 받아들이는 태도인 것이다. 예컨대 붓다의 이상을 저해하는 번뇌가 모두 그러한 것이다. 그리고 '무명'은 이 모든 번뇌의 대표적인 것으로 되어 있다.

무명과 갈애渴愛를, 연기설을 상설하는 12연기설에서는 우리들이 삼계육도三界六道에 윤회전생하며 고를 받는 근본 원인은 무명이라고 하여 12연기의 최초에 무명을 둔다. 그리고 사제설四諦說에서는 제2의 집제集諦의 설명에서 고의 원인은 애욕 등의 갈애라고 한다. 무명과 갈애의 관계에 탐욕·진에·우치의 삼독三毒 번뇌나, 아견我見·사견邪見·계금취(戒禁取: 迷信邪教)의 삼결三結 번뇌와의 관계를 표시하면 다음과 같다.

146 創價學會教學部編, 『新版佛教哲學大辭典』, 昭和60年, p.343.

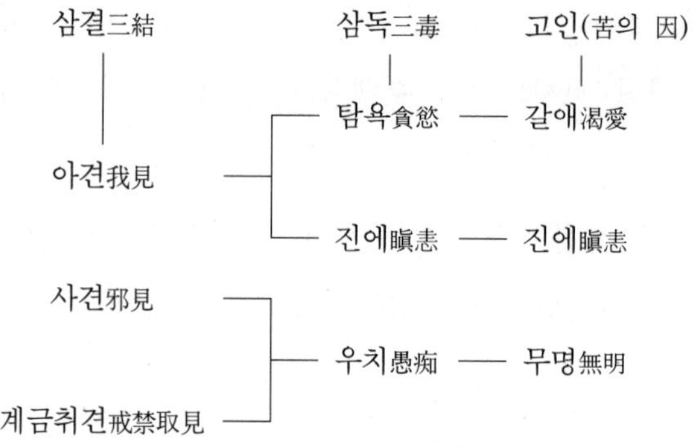

위의 표에서 볼 수 있는 바와 같이 자기중심의 아견은 탐욕이나 진에와 관계되고, 선악이나 삼세인과의 업보 등을 부정하는 사견이나 계금취견은 우치(무명)에 관계되어 있는 것을 알 수 있다.[147]

3. 붓다의 출가 동기－10고十苦

1) 출가 동기

10고란 중생이 받아야 할 10종의 고뇌를 말한다. 즉 생고生苦·노고老苦·병고病苦·사고死苦·수고愁苦·원근怨根·고수苦受·우수憂受·통뇌痛惱·생사유전대고生死流轉大苦를 이르는 말이다. 『대보적경』 권35(보살장회)에서 붓다는 다음과 같이 설하고 있다.

"내가 세간의 일체중생을 보건대, 10고十苦 때문에 핍박을 받는다. 무엇을 일러 10이라 하는가. (1) 생고핍박生苦逼迫, (2) 노고핍박老

147 水野弘元, 전게서, pp.89~92.

苦逼迫, (3) 병고핍박病苦逼迫, (4) 사고핍박死苦逼迫, (5) 수고핍박愁苦逼迫, (6) 원근핍박怨根逼迫, (7) 고수핍박苦受逼迫, (8) 우수핍박憂受逼迫, (9) 통뇌핍박痛惱逼迫, (10) 생사유전대고生死流轉大苦의 핍박하는 것이다. 장자여, 나는 이와 같은 10종의 괴로운 일이 중생을 핍박하는 것을 보고 아뇩다라삼먁삼보리를 얻어 이와 같은 핍박받는 일을 벗어나려고 했기 때문에 청정한 신심信心을 가지고 석씨가釋氏家를 떠나서 무상도無上道를 향하여 간 것이다."

이를 잘 분석해 보면 앞의 4는 신업身業의 고뇌이고, 다음의 5는 의업意業의 고뇌이며, 제10은 이를 총괄한 것으로 볼 수 있다.[148]

2) 붓다의 9뇌九惱

9뇌란 붓다께서 아홉 가지의 고뇌를 받으신 것을 말한다. 또 9죄보九罪報라고 칭한다. 『대지도론』 제9에는 다음과 같은 예를 들고 있다. "첫째, 범지梵志의 여식인 손타리가 비방을 하고 오백아라한도 비방을 받았다. 둘째, 전차 바라문의 여식은 목우木盂를 배에 얽어매어 배(腹)를 만들어 가지고 붓다를 비방하였다. 셋째, 제바달다는 산을 밀어 붓다를 덮쳐 큰 발가락을 다치게 하였다. 넷째, 세찬 나무로 다리(脚)를 찔렀다. 다섯째, 비루리 왕은 병兵을 일으켜 모든 석자釋子를 죽이고 붓다는 이때에 두통을 하셨다. 여섯째 아기달다 바라문의 청을 받아 마맥馬麥을 드셨다. 일곱째, 냉풍이 일어 척추에 통증이 생기셨다. 여덟째, 6년을 고행하셨다. 아홉째, 바라문의 마을에 들어 밥을 빌었으

148 龍谷, p.1835.

나 얻지 못하고 빈발우로 돌아오셨다"라고 하는 것이다.

다만 『흥기행경興起行經』에서는 모두 십연十緣을 설하고 있다. 또 『대지도론』의 연문連文에, 붓다에 법성신法性身과 부모생신父母生身의 두 가지 몸이 있으니, 그 가운데 현재의 죄보를 받는 것은 부모생신이고 법성신이 아니라고 한다. 정각正覺을 이루기 이전의 인간으로서의 업과業果 문제를 엿볼 수 있는 것이다. 또 붓다는 득도의 때에 이미 일체의 모든 불선법不善法을 모두 끊었으나 중생을 제도하기 위해서 방편으로 이 모든 죄를 받는다고 한다.[149]

4. 5취五趣의 5고五苦

1) 5취고

5취五趣의 5고란 5가지 고뇌의 뜻으로, (1) 5도五道에서 각자가 받는 각기 다른 고뇌를 말한다. 또 5취고五趣苦라고도 한다. 『5고장구경』에 이르기를 "3계 5도에 생사가 끊임이 없다. 대저 5고가 있다. 무엇을 5고라 하는가. 첫째 제천고諸天苦, 둘째 인도고人道苦, 셋째 축생고畜生苦, 넷째 아귀고餓鬼苦, 다섯째 지옥고地獄苦이다"라고 한다. 이 가운데 제천고란 모든 사람은 모두 생로병사의 고통을 받고, 선세先世에 지은 바에 따라서 수명에 장단이 있으며, 또 제천에 모두 명진命盡·겁진劫盡의 2대 재화災禍가 있는 것이다. 인도고란 노비와 하사下使로부터 제왕帝王 전륜성왕에 이르기까지 생로병사·기갈한열 등의 무량백천

149 望月, p.4026.

종의 고통이 있는 것을 말한다. 축생고란 금수충어禽獸蟲魚 등의 종류에도 또한 기갈한열이 있어 강한 놈은 약한 놈을 덮쳐 서로 잡아먹고 고기를 가지고 사람에게 제공하는 등의 만단의 고통이 있는 것을 말한다. 아귀고란 신장이 일유순一由旬으로서 인후는 바늘구멍과 같고 목소리는 목구멍으로부터 화염火炎을 내어 스스로 형상을 태우고 흐름을 보고 가는, 즉 고갈하여 한 목구멍을 지탱하지 못하며, 혹은 먹을 것을 하나 얻어도 변화하여 농혈膿血·비시沸屎·동쇄銅鎖 등으로 되어 버려 목구멍은 자연히 작아져서 열熱로 문드러져 내려가는 등의 고통이 있음을 말한다. 지옥고란 철성확탕鐵城鑊湯·검수도산劍樹刀山 등 모두 8한 8열 등의 고통이 있는 것을 말하는 것이다.

2) 고 자체의 종별

고苦 자체에 관한 종별로는 『유가사지론』 제44에 "또 5고五苦가 있다. 첫째 핍박고逼迫苦, 둘째 중구궤핍고衆具匱乏苦, 셋째 계불평등고界不平等苦, 넷째 소애변괴고所愛變壞苦, 다섯째 삼계번뇌품추중고三界煩惱品麤重苦이다"라고 하는 것이다.

이 가운데 핍박고란 또 핍뇌고逼惱苦라고도 하여, 항상 자신과 타자 때문에 핍박당하는 것을 말한다. 중구궤핍고란 또 궤핍고匱乏苦·중구부족고衆具不足苦라고도 하고, 두루 갖추어야 할 것이 부족하고 생활에 자재하지 못한 것을 말한다. 계불평등고란 또 대괴위고大乖違苦·사대증손고四大增損苦라고도 하고, 상류귀족으로 태어나고 싶으나 욕심대로 이루지 못하는 것을 말한다. 소애변괴고란 또 애변괴고愛變壞苦·실소욕고失所欲苦라고도 하고, 자신이 사랑하는 사물이 변괴해 가는 것을 말한다. 삼계번뇌품추중고란 또 추중고麤重苦·삼계번뇌예오고三界煩惱穢汙苦라고도 하고, 여러 가지 번뇌 때문에 스스로 얽매이게 된 것을 말한다. 이 가운데 앞의 3고는 고고苦苦, 다음의 1고는 괴고壞苦, 뒤의 1고는 행고行苦이다.[150]

제2절 4고四苦와 8고八苦

1. 유정의 4고와 8고

1) 4고

유정有情이 받고 있는 8종의 고뇌로, 생·노·병·사의 4고四苦와 애별리고愛別離苦·원증회고怨憎會苦·구부득고求不得苦·오음성고五陰盛苦의 4고를 말한다. 이것을 가지고 고제苦諦의 모습을 설명한다.[151]

(1) 생고生苦란 보분報分의 처음 일어날 때의 고통으로서, 『열반경』에는 5위五位로 나눈다. ①초출初出이란 수태의 초기로서 식지識支의 위치, ②지종至終이란 색심구족色心具足의 시기로서 명색지名色支의 위치, ③증장增長이란 명색이 증장하여 육입六入으로 되는 위치, ④출태出胎, ⑤종류생種類生이란 출태 후 노사老死에 이르는 사이에 옮겨가는 찰나마다 새로 발생하는 것, 혹은 사람이 태어나 빈부·귀천·남녀·추단醜端 등의 다름이 있음을 말한다. 이들 5위에 걸쳐 항상 뭇 고통의

150 望月, p.1132.

151 초기경전에서는 『중아함경』 권7·『사제경』 등에 나오고, 대승불교에서는 『북본열반경』 권12 등에 나온다.

의지하는 바가 되므로 생고生苦라고 한다.

(2) 노고老苦란 쇠변해 갈 때의 고통으로서, 『열반경』에서는 노老에 염념노念念老와 종신노終身老, 혹은 증장노增長老와 멸괴노滅壞老로 나누고 있다. 염념노란 찰나마다 생멸하여 식지識支로부터 노지老支에 이르는 사이 염념에 변천하는 것을 말하고, 종신노란 일기一期의 생멸현상으로서 백발白髮에 몸이 말라 변해가는 때를 말한다. 또 증장노란 소년기로부터 장년기에 이르는 염념증장하는 것을 말하고, 멸괴노란 장년기로부터 노년기에 이르는 염념멸괴念念滅壞하는 것을 말한다. 이 둘은 전의 염념노로부터 나누고 있는 것이라고 설한다.

(3) 병고病苦란 사대四大의 증손增損에 의한 병환의 고뇌로서, 같은 『열반경』에 이르기를 "병이란 이른바 사대의 독사가 서로 적절하게 조화되지 못하는 것이다"라고 하고, 이에는 신병身病과 심병心病의 두 가지가 있다. ①신병이란 색음色陰의 병으로서 사대의 부조화로 말미암는 것이니, 이에 수풍열水風熱에 의한 것, 혹은 잡병 혹은 용병容病 등이 있다. 만일 지대부조地大不調이면 몸을 움직이는 것이 무겁고, 만일 수대부조水大不調이면 몸을 움직이는 것이 무겁고, 화대부조火大不調이면 열이 오르고, 풍대부조風大不調이면 신체가 굳어진다. 그 용병容病이란 혹은 칼이나 몽둥이의 난難에 만나고, 혹은 잘못하여 타락하고, 기타 귀매鬼魅가 붙어 비분강작(非分彊作: 무리한 일을 하게 됨)하는 등이다. 또 ②심병心病이란 날뛰고·공포하고·우수憂愁·우치愚痴한 등의 일반적으로 마음에 고통을 품는 것을 말한다.

(4) 사고死苦란 색·수·상·행·식의 오음이 괴멸하는 고통으로서 받은바 몸을 버리고 떠날 때의 고통이다. 이에 명진사命盡死·외연사外

緣死의 두 가지가 있다. 명진사란 수명은 다하고 복은 아직 다하지 않았는데 죽는 것이며, 혹은 복은 다하고 수명은 아직 다하지 않았는데 죽는 것으로 이인각별二因各別이며, 혹은 함께 다하여 죽는 것이다. 외연사에도 셋이 있다. ①비분자해사非分自害死이며, ②정당하지 않게 다른 사람 때문에 살해되는 것이고, ③함께 갖추어 죽는 것(俱死)이다. 혹은 따로 3종의 사死로 나눈다. ①방일사放逸死로 대승경전을 비방하는 방종하고 참괴할 줄 모르는 무리이다. ②파계사破戒死로 3세제불의 금하는 계율을 파괴하는 무리이다. ③괴명근사壞命根死로 오음신五陰身을 버리는 것이다. 이상이 4고四苦이다.

2) 8고

(5) 애별리고愛別離苦란 자신이 친애하는 곳에서 떨어져 가야 하는 고통이다. 『5왕경』에 이르기를 "은애별고恩愛別苦라고 하는 것이 무엇인가. 실가내외室家內外, 형제처자 모두 서로 사랑하고 공경함에도 하루아침에 패망하고 다른 사람 때문에 빼앗기게 되면 각자 헤어져 부父는 동으로 가고, 아들(子)은 서로, 모母는 남으로 가고, 딸(女)은 북으로, 오직 한곳에 있지 못하고 다른 사람의 노비로 되고, 각자 슬피 불러 마음속이 끊어지나 까마득히 어느 곳에 있는지도 알 수 없어 서로 볼 수도 없는 것이다"라고 한다. 『열반경』에서는 이것을 인천이처人天二處로 나누어 설명하고 있다.

(6) 원증회고怨憎會苦란 원한이 있거나 증오하는 자와 서로 만나는 고통으로서, 『오왕경』에서 이르기를 "세상 사람이 박속하여 함께 애욕 가운데 있고 함께 불급不急의 일을 다투며 서로 살해하여 드디어 대원大

怨을 이루니, 각기 서로 피하여 숨을 땅이 없고, 각기 칼을 갈고 화살을 채워 활을 끼고 지팡이를 가지고 두려워하면서 서로 마주하고, 길에서 만나고 서로 마주하면 각자 활을 당기고 화살을 당기며, 양쪽의 칼은 서로 향하여 승부가 누구 것인지를 알지 못하니, 그러한 때에 당해서 두려움이 한이 없다"라고 하고, 『열반경』에서는 이것을 삼악도三惡道로 분별하고 있다.

(7) 구부득고求不得苦란 실로 희망을 이루지 못하고 욕구하는 바를 얻지 못하는 고통으로서, 『대승의장』에서는 그 구하는 바에 인과因果의 둘이 있으니, 인因 중에 악법을 여의기를 바라지만 얻지 못하는 것과 선법을 구하기를 원하지만 구하여 얻지 못하는 것의 두 가지가 있고, 과果 중에 괴로운 일 여의기를 구하여 얻지 못하는 것과 즐거운 일을 원하여 얻지 못하는 두 가지가 있다고 한다. 이 고과苦果의 것에 각각 내외의 구별이 있어 인천人天의 낙과樂果·삼악도三惡途의 고보苦報 등을 내라 하고, 자생資生·권속眷屬 등을 외라 한다.

(8) 오음성고五陰盛苦란 신역에서는 약설하여 오취온고五取蘊苦라고 번역하고, 구역에서는 오수음五受陰이라고도 한다. 이를 약하여 오음五陰·오온五蘊이라고 부르는 것이다. 즉 색色·수受·상想·행行·식識의 다섯 가지이다. 오음성고 또는 오취온고에서의 취取·성盛·수受 등의 용어는 모두 번뇌의 다른 이름이다. 오온은 무명 번뇌로부터 생기고 또 번뇌를 잘 발생하게 하기 때문이다.

『대비바사론』 권78에서는 약설일체오취온고略說一切五取蘊苦라고 하여, 전의 7고七苦를 설하고 나서 "이와 같은 모든 고는 모두 이 유루취온有漏取蘊의 섭취한 것이므로 이렇게 이름한다"고 한다. 즉 위의 7고를 모두 오취온의 고통이라 보았던 것이다. 이상의 8고八苦 가운데 앞의 4고와 후의 4고의 양자를 합하여 4고8고四苦八苦라고 한다. 또 『잡집론』에서는 2고二苦로 나누어 전의 7고는 세속제고世俗諦苦, 후의 1고는 승의제고勝義諦苦라고 한다. 왜냐하면 전의 7은 세간지世間智의 경계이고, 후의 1은 출세간지出世間智의 경계로서 진여문眞如門에 입각하기 때문이라고 한다.

2. 『5왕경』과 『유가사지론』의 8고八苦

1) 『5왕경』의 8고

5왕경에서는 8고를 말할 때 생로병사의 4고에 우비고뇌憂悲苦惱를 더하여 8고八苦라고 한다. 『법원주림』 권66에 인용되고 있다. 그 우비고뇌란 인간세상은 항상 비애우수悲哀憂愁의 고뇌에 차 있는 것을 말한다. 같은 경에 이를 설하여 "사람이 태어나서 세상에 존재하여 장명長命하면 나중에 백세에 이르고, 단명의 자는 포태胞胎에서 상해를 입거나 떨어지니, 장명의 자라 해도 그 백세라도 그 잠자는 것을 빼고 나머지 50년이 있으나, 취주질병醉酒疾病에 있어 사람인 것을 알지 못하고서 5년을 감하고, 소시少時는 우치하여 15년 중 아직 예의를 모르고, 80년을 지나서는 노둔무지老鈍無智하여 귀가 어둡고 눈이 어두워 법칙이 없어 또 20년을 감한다. 이미 90년을 지나서 나머지 10년이 있는 가운데는 모든 근심과 걱정이 많다"라고 하는 것이다.

2) 『유가사지론』의 8고

『유가사지론』 권44에 나오는 고苦에는 다음과 같은 두 가지가 있다.

(1) 한고寒苦·열고熱苦·기고飢苦·갈고渴苦·부자재고不自在苦·자핍뇌고自逼惱苦·타핍뇌고他逼惱苦·일류위의다시주고一類威儀多時住苦.

(2) ① 제재가자처자등사손감생고諸在家者妻子等事損減生苦·② 제출가자탐등번뇌증익생고諸出家者貪等煩惱增益生苦·③ 기검핍뇌소생고饑儉逼惱所生苦·④ 원적핍뇌지소생고怨敵逼惱之所生苦·⑤ 광야험난박책핍뇌지소생고曠野嶮難迫迮逼惱之所生苦·⑥ 번속어타지소생고繫屬於他之所生苦·⑦ 지절불구손뇌생고支節不具損惱生苦·⑧ 살박작절추타구빈핍뇌생고殺縛斫截捶打驅擯逼惱生苦이다.

위의 (1) 중에서 제8의 일류위의다시주고一類威儀多時住苦란 일정한 위의를 가지고 오랜 시간 머물러 있는 고뇌이다. 후자는 모든 손감핍뇌損減逼惱로부터 생기는 고통으로, 나의 몸과 마음에 위배하고 괴롭게 하는 것이기 때문에 총칭하여 위해고違害苦라고 한다.

3) 비상천非想天의 8고

『법화문구』 권6상에 나오는 이것은 위의 생·노·병·사 등의 8고를 특히 비상비비상처非想非非想處에 있어서 설명하는 것으로 그 문장에 "비상천非想天에도 또 8고의 불이 있으니 마음에 이념異念이 생기는 것을 생고生苦라 하고, 염념念念에 머물지 못함을 노고老苦라 하고, 행하는 마음 어지러워 정定에 저해됨을 병고病苦라 하고, 정定에서 물러나게 되는 것은 사고死苦이다. 정定을 구하여 얻지 못함은 이구부득고이고, 정定을 구하여 얻지 못함에는 반드시 장애가 있으니

즉 원증회고이며, 4음四陰의 마음은 즉 오성음고이다"라고 설명하고 있다.[152]

제3절 고苦의 철학적 접근

1. 사제 중의 고제

'고苦란 무엇인가' 하는 문제를 경전에서 설하는 것을 보면, 예컨대 오취온五取蘊의 고苦라든지 욕欲·색色·수受의 과환過患이라든지 하는 식으로 분류 정리된 것을 볼 수가 있다. 그러나 여기에서는 이 문제를 보다 철학적인 입장에서 살펴보기로 하겠다. 사제四諦 중의 고제苦諦에는 세 가지 경우를 들 수 있다.

1) 니카야 『숫탄타』의 고苦

여기에서 설하고 있는 것은 즉 생·노·사·우·비·고·뇌·수愁에 따른 고苦 및 구부득고求不得苦이고, 이들을 총괄하여 오취온의 고苦라고 한다.[153] 그리고 『숫탄타』에는 똑같이 생·노·사·우·비·고·뇌·수에 따른 고 및 구부득고에 대해 한층 구체적인 설명이 있다. 예컨대 생(生: jāti)에 대해 설한 것을 보면 "각기의 중생들, 각기의 중생들의 부류에 있어서의 생生이란 출생(śañjāti)·출현(okkanti)·발생(nibba-

---

152 본절은 龍谷, pp.3855~3856 참조.

153 Mahāsatipaṭṭhāna-suttanta, DN. vol. II. p.305. 이것은 四念處, 즉 身·受·心·法 가운데 법에 대하여 나타내고 있는 것이다.

tti)・생기(abhinibbatti) 및 제온諸蘊의 현현(顯現: pātubhāva)・제처의 획득(paṭilābha), 이것을 생生이라고 한다"[154]라고 한다.

또 노(老: jarā)에 대해 설한 것은 보면, "각기의 중생들, 각기의 중생들의 부류에 있어서의 노老란 노쇠(jīraṇatā)・파손(khaṇḍicca)[155]・백발(白髮: pālicca)・추피(皺皮: valittacatā)・수명의 쇠퇴(āyuno saṃhānī)・제기관의 파괴(indriyānaṃ paripāko), 이것을 노老라고 한다"라고 한다.

이하는 생략하지만 각각의 항목에 대하여 상세하고도 구체적으로 설하고 있고, 거기에는 철학적인 추리가 아니라 인생에 있어서의 현실 직관, 사실상의 경험의 직접적인 견해가 드러나고 있는 것이다.

2) 율장 『대품』의 번뇌의 불

율장 『대품』에서는 "고제란 생・노・병・사에 따른 고와 원증회고怨憎會苦・애별리고愛別離苦・구부득고求不得苦이고, 이들을 총괄한 오취온의 고苦이다"라고 한다. 다만 한역 『오분율』에는 우憂・비悲・뇌惱의 고苦가 더 들어 있다. 율장의 『대품』에는 번뇌의 불에 의해 모든 것이 타고 있는 현실을 보여주고 있다. "비구들이여, 모든 것은 타고 있다. 비구들이여, 무엇이 일체 모든 것이 타고 있는 것인가. 비구들이여, 눈(眼)은 타고 있다. 색色은 타고 있다. 안식眼識은 타고 있다. 안촉眼觸은 타고 있다. 안촉에 연하여 생기는 감수感受된 것, 혹은

---

154 ibid., Mahāsatipaṭṭhāna-suttanta, p.305. ibid., Saccavibhaṅga-sutta, p.249.

155 주석에 의하면 파손khaṇḍicca이란 幼時에는 치(齒: danta)가 희지만, 쇠하여 점차로 變貌하고 여기저기 떨어져 나가는 것이라고 한다(ibid., p.798).

낙, 혹은 고, 혹은 불고불락한 것, 그것도 또한 타고 있다."[156] 이와 같이 하여 귀(sota)도 또 위의 눈과 똑같이 귀·소리·이식耳識·이촉耳觸·이촉에 연하여 생기는 감수되는 것의 낙·고·불고불락한 것, 그것들이 제각각 타고 있다고 하고, 이하 코·혀·몸·뜻(意)도 똑같이 계속되고 있는 것이다.

그러면 왜 이와 같이 타고 있는 것인가 하면, 탐화(貪火: rāgaggi)·진화(瞋火: dosaggi)·치화(癡火: mohaggi) 및 생(jāti)·노(jarā)·병·사(maraṇa)·우(憂: soka)·비(悲: parideva)·고(苦: dukkha)·뇌(惱: domanassa)·수(愁: upāyāsa)에 의해 타고 있다고 설하는 것이다. 그런데 앞서의 고제의 경우에는 고苦란 생·노·병·사·우·비·고·뇌·수愁에 따른 각각의 고이고, 그리고 원증회고·애별리고·구부득고 등이 더해져 있다. 그러나 이 경우의 '타고 있다'고 하는 구체적이고 직접적인 표현은 오취온의 고苦에 합치되고 있는 것이다.

3) 『니카야』와 율장의 결합

『니카야』와 율장의 둘을 결합한 것은, 즉 고제苦諦란 생·노·병·사·우·비·고·뇌·수愁에 따른 고苦와 원증회고·애별리고·구부득고이고, 총괄하여 오취온의 고苦라고 하는 것이다.[157]

이상으로 사제四諦 가운데 고제에 관하여 여러 가지의 고苦에 대한 배분의 방법을 세 가지로 살펴보았지만, 결국은 색·수·상·행·식의 오취온으로 총괄하여 설하고 있는 것을 알 수 있다.

---

156 Mahā-vagga, Vinaya vol. I. p.34. 『四分律』 권33, 『五分律』 권16.

157 Sacca-saṃyutta, SN. vol. V. p.421.

그리고 고제苦諦로서 생·노·병·사·우·비·고·뇌·수愁에 따른 고苦 및 원증회고·애별리고·구부득고를 총괄하여 오취온의 고를 설한 후, "비구들이여, 고성제苦聖諦란 이것(위의 것)이다. 이전에는 아직 듣지 못했던 법에서 나에게 눈이 생기고 지智가 생기고 혜慧가 생기고 밝음(明: vijjā)이 생기고 빛(āloka)이 생겼다. 그리고 비구들이여, 그 고성제란 이러한 것이라고 두루 알아야 할 것이다. 이전에는 아직 듣지 못했던 법에서 나에게 눈이 생기고 …… 빛이 생겼다. 그리고 비구들이여, 그 고성제란 이러한 것이라고 두루 알았다. 이전에는 아직 듣지 못했던 법에서 나에게 눈이 생기고 …… 빛이 생겼다"[158]라고 설하고 있다.

4) 삼전십이행상三轉十二行相

이상과 같이 사제四諦의 각기에 대하여 "이것이다", "이러한 것이라고 두루 알아야 한다", "이러한 것이라고 두루 알게 되었다"라고 하는 세 가지 시점에서 열려 있기 때문에 이것을 삼전십이행상(三轉十二行相: tiparivaṭṭa-dvādasākārā)이라고 한다. 붓다는 다시 다음과 같이 설하고 있다.

"비구들이여, 이들 사성제에 관하여 이와 같은 삼전십이행상인 여실지견(如實知見: yathābhūta-ñāṇadassana)이 나에게 충분히 청정하게 되지 않았을 때는, 비구들이여, 나는 천계天界·마계魔界·범계梵界 및 사문·바라문의 사람들, 그리고 인·천을 포함한 모든 존재들로부터

158 Sacca-saṃyutta, SN. vol. v. p.422. 『잡아함』 권15, 『전법륜경』(大正藏 2·503하), 『삼전법륜경』(大正藏 2·504상).

무상정등각(無上正等覺: anuttara-sammāsambodhi)을 현증했다고는 인정받지 못했다. 그런데 비구들이여, 이들의 사성제에 관하여 이와 같은 삼전십이행상인 여실지견이 나에게 충분히 청정하게 되었기 때문에, 비구들이여, 나는 천계·마계·범계 및 사문·바라문의 사람들, 그리고 인·천을 포함한 모든 존재들이 무상정등각을 현증했다고 인정을 한다. 또 지(知: ñāṇa)와 견(見: dassana)이 나에게 생기고 부동심해탈(不動心解脫: akuppā cetovimutti)이 나에게 생겼다. 이것은 최후의 생(生: antimā jāti)이고, 이미 재생(再生: 환생: punabbhava)은 존재하지 않는다"[159]라고 설하고 있다.[160]

2. 『대고온경』[161] 및 『소고온경小苦蘊經』[162]의 과환過患

여기에서 묻고 있는 고苦의 문제에 대해서는 위의 두 경 가운데 중복되고 있는 것은 일부이고, 『대고온경大苦蘊經』 쪽이 더 자세히 설하고 있기 때문에 이 경전에 대하여 살펴보기로 한다. 『대고온경』의 주제는 욕(欲: kāma)·색(色: rūpa)·수(受: vedanā)에 대하여 각각의 쾌락(assāda)·과환(過患: ādīnava)·출리(出離: nissaraṇa)를 설한 것이다. 이 가운데 고에 관하여 문제로 되는 것은 욕·색·수에 대한 과환이다.

---

159 상게서, pp.422~423.

160 佛教思想研究會編, 전게서, pp.115~116.

161 Mahādukkhakkhandha-sutta, MN. vol. I. pp.83~90. 『중아함』 99·권25, 「苦陰經」, 『증일아함』 권12.

162 Cūḷadukkhakkhandha-sutta, MN. vol. I. p.91·5. 『중아함』 100·권25·「고음경」.

쾌락도 또한 당연히 고로 끝나는 것이지만, 여기에서는 직접 고에 관련된 과환에 대해서만 살펴보겠다.

첫째는 욕欲의 과환이다. 경전 자체가 현실적인 고온苦蘊이라고 강조하고 있듯이, 여기에서도 직접적이고 사실적인 고에 대하여 자세하게 설하고 있다. 그 일부를 보면 "기능에 의하여 생활을 영위하는 것, 즉 지산(指算: muddā)[163]·계산(計算: gaṇanā)·목비(目鼻: saṅkhāna)[164]·농경農耕·상매商賣[165]·목우牧牛·궁술弓術·왕신王臣, 기타 기술에 의해 생활을 영위하는 것이 추위에 괴로움을 당하고[166] 더위에 괴로움을 당하고, 등에(虻)[167]·모기·풍열·뱀 등의 접촉에 의해 해를 받고 기갈에 의해 죽게 되는 이것이 제욕諸欲의 과환이고 현실적인 고온이다"라고 한다.[168] 이하 생략하지만, 이와 같은 현실적인 고온을 구체적으로 세밀하게 설하고 있는 것이다.

둘째는 색色의 과환이다. 여기에는 특히 '현실적인 고온'이라고 하는 말은 없지만 구체적으로 설하고 있다. 그리고 이에 앞서 '색의 쾌락'을

---

163 주석에 의하면 muddā란 지指의 절(節: aṅguli-pabba)로 상(想: saññā)을 세우는, 다시 말하면 지산(指算: hattha-muddā)이라고 한다(Papañcasūdanī, vol. II. p.56).

164 saṅkhāna란 토지를 보고 여기에는 이만큼의 쌀(米)이 있을 것이다. 또 하늘(ākāsa)을 보고 이 하늘에는 이만큼의 새(鳥)가 있을 것이다라고 아는 것(ibid., p.56).

165 vaṇijjā란 물(水)의 판매, 땅(陸)의 판매 등의 요구의 도道라고 한다(ibid., p.56).

166 sītassa purakkhato란 마치 화살(矢)의 표적과 같이 추위의 앞에 서는 것, 추위에 의해 괴롭다고 하는 의미이다(ibid., p.56).

167 ḍaṃsa란 갈색褐色의 파리라고 한다(ibid., p.56).

168 op. cit. Mahādukkhakkhandha-sutta. p.85.

받아들여 설하고 있다. 먼저 '색의 쾌락'이란, "비구들이여, 예컨대 어느 왕족의 소녀 혹은 바라문족의 소녀, 혹은 자산가의 소녀가 연령 15인가 16으로 크지도 않고 작지도 않고 마르지도 않고 뚱뚱하지도 않고 검지도 않고 희지도 않다면, 비구들이여, 그때 그녀는 최고로 청정하고 빛나는 미모라고 말한다. 비구들이여, 청정과 빛나는 미모에 의하여 생기는 안락·희열, 이것이 색色의 쾌락이다"[169]라고 설한다. 그리고 이것을 받아 '색의 과환'이란, "비구들이여, 모든 색의 과환이란 무엇인가. 그 같은 여성이 후에 연령이 80 혹은 90, 혹은 100이 되어 노쇠하고 늘어진 나무처럼 굽어지고 일그러지고, 지팡이에 의지하여 후들거리면서 걷고, 병들고, 늙고, 치아는 빠지고, 백발로 되어 (백발은) 떨어져 대머리로 되고, 주름이 잡히고, 몸에 반점이 생기고[170] 있는 것을 보면, 비구들이여, 그대들은 그것을 어떻게 생각하는가. 전에는 맑고 빛나는 미모이었던 그녀가 없어지고 과환이 나타났다(고 생각할 것이다)"[171]라고 한다.

이하 생략하지만, 그녀가 병이 들고 중태로 되어 고민하고, 결국 숨을 거두고, 드디어 시체는 부패하고 새나 벌레의 먹이가 되어 뼈만 남게 되고, 세월이 지나 가루가 된다고 하는 사실을 상세하게 설하는데, 이것이 색色의 과환이라고 하는 것이다.

셋째는 수受의 과환이다. 이것은 매우 간단하게 수受는 무상한 것이

---

169 ibid., p.88.

170 주석에 의하면 tilakāhatagatta(PTS는 tilakāhatagattin)란 흰 반점이나 검은 반점이 몸에 여기저기 생긴 것이라고 한다.

171 op. cit., Mahādukkhakkhandha-sutta, p.88.

고, 고苦이고, 변화하는 것이다라고 할 뿐이다.[172]

이상『대고온경』가운데 고의 문제를 들어 살펴보았으나, 일단 욕欲·색色·수受의 3종류로 구분은 하고 있는 것이고, 고에 대하여 경전에서 설하려고 하는 취지는 우리들이 현실에 견문하고 경험하는 직접적인 고뇌를 보여주는 것이라고 볼 수가 있다.[173]

제4절 고의 해결과 사제 팔정도

1. 사제－고뇌의 병리학

불교(붓다의 가르침)에 사제四諦가 있다. '사제'란 '네 가지의 진리'이다.

(1) 고제(苦諦: 苦에 관한 진리): 우리들의 생존은 고苦라고 하는 것. 기본적인 고로서 '4고四苦'가 있다.

a. 생고生苦: 태어나는 괴로움

b. 노고老苦: 늙어가는 괴로움

c. 병고病苦: 병드는 괴로움

d. 사고死苦: 죽는 괴로움

이 '4고四苦'에 다음의 '4고'를 더하면 '8고八苦'가 된다. 이로부터 '사고팔고四苦八苦'라고 하는 말이 생겨났다.

e. 애별리고愛別離苦: 사랑하는 자와 헤어지지 않으면 안 되는 괴로움

f. 원증회고怨憎會苦: 원한과 미운 자와 만나지 않으면 안 되는 괴로움

---

172 ibid., p.90.

173 佛教思想研究會編,『苦』, 平樂寺書店, 1987, pp.106~111.

g. 구불득고求不得苦: 구하는 것이 얻어지지 않는 괴로움

h. 오음성고五陰盛苦: 오음이란 우리들의 육체와 정신이고 그것들이 모두 괴로운 것이다.

(2) 집제(集諦: 苦의 원인에 관한 진리): 고苦에는 원인이 있다. 그 원인은 애욕愛欲이다.

(3) 멸제(滅諦: 苦의 원인의 멸에 관한 진리): 고苦가 원인이 있어 생긴 것이기 때문에 그 원인을 없앰으로써 괴로움이 없는 이상의 상태를 얻을 수 있다.

(4) 도제(道諦: 苦의 원인을 멸하는 방법에 관한 진리): 그러면 어떠한 방법에 의해서 고의 원인을 없앨 수가 있을까? 그것은 '팔정도八正道'라고 불리는 도(道: 方法)이다. 구체적으로는 정견正見·정사正思·정어正語·정업正業·정명正命·정정진正精進·정념正念·정정正定이다.

이것이 '사제四諦'의 교설이다. 그런데 이 '사제'는 의학의 치료체계와 닮아 있다. 의사가 환자를 치료할 때 먼저 처음에 환자의 현재의 상태를 확실하게 진찰한다. 열이 있다든지 불안하다든지 병의 증상을 알지 않으면 안 된다. 그 진찰에 해당하는 것이 '고제苦諦'인 것이다. 다음에 그 병이 어떠한 원인으로 생겨나게 된 것인지를 알지 않으면 안 된다. 그것이 '집제集諦'에 상당한다. 그리고 치료자는 건강한 상태를 알고 있을 필요가 있다. 환자는 건강한 상태를 알지 못한다. 예컨대 비만체의 사람의 건강한 상태를 알지 못하고 여위려고 하면 도리어 지나치게 말라서 영양실조가 될 염려도 있다. 그러므로 질병이 없어진 이상 상태가 어떠한 것인지를 알아둘 필요가 있다. 그것이 제3의 '멸제滅諦'이다. 끝으로 의료에 있어서는 치료가 있다. 이 치료에 해당

하는 것이 '도제道諦'이다. 그러므로 이 '사제'의 교설은 '고뇌의 병리학' 이라고 부를 수 있다. 붓다는 우리들에게 어떻게 하면 고뇌를 없앨 수가 있는지를 설해 주셨던 것이다.

2. 사제로부터 대승불교의 공空으로

사제는 소승불교의 가르침이다. '사제'의 교설은 붓다의 가르침이기 때문에 대승불교에서도 '사제'의 가르침이 타당하다고 생각한다. 그러므로 '사제'의 가르침을 다시 생각해 보고자 하는 것이다. 그것은 소승불교의 '사제'의 교설을 대승불교의 '공空'의 원리에 준하여 재해석하고 '사제'의 교설을 완성시켜야 하는 것이다. 그것이 대승불교의 기본적 태도이다. 그 점에 대해서 대승불교의 대표적경전인 『반야심경』에서는 이렇게 설하고 있는 것이다.

"무고집멸도無苦集滅道"

이 '고집멸도苦集滅道'라고 하는 것이 '사제'이다. 그러므로 '무고집멸도'는 '사무제四無諦'이고, 『반야심경』에서는 '사제'란 없는 것이라고 설하는 것이다. 4고四苦도 8고八苦도 없는 것이다. 『반야심경』이 설하고 있는 것은 우리들은 고苦라든지 그 고의 멸滅이라고 하는 것에 구애됨이 없이 모든 것을 '공空'의 상(相: 모습)으로 보라고 하는 것이다. 그러므로 우리들이 병이 생겼을 때 그 병을 '고苦'라 하여 어쨌든 병을 극복하려고 하는 것은 소승불교의 사고방식이다. 대승불교는 모든 것이 '공空'이기 때문에 병을 '고苦'로 생각하지 않고 오히려 병을 실체가 없는 것으로 보려고 하는 그러한 해결법을 취하는 것이다.

3. 노·병·사를 체념한다

그와 같이 생각할 때 우리들은 붓다의 가르침을 다시 한 번 대승불교에 기초하여 재해석하지 않으면 안 된다. '사문출유四門出遊'의 이야기가 있다. 석가세존이 아직 가비라성의 태자이었을 때 그는 궁전의 동서남북의 네 문을 나와 교외로 나갔다. 그리고 동문을 나갔을 때…… 거기에서 노인과 만나고는 인생에는 '늙는다'고 하는 고苦가 있는 것을 알게 되고, 남문을 나가서…… 병자와 만나서는 인생에는 '병든다'고 하는 고苦가 있는 것을 알게 되고, 서문을 나가서…… 죽은 사람을 보고는 인생에 '죽는다'고 하는 고苦가 있는 것을 알았던 것이다. 그리고 끝으로 태자는 북문을 나갔을 때…… 거기에서 한 사람의 사문(沙門: 出家者)과 만나서는 이렇게도 깨끗하게 사는 방법이 있는 것을 알게 되고 자신도 또한 출가를 뜻하였다고 전해지고 있다. 이것이 '사문출유'의 이야기이다. 여기에 나오는 노·병·사의 고에 또 하나 생고生苦를 더하면 '4고四苦'가 되는 것이다.

그렇다면 석가태자가 '사문출유'에서 알게 된 것은, 즉 우리 범부들은 보통 노·병·사라고 하는 것이 밖의 외적 조건에 의해 오는 것처럼 생각하지만, 석가태자가 발견한 것은 그것이 밖의 외적 조건으로부터 오는 것이 아니라, 인간 존재 그 자체에 내재적으로 존재하고 있는 사실이라고 볼 수가 있다.

예컨대 여기에 얼음이 있고 이 얼음이 녹아서 물(水)이 된다. 그러나 얼음이 녹아서 물이 되는 경우 지금까지 얼음이었던 것이 순간적으로 물이 되는 것은 아니다. 서서히 녹는 것이다. 그리고 그것은 처음 '얼음 100%·물 0%'이었던 것이 연속적으로 변화하여 '얼음 80%·물 20%'로부터 '얼음 50%·물 50%'의 상태로 이행移行하고, 다시 '얼음 10%·물 90%'로 되고, 최후에 '얼음 0%·물 100%'로 된다. 이 경우 물은 얼음 가운데 최초로부터 내포되어 있었던 것이다.

이 도식을 생生과 사死에 맞추어보면 탄생의 순간, 우리들은 '생 100%·사 0%'의 상태에 있지만 그것이 점점 연속적으로 변화하여 '생 75%·사 25%'로 되고, 다시 '생 50%·사 50%', '생 30%·사 70%'로 변화하고, 최후에 '생 0%·사 100%'로 된다. 그리고 여기에서는 사死는 생生의 가운데 최초로부터 내포되어 있었던 것이다. 젊음과 늙음에 대해서도 똑같은 지적을 할 수 있다. '젊음 100%·늙음 0%'의 상태에서 최종적으로는 '젊음 0%·늙음 100%'로 이행하는 것이다. 그리고 늙음은 젊음에 내재적으로 내포되어 있다.

이와 같이 노·병·사를 인식한다면, 노·병·사라고 하는 것은 노·병·사 그 자체가 인간 그 자체 가운데 존재하는 것이기 때문에 고苦는 언제나 내재되어 있는 것으로 볼 수 있다. 4고도 그와 똑같이 마찬가지이다. 그러므로 붓다가 설하신 것은 노·병·사의 일시적인 극복이 아니라 우리들이 노·병·사라고 하는 고를 근본적으로 어떻게 처리해야 할 것인지를 가르치고 있는 것이다. 그것이 팔정도八正道이다.[174]

---

174 『季刊佛教』, No.31, 法藏館, 1995. 4, pp.63~68.

4. 팔정도

팔정도(〔범〕 ārya-aṣṭāṅgo mārgo 〔팔〕 ariyo aṭṭhaṅgiko maggo)는 붓다가 녹야원에서 최초에 설법한 가르침의 하나로, 사제설 가운데 도제道諦에 해당되고 고苦의 멸을 실현하는 올바른 방법을 말한다. 정견(正見: 보는 방법이 올바름. 〔범〕 samyag-dṛṣṭi 〔팔〕 sammā-diṭṭhi), 정사(正思: 사유가 올바름. 〔범〕 samyak-saṃkalpa 〔팔〕 sammā-saṃkappa), 정어(正語: 말하는 것이 올바름. 〔범〕 samyag-vāc 〔팔〕 sammā-vācā), 정업(正業: 행동이 올바름. 〔범〕 samyak-karmānta 〔팔〕 sammā-kammanta), 정명(正命: 생활이 올바름. 〔범〕 samyag-ājīva 〔팔〕 sammā-ājīva), 정정진(正精進: 정방편이라고도 함. 노력하는 것이 올바름. 〔범〕 samyag-vyāyāma 〔팔〕 sammā-vāyāma), 정념(正念: 주의력 혹은 기억이 올바름. 〔범〕 samyak-smṛti 〔팔〕 sammā-sati), 정정(正定: 마음 통일이 올바름. 〔범〕 samyak-samādhi 〔팔〕 sammā-samādhi)의 8종이다. 이 팔정도는 고행苦行·낙수樂受의 이변을 여읜 중도라고 하고, 초기불교의 가장 기본적인 수행방법이다.

『팔리중부』의 「분별성제경」에 의하면 그 내용은 사제의 하나하나에 대한 지(知: 正見), 출가와 무에無恚와 무해無害에 관한 사유(思惟: 正思), 망어妄語와 양설兩舌과 악구惡口·기어綺語를 멀리 여의는 것(正語), 살생과 불여취不與取, 애욕에 관한 사행邪行을 멀리 여의는 것(正業), 성성문聖聲聞의 삿된 생활을 버리고 생활을 올바르게 하는 것(正命), 아직 생기지 않은 악은 생기지 않도록 노력하고 이미 생긴 악은 이를 끊어버리도록 노력하는 것, 아직 생기지 않은 선은 일어나도록 노력하고 이미 생긴 선은 더욱더 증대하도록 노력하는 것의 4종(四正勤)을 힘쓰는 것(正精進), 신身·수受·심心·법法의 네 가지가 부정不淨·무상無常·고苦·무아無我인 것임을 항상 염하여 잊지 않기(四念處)를 힘쓰는 것(正念), 사선四禪에 주하는 것(正定)이라고 한다.

또 『팔리중부』의 「대사십경大四十經」에서는 특히 정정을 가장 중요한 것이라 하고 다른 칠지七支를 정정正定에 대한 조연助緣이라고 한다. 그리고 정사유正思惟·정어正語·정업正業·정명正命이 생기기에는 항상 정견을 기본으로 하고 있고, 또 이를 오지五支를 실천할 때에는 항상 정정진과 정념이 함께한다고도 한다. 이들 오지에는 각기 무루無漏로서 세간적인 것과 유루有漏로서 출세간적인 것의 2종류가 있다고 한다.

팔정도는 후세의 수행론에서는 37보리분법(七覺支)으로 짜여 있다. 논서에서 계·정·혜의 삼학에 배치되는 경우가 많고, 정견과 정사는 혜慧에, 정어와 정업·정명은 계戒에, 정념과 정정은 정定에 속하고, 정정진은 삼학에 공통으로 되어 있다. 현장역 『구사론』의 설에서는 정견은 혜慧를, 정정진은 근勤을, 정정은 정定을, 정념은 염念을, 정어·정업·정명은 계戒를, 정사유는 심尋을 체體로 한다고 한다.

팔지八支의 순서에 대한 유래에 대해서는 여러 설이 있지만, 『사제론』에는 "능히 도리에 의해 성제聖諦를 관하기 때문에 먼저 정견을 세운다. 관觀하는 법에서 주시하여 버리지 않고 다음에 정사를 세운다. 이로부터 다음에 정어·정업·정명을 세운다. 관하는 법을 위해서 옮겨가기 위해서 다음에 정진을 세운다. 이득을 여의는 곳에서 영영 잃지 않고 다음에 정념을 세운다. 염念을 잃지 않음으로써 소견의 경지에서 마음 산동散動하지 않고 다음에 정정을 세운다" 등을 설하고 있다. 뒤에 정지正智와 정해탈을 더하여 십무학법十無學法으로서 설하는 경우도 있다.[175]

175 高崎直道編, 『佛教·インド思想辭典』, 春秋社, 2013, pp.350~351.

제5장 붓다에서 보는 법담체계의 전형

불교는 그 본질에 있어서 법담체계라고 볼 수 있으며, 붓다라고 하는 말 그 자체가 "붓다(佛陀)란 스스로 깨닫고 타인을 깨닫게 하는 각행궁만覺行窮滿함을 말한다"고 하는 사전의 설명 그대로 법담체계임을 나타내고 있다. 먼저 그 전형으로서의 불전佛典에 대하여 간략히 살펴보기로 한다.

제1절 의왕 붓다

1. 의왕과 응병여약

1) 의왕

의왕醫王이란 의사 중의 의사란 뜻으로, 의사 중의 왕이 병에 응하여 약을 잘 처방해 주는 것을 불보살이 중생의 근기, 즉 이해능력과 수준에 응하여 법을 설하고 인도해 가는 데 비유한 것이다. 『잡아함경』

제15에서는 다음과 같이 설하고 있다. "사법四法을 성취하는 것을 이름하여 대의왕大醫王이라 한다. 첫째 병을 잘 알고, 둘째 병원病源을 잘 알고, 셋째 병의 대치對治를 잘 알고, 넷째 병의 치료를 잘하고 나서 현재와 미래에 다시 동발하지 않는 것을 안다. 여래응등정각은 대의왕이니, 네 가지 덕을 성취하여 중생의 병을 다스리는 것 또한 이와 같다"라고 한다. 또『대지도론』제22에서는 "붓다는 의왕과 같고, 법은 양약과 같고, 승僧은 병인을 돌보는 간병인과 같고, 계는 복약을 금기하는 것과 같다"고 하며, 또『대승본생심지관경』제8에서는 "대의왕이 병에 따라서 약을 주는 것과 같이 보살은 적절하게 사람에 따라서 교화를 펼친다"라고 하는 것이 그 예이다.

다만 이들은 불보살을 널리 의왕에 비유한 것이지만, 때로는 특히 약사여래를 칭하는 경우도 있다. 이것은 약사여래에게 병을 없애는 본원이 있기 때문이다.[176]

2) 응병여약

응병여약應病與藥이란 붓다와 보살 등의 선지식이 상대방의 이해능력과 수준에 상응하여 설법하고 범담하는 것을 비유한 말이다. 불교의 진리는 하나라 하더라도 그 근기根機는 하나같지 않음으로 삼승과 5승의 교의와 팔만사천의 법문이 있고, 받아들이는 능력에 어그러지는 잘못이 없도록 각각 그 이익이 되도록 인도하는 것이 양의良醫가 병에 따라서 약을 주는 것과 같다고 하는 것이다.『심지관경』권2「보은품」

---

176 望月, p.107.

에서는 "제여래가 법륜을 굴림에 있어서 사실四失을 원리하고 상응법을 설해야 하나니, ①무비처無非處, ②무비시無非時, ③무비기無非器, ④무비법無非法하게 병에 따라 약을 주어야 한다"라고 하고, 『문수회과경』에서는 "중생의 마음을 살피고 그 뜻과 성격에 따라서 기력이 쇠하면 시중을 들고 병에 따라 약을 주어 위없는 정진도正眞道의 지혜를 두루 베풀라"라고 하는 것이다.

또 『열반경』 권25(남본권 23)에서는 이르기를 "불佛과 보살은 대의大醫이므로 선지식이라 이름한다. 왜 그런가 하면 병을 알고 약을 알고 병에 따라 약을 주기 때문이다. 비유하면 양의良醫가 여덟 가지의 술법을 잘하는 것과 같다. 먼저 병상病相을 보니 상태에 세 가지가 있다. 무엇을 셋이라 하는가. 이른바 풍風·열熱·수水이다. 풍병이 있으면 이에 소유蘇油를 주고, 열병의 사람에게는 석밀石蜜을 주고, 수병의 사람에게는 강탕薑湯을 주고, 병의 근본을 알아서 약을 주는 것에 차이를 터득하고 있으므로 양의라 이름하는 것과 같다. 불과 보살 또한 이와 같이 모든 범부의 병에 세 가지가 있으니 하나는 탐욕, 둘은 진에, 셋은 우치이니, 탐욕병의 자에게는 관골상觀骨相을 가르치고, 진에병의 자에게는 자비상慈悲相을 관하게 하고, 우치병의 자에게는 십이연상十二緣相을 관하게 한다. 이러한 뜻을 가지므로 제불보살을 선지식이라 이름한다"라고 하는 것이다.[177]

177 龍谷, p.464.

2. 비유법

1) 비유의 개념과 종류

비유(譬喩: upamā)란 범어 avadāna 또는 dṛṣṭânta, upamā, 혹은 aupamyôdāharaṇa의 번역어로, 법法의 뜻을 알기 쉽게 하기 위해서 유사한 사실 등에 예를 들고 비유하여 이를 설명하는 것을 말한다. 『대품반야경』 제26 「칠비품」에 "수보리여, 지금 너를 위해서 비유를 설하겠다. 지자智者는 비유로써 지해知解를 얻는다"라고 하고, 『법화경』 제1 「방편품」에 "나는 무수한 방편과 여러 가지 인연 비유의 언사言辭로써 모든 법을 설한다"라고 한다.

그 어의語義에 관해서는 『법화경문구』 제5상에 이르기를 "비譬란 비황比況이고, 유喩란 효훈曉訓이다. 이것에 빗대어 저것에 비하고, 얕음에 비추어서 깊이를 이해한다"라고 하고, 『법화의소』 제5에서는 "비譬란 유類이고, 유喩란 효曉이다. 가까운 것을 빌려 가지고 먼 것에 견주어 모든 미오迷悟를 밝힌다. 이를 비유라고 한다"라고 하는 것이다. 그러나 비유는 현재의 사실을 들어 보이는 것을 그 본칙으로 하지만, 때로는 또 사물이나 사건을 가설하여 이에 견주는 경우도 있다. 또 소小를 가지고 대大에 비하고, 추麤를 가지고 세細에 유하며, 혹은 일부의 유사성 또는 전체의 유사성, 혹은 순유역유順喩逆喩 등의 여러 가지 구별이 있다. 또 『대지도론』 제10에서는 "비유의 법은 소小를 가지고 대大에 비유한다. 사람의 얼굴이 좋은 것 같은 것을 만월滿月과 같다고 비유한다"라고 한다.

비유의 종류로는 『대반열반경』 제29에, 비유에 모두 순유順喩·역유

逆喩·현유現喩·비유非喩·선유先喩·후유後喩·선후유先後喩·편유遍喩의 팔유八喩, 즉 8가지 비유가 있음을 설하고 있다. 그 가운데 ①순유順喩란 사물의 발생하는 순서에 따라서 비유하는 것으로서, 즉 하늘이 큰 비를 내림으로써 하수구가 차고, 하수구가 차기 때문에 작은 구덩이가 차며, 내지 소하小河가 가득차기 때문에 대하大河가 차고, 대하가 차기 때문에 대해大海가 찬다고 설하는 것과 같은 것을 말한다. ②역유逆喩란 이에 반하여 대해의 근본은 큰 강이고, 큰 강의 근본은 하천이며, 내지 작은 구덩이의 근본은 도랑이고, 도랑의 근본은 큰 비(大雨)라고 설하는 것과 같은 것을 말한다. ③현유現喩란 현재의 사실에 대한 것으로서, 즉 중생의 심성은 또 원숭이와 같다고 설하는 것과 같은 것을 말하고, ④비유非喩란 사실을 가설하여 견주는 것으로서, 즉 생로병사의 4고四苦가 항상 중생을 저해하는 것을 사대산四大山의 사방으로부터 와서 인민을 저해하려고 하는 것에 비견하는 것과 같은 것을 말한다.

⑤의 선유先喩란 유喩를 먼저하고 법을 후에 드는 것으로서, 즉 사람이 묘한 꽃을 탐착하고 이를 취하려고 하다가 물에 빠져버리게 되는 것과 같이, 중생도 또한 그러하여 오욕을 탐하여 생사의 물에 표몰漂沒되어 버린다고 설하는 것과 같은 것을 말한다. ⑥후유後喩란 법을 먼저하고 유喩를 후에 드는 것으로서, 즉 '작은 죄를 가볍게 보고 재앙이 없다고 하지 말라, 물방울이 떨어지는 징후가 있다 해도 점점 큰 그릇에 차게 된다'라고 설하는 것과 같은 것을 말한다. ⑦선후유先後喩란 유喩를 선후에 들고 법을 중간에 두는 것으로서, 즉 파초가 만일 열매를 맺으면 죽는 것과 같이 어리석은 사람이 부양을 받는

것도 또한 이와 같아서, 노새가 회임懷姙하면 명命이 오래 온전하지 못함과 같다고 설하는 것과 같은 것을 말하고, ⑧편유遍喩란 즉 전유全喩로서, 삼십삼천의 파리질타수波利質多樹가 잎이 누렇게 되고 내지 마마(疱)로부터 뾰루지가 나는 것을, 점차로 불제자의 출가 내지 득도에 비유하는 것과 같은 것을 말하는 것이다.

2) 비유의 사용례

대저 비유는 법의 뜻을 알기 쉽게 하기 위해서 설하는 것으로서, 붓다는 설법 또는 법담 중에 항상 이를 쓰시고, 십이부경 중에는 이러한 것을 아파타나阿波陀那라 부르고 있다.

또『대품반야경』제1「서품」에서는 환幻·염焰·수중월水中月·허공·메아리·건달바성·꿈·그림자·경중상鏡中像·화火의 십유十喩를 설하고,『유마경』권상「방편품」에서는 취말聚沫·거품(泡)·염炎·파초·환幻·꿈·그림자·메아리·부운浮雲·전電의 십유를 설하며, 라즙역『금강반야바라밀경』에서는 꿈·환幻·거품·그림자·이슬·전電의 육유六喩를 비유하여 설하고 있다.

또『육십화엄경』제34「보왕여래성기품」에는 해(日)가 나와서 일체의 모든 대산왕大山王, 일체의 대산, 금강보산과 일체의 대지를 비추는 것을 부처님께서 출세하여 보살·성문·연각·결정선근決定善根의 중생과 일체중생 내지 사정邪定의 사람들을 제도하는 데 비유하고,『대반열반경』제14「성행품」에는 소酥로부터 우유를 내고 우유로부터 타락(酪)·생소生酥·숙소熟酥·제호醍醐, 즉 크림의 모든 맛을 내는 것을 붓다로부터 십이부경을 내고, 십이부경으로부터 수다라·방등경·반야바라밀·대열반을 내는 것에 비유하여 설한다. 고래로 이 두 경전의 설을 가지고 여래의 일대에 교화를 베푸신 순서를 비유하여 설하는 것이 이렇게 많은 것이다.

또 『법화경』에는 화택(火宅: 비유품)·궁자(窮子: 신해품)·운우(雲雨: 약초유품)·화성(化城: 화성유품)·의주(衣珠: 오백제자수기품)·계주(髻珠: 안락행품)·의사(醫師: 여래수량품)의 칠유七喩를 설하여 이승二乘의 성불과 여래불멸의 뜻을 밝히고 있고, 『관불삼매해경』 제10 「관불밀행품」에서는 장자의 염부단금閻浮檀金·왕의 보인寶印·장자의 여의주·선인의 송주誦呪·역사力士의 명주明珠·겁劫이 다할 때의 금강산의 육비六譬를 들어 이를 염불삼매의 공덕에 비하여 설하고 있으며, 또 『우바새계경』 제1에서는 성문·연각과 여래의 단혹수행斷惑修行의 깊고 낮음을 가지고 토끼·말·코끼리의 세 마리가 강을 건너는데 있어 같지 않음에 비유한다.

기타 모든 경론에 현現·비현非現 등의 각종 비유를 들어 이해를 돕는 것이 매우 많으니, 이에 일일이 매거할 수가 없는 것이다.[178]

3) 비유의 특징

비유는 붓다의 설법 또는 법담에 있어서 하나의 특징으로, 추상적 원리를 구체적 유례類例를 들어 나타내고 고원한 이상을 현실의 사물에 비추어 설명하여, 상대방이 직관으로 직접 이해할 수 있도록 하기 위해 이용하였다. 따라서 불전佛典에 있어서는 이러한 예증은 너무

178 望月, pp.4353~4354.

많아서 일일이 들 수 없을 정도이다. 예컨대 모든 상대적 존재에 집착하지 않는 중도中道 생활을 『아함경』에서는 다음과 같은 비유를 들어 설하고 있다.

"중도는 중류中流에 떠 있는 재목이 강의 양안兩岸에도 가깝지 않고 육지에도 오르지 못하고 사람에게도 잡히지 못하고 소용돌이에 휩쓸리지도 않고 안에서 썩지도 않으면 드디어 바다에 들어가게 되는 것에 비유하고, 혹은 천상天上에 걸린 달빛이 집안에 들어와서도 벽에도 달라붙지 않고 옷에도 달라붙지 않고 깔개에도 들러붙지 않는 것에 비유하며, 혹은 모래를 가지고 집을 만들어 이것에 애착하고 있는 동안은 이것으로 즐거움을 삼고 있지만 그 애착이 없어지면 바로 손발로 이를 무너트려서 이것을 가지고 놀지 않는 어린이들의 천진난만한 집착 없는 태도에 비유하고, 혹은 위험한 강가에서 뗏목을 만들어 큰 강을 건너 안전한 강가에 닿은 사람이 어떻게든 자기 몸을 도운 공功이 있으므로 이것을 자기 어깨로 메고 갈려고 생각했다면 그것은 뗏목에 대한 올바른 조치가 아니고, 그 경우에는 뗏목을 강가로 끌어올려 두든지, 또는 물 위에 띄운 채로 두든지 어느 것에도 그것에 집착하지 않고 버려두어야 할 올바른 태도로 예를 들어, 법法마저 버리지 않으면 안 되는 것인데 하물며 비법非法은 더욱더 버리지 않으면 안 된다고 하는 예를 듦으로써 무소득공無所得空의 중도中道를 절묘하고 적절하게 사용하고 있다. 이밖에 고원한 교리로부터 비근한 실천에 이르기까지 평범한 비유도 있지만, 이러한 기지機智에 찬 비유법을 가지고 어떠한 수준의 사람이라도 이해할 수 있도록 설하고 있다."

이상은 단지 아함경 안에서 설하고 있는 예이지만, 특히 비유담만을 편집한 경전과 대승교에 속하는 제경전에서는 수많은 절묘한 비유를 접하게 된다. 그 가운데 『법화경』의 「비유품」에 있어서의 삼승과 1승의 관계를 설한 화택火宅의 비유나, 그 「신해품」에 있어서의 삼승을 일승으로 개회하는 도행을 나타낸 장자궁자長者窮子의 비유 등에 있어서는 일체중생을 일불승一佛乘으로 인도하기 위해서 선교방편을 운용하는 여래의 자비심이 매우 위태로운 입장에 있는 우리 아이를 구하기 위해서 수단을 다하여 애쓰는 부모 마음에 대비시켜 종교적 구제의 극치가 적절하게 발양되고 있음을 볼 수 있다.

4) 법화칠유法華七喩

『법화경』에서 설하고 있는 7종의 비유로 이를 간략히 소개하면 다음과 같다.

1) 화택유火宅喩: 「비유품」에 나온다. 오탁五濁·8고八苦 등을 불에 비유하고 삼계를 집에 비유한다. 삼계의 중생이 오탁·8고 때문에 핍박당하여 안온하지 못한 것이다. 큰 집이 불에 타서 잘 안거하지 못하는 것과 같은 것을 설한다.

2) 궁자유窮子喩: 「신해품」에 나온다. 이승二乘의 인간이 대승의 공덕인 법재法財로 장엄되지 못하는 것을 비유한다. 빈궁한 자식이 의식衣食의 재물이 모자라는 것과 같은 것을 설한다.

3) 약초유藥草喩: 또 운우유雲雨喩라고도 한다. 「약초유품」에 나온

다. 인천人天을 소초小草에 비유하고, 성문·연각을 중초中草에 비유하며, 보살을 대초大草에 비유한다. 약초에 대·중·소의 다름이 있다 하더라도 비구름이 비를 뿌려 적셔주면 모두 번성하여 병의 근본을 고치는 것과 같이, 삼승의 인간에 근기의 상·하의 다름이 있다 하더라도 만일 여래의 법우法雨의 윤택을 입으면 능히 대의왕으로 되어 널리 중생의 무리들을 제도하게 됨을 설한다.

4) 화성유化城喩: 「화성유품」에 나온다. 어떤 사람이 보처寶處에 이르고자 하면서도 중도에 퇴보하니, 총명한 도사가 있어 임시로 성城을 만들어 놓고 잠시 쉬고 나서 보처寶處에 이르게 한다. 이승의 인간은 처음에 큰 가르침을 듣고 실망하여 생사에 유전하니, 세존은 임시방편으로 먼저 견사見思의 번뇌를 끊고 잠시 열반을 증득하여 소생시키고 나서 구경의 보처寶處에 이르게 함에 비유한다.

5) 의주유衣珠喩: 또 계주유繫珠喩라고도 한다. 「오백제자수기품」에 나온다. 어떤 사람이 친우의 집에 이르러 술에 취해 눕자 친우는 그의 옷 속에 보주寶珠를 넣어 놓는다. 그러나 그는 이를 알지 못하고 스스로 빈고로 괴로워한다. 후에 친우를 만나 무가無價의 보주가 옷 안에 있음을 알고 의식주에 있어서 수용이 끝이 없게 된다. 이승二乘의 사람은 옛날 대통불大通佛의 곳에서 대승의 인종因種을 내려주나, 무명에 덮여 깨닫지 못하고 있다가 이제 여래의 방편개시에 의해 드디어 일불승一佛乘에 들 수가 있게 되어 이락利樂이 끝이 없음을 비유한다.

6) 계주유髻珠喩: 또 정주유頂珠喩라고도 한다. 「안락행품」에 나온다. 여래를 윤왕輪王에 비유하고, 이승권교二乘權敎를 상투에 비유하

며, 일승一乘의 진리를 구슬에 비유한다. 구슬과 상투 속에 있는 것은 진리가 임시로 숨겨져 있는 것과 같아서, 여래가 법화회상에 나타나서 이승에게 수기하여 부처가 되게 하는 것은 윤왕이 상투 속의 구슬을 풀어 공신功臣에게 주는 것과 같은 것을 비유한다.

7) 의자유醫子喩: 또 의사유醫師喩라고도 한다. 「여래수량품」에 나온다. 여래를 의사에 비유하고, 삼승三乘의 사람을 아들에 비유한다. 모든 아들들이 잘 알지 못하고 독약을 마시고서 마음이 광란한다. 아버지는 방편으로 묘약을 복용케 하여 그 병을 고친다. 삼승의 사람은 권교權教를 믿고 받아들여서 정도正道를 얻지 못하니, 여래는 방편으로 대승의 법약을 복용케 하여 속히 고뇌를 제하고 또 뭇 병통이 없도록 하는 것을 설한다.[179]

3. 붓다의 최초의 법담교화

1) 범천의 권청

붓다는 원래 출가하여 신명을 바친 6년간의 수행을 거쳐 일찍이 누구도 경험한 적이 없는 최고의 완전한 깨달음을 얻었다. 그러나 너무나도 완전한 깨달음의 경지에서 보니, 애욕이나 쾌락에 눈이 어두운 사람들에 대해서는, 예컨대 법을 설한다고 해도 그 깨달음의 내용을 이해할 수가 없고 귀를 기울이는 이가 없을 것이라고 생각하고 세상 사람들에게 설법하기를 주저하고 있었다. 그때에 범천梵天이 나타나서 '만일

179 龍谷, p.4100.

붓다가 그 가르침을 설하지 않는다면 세상은 더욱더 타락하여 갈 것이다. 그러나 어려운 내용이라 하더라도 법을 설하여 공부하면 이해할 수 있는 자도 있을 것이니 교화를 베풀어 주셔야 한다'고 간청하였다. 이것을 '범천의 권청勸請'이라고 한다.

붓다는 이 범천의 권청에 따라 교화할 것을 결심하고, 설법 또는 법담의 방법을 생각하고 교화활동에 들어갔다. 그러나 고행苦行 시대 이래에 재회하게 된 5인의 비구는 고행을 포기한 붓다를 경멸하고 냉담하였다. 이에 붓다는 설하시기를 "나는 최고의 개달음을 연 붓다(佛陀)이고 생사윤회를 초월한 여래如來이다. 당신들에게 가르침을 설하겠으니 이를 듣는 것이 좋을 것이다. 가르침대로 실천한다면 당신들도 반드시 현세現世에서 깨달음을 열수가 있을 것이다"라고 거듭 말씀하셨다.

똑같은 문답이 세 번 반복되자, 끝내 붓다는 "비구들이여, 당신들은 내가 이전에 이와 같이 자신自信 있는 권위를 가지고 당신들에게 설한 적이 있는가"라고 묻고, 그 말씀을 들은 비구들은 붓다의 태도가 이전과는 달리 자신에 넘치고 위엄이 있음을 느끼고서 잠시 후 귀를 기울였다고 한다. 그리하여 처음은 붓다의 고행 시대에 생활을 함께 했던 5인의 비구(남성의 출가수행자)에게 가르침을 설하였다. 이것을 초전법륜初轉法輪이라고 한다. 전법륜이란 '법륜을 굴리는 것'으로 붓다의 법을 설하는 것을 가리킨다.[180]

---

180 藤田 淸, 「教育體系としての佛教」, 『佛教教育の世界』, 1993, p.48.

2) 우파가와의 문답

붓다는 크나큰 깨달음을 열어 성도하신 후, 먼저 5비구에게 법을 설하기 위해서 그들이 머물고 있는 바라나시(Bārāṇasī)성 밖의 녹야원으로 가시던 길에 가야(伽耶: Gayā)성에서 온 사명외도(邪命外道: Ajīvaka)의 한 사람인 우파가(Upaka)라고 하는 자가 붓다의 청정한 제근(諸根: 안·이·비·설·신·의의 여섯 감관)과 교결皎潔하고 티 없이 정결하게 빛나는 피부색을 보고 감격하여, "경卿은 어떤 분에게 출가하고, 누구를 스승으로 받들고, 어느 분의 법을 기꺼이 받아들이십니까?" 라고 물었다. 이에 대해 붓다는 다음과 같은 게송으로 답을 하셨다.

> "나는 일체의 승자勝者, 일체의 지자知者이다. 일체의 법에 물들여짐이 없다. 일체의 모든 것을 버리고 갈애를 멸하여 해탈하였다.
> 스스로 각증覺證했거니 누구를 (스승이라고) 지칭할까.
> 나에게는 사師도 없고, 나에게는 동등한 자도 있지 않다. 인천(人天: 神)의 세계에서 나에게 대항할 자 없다. 나야말로 세계에서 아라한(應供者·尊者·聖者)이다. 나는 위없는 스승이다.
> 유일의 등정각자로서 청량과 열반을 체득하였다. 법륜을 굴리기 위해 카시(迦尸: Kāsī)의 성(바라나시)으로 간다. 암맹闇盲의 이 세상에서 나는 감로(甘露: 不死)의 북을 두드릴 것이다."[181]

이 게송을 들은 우파가는 다시 거듭해서 "그러면 존자시여, 경卿은 절대의 승자가 되었다고 스스로 인정하는가"라고 반문하였다. 그때에

---

181 羽溪了諦, 전게서, 昭11, p.93.

붓다는 "누진漏盡을 얻은 자는 모두 나와 동등한 승자이다. 모든 악법은 나에 의해 정복되었다. 우파가여, 그러므로 나는 승자이다"라고 설하셨다. 그러나 우파가는 "존자여, 실로 경은 정말 그러시겠습니다"라고 하고는 머리를 흔들면서 떠나갔다고 한다.[182]

이와 같이 붓다는 깨닫지 못하여 미혹으로 고뇌하는 중생에 대한 자비의 염으로 중생을 교화하고, 구제하기 위한 전도의 문을 열어 스스로 일체의 승자이고 일체의 지자인 대각자로서의 자신을 당당하게 선언하였던 것이다. 일체의 존재에 물들지 않고 일체 모든 것을 여의고 갈애를 멸하여 해탈하며, 일체의 악법을 정복하여 청량과 열반을 증득하였기 때문에 일체의 승자라고 할 수 있는 것이고, 또 스승 없이 홀로 깨달아서 인천계人天界에서 스승으로서 우러러야 할 자도 없고, 등등한 자도 없으며, 진실의 존자·위없는 도사導師·유일의 등정각자等正覺者로서 눈 어두운 세상에 불사의 법광法光을 빛나게 하고 있는 것이기 때문에 일체의 지자知者인 것이다. 여기에서 붓다의 자신감과 그 깨달음이 얼마나 위대하고 숭고한 것인지를 살펴볼 수가 있다.

4. 무상존無上尊의 인격

1) 깨달음의 인격

깨달음은 인격의 기초를 이루는 것이다. 깨달음이 숭고하면 할수록

---

182 『팔리율장』「대품」1, p.8; 『사분율』 권32 등.

그에 따른 인격도 또한 자연히 숭고한 빛을 발하게 되는 것이다. 연기緣起의 정법을 체험하고 심리적으로 증거하여 일체를 자아의 내용으로 통섭하는 초개인적 등정각을 이루신 붓다가 무한의 지혜와 자비를 특징으로 한 최고의 인격을 이루신 것은 지극히 당연한 일이다. 성도成道 이후 45년에 걸친 붓다의 설법과 법담교화는 그 등정각에 의한 지혜에 유래하는 것이고, 그 지혜는 진리에 투철하여 일체를 여실하게 인식한 절대지絶對智로서의 반야(般若: Paññā, Prajñā)이다. 그러므로 반야는 일체의 존재를 통일하는 최고원리로서의 법(Dhamma, Dharma)의 각증覺證에 다름 아니다. 붓다가 '법法을 몸으로 삼는' 진리의 체득자인 법신法身으로 간주된 이유는 여기에 있다.

또 모든 제자들이 누누이 "우리들에게 있어서 제법은 붓다를 근본으로 하는 것이고, 붓다를 인도자로 하는 것이며, 붓다를 소의所依로 하는 것이다"[183]라고 하였던 것은, 일체 모든 진리의 맑은 물이 단지 붓다의 지혜의 샘물에서만 유출된다고 믿고 있던 때문이었던 것이다.

2) 비구와 대범천의 대화

『장아함경』 권16에 수록된 「견고경堅固經」에는 다음과 같은 이야기가 있다. 한 비구가 생각하기를, "이 몸의 사대 요소인 지地·수水·화火·풍風은 무엇에 의해 멸진하는가"라고 하는 의문점을 해결하려고 마음을 통일하여 천도天道에 드는 정定에 들어가지고 사천왕·제석천·야마천·도솔천·화자재천·타화자재천·자재천·범천 등의 모든 신들을 순

---

183 『팔리중부』 1, 309~310頁; 同 『상응부』 2, 80頁; 『중아함경』 권24; 『대인연경』 등.

차로 역방하여 찾아갔지만 답하는 자가 없었다. 그래서 마지막으로 최고신인 대범천에게 가서 물었다. 처음에 범천들의 면전에서는 단지 자기가 절대우월자인 것을 강조하면서 질문에 대한 대답을 피하고 있던 대범천은 결국 그 비구의 오른팔을 붙들고 한쪽으로 물러나 말하기를 "그들 범천들은 어느 누구도 지혜제일인 자신이 알 수 없는 것은 없다고 생각하므로 자신은 그들의 면전에서는 모른다고 할 수가 없었지만, 실은 자신도 이 질문에 답을 할 수가 없다. 그러므로 저 붓다를 젖혀놓고 이 제천諸天에서 해답을 찾으려고 하는 너는 정말 큰 미련퉁이이다. 마땅히 너는 저 붓다에게로 가서 그 의문점을 묻고 설명을 듣도록 해야 할 것이다"라고 말하였던 것이다.[184]

이러한 이야기가 붓다의 설법으로 경전 중에 편입되었다고 하는 것은, 제천 중의 최고위에 있는 대범천이라 하더라도 지혜에 있어서는 붓다에게는 미치지 못한다고 하는 믿음이 확립되어 있었기 때문일 것이다.

3) 붓다의 해답

또한 이에 우리들이 주의해야 할 것은 이 질문에 대한 붓다의 해답이다. 저 비구가 대범천의 지시에 따라서 붓다의 앞에 나아가 이 문제를 제기하자, 붓다는 이르시기를 "상인이 한 마리의 새를 안고 항해하다가 육지가 보이지 않게 되었을 때 이 새를 놓아주면, 그 새는 하늘을 날라 동서남북 사유상하四維上下로 날다가 만약 육지를 발견하면 바로

---

184 『팔리장부』 1. 215~222頁.

내려앉을 것이지만, 만일 육지를 발견할 수가 없게 되면 다시 선박으로 돌아오듯이, 자네도 또한 이 질문의 해답을 찾아서 범천의 세계로까지 갔었으나 답을 얻을 수가 없어서 내 앞으로 돌아온 것이다"라고 하시는 것이었다. 그리고 그가 제기한 "무엇에 의해서 지·수·화·풍은 멸진하는가"라고 하는 질문을 고쳐서, "무엇에 의해서 지·수·화·풍은 확립되지 못하는가. 무엇에 의해서 장단長短·세추細麤·호추好醜도 확립되지 못하는가. 무엇에 의해서 명名·색色은 남김없이 영멸하는가"라고 질문해야 할 것이라고 가르치고, 다음과 같은 게로써 이 질의에 답하셨다.[185]

"식識은 보여질 형태가 없고 무량하다.
이 식이 멸함으로 말미암아 사대四大는 확립될 수 없다.
장단長短·세추細麤·호추好醜도 또한 그러하다.
여기에서 명색名色은 남김없이 영멸한다.
식이 멸함으로 말미암아 나머지 일체 모든 것 또한 멸한다."[186]

이 게문은 즉 식識과 명색名色의 관계에 대한 설명인데, 이것은 붓다의 독자적인 연기사상의 입장에서 인식문제를 해결해 주신 법담인 것이다.

185 동상, 223頁.

186 羽溪了諦, 전게서, 昭11, pp.101~103.

제2절 세존의 인격

1. 사무량심의 정신

1) 절대평등의 대비심

다음에 세존의 인격의 다른 특징으로 빛나는 무한의 사무량심에 대하여 살펴보겠다. 연기緣起의 정법을 체험하여 스스로 일체 모든 존재에 대한 통일의 입장에 서신 붓다는 모든 대립을 넘어선 자타일여自他一如의 세계에 계시면서 다른 이를 보는 것이 자기를 보는 것과 같이, 다른 사람을 자애하기를 자기를 자애하는 것과 같은 절대평등의 대비심을 발하셨다.

예컨대 사람들은 그 신체를 모두 자아의 내용으로서 받아들이고, 자아 그 자체와 밀접한 관계를 가지고 있으므로 이들이 가장 중시하고 사랑하여 그 일부분이 상해傷害되거나 질병에 걸리더라도 곧바로 치료하려고 하는 의지가 발동된다. 그러므로 붓다도 또한 슬픈 자를 위해서 슬퍼하고 괴로운 자 때문에 괴로워하며 이들을 구해야 하므로 '대의왕大醫王'으로서 모든 선교방편을 쓰셨던 것이다. 이것은 붓다께서 절대자유의 정신생활인 해탈 열반을 실현한 인간의 입장으로서, 또 그에 도달하는 수행의 단계로서 누누이 설하신 심해탈心解脫의 첫째인 4종의 무량심해탈無量心解脫의 내용을 보면 분명하다. 이것은 마음을 상대차별의 속박으로부터 해방시켜 무량의 중생을 포용하고, 무변의 세계를 통섭하는 심경으로, 다시 말하면 자기중심의 집착과 계략을 벗어나서 자타평등의 세계를 전개한 입장에 다름 아닌 것이다.

그 첫째가 자(慈: mettā, maitrī), 즉 자애慈愛이다. 팔리성전에는 이것이 "자애의 마음으로 제일 방향으로 확충하고, 또 제이 방향으로 또 제삼 방향으로, 제사 방향으로, 위로, 아래로, 종으로, 횡으로, 일체에 확충하고, 널리 크게 무량하게, 노怒 없고 분憤 없이 자애의 마음으로 일체처에 걸쳐 일체세간으로 확충하여 간다"라고 하는 통문으로 설명되고 있다. 이 한량없는 자애심에 기초하여 자연히 여러 가지 번뇌에 속박되어 고뇌하는 중생에 대하여 두 번째의 무량심해탈인 비(悲: karuṇā)의 마음이 생긴다.

비悲의 마음은 슬픈 자를 위해서 슬퍼하는 마음으로, 이것을 앞의 자慈와 똑같이 시방무량으로 확충하는 것이다. 그리고 비悲와 같은 기전으로 자慈를 근저로 하여 세 번째의 무량심해탈인 희(喜: muditā)의 마음이 나타난다. 희喜란 기뻐할 사람을 위해서 기뻐하는 마음으로, 이것을 또 시방무량으로 확충하는 것이다. 그리하여 자慈와 비悲와 희喜란 일체의 집착을 떠나 어느 것에도 걸림이 없는 절대자유의 심경心境에서 실현되는 것이다. 그리고 네 번째로 사(捨: upekkhā, upekṣā), 즉 집착적인 애증을 벗어난 평등심이 시방무량으로 확충되는 것이다. 이렇게 무량심 해탈은 모든 대립을 넘어선 평등심을 기초로 하는 것이고, 자타일여의 세계를 전개하여 무한의 자비심과 희사심을 실현시키는 것이다.

붓다는 제법통일의 깨달음의 입장에서 정지해탈正智解脫과 함께 심해탈까지도 하신 것이므로, 그 45년에 걸친 전도생활에 있어서도 자연히 자·비·희·사의 사무량심이 실현되셨던 것이다.

2) 성자의 생활

또 『팔리경집』(巴利經集: Sutta-nipāta)에 수록된 「자경」(慈經: Mettā-sutta)에는 "독자獨子의 생명을 보호하는 어머니와 같이, 사람은 만물에 대하여 한없는 자비심을 품어야 한다. 세계의 모든 사람에 대하여 상방上方으로도 하방下方으로도 제한 없이, 그리고 두려움 없이, 분한 일 없이 한없는 자비심을 품어야 한다. 행주좌와에 상관없이 깨어있는 한 이 마음을 지녀야 한다. 이것이 모니(牟尼: muni, 성자)의 생활이다"[187]라고 설하고 있다.

이 정도로까지 자비심의 가치를 확인하고, 붓다는 절실하게 이를 선양하심과 동시에 스스로도 생애 몸소 이를 실현하셨기 때문에, "자비와 연민의 마음에 의해, 여래는 다른 사람을 위해서 법法을 설하셨다"[188]라든지, "여래에게는 대자비가 있다. 중생을 가엾이 생각하여 널리 일체를 보고 아직 건너지 못한 자로 하여금 건널 수 있게 하신다. 일체중생을 버리지 않는 것이 모친이 자식을 사랑하는 것과 같이"[189]라고 하는 것과 같은 찬탄사가 바쳐졌던 것이다.

2. 세존의 위의

1) 제근諸根의 청정함

붓다의 용안容顔이 뛰어나게 단려端麗하고 그 위의威儀가 더없이 숭엄

187 羽溪了諦, 전게서, 昭11, pp.108~111.

188 『팔리상응부』 2, 199頁.

189 『증일아함경』 권33.

하셨던 것은 많은 경전에 비추어 보아도 의심할 여지가 없다. 『잡아함경』 권44. 1182경(『팔리상응부』 7. 2. 7경)에는, 붓다께서 코살라국(Kosalā)을 유행하실 때에 하룻밤을 사라(sāla)의 숲속에서 머물고 계셨다. 그때 그로부터 멀지 않은 곳에서 농경작에 종사하고 있던 한 바라문이 이른 새벽에 일어나서 그 숲속에 들어갔던 바, 멀리 한 나무 아래에 앉아 계신 붓다를 보게 되었다. 그런데 그때의 붓다는 "용의단정하고 제근諸根이 청정하다. 그 마음 적정하여 제일 지관止觀을 구족하고 성취하셨다. 그 몸으로부터 금색 광명이 밝게 비쳤다"라고 전해진다. 또 그 다음의 경經에는, 붓다께서 하루저녁을 같은 국내의 바라림 중에 묵으셨을 때, 5백 인의 연소한 바라문을 교육하고 있던 한 바라문이 그 제자로부터 부처님이 계신 곳을 보고 받고, 바로 그 숲으로 가서 부처님께 뵈올 수 있게 되어 그 숙원을 이루고 게偈를 설하였다고 한다.

이상과 같은 내용은 아함경 가운데서 특히 많이 볼 수 있지만, 어느 곳에서나 그 내용은 대동소이하므로 그 예를 드는 것은 생략하기로 하겠다. 다만 이로부터 보더라도 붓다의 위의가 극히 단려 장엄하였음을 알 수 있고, 이를 보는 자로 하여금 바로 숭경의 염을 야기시켰음을 알 수 있다. 이러한 천품의 단려한 모습이, 붓다의 정각 성도成道에 의해 완성된 인격이 빛으로 빛나고 더욱더 숭엄을 더하여 높고 장엄한 분으로서 범치 못할 위의를 발양하기에 이르렀던 것으로 볼 수 있다.

이와 같이 한번 보면 사람을 심복시키신 붓다의 존엄한 용의는 단지 그 천품의 아름다움에 의해서만 구현된 것이 아니라 주로 그 절대적인 자각과 확연한 자신감에 의해서 전개된 적정부동寂靜不動으로서, 그리고 일체를 포섭하는 절대적인 심경이 스스로 그 위의를 완비한 것이라고 보아야 할 것이다.

2) 특별한 능력

실로 붓다의 신덕神德은 삿된 신앙에 혼을 빼앗겨 다수의 사람들을 살해하고 끝내는 칼을 가지고 붓다의 신변으로 달려온 앙굴리말라의 악귀심도 조복시키시고, 드디어 도심道心 견고한 제자로 만드셨다.[190] 이 부사의한 사실을 본 코살라 국왕 파사익(Pasenadi, Prasenajit)이 부처님의 덕을 찬탄하여 이르기를 "내리지 못하는 자를 내리게 하고, 엎드리지 못하는 자를 엎드리게 하신다. 심히 기묘하고 심히 특별나시다. 일찍이 없던 일이고, 그리고 능히 극악한 사람을 항복시키신다"[191] 라고 하였다고 전한다.

이와 같이 당시의 사람들로부터 "오직 수승할 뿐이다"라고 관찰된 붓다의 일언일행은 전혀 붓다의 자내증自內證[192]에 있었던 것임을 확인할 수 있다.[193] 붓다께서 체득하신 최고의 깨달음은 한편으로는 그 설법과 법담을 통한 교화로서 활동하고, 다른 한편에 있어서는 그 위의를 통한 현실적인 교화로서 구현되었다. 이렇게 붓다의 감화력은 당시의 사람들로부터 전혀 기적적으로 간주될 정도로 유감없이 발양되었던 것이다. 이 점에 있어서도 붓다는 법담가로서의 모범적 전형을

---

190 『잡아함경』 권38, 1077경.

191 『증아함경』 권31, 대정장 2, 720頁.

192 자내증自內證: 자기의 內心을 깨달음.

193 羽溪了諦, 전게서, 昭11, p.142.

고금에 드리우고 있다고 볼 수 있다.

3. 붓다 당시의 세인과 제자들의 평가

1) 사리불의 관찰

이러한 붓다의 인격은 당시의 사람들의 눈에 어떻게 비추어졌을까. 이를 살펴봄으로써 그 위대함을 명료하고 또 구체적으로 알 수가 있을 것이다. 먼저 불제자 중 지혜제일로서 받드는 사리불의 관찰을 소개하겠다.

> "모든 비구들이 여래를 관찰함에 신身·구口·의意에 허물이 없다. 그러한 이유는 부처님은 오늘날 건너지 못하는 자를 건너게 하고, 벗어나지 못하는 자를 벗어나게 하고, 반열반하지 못하는 자를 반열반케 하고, 구원하지 못하는 자를 위해서 구호를 하고, 맹자盲者에게 안목이 되고, 병자를 위해서 대의왕이 되시어 삼계에 홀로 존귀하시니 능히 따를 자 없다. 최존 최상으로서 아직 도道에 뜻을 일으키지 못한 자로 하여금 도에 뜻을 일으키게 하고, 많은 사람들이 아직 깨어나지 못한 자들로 하여금 부처님은 깨어나게 하고, 아직 법法을 듣지 못한 자로 하여금 이를 듣게 하고, 눈이 어두운 자를 위해서 가는 길을 만들되 항상 정법正法으로서 하셨다. 이러한 사연으로 여래는 뭇사람들 가운데 허물이 없고, 또 신·구·의에 허물이 없는 것이다."[194]

---

194 『증일아함』 권24, 5경; 『잡아함』 권45, 1212경; 별역 『잡아함』 권12, 228경;

사리불의 찬사 가운데 특히 우리들이 주의해야 할 것은 '삼계에 홀로 존귀하여 능히 미칠 자 없다. 최존 최상……'이라고 하는 구절이다. 삼계三界란 탐욕심이 강성한 욕계欲界와 그 정도로 욕심은 강하지 않지만 미묘한 형체가 있는 색계色界와 순수한 정신적 존재인 무색계無色界로, 생사유전의 미혹한 세계 전체를 표방한 것이다. 특히 이 찬탄의 글을 발표한 사리불은 세존의 모든 제자 가운데 지혜제일임과 동시에 사람을 간파하는 특수 능력을 가지고 있었다.

2) 가전연의 품평

또한 사리불과 함께 세존의 십대제자의 1인으로 논의제일이라고 찬양되던 가전연迦旃延이 비구들로부터 특히 관심의 적이 되고, 그들이 충분히 이해할 수 없던 붓다의 설법을 다시금 자세하게 설해줄 것을 요청받았을 때, 그는 비유로써 다음과 같이 가르쳤다고 한다.

> "제현諸賢이여, 마치 어떤 사람이 있어 수심(樹心: 나무의 중심의 단단한 곳)을 구하기 위해서 도끼를 가지고 숲에 들어, 수심樹心이 있는 큰 나무의 뿌리·줄기·지엽·꽃·열매를 베는 것을 보나니, 그 사람은 뿌리·줄기·열매에 대지 못하고, 단지 지엽枝葉에 대고 수심을 구해야 한다고 생각하는 것과 같이, 제현도 또한 이와 같다. 우리는 스승님이 앞에 계신데 그 세존을 버리고 나에게 그 뜻을 물어야 한다고 생각하는 것은 불가하다. 제현이여, 저 세존은 실로 알아야 할 것을 알고 보아야 할 것을 보신다. 세존은 이 눈(眼)이고,

---

『팔리상응부』 1, 190頁.

이 지智이고, 이 의義이고, 이 법法이다. 이익을 초래하는 장래자將來者·불사不死를 주는 시여자施與者·법주法主·법장法將으로서, 진제眞諦[195]의 뜻을 설하신다. 일체의 뜻을 나타내는 것은 (단지) 저 세존에 말미암을 뿐이다. 제현이여, 마땅히 세존이 계신 곳으로 가서 그 뜻을 여쭈어야 한다. 그리고 세존에 의해서 해설된 그대로 그것을 잘 수지受持해야 한다."[196]

다수의 비구들 가운데 논의제일로 그 이름이 알려진 대철인 가전연마저 법의 뜻을 해설하는 자격에 있어서 붓다를 수심樹心에 비유하고 자신을 지엽枝葉에 비유하여 오직 붓다에 의해서만 일체의 뜻이 드러난다고까지 단언한 것은, 법주法主·법장法將으로서의 세존의 인격을 여실하게 드러내고 있다.

3) 아함경의 찬앙

그밖에 불제자의 붓다에 대한 찬앙의 소리는 경전 가운데 곳곳에 보인다. 아함경에는 그러한 찬앙의 소리가 다음과 같은 통문으로 되어 빈번하게 나타나고 있다.

"저 세존은 아라한이다, 등정각等正覺이다, 명행구족자明行具足者[197]이다, 선서善逝이다, 세간해자世間解者이다, 무상사無上士이

---

195 진제眞諦: 진리, 진실, 최상의 진리, 진제란 이른바 如法이다.

196 『중아함』 권28, 「밀환유경」; 『팔리중부』 1, 111頁.

197 明行具足者: 智와 行이 완전히 갖추어진 자의 뜻.

다, 조어장부調御丈夫이다, 인천人天의 스승이다, 각자覺者이다, 세존世尊이다. 그는 천계·마계·범천계를 포함한 이 세계, 사문·바라문·천天·인중人衆의 것을 스스로 깨닫고서 (다른 이를 위해서) 설하신다. 그는 처음도 좋고, 중간도 좋고, 끝도 또한 좋은 글과 뜻이 함께 구족한 교법을 펴시고, 비길 데 없는 완전 청정한 범행梵行을 보이신다."

이러한 아름다운 찬양의 소리가 세간에는 유포되고 있었던 것이다.

4. 대자대비

1) 자慈와 비悲

자慈와 비悲의 병칭으로, 자慈는 범어 maitrī 또는 maitrya의 번역어이고, 비悲는 범어 karuṇā의 번역어이다. 중생을 자애롭게 생각하여 즐거움을 주는 것을 자, 중생을 가엾이 여겨 고통을 빼어주는 것을 비라고 하고, 혹은 이익이 없는 것을 제해 주는 것을 자, 이익과 즐거움을 주는 것을 비라고 하는 것이다.

자비는 불도의 문호이고 제불의 심념心念으로서, 『남본열반경』 권14에서는 설하기를 "일체의 성문·연각·보살·제불여래의 소유의 선근善根은 자慈를 근본으로 한다"라고 하고, 『관무량수경』에는 "불심佛心이란 대자비이다. 무연無緣의 자慈로써 모든 중생을 섭취한다"라고 하고, 만선萬善의 기본이며 중덕衆德의 복장伏藏이라고 하는 것이다. 그리고 후에 『대지도론』 권27에서는 이르기를 "자비는 이 불도의 근본이다. …… 또 대자비력을 가지므로 헤아릴 수없는 생의 생사 가운데 있어서 마음 없어지지 않는다"라고 하는 것이다. 또 『대지도론』 제27에서는 다음과 같이 논한다.

"물어 가로되, 대자대비는 이와 같다면 무엇이 소자소비小慈小悲로서 이 소小에 의하여 대大라고 하는가. 답해 가로되, 사무량심 가운데 자비를 이름하여 소小라 하고, 이 가운데 십팔불공법十八不共法에 차례로 대자비를 설하는 것을 이름하여 대大라고 한다. 또 다음에 제불심중諸佛心中의 자비를 이름하여 대大라고 하고, 여인심중餘人心中의 것을 이름하여 소小라고 한다. 물어 가로되, 만일 그렇다면 무엇을 가지고 보살은 대자대비를 행한다고 하는가. 답해 가로되, 보살의 대자大慈는 불佛에 있어서 소小라고 하고, 이승二乘에 있어서 대大라고 한다. 이것은 이것을 임시로 이름하여 대大라고 한다. 불佛의 대자대비는 진실로서 최대이다. 또 다음에 소자小慈는 다만 마음으로 중생에게 즐거움을 줄려고 생각하는 것도 실제로는 즐거운 일이 없다. 소비는 중생의 여러 가지의 신고심고身苦心苦를 관觀함에 이름하고 연민할 뿐으로 능히 벗어나게 하지 못한다. 대자는 중생으로 하여금 즐거움을 얻게 하려고 생각하고, 또 즐거운 일을 준다. 대비는 중생의 고苦를 연민하고 또 능히 고를 벗어나게 한다. 또 다음에 범부·인·성문·벽지불·보살의 자비를 이름하여 소小라 하고, 제불의 자비를 다음에 이름하여 대大라고 하며, 또 다음에 대자는 대인의 마음 가운데서 생기고, 십력十力·사무소외四無所畏·사무애지四無礙智·십팔불공법十八不共法의 대법

大法 가운데서 나와 능히 삼악도의 대고大苦를 파하고, 능히 3종의 큰 즐거움을 주니, 천락天樂과 인락人樂과 열반락이다. 또 다음에 이 대자는 시방삼세의 중생 내지 곤충에 두루하고, 자慈는 골수骨髓에 철하여 마음을 여의지 못하고 삼천대천세계의 중생이 삼악도에 떨어짐에, 만일 사람이 있어서 하나하나 모두 대신하여 그 고苦를 받고, 고를 벗어나게 하고 나서 오소욕五所欲의 즐거움·선정禪定의 즐거움·세간 최상의 즐거움으로써 스스로 마음대로 이를 주어 모두 만족케 하는 것도, 붓다의 자비에 비하면 천만 분 중의 일 분에도 미치지 못한다. 무엇 때문인가. 세간의 즐거움은 기광부실欺誑不實로서 생사를 여의지 못하기 때문이다."[198]

이로써 제불의 대자비의 광대함을 알아야 할 것이다.

2) 발고여락

발고여락拔苦與樂이란 고苦를 없애고 즐거움을 준다고 하는 것으로, 이에는 두 가지가 있다. ①고통을 없애주는 것(拔苦)을 자慈라 하고, 즐거움을 주는 것(與樂)을 비悲라고 한다. ②여락與樂을 자慈라 하고, 발고拔苦를 비悲라고 한다. ①은 『남본열반경』 권14에 "모든 중생을 위해서 이익이 없는 것을 제거해 주는 이것을 대자大慈라고 하고, 중생에게 무량 이익과 즐거움을 주려고 하는 이것을 대비大悲라고 한다"라고 한다. 또 ②는 『대지도론』 권27에 이르기를 "대자란 일체중생에게 기쁨을 주고, 대비는 일체중생의 고뇌를 없앤다"고 한다. 『십지

198 望月, pp.1978~1979.

론』 권2에도 "자란 똑같이 희락의 인과를 주기 때문이고, 비란 똑같이 우고憂苦의 인과를 없애기 때문이다"라고 한다.

그리고 이렇게 자비의 두자를 나누어 해석하는 데 대해서 경론에 이설異說이 있는 이유는, 『화엄경탐현기』 권10에, 통通·별別의 뜻이 있다고 해서 만일 전부 논한다고 하면 모두 발고여락의 뜻이고, 만일 따로 논한다면 각각 분속分屬이 있다고 한다.[199]

3) 동체대비

동체대비同體大悲는 동체평등同體平等의 대자비의 뜻으로, 즉 일체중생을 받아들여 자체로 삼고 고뇌를 없애고 즐거움을 줄려고 하는 절대평등의 비심悲心을 말한다. 『대반열반경』 제16에 이르기를 "비유컨대 부모는 자식이 환난에 만남을 보고 마음에 고뇌가 생겨 이를 어여삐 여기고 근심이 생기는 것이 처음부터 버리고 여의는 일 없는 것과 같이, 보살마하살이 이 땅에 머무는 것도 또한 이와 같으니, 모든 중생이 번뇌의 병 때문에 마음이 얽히어 헐떡임을 보고 마음에 근심과 번뇌가 생겨 걱정하는 것이 자식을 버리는 일 없는 것과 같이 신체의 모든 모공毛孔으로부터 피가 흘러나온다. 이러하므로 이 지경을 이름하여 일자一子라고 한다"라고 설하고 있다.

또 『마하지관』 제6상에는 "대자비를 일으켜 사랑하는 것이 일자一子와 같다. 지금 이미 혹惑을 끊고 공空에 들어 동체의 슬픈 마음이 곱으로 성하여 다른 사람을 먼저로 하고 자기를 후로 하니, 빼어줄려고

199 龍谷, p.2338.

하는 마음이 더욱 두텁다. …… 자기의 병을 가지고도 타인의 병을 슬프고 가엾어 하니, 즉 이것이 동체의 대비이다"라고 한다. 이것이 초지 이상의 보살은 일체중생을 받아들여 자신의 몸으로 삼고, 중생의 고를 자기의 고로 삼아 깊이 슬퍼하는 마음을 일으키는 것을 동체의 대비라고 하는 것이다.[200]

제3절 중도·연기·불성설의 법담학

1. 법담가로서 생각해 볼 문제

법담가의 해야 할 일로서 붓다의 중심 사상을 생각해 보면 아래와 같은 일을 들 수가 있다. ①먼저 환자가 어떠한 증상이나 고에 괴로워하고 있는지. ②그 고의 배후에는 어떠한 욕구·번뇌가 있고 집착이 있는가. ③그 욕구·번뇌·집착은 적당한가, 아니면 지나치게 강한가(임상적 사태로 될 때는 대체로 과도한 집착이 있다). ④그 과도한 집착에서 어떻게 벗어나갈 수 있을까, 어떻게 집착을 적절하게 해갈까, 집착에 휘둘리고 있는 상태로부터 어떻게 집착을 유익한 것으로서 자유롭게 쓸 수 있도록 할까, 집착에 휘둘리지 않는 주체성을 끌어내어 갈까. ⑤고를 조금이라고 완화시킴과 동시에 고를 극복해 가기 위해서는 어떻게 해가면 좋을까 등을 환자와 함께 생각해 가는 것이라고 하는 근본원리를 생각해 볼 수 있는 것이다.

또 그뿐만이 아니라 사제의 가르침은 환자의 이상의식異常意識을

---

200 望月, p.3894 참조.

완화시키는 데도 도움이 될 수 있다. 환자는 억울감·불안·갈등이라고 하는 것들을 이상異常이라고 생각하거나 이상한 인간이 된 것은 아닌가 하는 두려움을 느끼고 있는 경우가 있다. 즉 고제라고 하는 제일성제第一聖諦를 인식하고 있지 못한 것이다. 인간은 위에 든 것과 같은 괴로움이 매우 심하기 때문에 '그것들이 평상적인 것이 아니다. 평상적인 것과 다른 것이고 싶다'라고 생각하고 말기 쉽다. 그리고 이상 현상으로서의 고苦의 소멸을 바라지만, 그것이 없어지지 않으면 이번은 '이와 같은 고를 가진 자신이 정상이 아닌 인간이 되었다'라고 느끼기 쉽다. 그리고 그것은 이상의식으로 되어버리고 결국은 그 인간을 괴롭히게 되는 것이다.

그러므로 치료 장면에서 이 점에 대해 이야기를 하게 되어 환자가 '자신의 괴로움은 인간에게 있어서 공통적인 것이다', '부처님도 똑같은 고를 짊어지고 있었던 것이다'라고 인식하게 되면 그것만으로도 환자의 괴로움은 누그러지게 되고 고를 받아들이기가 쉽게 되어 가는 것이다. 환자가 고를 없애버리겠다고 하는 불가능한 생각을 갖기 때문에 도리어 이상의식이나 고를 강화시키고 마는 것일 것이다.

2. 중도

1) 중도란

다음에 고를 누그러트리고 그것을 받아들이기 쉽게 하기 위해서는 번뇌의 컨트롤이나 집착으로부터 벗어난다고 하는 멸제滅諦가 치료목표로 되는 것이다. 그것을 실현시켜 가는 것으로서 도제, 즉 팔정도가 있다. 그리고 이 올바른 도道라고 하는 것은 중도中道를 의미하는 것이다. 중도란 극단을 배척한다고 하는 의미이다. 예컨대 극단적인 쾌락을 배격함과 동시에 극단적인 고행도 배척한다고 하는 생각이다. 이것은 단순하게 도달한 결론이 아니라 붓다께서 사선死線을 헤매는 것과 같은 격심한 고행의 끝에 깨달은 귀중한 가르침이다.

2) 환자는 중도가 어렵다

그런데 중도라고 하는 관점에서 환자를 바라보면 환자가 어떻게 중도로부터 벗어나 극단적으로 기울고 있는지, 또 집착에 얽매어 있는지를 알 수 있다. 예컨대 자기반성은 대단히 중요한 것이지만 이것이 극단적으로 되면 모든 일에 자책적自責的으로 되어 우울상태로 빠질 것이고, 반대로 전혀 자기에 대한 반성이 없이 타책적他責的일 뿐이라면, 예컨대 피해망상이나 경계례境界例와 같이 되고 말 것이다. 또 확인은 필요한 행위이지만 지나쳐가면 강박과 같은 상태로 될 것이고, 반대로 다시 생각해 보기를 전혀 하지 않고 행동하면 충동행위처럼 되어갈 것이다. 그리고 욕구를 자제하는 것은 중요하지만 그것이 지나쳐 전혀 틀어박혀 있고 말거나(自閉상태가 주가 된 통합실조증 등) 하는 것도 문제이고, 반대로 전혀 억제가 효과가 없다(躁狀態 등)고 하는 것도 문제이다.

또 자신의 일에 힘쓰는 것은 중요하지만 일이 지나치면 과로사나 과잉적응을 주로 하는 심신증心身症 등이 될 것이고, 집착이라 해도 전혀 집착하지 않는 상태라면 생산적이고 창조적인 인생을 보낼 수 없게 될 것이다. 한편 집착이 지나치면 몸도 마음도 인간관계도 무너지고 말 것이고 병으로 되고 말 것이다. 적당하게 집착하고 집착을 능숙하게 컨트롤하고 구별하여 쓸 수 있으면 사물이나 어려운 사업을 달성할 수 있다. 노여움도 적당하면 몸을 지키고 적당한 자기주장으로 승화하는 것이다.

이러한 예를 들어가면 한이 없지만, 환자를 볼 때의 중요한 시점으로서 환자가 어떠한 극단에 치우쳐 있는지를 보아가면 문제가 매우 알기 쉽게 되어간다. 그리고 환자와의 사이에 이 문제가 거론되면 '적당한 감각으로 가는 것', '적당하게 가감을 생각해 가는 것'이 끊임없는 중요한 치료목표로 되어간다.

3) 중도와 주체성

다만 이 도제道諦·정도正道·중도中道, 즉 '적당한 감각'이라고 하는 것은 말처럼 그 실현이 간단한 것은 아니다. 즉 중도라고 하는 것은 단지 중간이라고 하는 것이 아니라 극단적인 것을 배격한다고 하는 것이고, 따라서 극단과 극단의 사이에는 무수한 중도가 있고, 이것이 올바른 중도라고 하는 기준은 전혀 없는 것이다. 거기에서 중도나 적당함을 어느 부근에 할지는 결국 자신이 결정하지 않으면 안 되고 그를 위해서는 그 사람의 주체성이 강하게 요구되는 것이다. 또 그 판단의 결과는 물론 본인이 받아들여가지 않으면 안 된다. 그렇게 생각하면 이 중도를 실현시켜 가는 것은 매우 중대한 결단이 될 것이다.

또 더욱 연상連想을 진척시키면 이 중도라고 하는 것은 절대화를 배격하고 항상 상대화를 진척시키는 것, 사로잡힘으로부터 벗어난 자유로운 사고나 행동을 지향하는 것, 그리고 거기에 주체적인 결단을 양성해 가는 것이라고 생각할 수 있다. 따라서 최종적으로는 '중도'라고 하는 가르침에도 구애됨이 없는 생활태도가 제일 중도적이라고도 볼 수 있을 것이다. 그리고 결국 그것이 치료이고 자유로운 삶의 태도로 된다고 생각된다. 주체성이 후퇴한 환자는 이 자유로운 생활방식이나 중도가 힘든 상태로 아무래도 하나의 고정관념에 지우치거나 극단적으로 되고 말기 쉬운 것이다.

3. 연기

1) 연기란

고苦를 완화시켜 가는 것으로부터 도제·중도·자유라고 생각해 가는 가운데 얽매임으로부터 벗어나는 것이 커다란 과제로 된 것 같지만 그와 관련하여 다시 영향을 받은 것으로서는 연기와 공空의 가르침이 었다.

연기란 인연생기因緣生起를 말하는 것으로, 타他와의 관계가 연緣으로 되어 생기한다고 하는 것이다. 또 인因이란 결과를 낳게 하는 내적인 직접원인의 것을 말하고, 연緣이란 외로부터 이것을 돕는 간접원인의 것을 말한다. 붓다는 그것을 『상응부』 경전 가운데서 "(일체 존재의 모습은) 즉 상의성相依性에 있다"고 설하고 있고, "일체의 존재의 모습은 관계 가운데 이루어져 있다"고 하는 것을 강조하고 있는 것이다. 그렇게 되면 모든 것은 '관계'라고 하는 것이기 때문에 존재하는 것에는 실체가 없다고 하는 공空의 가르침에 가까워지게 될 것이다.

2) 병상病狀과 대인관계

이 연기와 공空의 가르침은 임상적으로 보면 다음과 같은 생각을 하게 된다. 그것은 병이나 건강이라고 하는 것이 전혀 실체를 갖지 않는 상대적인 개념임과 동시에 병명이나 병태病態는 대인관계 가운데서 얼마라도 변화한다고 하는 것이다. 예컨대 망상이나 환청을 호소하는 환자와 만났을 때 치료자에 따라서는 그 망상이 점점 심해지는 경우도 있고, 반대로 그것이 감소해 가는 경우도 있다. 이와 같은 예는 무수히 들 수가 있고, 또 치료자의 태도만이 아니라 가족이나 주위의 관계되는 사람도 환자의 상태가 크게 변하여 간다. 즉 병상이란 환자와 치료자(나아가서는 양자를 둘러싸고 있는 사람들)의 합작품인 것이지만, 아쉬운 것은 아직 현재에서는 환자만을 진단하고 환자를 둘러싸고 있는 관계성의 진단이 이루어지고 있는 것은 드문 일이라고 하는 것이다.

어쨌든 이 관계성이라고 하는 것으로부터 생각해 보면, 매우 고치기 어려운 환자가 와도 그렇게 되어 온 인연을 찾아감으로써 조금이라도 악연惡緣을 제하고 양연良緣을 불러들인다고 하는 태도로 접하여 가면 길이 열려 간다고 볼 수 있다. 그러나 거꾸로 말하면 쉬운 것처럼 보여도 이쪽의 태도여하에 따라 난치難治의 예로 되어가는 경우가 많다. 작금의 경계례境界例나 성격장애 등의 예는 특히 그러한 예라고 볼 수 있을 것 같다.

또 건강에나 병病에도 실체는 없는 것이므로 악화한다거나 좋아진다거나 해도 그것을 생각하면 그렇게 일희일비一喜一悲하지 않고 살 수 있을 것이다. 따라서 그러한 것들에 얽매이는 일 없이 자유성을 지킬 수 있다고도 할 수 있다. 그리고 치료자가 자유로우면 자유로울수록 환자의 치유력이 개발되어 가기 쉽다고 하는 것은 말할 것도 없는 것이다.

4. 불성의 개발

1) 일체중생실유불성－인간이나 생물은 모두 불성을 지니고 있다

그런데 이와 같은 사제·중도·연기 등의 가르침은 붓다가 대단한 고행과 고뇌의 끝에 도달한 가르침이지만 잘 생각해 보면 누구나 가지고 있는 불성과 같은 것이라고도 볼 수 있다. 불성이란 '모든 생물이 태어나면서 지니고 있는 붓다로 될 수 있는 성질'이라고 하는 것으로 붓다로서의 본성이라고도 할 수 있다. 붓다란 깨달음을 얻은 자라고 하는 의미이기 때문에 불성은 각성覺性이라고도 할 수 있고 또 여래장이라고도 칭한다.

그러나 우리들 범부, 특히 병든 자는 여러 가지 인간적인 약점과 역사적인 사정에 의해서 그 발현을 방해당하고 있든지, 그 가능성이 미발달한 채로 머물러 있다고 볼 수 있다. 그렇다고 보면 치료란 결국 그 목표가 불성의 개발이라고 하는 곳에 있다고 볼 수 있는 것이다.

2) 붓다의 법담방식－응기법담

이상과 같이 붓다는 사제·중도·연기라고 하는 훌륭한 가르침을 말씀하셨으나 일반의 중생, 특히 곤경에 빠져 있는 환자는 연간해서 그것을 이해할 수 없는 경우가 많다. 또 이론으로는 알아도 실생활에서 그것을 활용할 수 없거나 하는 경우가 종종 있을 수 있다. 그러나 붓다는 가르침의 내용만이 훌륭했던 것이 아니라 가르침을 말씀하시는 방법 또한 훌륭한 기법을 발휘하고 계신 것이고 여기에서도 배울 일이 많다.

그 말씀하시는 기본은 '응기법담應機法談'이라고 부를 수 있는 것으로, 이것은 "그 장소, 경우 또는 그 인간의 수준에 적합하게 응하여 법을 말씀하신다"고 하는 것이다. 붓다는 어떤 바라문에 대하여 말씀하시기를 "나는 이런 것을 말한다고 하는 것이 나에게는 없다. 모든 사물에 대한 집착을 집착이라고 확실하게 알고, 모든 견해에 있어서의 과오를 보고 고집하는 일 없이 성찰하면서 내심內心의 평안함을 얻었다"라고 답하고 있는데, 이 말씀은 매우 중요한 것이다. 이어서 붓다의 가르침의 말씀의 기법을 요약하면 다음과 같은 것이다.

①상대방의 입장에 설 것

②상대방의 수준이나 말로 생각할 것

③알지 못하는 사이에 상대방에게 생각게 하고 반대의 입장으로 이끌 것이라고 하는 것이다. 이러한 사정을 19세기 유럽의 불교학자 벡크는 말하기를 "질문에 대한 붓다의 태도도 또한 중요하다. 묻는 대로 질문에 답하는 데 한하지 않고 오히려 붓다는 교화적인 태도로 묻는 자에게 회심回心을 불러일으키고 내면적인 심령변화를 생기게 하는 것이다. 이에 의해서 묻는 자는 자신의 질문의 의미로부터 완전히 벗어나게 되고, 그 질문을 생각해낸 사고의 모든 전제가 붓다의 말씀에 의해서 자신의 내부에서 일어나게 된 고차원의 지혜로 말미암아 대해

서는 대상을 잃고 의의를 잃어 소실하고 만다고 하는 것을 알 수 있다"라고 말하고 있다. 이러한 붓다의 법담방식은 한마디로 말하면 자신의 말씀을 하신다고 하기보다는 상대방에게 생각을 하여 스스로 깨닫도록 하는 것이라고 볼 수 있는 것이다.

3) 진실에 이르는 과정으로서의 방편(嘘)

이와 같이 응기법담은 그 배경에 상대방에게 희망을 준다고 하는 자비의 마음이 흐르고 있는 것이다. 그것을 분명하게 보여준 것으로는 『법화경』「화성유품」에서 '여행자(衆生)를 인도하는 안내인(佛陀)의 이야기'를 들 수 있다. 여행 중에 여행자들은 피곤에 지치고 더욱이 이제부터의 여행의 어려움과 공포에 질려 움직일 수 없게 되는 상태에 빠진다. 거기에서 안내인은 신통력을 써서 성城을 세운다. 여행자들은 환상의 성이라고 알지 못하고 그곳에 들어가 쉬면서, 그 결과 피로가 회복되고 또 새로운 여행을 할 용기가 솟아난다. 그리고 또 여행을 계속하고, 피로하면 또 붓다가 환상의 성을 만드는 것을 따라 결국 목적지에까지 인도되어 간다. 여기에서 목적지라고 하는 것은 깨달음의 경지인 것이다.

또한 같은 『법화경』 가운데 「비유품」에 나오는 '화택火宅의 비유'도 방편(嘘)의 약속을 하여 화택으로부터 탈출시켜 법화일승法華一乘의 깨달음의 경지에 이르게 한 이야기이다.

이와 같이 붓다의 응기법담은 그 사람·그 장소에 따라서 대화·체험을 통하여 자연히 지혜가 획득됨과 동시에 때로는 희망을 주고 때로는 위엄이나 실천의 중요성을 설한다고 하는 형태를 보이고 있는 것을 알 수 있다. 그리고 어느 경우에나 그 기본에는 자유성과 치유라고 하는 두 가지의 사상이 흐르고 있다. 다만 여기에서 중요한 것은 이 응기법담이 단지 상대방을 납득시키는 설득기술說得技術이라고 하는 것은 아니라고 하는 것이다. 그것은 고뇌하는 사람을 앞에 두고 "이렇게 말하지 않을 수 없다"고 하는 붓다의 자연스런 의지의 발로라고 말할 수 있는 것이다.

4) 구제자·초월자로서의 붓다

그런데 지금까지 살펴본 사제·중도·연기 등은 잘 생각해 보면 매우 합리적이고도 상식적인 가르침처럼 보인다. 모두가 인간이나 이 세상의 세계에 관한 근본적인 도리를 설하고 있는 것이다. 그 의미에서 붓다는 이 복잡다단한 세상가운데 명확한 인과율因果律을 제공함과 동시에 합리적인 인생 태도를 탐구하여 간 최초의 인간이었을 것이다.

그러나 역시 치료의 실천은 괴로운 일이 많고 알지 못하고 괴로워하는 경우가 많다고 하는 현실을 말하고 있다. 즉 사제나 중도의 이치는 이해를 해도 그것을 실천에서 어떻게 살려갈 것인가 하는 문제는 대단히 어려운 문제라고 하는 사실에 직면하게 되는 것이다. 그리고 언제나 자기의 실천을 뒤돌아볼 때는 붓다의 가르침에 어긋나고 있는 자신을 발견한다.

이와 같이 시작은 합리주의자로서의 붓다의 존재를 알 수 있지만 시간이 지남에 따라 초월자·구제자로서의 붓다의 모습을 발견하게 되는 것이다.[201]

제4절 붓다의 구제사상과 법담

1. 구제의 개념과 교설

1) 구제의 개념

구제救濟라고 하면 구제하는 주체와 구제되는 대상과 구제하는 일 그 자체를 예상할 수 있다. 소위 능화能化와 소화所化와 화교化敎이다. 능화란 붓다를 가리키고, 소화란 중생을 가리키고, 화교란 설법 또는 법담을 가리킨다. 이 3종이 구비되어 비로소 구제의 의의가 성립된다. 그러므로 만일 중생의 입장에서 보면 해탈론이 그대로 구제론이 되고, 붓다의 입장에서 보면 불덕론(佛德論: 특히 恩德)이 그대로 구제론이 된다.

일반적으로 전자에는 팔정도八正道·삼학三學·육도六度 등을 말하고, 후자에는 사무외四無畏·사무량심四無量心 등의 무수한 은덕을 말한다. 그러나 자력적인 문제는 수행편에서 다루어야 할 문제이므로 지금 여기에서 서술하려고 하는 것은 주로 후자에 관한 것, 즉 붓다의 은덕과 대자비에 관한 일반적 개념에 그치기로 한다.

2) 붓다의 교설

붓다의 근본교설로서 사제팔정도四諦八正道가 있다. 자기의 현실상에 괴로움을 보고(苦諦), 그 괴로움을 불러일으키는 원인이 자기의 내부

---

201 본 항은 平井孝男의 『佛陀の癒しと心理療法』(法藏館, 2015), pp.29~52의 글을 참고로 하여 작성한 것이다.

에 있는 갈애渴愛에 있음을 밝히고(集諦), 그리고 갈애를 완전히 멸한 즉 괴로움을 근본적으로 초월한 구극의 이상을 멸제滅諦로서 밝히고, 그 초월에 이르기 위한 행으로서 도제(道諦: 八正道)의 실천을 설한다. 그러나 '제諦'의 원어인 팔리어의 sacca(삿차), 산스크리티어인 satya(사트야)는 '진리·진실', '분명하게 본다'는 것을 의미하는 것이므로[202] 그것은 반야의 지혜에 의해서 비로소 우리들에게 고·집·멸·도를 깨달아 알게 되는 것이라고 본다.[203]

보통 사람들에게 있어서 세상을 잘 살아가려고 하는 것은 인간의 본성이라고 볼 수 있다. 인간은 원망願望을 갖고 그것을 실현하기 위해서 열심히 노력한다. 원망이 달성되었을 때 만족감이 스며든다. 많은 사람들은 여기에 목적의 달성감을 맛보고 인생의 의의를 느낀다. 그러나 그 달성감이나 만족감은 시간의 경과와 함께 불만족감으로 변해 가고 새로운 원망을 불러일으킨다. 이것을 한없이 반복하고 있는 것이 인간의 일반적인 상태이고, 이것이야말로 미혹의 구조이며 번뇌의 본질인 것이다. 여기에서 붓다의 불교는 미혹의 본질을 알게 하고 미혹의 연쇄 가운데서 우리들을 알아차리고 구제해 주는 것이다. 붓다가 설하는 불교란, 간략히 말하면 미혹을 돌려 깨달음을 여는 전미개오轉迷開悟이다. 전미개오란 자기의 현실상이 미혹한 것으로 근심·걱정·괴로움의 고苦인 것을 깨닫고, 그 미혹과 고뇌를 빼돌려서 깨달음을 열어 즐거움을 얻으려고 하는 것이다. 즉 불교는 현실의 고뇌를 출발점으로 하여 자기내부의 미망성·아집성·번뇌성을 인식하

---

202 『原始佛典1-佛陀の生涯』, p.5.

203 大正 1-607.

고, 이와 같은 자기의 현실존재성을 어디까지나 자기 내부로 묻는 것을 그 기본자세로 하고 있다.[204]

2. 중생구제의 길

1) 붓다의 증득과 설법개시

인간 석가는 스스로 생·노·병·사·우수憂愁·잡예雜穢의 현실에서 모든 환患을 받고, 무노無老·무병無病·무사無死·무우수無憂愁·무잡예無雜穢의 위없는 안온열반을 구하여 드디어 이를 증득하고, "나의 해탈은 부동不動이다. 이것은 나의 최후의 생으로서, 다시는 다른 생존에 들지 않는다"고 하는 지견知見을 여셨다. 그리고 이어서 생각하기를, 스스로 증득한 이 법은 심심미묘하고 보기 어렵고 설하기 어려우며, 적정寂靜·수승殊勝·여절慮絶하여 지자智者만이 능히 알 수 있는 것이다. 집착을 좋아하고 집착에 애착하고 집착을 환희하고 탐욕과 진에에 얽매여 있는 우치한 중생에게 있어서는, 이 연기법과 갈애를 멸하고 탐욕을 여윈 열반을 얻기가 어려운 것이다.

그러나 붓다는 미고迷苦에 얽매어 있는 중생에 대한 자애의 생각을 가지고 범천(梵天: Brahmā)의 권청을 인연으로 하여 마침내 주저하던 뜻을 접고 스스로 깨달은 묘법을 선포하고 나서 일체중생의 미혹된 고苦를 구제하겠다고 결심하신 것이다. 이렇게 해서 중생구제를 위한 설법개시의 결의가 세워지자, 붓다는 말씀하시기를 "귀가 있는 자를

---

204 矢田了章, 「親鸞における傳道の意味」, 『眞宗學』 第117號, 龍谷大學眞宗學會, 平成20, pp.4~5.

위해서 감로(甘露: 不死)에 이르는 문은 열려져 있다. 자신의 잘못된 믿음을 버리고 청정한 귀를 가져야 한다"라고 설하셨다.[205] 이러한 부동不動의 자신감이 있는 곳에는 추호도 두려워할 것이 없는 것이니 이를 사무소외[206]라고 한다.

2) 구제사상의 정착

불교란 기본적으로 자기의 내부를 향해서 주체적으로 묻는다고 하는 것이고, 이 물음을 찾아감으로써 자기의 근원적인 모습으로서 연기緣起하고 있는 자기의 참모습에 도달하게 되고, 거기에서 연기법의 구체적인 작용을 보게 된다고 하는 것이다. 그것은, 즉 자기의 근원적인 모습을 깨달아 아는 것이며,[207] 여기에 붓다에 있어서 구제의 의미를 볼 수 있는 것이다. 그리고 붓다에 있어서 구제에의 원은 구체적으로는 깨달아 알게 된 법을 이 세상에 어떻게 표현할 것인지가 해탈 후의 새로운 문제이었다. 이러한 붓다의 성도 당시의 문제를 교학 가운데

---

205 『팔리중부』 1. 169頁; 同 『율장』 「대품」 1, 7頁.

206 사무소외四無所畏는 부처님에게 갖추어져 있는 십팔불공법十八不共法의 구성요소로, 네 가지 두려움을 갖고 있지 않아 설법하는 데에 망설이거나 주저함이 없다는 의미이다. 사무외四無畏라고도 하는데, 다음과 같다. 첫째는 제법현등각무외諸法現等覺無畏로, 모든 법을 완전하게 깨달았기 때문에 두려울 것이 없음, 둘째는 일체누진지무외一切漏盡智無畏로, 모든 번뇌를 다 소멸했으므로 두려울 것이 없음, 셋째는 장법불허결정수기무외障法不虛決定授記無畏로, 장애가 되는 법들을 모두 설하는 데에 두려움이 없음, 넷째는 위증일체구족출도여성무외爲證一切具足出道如性無畏로, 괴로움의 세계에서 벗어나 해탈에 이르는 길을 모두 설하는 데 두려움이 없어서 늘 확신에 찬 설법을 할 수 있다는 것이다.

207 玉城康四郎著, 『佛教の思想2 大乘佛教』, p.14 이하 참조.

넣어 파악한 것이 대승불교였다. 소승불교는 교리의 형식이 자기의 수행을 주로 하고 있었다. 이에 반해 대승불교에서는 불도실천에 있어서 "자각각타自覺覺他, 각행궁만覺行窮滿"하는 것, 즉 자리와 이타를 겸비하는 것을 기본적인 입장으로 하였다.[208] 여기에 구제라고 하는 것이 그 교리 가운데 명확히 위치지워지게 되는 것이다.[209]

3. 중생제도의 실존적 비유

본 항에서는 중생을 구제하는 기능으로서의 붓다를 나타내는 비유를 소개한다. 그 소개에 있어서는 붓다를 비유하는 사물을 근거로 하여 천문·기상氣象·산수·초목·인천·동물·보주寶珠·기물·건조물·음식물 등으로 분류하여 순서에 따르기로 한다.

1) 천문天文

중생구제자로서의 붓다는 태양太陽·일광日光을 가지고 비유한다. "우치한 중생의 기나긴 밤의 고苦는 빛이 비춰어지면 모두 다 제거된다"(『심지관경』 1)라고 하듯이 고를 없애버리고, 또 "불일佛日이 세간에 출현하여 무명의 어둠을 파한다"(『관불삼매해경』 6)라고 하듯이 무명의 어둠을 파하기 때문이고, "불일의 광명은 항상 널리 선정무구善淨無垢하여 모든 티끌을 여읜다"(『금광최승』 2)라고도 설한다.

그밖에 해(日) 혹은 햇빛은 생물을 기르고 중생을 따뜻하게 감싸며

---

208 平川彰稿, 「大乘佛教の特質」(『講座大乘佛教1』, 春秋社刊).

209 矢田了章, 전게서, 平成20, pp.6~8.

일체 모든 것을 이익되게 한다. 그리고 그것은 항상 세간에 두루 가득하여 피차의 차별을 하지 않는다(『심지관경』 3, 『섭론석』 10, 『보성론』 1). 또 구제자로서의 붓다는 달(月)에도 비유된다. "모니의 달은 비추어 극히 청량하니 능히 중생의 번뇌의 열을 제한다"(『금광최승왕경』 2), "여래는 능히 세간을 위해서 귀의처로 되는 것이 정만월淨滿月과 같다"(『금광최승왕경』 1)라고 표현되는 그대로이다. 그밖에 해와 달이 동시에 비유되는 예도 있다. "여래 세존은 또한 저 일월日月과 같다. 한 사람 두 사람을 위해서 세상에 나온 것이 아니다(모든 중생을 위한 때문이다)."(『북본열반경』 30)

2) 기상氣象

중생구제자로서의 붓다는 구름에도 비유된다. "비유하면 허공중에 팔공덕수八功德水를 뿌리시고 함(鹹: 짠맛) 등이 쓰이는 곳에 이르러 여러 가지 다른 맛을 내는 것과 같이, 여래의 자비의 구름은 팔성도수八聖道水를 비 뿌리시어 중생의 심처心處에 이르러 여러 가지 깨달음의 맛을 보게 한다."(『보성론』 1) 또한 비(雨)에도 비유된다. "부처님은 십력十力을 지녔기 때문에 대우大雨라고 이름하니 능히 번뇌의 티끌을 없애기 때문이다"(『사익경』 4)라고 표현되고, 바람에도 비유되니 "부처님은 중생의 과오를 멸제하시는 것이 바람이 먼지를 날려버리는 것과 같다"(『잡아함경』 45)라고 비유된다.

3) 산수山水

비유하면 대보산大寶山이 모든 함식(含識: 心識을 지닌 것의 뜻으로

有情을 가리킴)을 요익함과 같이, 불산佛山도 또한 이와 같이 널리 세간을 요익케 한다"(『팔십화엄경』 60)라고 하듯이 보배의 산에 비유되기도 한다.

4) 초목草木

붓다는 수목에도 비유된다. "불수佛樹는 잎·꽃·과실을 가지고 중생을 이익되게 하기"(『지도론』 85) 때문이고, 시원한 나무그늘을 만들어 중생의 뇌고를 구하기 때문이다. 예컨대 "만일 이 세간에 불수가 있으면 능히 일체 모든 제천·세인 및 아수라의 번뇌의 독사를 제한다. 만일 모든 중생이 이 불수의 시원한 그늘에 머물면 그 머무는 자의 번뇌의 모든 독은 모두 소멸할 수가 있는 것과 같다"(『북본열반경』 14), "비유컨대 큰 나무는 많은 곳의 그늘이 무량한 유정들을 이익하고 안락케 하는 것과 같다"(『대반야경』 588)라고 비유되는 그대로이다.

5) 인천人天

구제자로서의 붓다의 비유의 가장 대표적인 것은 붓다를 의사醫師[210]에 비유하는 것일 것이다. "붓다는 의왕과 같이 능히 일체 모든 번뇌의 병을 고치고 능히 모든 생사의 대고大苦를 구하기"(『팔십화엄경』 75) 때문이다. 또 붓다가 단순히 의사가 아니라 양의·대의·대의왕 혹은 대약사 등으로 불리는 것은 "병을 알고, 약을 알고, 병에 따라서 약을 주는"(『북본열반경』 25, 『출요경』 5, 『바사론』 166, 『입능가경』 2)것이라

---

210 大醫師·良醫·大醫·無上의 醫·無上의 良醫·醫王·大醫王·無上醫王·藥師·大藥師 등으로도 말하는 것이다. 또 『지도론』 3에는 치옹사治癰師라고 한다.

할 수 있기 때문이고, 이것을 '심병여약心病與藥'이라고 한다. 그리고 보통 의사는 탐·진·치 등의 열병을 없앨 수가 없지만, 대의왕은 무량의 중생의 열뇌를 모두 제멸한다(『보적경』 48). "세속 의사가 치료하는 것은 고친다고 해도 또 생긴다. 여래의 다스림은 필경코 다시 생기지 않는다"(『북본열반경』 17)라고 하기 때문이다.

그리고 붓다는 이 세계의 중생의 병을 다스리고 나면 또 다른 세계로 나타나서 의왕으로 된다(『남본열반경』 5)고도 한다. 또한 붓다가 의사에 비유될 때에는 불법佛法이 약藥으로, 승僧이 간병인으로 비유되고 (『지도론』 22·1, 『성실론』 9), 혹은 선근善根이 약초로, 선지식이 간병인으로 비유되고 있다(『지도론』 85). 위와 같이 붓다를 의사로 비유하는 예는 많고, 이밖에도 붓다가 국왕·선사船師·상주商主·도사導師·목우인牧牛人·부모 등으로 비유되는 예도 발견된다.

그밖에 "석가모니불은 일체 모든 날벌레까지도 가엾이 여기시는 것이 모母가 자식을 사랑하는 것과 같이 마음에 차별이 없다"(『증일아함경』 47), "여래의 모든 중생에게 대비심을 일으키시는 것이 마치 부모가 일자一子를 사랑하는 마음과 같다"(『심지관경』 8), "일체중생의 귀의하는 것이 마치 부모와 같다"(『정법념처경』 1)라고 비유된다.

6) 보주寶珠

여의보(如意寶: cintāmaṇi)는 중생의 원을 뜻대로 채워줄 수 있는 구슬이라는 뜻으로, 이와 같이 여래도 일체중생으로 하여금 모두 다 환희케 한다(『팔십화엄경』 50)고 해서 보주에 비유한다. 또 마니주摩尼珠는 중병을 고치는 효능이 있는 것이라고 생각하여 일일일야一日一夜 여래의 상호를 관하면 모든 악과 죄장罪障이 모두 없어지는(『관불삼매해경』 9) 것에 비유한다.

7) 기물器物 등에 의한 비유

붓다는 일체중생의 무명의 흑암黑闇을 파하기 때문에 밝은 등불에 비유되고(『사십화엄경』 29), 그리고 법계를 널리 비추기 때문에 무애등無碍燈이라고 비유된다(『팔십화엄경』 60). "또한 물에 빠진 자를 건네주는 것과 같이 구담(瞿曇: 석가)은 이 법선法船으로서 피안(彼岸: 깨달음의 세계)으로 건네준다"(『사분율』 33)고 하여 배(船)에 비유되고, 똑같이 차안으로부터 피안으로 건네준다고 하는 뜻을 가지고 붓다의 것을 '법교法橋'라고 부르는 경우도 있다(『잡아함경』 25).[211]

---

211 불법佛法이란 부처님의 깨달음의 내용과 그것이 사람들을 위해서 가르침으로서 정리된 것을 말한다. 즉 불법이란 불교에 통관通貫하는 원리·원칙으로서의 진리와 그것을 말 등으로 구체적으로 가리켜 보이려고 한 가르침의 양면을 의미하는 것이 된다.

제6장 붓다의 법담 방법

법담의 종류: 3종 법담

3종 법담은 붓다께서 중생을 교화하기 위해서 베푸는 3종의 절묘한 법담으로 신변법담(神變法談: riddhi-pratihāryaṁ), 기심법담(記心法談: anuśāsanī-p.), 교계법담(教誡法談: ādeśa-p.)을 말한다. 또 삼시도三示導이라고도 말한다. 신변법담이란 일신一身을 바꾸어 초능력으로 불가사의한 묘술을 나타내어 중생을 인도하는 것을 말한다. 기심법담이란 마음으로 다른 사람의 생각을 모두 알아 이에 따라서 가르침을 베풀어 중생을 인도하는 것을 말한다. 교계법담이란 말로 정법을 설하여 그 수행해야 할 것을 가르쳐 인도하는 것을 말한다. 『구사론』 권27의 뜻에 의하면 이 3종 법담은 6통六通 중 3통의 응용이다. 즉 신변법담은 신경통神境通에, 기심법담은 타심통他心通에, 교계법담은 누진통漏盡通에 해당되는 것으로, 6통 중에서는 이 3통만이 중생을 인도하는 것이기 때문에 특히 3종의 시도示導라고 부른다. 이 3종은 혹은 신변身變·기심記心의 2종을 가지고 외도를 인도하고, 교계教誡를 가지고 미신자를 인도하여 발심케 하고, 혹은 신변을 가지고 귀복歸伏시키고 기심을 가지고 믿어 받아들이게 하고, 교계를 가지고 수행케 하는 것이다. 그런데 교계법담은 누진통을 제하고서는 다른 사람을 능히 제도할 수 없기 때문에 이를 가지고 여실하게 정법을 설하여 중생으로 하여금 당래의 과果를 얻게 할 수 있는 것이기 때문에 가장 뛰어나다고 한다.

또 『장아함경』 권16에서는 신족神足·관찰타심觀察他心·교계教誡의 3신족三神足이라 하고, 『잡아함경』 권8에 신족변화神足變化·타심他心·교계教誡의 3시현이라 하는 것도 같은 것이다. 또 『대반야경』 권469에 신변神變·기설記說·교계教誡의 3시도라 하고, 『대보적경』 권86에는 설법·교계·신통의 3종 신변이 있다고 하는 것도 역시 같은 것이다.[212]

이상에서 알 수 있듯이 신변법담은 초능력적인 문제이고, 일반적으로 대기법담이나 차제법담이라고 하는 것은 기심법담을 말하는 것이며, 교계법담이란 말 그대로 훈시적인 성격을 띠는 것이다. 여기에서는 우리들이 응용 가능한 대기법담과 차제법담, 교계법담을 중심으로 살펴보기로 한다.

---

212 龍谷, p.1621.

제1절 대기법담

1. 대기법담이란

1) 개념

기機, 즉 이해능력과 수준에 대응하여 법담을 한다는 뜻으로 수기법담隨機法談, 혹은 응기접물應機接物이라고도 말한다. 즉 붓다께서 모든 수준의 사람들에 대응하여 마땅하게 법을 설하고 상담하고 치료하는 것을 말한다. 응병여약과 그 뜻을 같이한다.

『금광명최승왕경』 제1 「여래수량품」에 "이 모든 중생에 상중하가 있으니, 그 기성機性에 따라서 그를 위해 법을 설한다. 그리고 불세존에게는 분별하는 일이 없이 그 기량에 따라 기연에 응하여 그를 위해 법을 설한다"라고 하고, 『대승본생심지관경』 제8 「성불품」에 "대의왕이 병에 응하여 약을 주는 바와 같이 보살은 적절함에 따라 교화한다"라고 하며, 선도善導의 『관경현의분』에는 "여래는 기機에 대응하여 법을 말씀하는 것이 다종부동多種不同하니, 점돈漸頓[213]을 적절하게 함에는 가리고 드러냄에 다른 바가 있다"라고 하는 것이 모두 그 예이다.[214]

2) 법담의 목적

붓다는 베나레스에서 부호의 아들인 야사를 교화하신 후, 그 친구들 61인을 출가시키고 그들에 대해 다음과 같이 설하신다.

---

213 漸頓: 점진적인 것과 빠른 즉시의 것의 뜻.

214 望月, p.3203.

"수행승들이여, 나는 천계天界의 것에서도 인간의 것에서도 일체의 속박으로부터 벗어났다. 그대들도 또한 천계의 것에서도 인간의 것에서도 일체의 속박으로부터 벗어났다. 걸음을 걸어라. 중생의 이익을 위해서. 중생의 안락을 위해서. 세인에 대한 동정을 위해서. 신神들과 인간의 이익과 안락을 위해서. (많은 사람들에게 가르침을 설하기 위해서) 둘이서 하나의 길을 가지 말라. 처음도 좋고 중간에도 좋고 끝도 좋게 이理와 문文을 갖춘 가르침을 설하라. 오로지 완전하고 순결하게 깨끗한 행行을 보여 가르쳐라. 세상에는 마음의 눈이 번뇌에 덮여 있는 적지 않은 사람들이 있지만, 가르침을 듣지 않으므로 (이법理法으로부터) 떨어져 있다. (들었다면) 이 법을 깨달아 알 것이다. 우리도 또한 우루벨라인 세나 마을로 가겠다. 가르침을 설하기 위해서."[215]

이상과 같은 말씀은 설법과 법담의 개념이 모두 내포되어 있다. 『율장』에는 이후 악마가 등장하고 붓다에게 법을 설하지 못하도록 유혹하는 이야기가 전하고 있다. 이와 같은 경향은 후대의 불전[216]에는 수행하여 깨달음을 열기 전의 세존에 관하여 악마가 등장하는 데 반해, 깨달음을 연후에는 거의 등장하지 않는다. 이것은 정각正覺을 이룸으로써 이룩한 붓다로서의 불격佛格을 보여주는 것이다. 그러나 붓다의 말씀을 보는 한, 깨달음을 연 정각자라도 생生이 있는 동안은

---

215 Vinaya, *Mahāvagga*, 1, 2, 7, 1-2(vol. 1, pp.20~21) SN. 1, pp.10~106. 『잡아함경』 제39권(大正 2 p.288中), 中村元博士, 前揭書, p.280 譯.

216 『불본행집경佛本行集經』이나 아슈바고샤의 『불소행찬佛所行讚』 등이 있다.

수많은 고뇌가 존재하는 것이다. 그 고뇌는 중생제도를 다하기 위한 법담과 교화의 성패에 의해 분출하는 것이고, 그러므로 '중인衆人의 이익을 위해서, 중인의 안락을 위해서, 세인에 대한 동정을 위해서, 신神들과 인간의 이익과 안락을 위해서'라고 서원하셨던 것이다.

스스로의 해탈도解脫道로서 '연기의 법'을 수행하고, 실천하는 장으로서 중생의 세간을 선택하고, 중생제도를 위한 교화에 있어서의 자비의 시여施與가 붓다(여래, tathāgata)의 불가결한 요소로서 생각되는 것이고, 그 대전제 위에서 설법과 법담과 전도는 명名과 실實을 공히 성취하게 되는 것이다.

3) 붓다의 대기법담의 족적

붓다의 설법과 법담의 족적은 마가다국의 라자가하와 코살라의 사밧티를 중심으로 하고, 동은 앙가의 참바, 서는 쿠르의 감맛사담마, 남은 반사의 코삼비, 북은 샤카의 카필라바스투에 미치고 있다. 그리고 건계乾季에는 각지를 유세하고, 우계雨季에는 안거를 지내며 세력적으로 대중교화에 힘썼다고 전해진다. 그리고 우계안거를 지낸 것은 사밧티에 20회 이상이라 하고, 라자가하에는 57회라고 전해진다.[217]

이 사이에 붓다는 상하 신분의 차별 없이 대중에게 설법과 법담의 은혜를 베푸시니, 어떤 이는 출가하여 비구로 되어 붓다의 승가 조성에

---

217 『대영탑경大靈塔經』(大正 32권 p.773)에 의하면 23년, 『승가라찰소집경僧伽羅刹所集經』(大正 4권 p.144중)에 의하면 20년, 『분별공덕론分別功德論』(大正 25권 p.33중)과 『법현전法顯傳』(大正 51권 p.860下)에 의하면 25년 등으로 한역 제본에는 다소 차이를 볼 수 있다.

공헌하고, 어떤 사람은 재가신자가 되어 붓다에의 귀의자로서 활약하여 제자와 귀의자의 양성에 힘썼다. 그들은 모두 불교를 지키고 인재를 기르는 중책을 담당하였던 것이다.

붓다의 설법과 법담의 모습을 보면, 그 대상은 실로 다종다양하여 바라문·외도外道의 사문·왕족·서민·노예 등 남녀·선악의 구별 없이 설법 혹은 법담하고 있다. 이것은 일반적으로 붓다의 설법의 태도는 '대기설법對機說法'이라고 칭하지만, 법담의 경우는 '대기법담'이 되는 이유이다. 대기법담이란 상대방의 지위와 직업에 따르고 지혜와 근기의 우열에 따르며, 또 그 장면의 환경에 따라서 임기응변으로 가장 수승한 효과를 올릴 수 있는 방법이다. 이 '대기법담'이란 원래 1대 1의 사이에서 이루어지는 것이고, 이러한 의미에서 법담의 개념은 설법의 개념과 구별되는 것이며, 현대적으로 표현하면 카운슬링적 요소를 갖는 것이다.

2. 붓다의 법담 기준

1) 중도를 취한다 – 탄금의 비유

아함경 가운데는 지나치게 힘을 써도 안 된다고 하는 소나 코리비사라고 하는 비구에게 설하신 '탄금彈琴의 비유'란 법담이 있다. 소나는 마가다국의 동쪽 챵파시의 제일 부호의 아들로 어릴 때부터 호화롭게 자라났다. 그가 청년이 되었을 때 붓다는 성도하고 나서 첫 번째로 라자가하(왕사성)를 방문하였다. 마가다 국왕 빔비사라 왕은 붓다의 법문을 듣기 위해서 국내의 대표적인 사람들을 불러 모으고, 소나 코리비사도 많은 창파 시민들과 함께 왕사성으로 가서 붓다의 법문을 듣고 감동한 나머지 양친의 허락을 얻고 출가하여 비구가 되었다.

그리고 붓다의 가르침에 따라 한림寒林이라는 묘지에서 부정관不淨觀을 수행하였다. 좌선으로 피로해지면 경행經行이라고 하는 가벼운 산보를 하지만, 그는 집에서는 땅 위를 걷는 일도 없었기 때문에 수족이 매우 약하고 한림을 걸으면 발의 피부가 터져 피가 흐르고, 그래도 계속하면 발의 통증은 점점 더 심해지게 되었다. 이 정도로 열심히 수행을 하고 노력을 해도 깨달음에 도달할 수가 없었기 때문에 그는 실망을 하고, 오히려 환속을 해서 집의 재산으로 보시의 선업에 힘쓰는 것이 좋지 않을까 생각했다. 이에 붓다는 그의 기분을 알아보시고 영축산靈鷲山으로부터 내려와 그에게 물으셨다.

"자네는 집에 있을 때에 거문고를 탄 적이 있을 것이다. 거문고의 줄이 지나치게 팽팽하면 아름다운 소리가 나올 수 있을까."

"아니, 나지 않습니다."

"그와 같이 수행도 긴장이 지나치면 지극한 안정감이 없어진다. 거문고의 소리는 너무 팽팽하지 않고 느슨하지도 않은 적도適度의 상태에서 비로소 미묘한 소리를 내는 것처럼, 불교의 수행도 불급불완不急不緩의 중도中道의 정신에 의하지 않으면 깨달음을 얻을 수가 없는 것이네."

이 가르침을 받은 소나는 완급緩急 어느 쪽에도 치우치지 않고 적절함을 얻은 중도의 수행을 계속함으로써 아라한의 깨달음을 얻었다고 한다. 그리고 그는 불제자 중에서 정진노력의 제일인자라고 부르게 되었다.[218]

2) 붓다의 법담의 6가지 기준

붓다는 타인으로부터 좋지 않은 말이나 기분 좋은 말을 들었을 때에 대처하는 방법과, 또 상대방에게 맞추어 가는 법담 방식에 대해 6가지로 나누어 설하고 있다. 이 법담은 붓다가 마가다 국왕 빔비사라의 아들 아바야(無畏) 왕자에게 설하신 것이다. 아바야 왕자는 처음에는 자이나교의 신자이었다. 어느 때 자이나 교조인 니간타 나타풋타가 아바야에게 붓다를 논파할 방법을 가르치면서 다음과 같이 말하였다.

"먼저 붓다에게 다음과 같은 질문을 하라. '여래는 타인이 좋아하지 않는 말을 말씀하시는 경우가 있습니까?'라고. 이에 대해 만일 '그렇다'고 대답한다면, '범부는 타인이 좋아하지 않는 말을 하지만, 여래는 범부와 같지 않습니까?'라고 하고, 만일 '그렇지 않다'고 대답한다면, '악역자인 제바달타提婆達多에 대해서 여래는 "너는 구제될 수 없는 자이다. 지옥에 떨어져 일겁一劫이라고 하는 오랜 동안 고생할 것이다"라고 하시지 않았습니까?'라고 하라."

이와 같이 붓다가 대답하기 곤란하게 하여 논파하면 된다고 가르쳤다. 그러고 나서 어느 날 아바야 왕자는 붓다를 식사에 초대하고, 식후에 붓다에게 "여래는 타인이 좋아하지 않는 말을 말씀하는 일이 있습니까?"라고 물었다. 그러자 붓다는 "왕자여, 한마디로 그렇다고 할 수 없네"라고 답하였다. 그때 왕자의 무릎 위에는 그의 어린아이가 잠들어 있었고, 붓다는 왕자에게 "만일 그대나 유모의 부주의로 나무 조각이나 작은 돌멩이를 어린아이가 삼켰다면 어찌하겠는가?"라고

218 水野弘元, 전게서, 佼成, pp.129~130.

물었다.

왕자는 대답하기를 "나는 어떻게든 그것을 꺼내겠습니다. 어린아이의 입에 손가락을 넣어 아이가 뿌리치거나 입에서 피가 나온다고 해도 꺼내겠습니다. 아이가 불쌍하기 때문입니다"라고 하였다. 그때에 왕자는 자신이 자이나 교조로부터 가르쳐 받은 질문을 한 것을 고백하였다. 그 후 붓다는 왕자에게 다음의 6종의 법담 방식을 설하셨다.

①진실도 아니고 도움도 되지 않는, 그리고 상대가 좋아하지 않는 말이라면 여래는 이를 말하지 않는다.

②진실이지만 도움이 되지 않고, 그리고 상대도 좋아하지 않는 말이라면 여래는 이를 말하지 않는다.

③진실이지만 도움이 되지 않으면 상대가 그것을 좋아할 말이라도 여래는 이를 말하지 않는다.

④진실도 아니고 도움도 되지 않는다면 상대가 좋아할 말이라도 여래는 이를 말하지 않는다.

⑤진실이고 도움도 되지만, 상대가 그것을 좋아하지 않는 말이라면 여래는 말해야 할 때를 판단하여 이를 말한다.

⑥진실이고 도움도 되고, 또 상대방도 그것을 좋아할 말이라면 여래는 말해야 할 때를 판단하여 이를 말한다.

아바야 왕자는 이 말씀을 듣고 붓다의 위대함에 감격하고, 그 후에는 열렬한 불교신자로 되었고 출가하여 아라한의 깨달음을 얻었다고 한다.[219]

---

219 水野弘元, 전게서, 佼成, pp.135~137.

3. 붓다의 법담 사례 일람

이상의 방법을 가지고 법담에 적용하신 유명한 이야기 몇 가지를 가능한 한 불전에 등장하는 순서대로 도표화 해보면 다음과 같다.[220]

<table>
<tr><th>氏名</th><th>場所</th><th>性別</th><th>出身(職業)</th><th>說法과 法談의 方法</th><th>出家의 有無</th></tr>
<tr><td>二商主의 귀의</td><td>우루벨라</td><td>男</td><td>商人</td><td></td><td>귀의자로 되다</td></tr>
<tr><td>오비구·
콘단냐</td><td>사르나트</td><td>〃</td><td>沙門</td><td rowspan="5">次第說法(法談)
中論 → 四諦 → 八正道
北方系
中道 → 四諦 → 五蘊 → 十二因緣
南方系
四諦 → 無我</td><td>출가하여 아라한이 되다</td></tr>
<tr><td>바앗파</td><td>〃</td><td>〃</td><td>〃</td><td>〃</td></tr>
<tr><td>밧디야</td><td>〃</td><td>〃</td><td>〃</td><td>〃</td></tr>
<tr><td>마하나마</td><td>〃</td><td>〃</td><td>〃</td><td>〃</td></tr>
<tr><td>앗사지</td><td>〃</td><td>〃</td><td>〃</td><td>〃</td></tr>
<tr><td>야사</td><td>베나레스</td><td>〃</td><td>長者의 子</td><td>次第說法(法談)
施·戒·生天論 → 四諦</td><td>출가하여 아라한이 되다</td></tr>
<tr><td>(야사의 父)</td><td>〃</td><td>〃</td><td>長者</td><td>神通 → 次第說法(法談)</td><td>귀의자로 되다</td></tr>
<tr><td>(야사의 母와 妻)</td><td>〃</td><td>女</td><td></td><td></td><td>귀의자로 되다</td></tr>
<tr><td>야사의 友人·
비마라</td><td>〃</td><td>男</td><td>長者의 子</td><td>次第說法(法談)</td><td>출가하여 아라한이 되다</td></tr>
<tr><td>〃 스바라</td><td>〃</td><td>〃</td><td>〃</td><td></td><td>〃</td></tr>
<tr><td>〃 푼나지</td><td>〃</td><td>〃</td><td>〃</td><td></td><td>〃</td></tr>
<tr><td>〃 카반파티</td><td>〃</td><td>〃</td><td>〃</td><td></td><td>〃</td></tr>
<tr><td>(야사의 友人 50인)</td><td>〃</td><td>〃</td><td>良家의 子</td><td>傳道宣言</td><td>〃</td></tr>
</table>

220『同朋學園佛教文化研究所紀要』第6號, 宇治谷顯,「釋尊の說法教化について」, 昭和59, pp.51~65.

(善友 30인)	우루벨라	〃	코살라인	〃	出家하다
우루벨라-캇사파	〃	〃	祠火바라문	慈心三昧 → 神通	500인의 제자와 출가하다
나디·캇사파	〃	〃	〃	燃火의 敎	300인의 제자와 출가하다
가야·캇사파	〃	〃	〃		200인의 제자와 출가하다
빔비사라 왕	라자가하	〃	크샤트리아	次第說法(法談)	귀의자로 되어 竹林精舍 寄進
사리풋타	〃	〃	懷疑論 산자야의 弟子	앗사지 比丘와의 대론	250인의 편력자와 출가하다
못가츠라나	〃	〃	〃	〃	
마하갓싸파	〃	〃	外敎僧	수도실천의 心得	출가하여 아라한이 되다
앗사-마하	〃	〃	調馬師村長		귀의자로 되다
요다지와	〃	〃	兵士村長		〃
마니츄라카	〃	〃	村 長		〃
라-샤	〃	〃	챨파-村長	次第說法(法談)	〃
싱가라카	〃	〃	長者	'六敬'의 가르침	〃
소나 코리비사	〃	〃	참파-長者의 子	'彈琴의 喩'	출가하다
수닷타	〃	〃	코사라 長者		귀의자로 되고, 祇園精舍 寄進
다난쟈니	〃	女	夫婦 바라문	毒의 根인 분노를 죽이는 이야기(가족법담)	귀의자로 되다
바라도와-쟈	〃	男			
(바라도와-쟈의 友人들)	〃	〃	바라문	분노(怒)의 대론	출가하여 아라한이 되다
拜火바라문	〃	〃	바라문	三明의 대론	〃
耕田바라문	라자가하	男	바라문	心의 田을 耕耘	귀의자가 되다
소-나단다	참바	〃	바라문	智慧의 대론	〃
쿠-타단타	마가다	〃	바라문	犧牲祭의 무의미를 설함	〃
왓챠코타	〃	〃	외도의 遊行僧	善과 不善의 문답	출가하여 아라한이 되다

아시반다카풋타	나란다	〃	자이나教徒	법담	귀의자로 되다
우파리	〃	〃	〃	"業"의 설법(法談)	
숫도다나	카필라바스투	〃	크샤트리아	神通 → 次第說法(法談)	귀의자로 되다
아난다	〃	〃	〃		출가하다
라후라	〃	〃	〃	사리붓다의 법담	출가하여 사미로 되다
난다	〃	〃	〃	방편설법(法談)	출가하다
우파리	〃	〃	왕실의 이발사		〃
코마돗사마을의 바라문	〃	〃	바라문	修養의 설법	500인이 귀의하다
釋迦族의 여인	〃	女		아-난다의 助言	출가하다
바라도와쟈	사밧티	男	祠火바라문	'賤民'	귀의자로 되다
비사카	〃	女	富豪의 女		귀의자로 되어 鹿子母講堂寄進
수쟈타	〃	〃	〃	『玉耶經』의 가르침	〃
앙굴리마-라	〃	男	凶 賊	神通 → 法談	출가하여 아라한이 되다
칫타 居士	맛치카산다	〃	막칼리·코살라의 弟子	마하나마의 설법	귀의자로 되다
아츄라·캇사파	〃	〃		칫타 居士의 권유	출가하여 아라한이 되다
우파라반나	사밧티	女	商家의 딸	부모의 권유	〃
케마	라자가하	〃	크샤트리아	神通 → 無常觀說法(法談)	출가하여 비구니가 되다
키사고타미	사밧티	〃	貧者의 딸	『長老尼 이야기』 설함	〃
파타챠라	〃	〃	豪商의 딸	無常無我의 설법(法談)	〃
담마딘나	라자가하	〃	婦人	남편 비사카의 권유	〃
마간디야	칸맛사담마	男	바라문 遊行僧	『디야經』을 설하다	출가하여 아라한이 되다
랏타바라	〃	〃	富豪의 子		〃

핀드라·발라드와자	코삼비	〃	王師바라문의 子	神通을 배우다	〃
쿳줏타라	〃	女	王妃의 侍女		〃
사마바디	〃	〃	크샤트리아	慈心三昧의 수습	귀의자가 되다
마하캇챠나	아반티	男	王師바라문의 子		출가하여 아라한이 되다
푼나	아파란다	〃	무역상인	無我無執著의 설법	〃
바바린	안드라	〃	王師바라문의 子	『波羅衍經』	〃
아자세	라자가하	〃	크샤트리아		후에 귀의자로 되다
아바야	〃	〃	〃	법담法談	후에 출가하여 아라한이 되다
암바파-리	베사리	女	遊 女	법담	출가하여 비구니가 되다
시바將軍	밧지	男	자이나敎徒	次第說法(法談)	귀의자로 되다
츈다	빠바	〃	鍛冶工	〃	
스밧타	쿠시나라	〃	遍歷行者	최후의 설법(法談)	최후의 불제자로 되다

이상에서 볼 수 있는 붓다의 설법과 법담의 태도는 "대기설법對機說法" 혹은 "대기법담"이고, 본질적으로 1 대 1의 개개의 교섭에 의해서 실현하는 것이며, "법담"의 표시는 법담적 성격을 갖는 표시이다. 그 과정에는 전도傳道라고 하는 중생제도를 목적으로 하는 설법과, 법담교화뿐 아니라 스스로 깨달으신 법, 즉 '연기의 실천'으로서의 수행의 장場으로서 이루어지고 있는 것이다.

4. 신통시현神通示現의 전승사례

여기에 붓다가 신통력을 써서 교화에 임하셨다고 전해지는 전승을 기초로 하여 어떠한 설법과 법담을 전개하셨는지를 살펴봄으로서 현대에 있어서 불교 법담가의 법담교화의 일조로 삼고자 한다.

1) 다난쟈니

다난쟈니는 붓다에 대한 절대적 귀의자였지만, 그 남편은 처가 너무나도 열심이었기 때문에 마음 좋게 생각하고 있지는 않았다. 그는 붓다를 논파하려고 문답을 시도하였다. 그는 분노에 찬 태도로 질문하기를 "무엇을 죽이면 행복하게 되고, 무엇을 죽이면 슬픈 일이 없겠습니까? 붓다여, 당신은 어떤 것을 살해하는 것을 칭찬하겠습니까?"라고 질문하였다. 이에 대하여 붓다는 "분노를 죽이면 행복하게 되고 분노를 죽이면 슬픈 일이 없다. 바라문이여, 독의 뿌리인 분노를 죽이는 것을 성자는 가상히 여겨 칭찬하는 것이다"라고 답하고 있다. 바라문은 자신의 마음속을 간파당하고 실로 그 경우에 딱 알맞게 대처하는 당의즉묘當意卽妙의 적절한 법담을 하신 데에 감복하여, 반항의 마음은 꺼지고 붓다 앞에서 출가하였다고 전해진다.[221]

이것은 육신통 가운데 타심통을 구사한 것이고, 상대방의 문제를 잘 이해하는 데서부터 비롯되는 '대기법담' 중의 제일 관문인 법담이라 볼 수 있는 것이다.

---

221 『상응부』 7의 1(南傳 12권, p.274 以下).

2) 부왕: 숫도다나 왕

붓다께서는 라자가하에서 교화하신 후 고향인 가비라성으로 돌아가 샤카족의 사람들 5백 인을 제도시켰다고 전한다. 여기에서 붓다는 부왕인 숫도다나 왕을 비롯한 야수다라 비와 라후라 왕자까지도 교화하였다고 전해지고 있다.[222] 이 전승에 관한 고찰은 다른 기회로 하고, 여기에서는 재회를 전하는 불전 가운데서 『붓다차리타』에 기록되어 있는 신변神變 기적의 모습을 소개하기로 하겠다.

가비라 성내로 들어오는 붓다를 맞이하러 나온 숫도다나 부왕은 그 모습을 보고 건강한 모습도 아니고 허술한 의상을 입고 있는 것을 보고 슬픈 생각이 들었다. 그리고 또 가까이에 앉아도 그를 향하여 부를 수도 없고 다만 비탄한 생각에 잠길 뿐이었다. 이 부왕의 모습을 본 붓다는 부왕의 아들이라고 하는 구애되는 관계를 불식시키기 위해서 다음과 같은 신변神變을 나타내었다고 한다. 그 몇 가지를 소개한다.

①자식이라고 하는 생각에 구애되고 있는 부왕의 마음을 알고, 또 그밖에 세간 사람들에게도 연민의 마음을 갖고 있으므로, 그 때문에 붓다는 공중으로 올라 신통神通을 나타내었다.

②땅에 스며드는 물과 같이 저해 없이 물 위를 걸어가는 것이 지상에 있어서와 같고, 벽壁이나 산을 통과하는 것은 공중에 있어서와 같이 저해 받지 않고 몰입하였다.

③위력을 좋아하는 부왕의 마음에 이렇게 하여 환희심을 내게 한 후, 제2의 태양과 같이 공중에 앉아 국수(國守: 부왕)를 향하여 불법佛法

---

222 이 문제는 水野弘元 博士 著, 『釋尊の의 生涯』, pp.202~203에서 고찰하고 있다.

을 설하였다.

붓다는 신변의 기적을 시현하는 것으로 부왕의 구애받는 마음을 제거하고, 이렇게 한 후에 차제설법으로 교화하고, 또 야수다라 비와 라후라 왕자도 설법교화를 받고 출가하였다고 전해진다.[223]

3) 케마 왕비

케마는 마가다국 빈비사라 왕의 왕비이고, 그 미모 때문에 교만하고 붓다에게 경례를 표하지 않았다. 이를 아신 붓다께서는 신통력을 써서 그녀 이상 가는 묘령妙齡의 미인을 만들어 가지고 그녀가 점차로 나이를 먹어가서 미모를 잃고 추해져서 드디어 노쇠하여 스러져가는 모습을 그녀에게 보여주었다. 그러자 그 왕비도 세상의 무상을 느끼고 세존께 예를 올리고, 드디어 출가하여 비구니가 되었다고 전한다.

케마는 비구니승가 가운데서 신통제일神通第一이라 칭하던 웃파라 군나와 사이가 좋아서 항상 두 사람은 함께 있는 일이 많았다. 미모의 그녀는 어느 때 악한惡漢에게 습격을 당했으나, 자신의 눈을 파내어 악한에게 충고하였다고 하는 이야기도 전하고 있다.[224]

---

223 『증지부』 4의 195(南傳 18권 p.344 以下).

224 宇治谷顯, 「釋尊の說法敎化について」, 『同朋紀要』 第七·八合併號, 昭和61, pp.21~32.

제2절 차제법담

1. 차제법담

1) 단계적으로 접근한다(Step by step)

붓다의 설법과 법담의 자세는 항상 대기법對機法이었다. 먼저 상대방을 아는 것으로부터 시작하여 상대방의 능력·지식·성격 등에 따르고, 또 그 장면의 상황이나 시절 등에 따라 임기응변으로 대하셨다. 붓다는 그 설법과 법담에 있어서 실로 다양한 사람들을 대상으로 하고, 신분의 우열과 빈부의 차이 등을 넘어 모든 계층의 사람들에게 차별 없이 접하신다. 이 때문에 붓다의 설법과 법담교화를 대기설법 혹은 대기법담이라고 칭하는 것이고, 그들에게 가장 훌륭한 효과를 줄 수 있는 방법으로 교화하시는 것이다.[225]

차제법담次第法談이라는 이름으로 불리는 정형적인 모형은 아함경이나 『율장律藏』 가운데서 많이 볼 수 있다. 이것은 불교에 대해서 아무것도 모르는 사람에게 먼저 세간적인 것으로부터 설하기 시작하여, 점차로 붓다의 독자적인 가르침으로 이끌어 올바른 세계관이나 인생관을 확립시키고, 초보의 성위聖位를 획득시키기 위해서 말씀하시는 것이다. 이와 같이 붓다는 일반 민중을 교화하는 수단으로서 차제설법 또는 법담을 썼지만, 이 차제법담의 형식은 다음의 3단계로 이루어지는 것이다.

---

225 『同朋學園佛教文化研究所紀要』 제6호 pp.60~64 참조.

2) 차제법담의 3단계

첫째는 시施·계戒·생천生天의 삼론, 둘째는 탐욕의 과환(過患: 재난)과 이욕離欲의 공덕, 셋째가 고·집·멸·도의 사제설이다. 여기에서 이 3단계의 설법을 간단히 설명하겠다.

먼저 제1단계의 삼론三論이라고 하는 것은 시론(施論: 보시 이야기)·계론(戒論: 지계 이야기)·생천론(生天論: 천상에 태어나는 이야기)이다.

시론施論이란 곤궁한 사람이나 종교인 등에게 의식 등의 보시의 선행을 해야 한다고 하는 것이다. 계론戒論이란 계율이나 도덕을 지키고 살생·도적질·난잡한 성행위·거짓말 등을 해서는 안 된다고 하는 가르침이다. 생천론生天論이란 앞의 보시나 계율 등의 선행을 항상 행하여 가면 사후에는 반드시 천계에 태어나서 복락을 얻을 것이라고 하는 것이다. 요컨대 이 보시·지계·생천의 삼론은 선행에는 반드시 선한 응보나 결과가 있다고 하는 선인선과善因善果의 도리를 설했던 것이고, 거기에는 반대로 나쁜 짓을 하면 내세에는 반드시 지옥·아귀·축생 등에 태어난다고 하는 악인악과惡因惡果의 도리도 포함되어 있는 것이다.

다음에 제2단계는 '탐욕의 과환過患과 이욕離欲의 공덕'이다. 탐욕이란 감각적인 오욕五欲 등의 욕망 또는 욕구이다. 그것은 자기중심의 아욕이나 아견我見에 의한 것이다. 자신의 일만을 생각하고 상대나 전체의 것을 고려하지 않는 이기주의적인 것을 욕欲이라고 한 것이다. 이기주의적으로 행동하면 다른 사람으로부터 싫어지게 되고 악평이나 형벌을 받는 재난이 있다. 이에 반하여 탐욕심을 떠나 항상 상대방의 일이나 전체의 일을 생각하여 모두 협력하고 공존공영을 꾀하면,

모든 사람에게 평화와 행복을 누리게 되어 커다란 공덕을 얻게 된다. 그러므로 아견을 여의어야 한다.

제3단계의 사제설四諦說은 붓다의 성도 후의 최초 설법으로서 『전법륜경』에서 설하신 가르침이다. 여기에서는 인생의 최대의 고苦로서 윤회의 고(苦諦)와, 그 원인으로서 갈애 등의 애욕(集諦)과, 고苦가 멸한 열반이라고 하는 이상(滅諦)과, 그 이상에 도달케 하는 올바른 수행법(道諦)의 팔정도를 설하고 있는 가장 합리적인 가르침이다.

이상으로 차제법담의 3단계의 가르침을 살펴보았다. 제1단계는 삼론에 의해 선악인과의 도리를 알고 인과를 부정하는 사견을 여의게 하고, 제2단계는 '탐욕의 과환과 이욕離欲의 공덕'의 가르침에 의해 자기중심의 아견을 여의게 하고, 제3단계는 사제의 가르침에 의해 미신사교迷信邪教로서의 계금취戒禁取를 여의어가게 하는 것이다.

2. 중도의 필요성

1) 중도 무아의 도리

차제설법 혹은 법담의 가르침을 들은 사람들이 모두 깨끗한 법안(法眼: 진리에 대한 지혜의 눈)을 얻어 성위聖位에 든다고 하는 것은, 차제설법 혹은 법담에 의해 아견我見과 사견邪見, 미신사교의 삼결(三結: 세 가지 번뇌)을 끊을 수 있게 되기 때문이다. 더욱이 교진여 등의 5비구는 초전법륜 때에 사제의 가르침에 의해 법안이 열렸다고 한다. 5비구는 이전의 고타마(붓다)의 수행 시대에 고행을 함께하고 있었으므로 선악인과의 도리를 알고 이미 사견은 제하고 있었다. 그러나 붓다는 성도

후에 5비구가 있는 곳에 가서 설하시기를,

"자신은 욕락에 들었던 것이 아니다. 고행과 욕락의 두 가지는 이상理想을 가로막는 것이므로 고행과 욕락의 이변(二邊: 極端)을 떠난 중도中道로써 해야 한다."

라고 하면서 중도무아中道無我의 도리를 말씀하시고, 이에 의해 5비구는 아견을 여의게 되고, 그 후에 부처님은 사제의 법을 설하셨던 것이다. 따라서 5비구는 사제설 이전에 이미 아견과 사견을 제하고 있었으므로, 사제설에 의한 계금취(迷信邪敎)의 제거에 의해 삼결三結의 모든 것을 끊고 법안을 열었던 것으로 보아야 할 것이다.[226]

불전에 의하면 붓다의 초전법륜初轉法輪 때의 설법 혹은 집단법담을 다음과 같이 전한다.

"마땅히 알아야 한다. 이변二邊의 행行이 있으니, 도를 행하는 모든 자는 마땅히 익혀서는 안 되는 것이다. 첫째로 욕락·하천下賤의 업·범인의 소행에 집착하는 것. 둘째로 스스로 근심하고 스스로 괴로워하는 것이니 이것은 성현聖賢이 법을 구하는 자세가 아니다. 의義와 상응하는 일이 없다. 5비구여, 이 이변二邊을 버리고 중도를 취한다면 명明을 이루고 정定을 성취하여 자재를 얻는다. 지智로 향하고 각覺으로 향하고 열반으로 향하는 것은 즉 팔정도이니, 정견正見 내지 정정正定이다."[227]

---

226 水野弘元, 전게서, 佼成, pp.182~187.

이러한 한역 경전의 전승은 붓다의 초전법륜을 전하는 가장 오랜 계층의 내용을 포함하고 있다고 볼 수 있는 중부경전 「성구경聖求經」에 해당하는 한역 부분이고, 초전법륜에 있어서의 5비구에의 설법 혹은 법담 순서는 '이변二邊을 여의는 것', 즉 중도의 교훈으로부터 팔정도로 전개되고 있다. 그러나 팔리어 『성구경聖求經』에는 해당 한역 부분과 같이 구체적으로 설법 혹은 법담 순서를 전하고 있지 않고 겨우 다음과 같이 전하고 있을 뿐이다.

> "여래는 존경받아야 할 분, 정각자正覺者이다. 귀를 기울이라. 불사不死를 얻으셨다. 나는 가르칠 것이다. 나는 법을 설할 것이다. 그대들은 가르친 대로 행한다면 오래지 않아서 양가의 자녀들이 올바로 집에서 나와 출가행자로 된 목적인 무상無上의 청정행의 결말을 이 세상에서 스스로 알고 증득하고 체현하기에 이를 것이다."[228]

2) 『전법륜경』의 전개

또 증광增廣 과정의 최후에 편찬되었다고 보이는 『전법륜경』에서는 붓다의 설법 혹은 법담을 중도·팔정도·사성제의 가르침으로 전개하여 다음과 같이 전하고 있다.

---

227 『중아함경』 제56권 「라마경」(대정장 1권 p.777下). 역·中村元著, 『ゴ-タマブッダ-釋尊の生涯』, pp.238~239.

228 MN.I, p.171f. 역·中村元著, 전게서, p.236.

"수행자들이여. 출가자가 실천해서는 안 되는 두 가지의 극단이 있다. 그 두 가지란 무엇인가? 하나는 여러 가지 욕망에 있어서 욕락欲樂을 부끄러이 여겨야 하는데, 하열下劣하고 야비하게 범우凡愚의 행을 하여 고상하게 되지 못하고 행복하게 되지 못하는 것이다. 다른 하나는 스스로를 괴롭히는 것이니, 괴롭고 고상하지 못하고 행복하게 되지 못하는 것이다.

진리의 체현자體現者는 이 양극단에 가까이하지 않고 중도中道를 깨달은 자이다. …… 수행승들이여. 진리의 체현자가 깨달은 중도[229]란 무엇인가? 그것은 실로 성스런 팔지八支의 도道이다. 즉 올바른 견해·올바른 사유·올바른 말·올바른 행위·올바른 생활·올바른 정진·올바른 생각·올바른 명상이다. …… 실로 괴로움이라고 하는 성스런 진리는 다음과 같은 것이다. …… 실로 괴로움의 생기生起의 원인이라고 하는 성스런 진리는 다음과 같은 것이다. …… 실로 괴로움의 지멸止滅이라고 하는 성스런 진리는 다음과 같은 것이다. …… 실로 괴로움의 지멸에 이르는 길이라고 하는 성스런 진리는 다음과 같은 것이다. …… 수행승들이여. 이들 네 가지의 성스런 진리에 관하여 각기 세 가지의 단계·열두 가지의 형식(三轉十二行相)에 의해 여실하게 보는 지견知見이 나에게 아직 완전히 순수하고 청정하지 못했던 동안은, 나는 신神들과 악마·범천·수행자·바라문·인간을 포함한 살아 있는 모든 것 가운데서 더없는 올바른 깨달음을 깨달았다고는 말하지 않았다. 그런데 이제서 실로 이들의

---

229 "……그것은 쉼(眠)을 초래하고 인식을 초래하며, 평안·초인지超人知·올바른 깨달음·평안으로 향하는 것이지만……."

네 가지 성스런 진리에 관하여 이와 같이 세 가지의 단계·열두 가지의 형식이 있는 여실하게 보는 지견知見이 나에게 있어서 완전히 순수하고 청정한 것으로서 일어난 것이기 때문에, 이제서 나는 신들과 악마·범천을 포함한 세계, 수행자·바라문·신·인간을 포함한 살아 있는 모든 것 가운데서 더없는 올바른 깨달음을 깨달았다고 말하였던 것이다. 그리고 나에게 다음의 지견이 생겼다. '내 마음의 해탈은 부동不動이다. 이것이 최후의 생生이다. 이미 이후에 다시 태어나는 일은 있을 수 없다.'"[230]

이상과 같은 붓다의 초전법륜에 있어서의 설법 혹은 법담순서에 대하여 여러 가지 전승을 보면, 비교적 초기의 성립으로 간주되는 문헌의 전승에는 살아가는 데 있어서의 걱정을 올바르게 보는 것, 그리고 그것들을 올바르게 보는 것에 의해서 지知와 견見이 생기고 해탈을 얻어 드디어 생천生天의 과果를 얻을 수가 있었다고 전한다. 즉 '올바른 지견知見'과 '올바른 견해'가 역설되고 있는데, 이들의 가르침은 아집과 아견으로부터의 자기해방을 행하는 방법으로서 확실하게 된 것이다.

이상과 같은 기본적 입장을 이해하는 것이 첫걸음이고, 그 후에 가르치는 팔정도·사성제에의 전개가 설법과 법담에 있어서의 본지本旨라고 볼 수 있는 것이다.

---

230 한역으로 『전법륜경』(대정장 2권, p.503中~下) 등이 있다.

3. 보시와 계율과 생천의 법담

1) 차제법담의 과정

붓다가 부상富商의 아들 야사를 교화하는 과정을 팔리문 『율장』은 다음과 같이 전하고 있다.

> "양가良家의 아들 야사가 한쪽에 앉았을 때, 붓다는 그에게 순서에 따른 훈화(訓話: anupubbikathā)를 말씀하셨다. 즉 시施의 훈화(dānakathā)·계戒의 훈화(sīlakathā)·생천生天의 훈화(saggakathā), 모든 욕망의 근심과 해악과 더러움, 그리고 출리出離의 훌륭한 이익에 대해 설하셨다. 존사尊師는 양가의 자녀 야사가 건전한 마음, 유연한 마음, 편견으로 싸이지 않는 마음, 기쁘고 씩씩한 마음, 깨끗한 마음으로 된 것을 아시고, 거기에서 깨달은 사람들과 제불이 칭찬하신 가르침을 설하셨다. 즉 괴로움과 그 원인, 그리고 지멸止滅에 이르는 길이라고 하는 고집멸도의 네 가지 진리의 설이다."[231]

위에서도 살펴본 바와 같이 붓다는 순서에 따른 훈화로서 제1단계로 '보시의 가르침·지계의 가르침·생천生天의 가르침', 그리고 이어서 제2단계로 '모든 욕망의 근심과 해악과 오염, 그리고 출리出離의 뛰어난 이익', 그리고 제3단계로서 사성제의 가르침을 설하셨다고 전한다. 이와 같은 순서에 따른 가르침을 차제설법次第說法 또는 차제법담이라

---

231 Vinaya, *Mahāvagga* I, 7, 1-6. 역·中村元著『ゴ-タマブッダ-釋尊の生涯』. p.269.

고 부른다.

여기에서 다음에 순서에 따른 가르침의 내용을 음미하고, 세존이 어떠한 뜻을 가지고 차제설법 혹은 법담의 형식을 채용하셨는지를 살펴보고자 한다.

2) 보시의 법

먼저 최초로 '시施의 가르침'을 가르치신 것은 물심양면으로 이타행을 권장하신 것으로 볼 수 있다. '베풀음의 가르침', 즉 보시의 행위는 붓다의 가르침에 있어서 가장 수승한 실천도이고 가장 좋은 선한 행위라고 권장하신 것이다. 보시행의 실천덕목은 초기 불교경전에 설하는 바에 따르면, 그 과보로서는 '선취善趣[232]에로 향하는 것임'을 약속하고, 보시행의 실천자를 '최상의 사유思惟가 있고 의심이 없는 사람'이라고 칭찬하고 있다. 경전은 다음과 같이 전한다.

> "법에 따라서 얻은 부富를 없앰에 의해서 노력 정근하여 얻은 것을 (다른 사람에게) 준다. 그는 최상의 사유思惟가 있고 의심이 없는 사람이다. 행복한 장소(bhaddakam thānam)로 가니, 거기에 가서는 근심이 없다."[233]

또 『미린다팡하』에는 '차제법담'에 있어서의 보시행에 관하여 흥미 있는 문답이 기재되어 있다. 미린다 왕이 보시를 받는 마음가짐에

232 선취善聚란 인간과 천상을 말한다.

233 AN.I, pp.129~130G.

대하여 캐어묻는 데 대해, 존자 나가세나는 다음과 같이 답하고 있다.

"존사는 처음에 보시에 관한 논을 설하는 것이 보통입니다. 그러면서 최초로 보시에 관한 논에 의해 '듣는 이'의 마음을 기쁘게 하고, 그리고 그 후에 계를 '지키도록' 권하는 것은 모든 여래들의 관습입니다. …… 대왕이여, 보시자의 마음이나 시주의 마음이 유연하고 유화하며 온화해지고, 이렇게 해서 그들은 그 보시의 통로나 다리 또는 보시의 배(船)에 의해 윤회의 바다의 피안彼岸으로 건너가는 것입니다."[234]

이들의 논설에 의하면 보시행은 보시하는 사람에게 있어서 윤회를 초월하여 피안에 도달하기 위한 단으로서 전해지고 있다. 실로 초기불교에 있어서의 보시행은 자리행自利行으로서 평가되고 보시자 자신이 보시행의 과보를 획득하는 것이라고 설한다. 그리고 후대의 대승불교 문헌에 의하면 보시행은 자리이타의 양 측면을 충족한 실천도로서 보다 분명하게 설하고 있다.

"보살마하살은 이타利他를 위한 때문에 신명재身命財에 있어서 간탐심을 내지 않으니, 이것을 자리自利라고 이름한다."[235]

실로 다른 사람을 이익케 하는 것이 그대로 자리自利로 된다고 하는

---

234 中村元·早島鏡正譯, 『ミリンダ王の問い2』, pp.259~260.

235 『우바새계경』「自利利他品」(대정장 24권 p.1043上).

대승보살도의 진수를 분명히 하고 있다. 이어서 『우바새계경』의 「자리이타품」에는 보시행을 법시法施·재시財施·무외시無畏施로 나누고 그 내용을 구체적으로 설하고 있다.

3) 계율의 법

'보시의 가르침'에 이어서 '지계의 가르침'·'생천生天의 가르침'을 설하고 있지만, 이들 일련의 과정은 보시행의 실천을 통하여 그 행위를 실천하는 측의 정신구조를 유념한 것이라 볼 수가 있다. 다음에 '지계의 가르침'을 설하시는 것도 역시 그 의미로 볼 수 있다. 초기불교의 경전은 선한 행위를 하는 측의 마음가짐에 대하여 다음과 같이 설하고 있다.

"주기 전에는 마음 즐겁게, 줄 때에는 마음을 청정케 하고(cittaṃ pasādaya), 주고 나서 마음이 기쁘다."[236] 또 다른 곳에서는 "법에 맞추어 얻은 부富를 주면서 마음을 청정하게 한다"[237]라고 설한다.

즉 보시행은 사람이 행하는 가장 수승한 선한 행위이지만 그 행위를 실천하는 자신의 마음을 묻는 것이고, 실로 '지계의 가르침'이 가르쳐 주는 것은 이 점에 초점을 맞춘 것이라 볼 수 있다. 초기불교에서는 일반적으로 선악의 행위를 신업身業·어업語業·의업意業의 삼업三業으로 나누어 해설하고 있다. 그에 따르면 삼업三業 가운데 의업, 즉 마음으로 행하는 행위를 중시하고 있다. 이들에 의하면 사람의 행위의 본원은 의지意志에 있고, 의지의 작용에 의해서 삼업이 일어나고,

236 AN.III, p.337G.

237 AN.III, p.354G.

그리고 의업이 다른 두 업에 우선한다고 설한다. 의업이 가장 중요한 것을 밝히고 사람의 행위에 있어서는 결과로서 나타난 선악보다는 그 행위를 하게 한 의지의 선악을 묻는 것이고, 동기론적 전개를 중시하고 있다.

4) 생천生天의 법

'보시의 가르침'과 '지계의 가르침'에 의해 선한 행위의 적극적 실천을 장려하는 것이고, 그 참뜻은 자기중심적인 존재 상태로부터 벗어나 아집·아욕에 얽매이는 아견我見을 파기할 것을 역설한 것이라 볼 수 있다. 그와 같은 자기를 확인하는 것이 즉 '생천生天의 결과'를 획득하는 것이라고 가르친다.

차제설법次第說法 혹은 법담에 있어서 '보시의 가르침'·'지계의 가르침'·'생천生天의 가르침'으로 차례차례 가르치는 것은 선한 행위의 실천에 의해 세속적인 과보를 서원하는 것으로 '베푸는 사람에게는 공덕이 증대한다'든지, '자기에 관해서도 타인에 관해서도 커다란 과보가 있다'고 하는 입장을 입증하고, 그 위에 "그 사람은 하늘(天)의 세계로 간다"[238] 또는 "시여施與에 의해 내세에 안락을 얻는다"[239]고 하는 내세에 있어서의 선한 과보의 획득을 서원하는 것이다.

---

238 SN.I, p.91G.

239 『법구경』 177게.

4. 법안의 각증覺證

1) 출리의 이익

불전에 의하면 '보시·지계·생천'을 말씀하신 후, 제2단계로서 '모든 욕망의 환(患: 근심·병환)과 해악과 더러움, 그리고 출리出離의 뛰어난 이익'을 가르치신다. 이 가르침은 제1단계에 있어서 확인된 바 아견我見 파기의 긴요성을 다시 구체적 사례를 들어 입증하고 여실지견如實知見의 안목을 획득하게 하기 위한 것일 것이다. 욕欲이란 실로 자아에 집착하는 아집我執의 마음으로부터 일어나는 산물이고, 이 자아에 집착하는 아욕에 의한 폐해를 가리키는 것이다.

아욕我欲은 많은 해악을 만들어 내므로 만일 이 아욕을 여읜다면 '출리出離의 뛰어난 이익'이 획득된다고 가르친다. 제1단계에서 확약되는 '생천生天의 결과'의 획득은 그 사례로 볼 수 있으며, 그것은 '출리出離의 뛰어난 이익'의 일부분인 것을 알지 않으면 안 된다.

2) 사성제의 깨달음

'생천의 결과'의 획득은 붓다의 교화의 궁극의 목적이 아니고, 그 최종목적은 제2단계에서 가르쳐 보이시는 '출리出離의 뛰어난 이익'의 성취에 있고, 그것은 제3단계에서 가르치는 '사성제'의 깨달음으로 성취되는 것이다.

경전에서는 이 사제四諦의 도리가 확인되자 '원리이구遠離離垢의 법안法眼'을 깨달아 증득하게 된다고 전한다. 붓다의 설법과 법담교화의 최종목표는 이 '법안法眼'의 각증覺證이고 정각正覺을 이루는 첫걸음

을 의미하는 것이다.[240]

제3절 교계법담教誡法談

붓다의 제자들 가운데도 훌륭한 사람들만 있지는 않았다. 비구끼리 논쟁에 빠지고 격심한 말로 싸우는 자도 있으며, 혹은 또 시시콜콜한 세간 이야기에 빠져 스승의 주의를 받은 비구들의 예도 경전 가운데 종종 적어놓고 있다. 그러면 그와 같은 경우에 붓다는 비구들에 대해서 어떻게 대하셨을까. 그들에 대해서 어떻게 훈계하고 또 어떻게 이끌어 가셨을까. 이에 그와 같은 경우의 붓다의 말씀과 행을 기록해 놓은 경전 몇 가지를 살펴보기로 하겠다.

1. 인간의 6종 성격에 대한 대응 방법

팔리 불교에서는 대개 인간의 성격에는 6종류가 있다고 보고 다음과 같이 각기의 성격에 상응한 방법을 말하고 있다.

①탐심이나 욕망이 강한 탐욕심이 강한 사람에게는 욕심을 떨어트리기 위한 부정관不淨觀이나 자기중심의 마음을 제하기 위한 보시의 행을 하도록 한다.

②무엇에 대해서나 화를 내기 쉬운 진에瞋恚의 사람에게는 타인을 사랑하는 자비관의 가르침을 준다.

③하찮은 일에도 늘 끙끙거리는 우치한 사람에게는 사물의 인과의

240 宇治谷顯, 전게서, 平成元年, pp.1~9.

도리나 성립을 올바로 이해하기 위한 인연관을 가르친다.

④사물을 믿기 쉽고 정감이 풍부한 사람에게는 믿고 실천해 가는 것을 중시하는 수신행隨信行을 하도록 한다.

⑤이지적이고 사물을 논리적으로 이해하는 것이 장점인 사람에게는 진리나 세계관을 배우는 수법행隨法行을 하도록 한다.

⑥침착성이 없고 마음이 산란한 사람에게는 조용히 앉아서 입출식入出息의 수를 세는 수식관數息觀을 하도록 한다.[241]

이러한 상대에 따라서 케이스 바이 케이스의 가르침을 설하는 것이 불교의 방편 가르침이다. 방편은 원래 상대방을 가르쳐 인도하기 위해 올바른 수단이나 방법을 활용하는 것이다. 지혜와 방편이라고 하는 것은 올바른 지혜를 여러 가지 장면에 적용하여 활용하는 것이 방편인 것이다.

2. 4종 사문

붓다의 재가신자이자 단야공鍛冶工이었던 춘다는 붓다의 입멸 직전에 최후의 식사를 올렸다. 그리고 '사문'에 대해 질문하였다. '사문沙門'이란 출가자로서 수행하고 있는 사람을 일컫는다. 여기에서는 불교의 신앙을 지도하는 신앙지도자로서의 사문(比丘)의 존재가 법담가로서의 사문에 해당되므로 이를 간단히 소개한다.

춘다가 묻기를, 세간에는 몇 종류의 사문이 있습니까.

---

241 水野弘元, 전게서, pp.46~47.

이에 붓다는 다음과 같이 답하셨다. 세간에는 4종류의 사문이 있다. 그 4종이란, 첫째 승도사문勝道沙門, 둘째 설도사문說道沙門, 셋째 활도사문活道沙門, 넷째 오도사문汚道沙門이다.

첫째의 승도사문이라 하는 것은 최고의 깨달음을 얻은 아라한으로, 이미 배우기를 마친 무학無學[242]의 성자이다. 그 사람의 생활태도 그대로가 설법을 하지 않아도 모습만으로도 사람들을 교화하는 것과 같은 사람을 말한다. 둘째의 설도사문은 깨달음을 얻기는 했지만 아직 배워야 할 것이 있는 유학有學으로, 자신의 깨달은 지식이나 체험을 법으로 설하여 사람들을 인도하는 사람이다.

셋째의 활도사문은 깨달음을 얻지 못한 범부의 출가자로, 법에 따라 성실하게 생활하고 남의 말을 인용하여 자기 나름으로 설하여 사람들을 인도하는 것이다. 넷째의 오도사문은 법을 흩트리고 불법을 더럽히는 출가자이다. '사자 몸속의 벌레(獅子身中의 虫)'라고 하는 말이 가리키는 바와 같이, 교단 가운데 있으면서 교단을 쇠멸케 하고 파괴시키는 사람이다.[243]

법담가로서의 최고의 이상은 승도사문과 같이 중생을 자신의 모습과 행동만으로 이끈다고 하는 것이다. 이것을 '신업설법身業說法'이라고 한다. 업이란 행위로서 몸으로 행하는 것이 그대로 법을 설하고 있다고 하는 것이다. 그러한 사람의 행동은 불작불행佛作佛行이라고 하니, 그것은 행하는 것이 그대로 부처님의 동작처럼 되어 주위 사람들을 교육하고 교화시키기 때문이다. 붓다도 필요한 경우에는 법을 설하고

---

242 배워야 할 것이 없어진 또는 배움을 다해 마친 성자.

243 사종사문四種沙門.

법담을 할 뿐만 아니라, 그 법을 자연법이自然法爾[244]로서 무심無心으로 실천하고 있는 것이다. 『법화경』「법사품」의 말미에는 다음과 같이 설하고 있다.

"이 스승에게 따라서 배우면 항사(恒沙: 無數)의 부처님을 뵐 수가 있다."

훌륭한 스승을 만나 그 스승에 따라서 배우는 것은, 스승의 짓는 모든 것이 불작불행佛作佛行으로 되어 있기 때문에 그것은 그대로 많은 부처님과 만나게 될 것이라고 한다. 이 정도로 불교에서는 진정한 스승과의 만남을 중요시하고 있는 것이다.

3. 법담과 성묵聖默

『자설경自說經』 권9에서는 다음과 같이 설하고 있다. 붓다께서 저 기타림祇陀林의 정사에 계실 때의 일이었다. 탁발을 하고 돌아온 비구들은 카레리수 나무 근처의 지붕이 뾰족하고 둥근 지붕을 한 집회소에 모여 잡다한 세간 이야기를 하고 있었다.

"이 친구는 세간에 있었을 때 무슨 무슨 기예를 배웠다느니, 코끼리를 다루는 기술이 최고의 기예라느니, 코기리보다도 말(馬)을 조어하는 것이야말로 가장 훌륭한 기술이라느니 하고 있었다. 그리고 또 한 사람은 차車를 다루는 것이 최고의 기예라고도 하고, 또한 사람은 궁술弓術이 최고라 하고, 또 어떤 사람은 검술이 최고라고 하였다.

---

244 자연법이自然法爾란 무심. 무조작 그대로 법에 어울려 있는 것을 말한다.

그리고 또 다른 사람은 산수算數의 술을 배운 자도 있고, 서書를 쓰는 서예를 배운 이도 있고, 시작詩作의 술術을 사랑하는 사람도 있었다."

이와 같은 이야기가 모든 사람들의 주의를 끌고 각자가 그 숙련된 것을 모든 기예 중의 가장 제일이라고 주장하면서 논의는 뜨거워지고 있었다. 그리고 그 세간 이야기는 탁발하고 돌아온 점심때부터 저녁때까지 계속되어 그칠 줄을 몰랐다. 마침 그때에 붓다는 독좌정사獨坐靜思의 자리에서 일어나 이 둥근 지붕의 집회소 쪽으로 걸음을 옮기셨다. 멀리서 비구들의 시끌벅적한 소리가 들려온다. 붓다께서 가까이 오시자 비구들은 이를 알고 금세 정숙해지고 붓다를 그 자리로 모셨다.

"비구들이여, 그대들은 지금 무슨 이야기로 여기에 모여 있었는가. 비구들이여, 그대들의 이야기는 아직도 다하지 못한 것 같은데 그 화제는 무엇이었는가."

이에 비구들은 지난 이야기를 그대로 답하였다. 그리고 그 이야기의 결론이 아직 나지 않은 가운데 스승님께서 오셨다고 하였다. 그에 대해 붓다는 조용히 가르쳐 주셨다.

"비구들이여, 이러한 이야기에 빠지는 것은 그대들 좋은 남자, 집에서 나와서 집 없는 출가사문의 몸이 된 자에게 적합한 것일까. 비구들이여, 그대들이 모였을 때에는 단지 두 가지를 해야 할 것이 있는 것이다. 그 하나는 법에 관한 담화談話, 또 하나는 성스런 침묵沈默이다."[245]

---

245 『소부경전』「자설경」9.

4. 자비심 없는 논쟁은 하지 말 것

붓다는 또 논쟁하는 것을 경계하시고, 제자인 비구들이 나를 잊고 쟁론하는 것을 종종 훈계해 가르치신 일이 있었다. 『중부경전』 48 「교상미경」에 의하면, 코삼비(憍賞彌)국의 고사라원(瞿師羅園)에 있던 비구들이 어떠한 문제에 대해 심한 논쟁을 하고 격한 말을 하여 끝날 줄을 모르고 있을 때 세존은 그들을 불러 이르셨다.

"비구들이여, 그대들은 의론에 골몰하고 서로 상대방에게 격심한 말을 하여 언제까지나 화합에 이르지 못한다고 하는데, 그것이 틀림없는가."

"세존이시여, 그렇습니다."

"비구들이여, 그러면 이것을 그대들은 어떻게 생각하는가. 그대들이 서로 논쟁하고 상대방에게 격심한 말을 할 때, 그때 그대들은 음으로나 양으로 몸으로 자비를 행하고, 자비를 영위하고, 뜻으로 자비를 베풀고 있는 것일까."

"세존이시여, 그렇지는 않습니다."

"비구들이여, 만일 그렇지 않다면 그대들은 거기에서 무엇을 구하여 서로 논쟁하는 것인가. 어리석은 자여, 이와 같은 것은 단지 오랜 불리不利와 불행을 부르게 될 것이다."

그리고 화합으로 인도하는 여섯 가지의 법에 대해 설하신 것이 이 경전의 골자를 이루는 것인데, 거기에는 분명하게 논쟁에 관한 세존의 견해를 볼 수 있다. "의논을 가지고 싸우고 격심한 말로 상대에게 이기려고 하는 것은, 일견하건대 이빨을 가지고 싸우는 동물의 싸움보다 우세하고 칼과 몽둥이를 가지고 싸우는 세간 사람의 싸움보다 더하다. 하지만 내부에 자비심을 품은 일이 없었다면 그 심사心事는 이빨을 가지고 싸우는 자와 무슨 차이가 있으며, 칼과 몽둥이를 가지고 싸우는 자와 무슨 나은 것이 있을 것인가. 만일 사람들이 자신업慈身業을 잘 영위하고 자어업慈語業을 잘 영위하고 자의업慈意業을 잘 영위하려 한다면 결코 격심한 말로 논쟁에 이를 도리가 아니다." 이와 같이 붓다는 논쟁을 일로 삼는 비구들에게 언제나 강한 꾸지람을 주셨던 것이다.

『중부경전』 128 「수번뇌경」에 의하면 다음과 같은 일도 있었다. 이 일도 코삼비의 고사라원 비구들의 일이었다. 그들 가운데 또 다시 분쟁을 일으키고 지나치게 격한 말로 서로 싸우는 자가 있었다. 그것을 한 비구가 붓다께 보고하고 청하기를,

"세존이시여, 원컨대 자민심을 드리우시고 그들에게 가셔서 가르침을 주시옵소서."

이에 붓다는 그들에게 가셔서 불러놓으시고 말씀하셨다.

"아 우리 비구들이여, 쟁론하지 말라. 이론異論하지 말라……"

그때 그 자리에 있던 한 비구는 붓다의 말씀을 가로막으면서 붓다께 말씀을 드렸다.

"세존이시여, 우리들의 법주法主이신 세존께선 기다리세요. 세존은 이러한 일에 요란하셔서는 안 됩니다. 우리들은 마땅히 스스로 이 분쟁을 해결할 것입니다."

그러자 붓다는 의발衣鉢을 갖추고 그곳을 떠나 코삼비의 마을로

향하셨다. 그 길을 가시면서 붓다는 다음과 같은 게송을 읊으셨다고 한다. 그 게송의 일부는 지금 『법구경』의 제3게와 제4게에 기록되어 있다고 하는 것이다.

"다른 사람이 나를 욕을 하거나 나를 배반하거나
나를 이겨내거나 나를 비웃는다 해도
무릇 이와 같이 원한으로 생각하는 자에게는
언제까지나 적의適意가 가라앉는 일이 없다.

다른 사람이 나를 욕을 하거나 나를 배반하거나
나는 이겨내고 나는 웃는다고
무릇 이와 같이 원념怨念이 있지 않은 자에게는
언젠가 적의는 가라앉을 것이다.

다른 사람의 우마牛馬와 재산을 빼앗는 자,
다른 나라의 국토를 약탈하는 사람들에게도
또한 화합하는 경우가 있다.
어찌 그대들에게 화합하는 일 없을 것인가.

만일 그대들 좋은 벗을 사귈 수가 있어
현명하고 지혜 있는 동행자를 얻으면
일체의 모든 어려움을 극복하고서
함께 환희하고 함께 행하는 것이 좋다.

만일 그대들 좋은 벗을 사귈 수가 없어
현명하고 지혜 있는 동행자를 얻지 못하면
숲속을 가는 저 큰 코끼리와 같이
단지 혼자서 홀로 가는 것이 좋다."[246]

제4절 법담 방법의 특징

1. 법담으로서의 교화

붓다는 법法을 설한다. 이 법이라고 하는 것은 일반적으로 보면 개인이나 가정, 국가나 세계, 지구 전체가 조화 있는 이상국토를 실현시키기 위해서 이 세계나 인생은 '어떻게 존재해야 하는가', 그리고 인간으로서 어떠한 세계관이나 인생관을 갖고 어떠한 생활태도를 가져야 하는가에 대해서 그 이상과 실현의 방법을 설하는 것이다. 그리고 법담의 목적은 단순히 일시적인 고민이나 고통을 제거하는 것뿐만이 아니라 널리 인격의 향상과 깨달음을 지향하는 것이다.

불교에서는 일반 민중을 신앙적으로 지도하고 그 사람의 인격을 높여가는 것을 교화라고 한다. 교화教化라고 하는 말은 범어로는 'paripāka'라고 하고, 이것은 '성숙시킨다'고 하는 의미이다. 그것은 최고의 깨달음(無上道)을 향하여 보리심을 일으키게 하는 것이고, 그것으로 범부로부터 성자의 위치로 최고의 깨달음으로 향하게 한다는 의미에서 법담을 의미하는 것이다. 이러한 점에서 법담적 교화는

---

246 『법구경』 제3게, 제4게.

일반 학문 기술과 도덕 등의 상담을 넘어서서 일반적인 학문이나 수양 등의 상담에서는 볼 수 없는, 범부로부터 성자로, 세법世法으로부터 불법佛法으로 나아가게 하는 독특한 상담체계를 지닌 불교의 법담학이라고 할 수 있다.

2. 붓다의 법담 방법의 특징

(1) 생생하고 리드미컬함: 붓다는 법담을 하실 때는 실제적이고도 대화식의 질문과 대답을 하는 생생하고 리드미컬한 방법을 쓰고 계셨다. 불교에서는 경(經: 설법과 법담)과 게송(偈頌: 시편), 전설 또는 설화의 세 가지를 교화의 방법으로서 들고 있는데, 이것은 법담에 있어서나 강의에 있어서 질문에 답을 하는 담화談話로부터 발전한 것이다. 당시의 사람들은 붓다의 담화에 대하여 생각하기를 "부사의不思議하다. 놀라운 일이다. 마치 삐뚤어진 것을 똑바르게 하는 것처럼, 또는 가려진 것을 열어보이듯이, 또는 갈피를 잡지 못하고 있는 자에게 길을 가르쳐 주는 것처럼, 또는 캄캄한 데 등불을 켜서 눈이 있는 자에게 물건을 보여주듯이, 실로 그와 같이 붓다는 갖가지의 견지에서 진리를 계시啓示하여 주셨다. 나는 붓다와 그 가르침과 그 교단에 귀의하겠다"라고 고백할 정도로 그 말씀에 의한 법담에 이끌리고 있다.

(2) 지혜를 깨우침: 붓다의 법담이 갖는 매력에는 상대방의 지혜를 깨우치게 하는 데에 있었다. 붓다에 의한 지혜는 선입관을 없애고 개인아個人我의 망견妄見을 없애는 것이었다. 사고思考에 있어서 지혜

를 작용케 하는 것을 가르쳤다. 말의 매력이 감정이라 해도 지혜는 사고에 의한 것이었다. 붓다의 교화는 사고와 감정과의 양면에서 이루어지고 있었다. 붓다는 개개인에 대한 1 대 1의 법담을 할 때 네 가지 진리(四諦·苦集滅道)를 설하였다. 먼저 고苦에 관한 문제로부터 시작된다.

다른 문제로부터 이야기를 시작하여 교화의 상대방이 내면적으로 충분히 준비가 될 수 있도록 한다. 이러한 이야기를 하고 있는 사이에 상대방의 마음이 그에 어울려지게 되면 그때에 비로소 붓다는 가르침의 주요점을 일깨워 주는 것이다. 그러한 것의 습관적인 문구는 다음과 같은 것이다.

"고상한 어떠한 사람의 마음의 준비가 잘 될 수 있고, 솔직해지고 장해(障害: 세속의 번뇌로운 생각)를 여의고, 심의기心意氣가 높아지고 청정해진 것을 성자聖者가 인정하였을 때, 그때 성자는 그를 위해서 가장 훌륭한 가르침을 주셨다. 즉 고苦와 고의 원인과 고의 극복과 그 해결방법에 관한 진리이다."

고침을 받는 자가 그 심령心靈에 붓다의 말씀을 바로 받아들일 준비가 될 수 있도록 미리 준비해 두고, 또 그것이 충분히 되어 있다고 확신하고부터가 아니면 붓다는 주요한 말씀을 하지 않으셨다. 이와 같이 준비가 되어 있는 자를 교화하면 그 결과는 다음과 같이 된다.

"예컨대 더러움 하나 없는 깨끗한 의복이 바로 색상에 물드는 것과 같이, 이 사람에게는 깨끗하고 오염됨이 없는 심안心眼이 열리고, 그리고 인과因果의 법칙에 따라서 발생하는 모든 것은 그 발생의 원인을 멸滅하지 않으면 안 된다는 것을 인식하게 된다."

(3) 비유에 의함: 또한 붓다는 현명한 자는 비유에 의해 말의 의미를 잘 이해할 수가 있다고 설하고 있다. 비유는 시적詩的인 것을 가지고 있다. 시적인 것은 의미가 깊고 사상이 풍부하고 논리적 인식을 넘어선 고차적인 의식적인 것을 지니고 있다. 그러한 것은 비유에 의해서 표현이 가능하다. 따라서 붓다의 지혜의 내용은 개념적·추상적인 표현보다 비유의 형식으로서 보다 잘 표현되는 것이다. 학문이 있던 바라문들에게는 추상적·개념적인 표현을 쓰고, 소박한 사람들에게는 시와 비유를 쓰고, 또 전설이나 설화를 썼다. 붓다는 붓다가야의 보리수 나무 아래에서 전세前世에 경험한 무수한 현신現身을 회상하였다.

3. 침묵의 원리

1) 상징적인 해설

붓다의 교화의 방법에는 또 하나, 말이 아니라 침묵이 있었다. 침묵은 귀중하고 고상한 것이고 적극적인 의의를 지니고 있다. 붓다에게 있어서는 이론을 위한 이론은 필요가 없다. 상대방에게 내면적 변화를 일으키게 하고 관조觀照적인 지혜를 획득하고, 그리고 최고의 목표인 각자覺者에 이르게 하는 것이 목적이다. 상응부 경전에 의하면 붓다는 상징을 써서 적확하게 침묵의 원리를 설명하고 있다. 신사파 나무숲에 머무르고 계실 때 붓다는 몇 개의 신사파의 잎사귀를 손에 쥐고 제자들에게 말씀하신다. 손에 쥔 잎의 수는 신사파 나무숲에 있는 잎사귀의 수에 비하면 조금인 것처럼, 그와 같이 제자들에게 말씀한 가르침은 자신이 알면서 말씀하지 않았던 것에 비하면 조금밖에 안 된다.

"그러면 왜 나는 그것을 그대들에게 말하지 않았을까. 그것은 지복至福에 도움이 되지 않기 때문이고, 성스런 생활의 기초와 관계가 없기 때문이고, 둔세循世나 금욕이나 감정의 침정沈靜이나 통찰하는 지혜나 깨달음이나 열반을 불러오는 것이 아니기 때문이다"라고 설하고 있다. 무엇을 말해야 할까. 어떻게 말해야 할까 하는 것은 목적과 사명에 의해서 그 시대의 요구와 상대방의 이해력을 생각하여 말하지 않으면 안 되기 때문이다.

2) 독화살의 비유

붓다는 초월적인 문제에 대하여는 침묵하였다. 우주는 영원한가 영원하지 않은가, 심령은 사후에 존재하는가 하지 않는가 하는 것과 같은 문제이다. 여기에는 유명한 독화살(毒矢)의 비유가 있다. 우주가 영원한가 영원하지 않은가, 무한한가 무한하지 않은가, 심령이 육체와 다른가 사후에 존재하는가 하는 문제에 대하여 붓다가 설명하여 주지 않는 것을 불만스럽게 생각하고 있던 말룬키야풋타(만동자)라는 승려는, 붓다에게 이들에 대한 질문에 긍정인지 부정인지의 답을 해주시기를 청하고, 또는 나는 모른다고 해주시든지, 답을 해주신다면 지금까지와 마찬가지로 붓다의 제자가 되어 있겠지만, 만일 답을 해주시지 않으면 자신은 환속을 할 생각이라고 하였다. 그러나 붓다는 하나의 비유로 이렇게 답하셨다.

"어떤 남자가 독화살에 맞아 그 친구들이 외과 의사를 데리고 온다. 그러자 그 남자는 이렇게 말한다. 나를 쏜 남자는 누구인가, 이름은 무엇이라 하고, 어떠한 종류의 어떠한 계급의 자인가, 어떤 모습이고, 등이 높은가 낮은가, 흑발黑髮인가 금발金髮인가, 고향은 어디인가, 또 나를 겨눈 활이 어떠한 크기이며, 나에게 맞은 화살은 어떤 것인가, 이러한 것을 전부 확실히 알지 못하고는 화살을 빼낼 수가 없다고 한다면, 그 남자는 치료를 받지 않는 동안에 죽고 말 것이다. 꼭 그와 같이 어떠한 물음에 답하여 주지 않으면 수행하고 싶지 않다고 하는 자는 타타가타로부터 답을 듣기도 전에 죽고 말 것이다."

이 비유는, 붓다는 이론적이고 철학적인 물음에 대답을 하기 위해서가 아니라 고뇌하는 인류를 구제하기 위해서 출현한 것임을 보여주고 있는 것이다. 그러한 이론적이고 철학적인 물음에 답을 하기에는 그렇게 간단하게는 될 수 없고, 답을 다 듣기도 전에 치료와 구제의 시기를 잃고 죽고 만다고 하는 것이다. 이러한 철학적인 호기심은 본래적인 목적에 도달하기에는 시간적으로 여유가 없는 인생의 도정에 방해가 된다고 붓다는 설하는 것이다.

4. 십사난에는 답하지 않음

1) 십사난 : 14종의 사견

십사난十四難이란 외도들이 붓다를 힐문한 14종의 사견邪見을 말한다. 『대승의장』 권6 「십사난의十四難義」의 뜻에 따라 그 내용을 살펴보면 다음과 같다.

먼저 모두 난難이라고 부르는 데는 두 가지 뜻이 있다. 하나는 외도의 무리가 사邪를 고집하여 정正으로 구하기 때문이고, 둘째는 사집邪執은 성도를 장애하여 깨달음을 구하는 데 어려움으로 남아 있기 때문이라고 한다. 그 14종이란 상常·무상견無常見의 4종, 변邊·무변견無邊見의 4종, 여거如去·불여거不如去의 4종, 신신일이身神一異의 2종으로, 모두 열네 가지가 된다.

(1) 상·무상견의 4종

상常·무상견無常見의 4종이란 신神과 세간은 모두 상常이고, ② 모두 무상無常이고, ③ 역상역무상亦常亦無常이고, ④ 비상비무상非常非無常이라고 하는 것이다. 신神이란 모든 범부가 마음 깊이 새겨진 전도된 생각으로 생각하는 사람들의 일이다. 이를 상주불변이라고 하는 외도 가운데 둔근의 자는 이것이 상常이라고 하므로 행을 닦아 미래에 보답을 받고 또 고행을 하여 득탈케 하려고 한다. 이근利根의 자는 신神은 상常으로서 고락의 변함이 없으므로 죄와 복이 없다고 하여 많은 삿된 견해를 일으킨다. 신神은 무상無常이라고 하는 자는 금세의 쾌락을 구하여 방일한다. 역상역무상亦常亦無常이란 외도의 한 종류로 신神에 세추細麤를 분별하여, 세細란 몸이 사멸하여 신이 항상 있다고 하고 추麤란 몸이 사멸하여 신이 멸한다고 하는 것을 말한다. 비상비무상非常非無常이란 상·무상의 둘은 모두 허물이 있다고 하여 신神은 이 비상비무상이라는 논설을 펴고, 이와 동시에 내 마음임으로 반드시 신이 있다고 설하는 것을 말한다.

(2) 변·무변견의 4종

변邊·무변견無邊見의 4종이란, 첫째 신神과 세간은 모두 끝이 있다. 둘째 모두 끝이 없다. 셋째 역시 끝이 있고 또한 없다. 넷째 끝이 있는 것이 아니고 또 없는 것도 아니다라고 하는 것이다. 신神에 끝이 있다는 것은 중생의 신아神我는 미진微塵과 같고 혹은 겨자씨·마맥麻麥 등과 같다고 설하고, 또 소인의 신은 작고 대인의 신은 크다고 설하는 것과 같은 것을 말한다. 세간에 끝이 있다는 것은 세간에 시종始終이 있다 하고, 시방에 끝이 있다고 하는 것과 같은 것을 말한다. 무변無邊 이하의 세 가지 역시 이와 같이 알아야 한다.

(3) 여거·불여거의 4종

다음에 여거如去·불여거不如去의 4종이란, 첫째 여거如去, 둘째 불여거不如去, 셋째 또는 여거 또는 불여거, 넷째 비여거비불여거非如去非不如去를 말한다. 여거란 전세로부터 와서 이 사이에 태어남과 같이 떠나가서 후세로 향하는 것 역시 이와 같다고 하는 것이다. 불여거 이하 또한 이와 같음을 알아야 한다.

(4) 신·신일이의 2종

신身·신일이神一異의 2종이란, 몸(身)과 신神은 하나라고 하는 것과 다르다고 하는 것의 둘이다. 하나라고 하는 이유는, 이 몸을 분석하여 다시 따로 신을 구할 수 있는 것이 아니기 때문에, 또 고락을 받는 것은 모두 그 신체이므로 몸은 즉 신이라는 것을 알 수 있는 것이라고 설하는 것을 말한다. 이異란 신체의 형상은 추현麤現하고 신은 즉 미세하여 둘이 각기 다르므로 신체는 멸하지만 신은 여전히 있을 수 있는 것이라고 하는 것을 말한다.

이상의 『대승의장』의 설명은 전적으로 『지도론』 권70의 해석을 답습한 것이지만, 『지도론』은 본래 『대품반야경』 권14 「불모품」의 이견사집異見邪執을 해설한 것이라고 볼 때, 그 뜻은 같은 것이라고 볼 것이다.

2) 난문難問에 답하지 않는 이유

(1) 답하지 않는 이유

『지도론』 권2 「바가바석론」에서는 『대승의장』의 순서로 열거하고, 붓다는 이들의 어려운 문제에 답하지 않는 이유를 설명하여 다음과 같이 설하고 있다.

> "이것은 사실이 아니므로 답하지 않으니, 제법諸法이 항상 있다고 하는 것은 이 도리가 없고 제법의 단斷이라 하는 것도 또한 이 도리가 없으므로 붓다는 답하지 않는다. 비유하면 어떤 사람이 소뿔을 짜서 몇 되의 우유를 얻는가 하고 묻는 것과 같으니, 이것은 물음이 아니므로 답해서는 안 된다. 또 다음에 세계는 무궁하여 차바퀴와 같이 처음도 없고 나중도 없다. 또 다음에 이에 답하면 이익이 없고 손실이 있어 악사惡邪 중에 떨어진다. 붓다는 십사난十四難의 상常이라는 것에 사제四諦와 제법실상諸法實相을 덮는 것을 아나니, 건너는 곳에 악충惡蟲이 있으면 사람을 건네주지 못하고, 안온하여 걱정이 없는 곳을 사람에게 보여주고 건너게 해야 하는

것과 같다."

이상과 같은 십사난十四難을 소승경전에서는 십사무기十四無記라고 부른다. 그 이유는 14종의 답기答記를 필요로 하지 않는 문제의 분류 때문이라고 말한다. 『지도론』 권15 「법인의法忍義」에서는 십사난부답법十四難不答法이라 부르고 있다. 또 한 비구가 십사난에 통달하지 못하고 부처님에게 와서 그 해답을 구하자, 이것은 투쟁법으로 무익한 희론이라고 하면서, 독화살을 맞은 사람이 의사에게 먼저 그 족보와 이름·약물 등의 일체 희론을 일삼다가 드디어 죽는 것과 같다고 하고, 동권 25에서도 이 문제를 논하고 있다.[247]

그리고 『지도론』 제2에서는 다음과 같이 설하고 있다.

"일러 가로되, 십사난十四難은 답하지 않으니, 그러므로 알라. 모두 지혜로운 사람이 아니다. 무엇이 십사난인가. 세계 및 아我는 상常이고, 세계 및 아我는 무상無常이고, 세계 및 아我는 역유상역무상亦有常亦無常이고 세계 및 아我는 역비유상역비무상亦非有常亦非無常이다. 세계 및 아我는 유변有邊이고, 무변無邊이고, 역유변역무변亦有邊亦無邊이고, 역비유변역비무변亦非有邊亦非無邊이다. 죽은 후에 신神이 후세에 가는 일이 있고, 신神이 후세에 가는 일이 없고, 또 유신거역무신거有神去亦無神去, 사후역비유신거死後亦非有神去, 역비무신거후세亦非無神去後世이다. 이 몸이 신神, 신이신이身異神異이다. 만일 붓다가 일체지인一切智人이라면 이 십사난을 어째서

247 龍谷, p.1877.

답하지 못하는가. 답해 가로되, 이것은 실實이 없으므로 답하지 아니하고, 제법유상諸法有常은 이 이치가 없고, 모든 법단法斷도 또한 이 이치가 없다. 이러하기 때문에 붓다께서는 답하지 않는다. 비유하면 인간이 소뿔(牛角)을 끌어당겨 몇 되의 우유를 얻겠는가 하고 묻는 것과 같이, 이것은 비문非問으로서 마땅히 답해야 할 것이 아니다."

이것은 외도가 허망하고 실이 없는 것을 물음으로 붓다는 이에 대해 답하지 않는다는 것을 설하는 것이다.[248]

(2) 무기설과 붓다의 태도

무기설無記說이란, 고래로 부처님의 무기설에 대해서 "알고 답하지 않는 것인가. 모르고 답하지 않는 것인가" 하는 의론으로 시작하여, "어째서 답하지 않았던 것인가"에 대한 논의가 있었다. 여기에 '무기설'에 대해서 간략히 언급해 두고자 한다.[249]

소위 십사무기十四無記를 살펴보면, "①세계 및 아我는 영원하다, ②영원하지 않다, ③영원으로서 영원이 아니다, ④영원도 영원 아닌 것도 아니다, ⑤유한하다, ⑥무한하다, ⑦유한으로서 무한이다, ⑧유한도 무한도 아니다, ⑨사람(=중생)은 사후에도 존재한다, ⑩존재하지 않는다, ⑪존재로서 비존재이다, ⑫존재도 비존재도 아니다, ⑬생명(=靈)과 신체는 동일하다, ⑭동일하지 않다"에 관해 설하고

248 望月, pp.2268~2269.

249 和辻哲郎,『原始佛教の實踐哲學』, p.133 이하.

있는 것이다.

이러한 경전들(大正藏 1~117頁, 2~246頁, 1~804頁 등) 가운데 특히 대표적인 하나의 경전으로 『중부경전』 제63경 「소마룬키야경」을 들 수 있다(MN. I. p.426~). 이 경전은 당시의 시대사조에 대하여 붓다의 기본적 입장을 명시한 것으로 십사무기에 관해 설한 경전의 형식으로서 반드시 인증되는 것이다.

그러면 부처님의 십사무기설의 기본적 태도는 무엇이었던가. 결론적으로 말하면 현실의 문제에 초점을 두고 불가지不可知·불가시不可視의 문제에 대해서는 이율배반에 빠지지 않을 수 없으므로 '사치기捨置記'로 물리쳤다고 보는 것이다. 불가지·불가시의 세계는 보통 사람의 체험을 넘어선, 혹은 과학적 실증을 기다리지 않으면 안 되는 세계이다. 어떤 사람에게는 믿을 수 있는 것도 다른 사람에게는 믿을 수 없는 경우가 있을 수 있다. 모든 사람에게 공통되는 문제로서 누구에게라도 설득할 수 있는 문제 해명이 아니면 추론의 영역을 벗어날 수 없다. 세계는 영원한 것 등의 문제는 해결의 실마리를 거부하는 '이렇기도 하고 저렇기도 하다'고 하는 것과 같은 판단밖에 낼 수 없다. 그러한 문제의 추구는 과연 우리들에게 무엇을 초래하고 무슨 이익을 가져올 수 있을까를 생각할 때 부처님의 14가지 힐문詰問에 대한 해답은 당연히 하나의 방향을 가리키지 않을 수 없었을 것이다. 즉 '열반의 길에 자익資益되는 바 없다'라고.

붓다에 있어서 진리란, 연기는 심심법甚深法이고 사제四諦는 최승법最勝法이었다. 진리는 만인에 의해서 깨달아 알게 되고 실증되어야 할 성질의 것으로서 보편성을 갖는 것이지 않으면 안 된다. 이 진리에 입각해서 열반을 구한다고 하는 실천의 방법이 당연히 나타나는 것이고, 거기에서야말로 붓다를 실어자實語者·법어자法語者라고 칭하였던 이유가 있다.

제7장 불교의 심리적 질병관

제1절 불교의 심리적 병인론

1. 경전상의 질병관

1) 『불의경』의 경우

석존의 발심은 생로병사의 현실적인 고苦로부터 비롯되었다고 한다. 그리고 약사여래는 현세의 고뇌를 구하는 현세불現世佛이고 구세주이다. 그러나 이것은 믿는 사람만이 갖는 특권이다. 약사여래를 모시고 부처님과 천신의 가호와 구료救療에 의지하고 기쁨을 갖게 하는 것은 종교적이다. 그러나 이것만으로는 만족할 수 없는 그 무엇이 있다. 이론을 좋아하는 사람을 위해서는 『불의경佛醫經』 등에서 볼 수 있는 지수화풍地水火風의 조화를 잃는 것이 병의 근원이고, 과식·과로·과음過淫은 물론, 대소변 등에 이르는 것들에 대한 문제가 질병의 근원이라고 설하고 있다.

2) 『유마경』의 경우

불교의 질병관을 논하는 데 있어서는 역시 『유마경』 등의 대승적 질병관을 들지 않을 수 없다. 병리病理나 위생 교과서 같은 것을 자연과학적 질병관이라 하여 소승적 질병관이라고 한다면, 『유마경』 등의 것은 유심론적唯心論的 혹은 대승적 질병관이라고 할 수가 있을 것이다. 유마維摩는 중인도 비야리성의 장자로서 재가자로 대승의 보살행을 수행하고 깨달음을 얻은 사람이었다. 그런데 병으로 누워있을 때 세존은 제자 사리불·목련·대가섭 등에게 위문을 가도록 하였으나 거기에는 문수사리보살이 가게 되었다. 문수사리가 유마의 방장方丈을 찾아 여러 가지 법담을 논전한다고 하는 것이 『유마경』의 내용이다. 그 가운데 특히 여기에서 인용하고자 하는 것은 『유마경』「문수사리문질품」이다. 즉 문수사리와 유마가 질병에 대해 주고받는 문답이다. 그 대요를 소개하면 다음과 같다.

먼저 문수사리는 유마가 있는 곳에 이르자 바로 병환의 위문을 하였다. 그러나 유마거사가 답하는 것은 "질병은 지수화풍의 실조失調에서 온다. 그리고 또 번뇌 애욕의 미혹으로부터도 생긴다"고 하면서 장광설長廣舌의 설법을 하고 있는 것이다. 이 요약된 간단한 말에서도 알 수 있듯이 여기에서는 질병이 생기는 원인을 두 가지로 보고 있다. 지수화풍이라고 하는 것은 인간의 육체를 조성하고 있는 생리적 현상을 말하므로 이것이 평형을 잃었을 때가 즉 질병이라고 하는 것이고, 그리고 또 번뇌 애욕의 미혹으로부터 질병이 생긴다고 하는 것은 다분히 신경성 질병을 말하는 것으로, 특히 만성병 등의 때에 절실하게 느끼게 되는 것이다.

그리고 유마는 이어서 "보살은 중생의 행복을 원하여 빌고 있다. 그리므로 중생에게 이 불행한 병이 있으면 보살도 또한 마음에 병이 든다. 이러한 이유로 보살의 병은 대자대비의 자애심으로부터 일어나는 것으로 중생의 병과는 그 취의가 다르다"라고 말한다. 그리고 보살의 소양으로서는 "병으로 괴로워하는 자에게 도리를 가르쳐 그들의 애욕 번뇌를 조복하여 병을 없애도록 하지 않으면 안 된다. 이와 같이 자타의 노병사老病死의 괴로움을 끊는 것이 즉 보살의 깨달음으로, 단지 병고病苦를 잊는다고 하는 것뿐이어서는 안 된다. 병고 이외에 나아가 노병사의 고환苦患을 조복하는 것까지 가지 않으면 안 된다"라고 하여 마음의 수행상태가 언제나 인생의 중대사에 밀착하여 있지 않으면 안 될 것을 논하고 있다.

그리고 이 보살의 보다 고차적인 요병관療病觀은 중생이 언제나 이상으로 하여 정진해야 할 것을 가르치고 있다. 이 『유마경』은 불교의 공관空觀을 설하는 것이기 때문에 질병에 대한 사고방식의 저변에도 그러한 사상이 은연히 흐르고 있다. 질병에 대한 이러한 사고방식은 오늘날의 우리들의 생각과 매우 가깝게 밀접해 있다. 특히 인생에 있어서 가장 커다란 불행이 닥칠지라도 고통과 괴로움 가운데 빠지지 않고 행복과 기쁨의 생활 창조로 병상病床에 광명과 희망을 불어넣고 있는 유마의 치유법담의 수승한 가르침은 실로 마음을 함께하지 않을 수 없는 것이다.[250]

---

250 青木 茂, 『道元·盤珪·白隱の療病哲學』, 童心房(尾道市), 昭和18年, pp.8~12.

2. 심병心病과 업

1) 심광心狂의 발생기전

초기불교 이래 불교는 마음의 자유를 다이내믹하게 논하고, 또 업인업과業因業果의 필연성까지도 설하여 마음의 문제를 근본적으로 접근하고 있다. 마음과 업이숙業異熟[251]의 관계에 대해서는, 특히 광(狂: kṣepa)과 마음(citta)의 문제에 대해서 정밀분석을 하고 있다. 마음의 광狂에 해당하는 범어는 cittakṣepa이고 한역은 심광心狂으로 되어 있다. 이것을 범문梵文『구사론』(A.K., p.233)으로부터 이해하면 "마음이 미치다(cittaṃ kṣipyate)"라고 해석할 수 있다. 광狂은 마음 그 자체가 아니라 마음의 작용에 의해 발생한 하나의 정신적인 병증이다. 이것은 "무엇으로 인하여 유정有情은 심광心狂하는가. 모든 유정은 업이숙業異熟으로 일어난다"[252]라고 하는 것으로도 분명한 것이다.

마음의 광狂, 즉 정신적인 병증상은 무엇에 의하여 생기는가 하면, 업業의 이숙異熟에 의한 것이다(由諸有情業異熟起).[253] 예컨대 약물·주술 등을 가지고 다른 사람의 마음을 미치게 하고, 맹렬한 불을 놓아 집을 태우거나 하여 악업의 인因을 지었다고 하자. 이 경우 업인業因은 악惡의 이숙을 결과케 할 것이다. 이것은 악인고과惡因苦果의 필연성으

---

251 業異熟은 vipāka의 번역어로 異類로써 이루어진다(熟)는 뜻. 과거에 지은 업이 得果의 때에 이르러 변하지만 능히 이루어(熟)지므로 이숙이라 한다. 그러나 所得의 果는 因과 別類로 이루어(熟)지므로 異熟이라 한다.

252 『順正理論』 40(大正 29, 572b.8~9).

253 上同, 572b.9.

로 이해되고 있다. 악인惡因의 이숙과異熟果는 필연적으로 고과苦果이지 않으면 안 되고, 또 고과라고 하는 인연으로 생기는 이숙과는 대종大種의 불균형이라고 하는 과果이므로 광狂 그 자체가 아니라고 하기 때문이다. 다시 말하면 광狂의 본질은 직접 악업의 이숙과가 아니라 불균형의 대종이라고 하는 이숙과에 의해서 생기게 된 마음의 하나의 양태에 지나지 않는다. 마음은 그 전체에서 광狂이 아니다. 광狂은 반드시 마음과 전적으로 같은 것이 아니라 마음에 속하는 하나의 심리적 현상에 지나지 않는 것이다.

2) 광狂과 난亂의 4종설

이것을 다시 다른 예를 가지고 논해 보겠다. 마음의 광(狂: kṣepa)과 난(亂: vikṣipta)의 설명에 의하면 여기에 4종의 관점(koti, 句)이 주어진다. 즉 ①마음이 광인데 난亂이 아닌 경우가 있다. 광이라면 광자狂者의 마음도 염오심染汚心일 것이라고 생각하겠지만 그렇지 않다. 예컨대 마음은 광의 하나의 양상을 드러내도 광자의 마음은 불염오심不染汚心이다. 즉 광狂이라 해도 난亂이 아닌 경우이다. ②다음에 광이 아닌 자, 즉 불광자不狂者라 해도 그 사람의 마음은 반드시 불염오심不染汚心이 아니라 오히려 염오심染汚心이다. ③광狂임과 동시에 난亂인 자도 있을 수 있다. 이 경우 광자는 동시에 염오심이다. ④끝으로 광도 아니고 난도 아닌 자, 즉 불광자不狂者로서 불염오심인 경우도 있다. 이렇게 해서 광이라든지 난이라고 하는 마음의 양태와 염오심·불염오심이라고 하는 마음 자체는 차원이 다른 것임을 알게 될 것이다.

마음(心)에 미치거나 혹은 혼란되거나 하는 것은 어떠한 과거에 있어서 지은 업인業因에 의해 발생한 이숙과인 것으로 보이지만 그렇지 않다. 악업은 의지의 이숙을 초래하지 않는다(以惡業不招意地異熟故).[254] 혹은 또 이것을 한역 『구사론』에서는 업인이 미래에 있어서 별도의 이숙으로 반응하여 마음을 미치게 한다(由此業因於當來世感別異熟能令心狂)[255]고 해서 이숙의 차원과 마음의 차원이 별도로 생각되고 있다. '감별이숙능령심광感別異熟能令心狂'에 해당되는 범문은 『구사론』(A.K., p.233)에서도 말하고 있다.

teṣāṃ tasys karmaṇo vipākenāyatyāṃ cittaṃ kṣipyate

여기에는 별이숙別異熟의 어구를 가지고 있다. 그러나 『바사론』에 악업은 의지(意地: 意의 範圍)의 이숙을 초래하지 않는 것이 명기되어 있으므로 업인은 마음과는 별도의 이숙을 초래한다고 하는 의미인 것은 분명할 것이다. 그러나 또 여기에 하나의 의문이 있다. 그것은, 그러면 왜 업인은 의지의 이숙을 초래하지 않는 것인가. 이 의문에 대하여 『바사론』이나 『구사론』에도 답석答釋이 나와 있지 않다. 『구사론』은 왜 심수心受는 이숙이 아닌 것일까(如何心受非異熟耶)[256] 하는 논리적 답변을 주지 않고 다만 심광은 업이숙이라고 설하지 않는다. '불설심광시업이숙不說心狂是業異熟'이라고 단정하고 있을 뿐이다. 그런데 이에 대한 답석을 중현衆賢의 『순정이론』[257]에 다음과 같이 논하고

254 『婆沙論』 126(大正 27, 658b.7~8).

255 『俱舍論』 15(大正 29, 83a.6~7).

256 『俱舍論』 15(大正 29, 83a).

있다.

"由此心狂體非異熟. 善惡心等皆容狂故. 由斯但說業異熟生."

(유차심광체비이숙. 선악심등개용광고. 유사단설업이숙생)

마음(心)의 영역에서 염오심 혹은 불염오심이 있다. 내면적인 염오·불염오는 외적인 자극이나 감각에 의해서는 촉발되지 않는다. 업인업과라고 하는 자연적 이법의 적용 외에 위치하고 있다. 그러므로 이숙과로부터 발생한 광狂에 의해서도 촉발되지 않는다. 그러므로 광이라고 하는 마음의 양태는 의식의 하나의 표현방식에 지나지 않는다. 그 의미에서 광狂은 '오직 의식에 있다'라고 말하게 된다. 그러나 이숙異熟으로서 있는 것이 아니다. 의식 그 자체는 선악 혹은 불염오·염오의 어느 것으로도 될 수 있는 자유를 가지고 있다. 이러한 광狂과 이숙異熟에 대한 해석은 경험주의에 입각해 있는 불교의 입장을 상징적으로 말하고 있는 것이다.

3) 불교적 업론의 입장

지금 여기에 광기 있는 정신이상자가 있다고 하자. 보통 그를 업인業因에 의한 업과業果일 것이라고 설명한다. 그러나 불교적 업론業論은 그렇지 않다. 예컨대 정신적 이상자(狂者)라 해도 그것은 원리적인 업인업과의 법칙에 의해서 그와 같이 있는 것이 아니다. 정신이상은 업인에 의한 이숙과가 아니라고 보았다. 즉 불교에 의하면 그것은 대종大種이 불균형하게 결합되었다고 하는 이숙과異熟果로부터 간접

---

257 『順正理論』 40(大正 27, 572b.14~16).

적으로 발생되어온 심소(心所: 심리적 현상)에 지나지 않는다고 한다. 불균형한 이숙의 대종은 원리적 업인업과의 법칙에 의해서 결과한 것으로, 경험을 넘어선 초월적 법칙이다. 이에 대해 정신이상자의 광狂은 경험적인 환경에 의해 후천적으로 일어난다고 본다.

중현衆賢[258]은 이 경험적 제요인을 다음의 4종으로 분석하였다. 즉 경포(驚怖, bhaya: 놀라고 두려움)·상해(傷害, upaghāta: 다침)·괴위(乖違, vaiṣamya: 서로 어그러짐)·수우(愁憂, śoka: 시름하며 근심함 근심)에 말미암는다고 하는 것이다. 경포란 비인非人 등의 무서운 모습에 놀라는 것이고, 상해란 비인 등의 분노에 의해 지절支節[259]을 손상하는 것이다. 또 괴위란 신체 내 풍열風熱 등의 작용이 서로 어긋나고 대종이 어긋나게 합쳐지는 것이고, 끝의 수우는 친애하는 자의 상실에 의해 수독愁毒을 품게 되는 것이다. 이들의 모든 요인은 모두 경험적으로 자연스럽게 만나게 되는 것으로 선천적이거나 초자연적인 요인이 아니다. 이와 같이 하여 광狂의 발생 원인은 경험적인 환경에 의해 주어지고 있다.

이상과 같이 정신적 이상(狂)은 업인業因으로부터 직접 발생한 것이 아니라 먼저 업인으로부터 이숙異熟이 생기고, 그 이숙으로부터 간접적으로 발생되어오는 것이 정신적 이상성異常性이다. 정신적 이상자라 해도 그 마음의 선악, 염오·불염오성이 광기성에 의해 장애받는 것은 아니다. 광을 누누이 심광업心狂業이라 숙자熟字하여 마치 업의 일종인 것처럼 잘못 이해할 수도 있으나 심광은 업 그 자체가 아니다. 그것이

---

258 중현衆賢: 북인도 가습미라국 사람. 『順正理論』을 지었다.

259 支節: 팔다리의 뼈마디를 말한다.

업이숙業異熟으로부터 발생한다고 하는 의미에서만 업론業論 가운데 받아들일 수 있다고 보는 것이다.

한편, 선세행업병先世行業病은 보통 업병業病으로 약칭되고 있다. 『법고경』 상上에서 이르기를, 업業이 있으면 반드시 병이 있다고 설하고, 『지도론』 8에서는 선세先世의 행의 업보가 흔들려 움직임으로 여러 가지 병을 얻는다고 하며, 『관정경灌頂經』 12에서는 전세에 악업을 짓고 그 죄과의 초래하는 바로서 재난을 끌어들인 것이라고 설명하고 있다.

그밖에 3종의 병의 하나로서 『북본열반경』 12에서는 업보병業報病을 말하고, 『복개정행집경福蓋正行集經』 4에서는 업보소초병業報所招病을 말하며, 『대위덕다라니경』 9에서는 5환五患의 하나로서 수업과보환受業果報患을 설하고, 『마하지관』 8에서는 6병六病의 하나로서 업병을 들고 있는 것으로, 북전 경전에서는 병인病因을 설하는 곳에 반드시 업병의 명칭을 쓰고 있는 것이다.[260]

그리고 불교 생리학·불교 심리학을 정상적인 심신心身의 기초의학 분야라고 하면 이상과 같은 병인론은 결국 병적인 심신의 해명, 즉 불교병리학에 포함되게 될 것이다. 병인론의 입장에서 병리학의 분야로 파고 들어가면 여기에도 불교의학의 독자적인 이론이 나타나게 된다.

260 福永勝美, 전게서, p.52.

3. 『대지도론』의 설

1) 선업先業에 의한 병과 현세의 병

『대지도론』에서는 모든 질병은 2종으로 대별한다. 즉 선업先業에 의한 병과 현세의 병이다.

> "병에 2종이 있다. 전세의 행의 업보業報가 동요하여 여러 가지 병을 얻고, 현세에 냉열冷熱의 풍風이 일어나기 때문에 또한 여러 가지 병을 얻는다. 현세의 병에 2종이 있다. 첫째는 내병內病으로 오장五臟이 잘 갖추어지지 못하고 굳어버린 숙질宿疾이다. 둘째는 외병外病으로 달리는 수레와 말로부터 떨어지거나 칼·창·곤장 등의 무기로 다치는 등의 여러 가지 병이다. 묻기를, 무슨 인연을 가지고 병을 얻는가. 답하기를, 전세에 즐겨 편장鞭杖·고략拷掠·폐계閉繫[261]를 행하고 여러 가지로 괴롭히기 때문에 현세에 병을 얻는다. 현세의 병은 몸의 균형이 깨짐을 알지 못하고 음식을 절제하지 않고 눕고 일어나는 일이 항상 같지 못하니, 이러한 일 때문에 여러 가지 모든 병을 얻는 것이다. 이와 같이 4백4병四百四病이 있다."[262]

현세의 질병으로부터 분석하면 내병과 외병으로 나누어지는데,

---

261 편장은 채찍이나 곤장을 치는 것, 고략은 고문하여 자백을 강요하는 것, 폐계는 가두어 묶어 두는 것을 말한다.

262 『大智度論』 권8.

내병이란 오장부조五臟不調를 초래하는 것으로 그 유인으로서 '음식을 절제하지 않고', '눕고 일어나는 일이 항상 같지 않음'을 들어 4백4병이 있다고 한다. 외병의 유인에는 한열과 기갈과 외상을 들고 있다. 외병은 외환外患이라고 하듯이 생명의 외측으로부터 직접적으로 내습하여 덮치는 것이다. 그에 대해 내병은 오장의 부조화 그 자체를 가리킨다. 즉 생리적 기능의 조화가 흐트러짐으로써 발생하는 질병이다.

2) 마음의 병

『대지도론』에서는 내외의 질병을 신병身病이라고 하고, 심병心病을 다음과 같이 논한다.

> "여러 가지 내외의 제병을 이름하여 신병이라 하고, 음욕婬欲·진에瞋恚·질투嫉妬·간탐慳貪·우수憂愁·포외怖畏 등의 여러 가지 번뇌·구십팔결九十八結·오백전五百纏과 여러 가지의 욕심의 원願 등을 이름하여 심병心病이라 한다."[263]

그리고 심병을 고치는 문제로는 "반야바라밀도 또한 8만4천의 병을 잘 제거한다. 근본의 4병四病은 탐貪·진瞋·치癡·등분等分[264]으로서,

---

263 『大智度論』 권10.

264 等分: 梵語 Sabhāga의 번역으로 同分·有分으로도 번역한다. 根(감관 또는 그 기능)과 境(대상)과 識(인식주관)의 셋이 서로 교섭하여 각기 자기의 작용을 실현하고 자기의 역할을 다하는 것을 말한다.

탐욕의 병에 2만1천을 나누고, 진에의 병에 2만1천을 나누고, 우치의 병에 2만1천을 나누고, 등분의 병에 2만1천을 나누는 것이다"라고 한다.[265]

심병心病은 번뇌 때문에 발생하는 질병이다. 불교의학에서는 번뇌의 8만4천에나 이르는 발현에 따라서 같은 수만큼의 마음의 병이 있다고 설하고 있다.

4. 병인病因 추적의 특징

불교의학에서의 병인론은, 예컨대 분석적으로 논한다 해도 종합적·입체적으로 이해해야 할 것이 요청되고 있다. 불교의학은 하나의 병든 생명으로부터 결코 눈을 떼는 일 없이 그 생명체의 조화를 어지럽히고 쇠약케 하는 원인을 모든 각도에서 파악해 간다. 그 위에 그렇게 해서 파악한 각종의 병인을 입체적으로 짜 맞추어 병자의 증상을 파악해 가는 것이다. 예컨대 『마하지관』에서의 6종의 병인病因은 단순히 병렬적으로 생각할 것이 아니라 인간 생명의 내와 외, 또 색色과 심心, 번뇌와 불성佛性의 길항상태 등으로 배치되고 종합되어야 할 것이다.

음식부절飮食不節이 유인이 되어 생긴 질병이라도 신병身病으로서의 사대四大 불순을 통하여 심병心病을 불러일으키고 번뇌·사념·마 등의 태동을 불러일으키게 된다. 사대의 부조화가 너무나도 강력하면

265 『大智度論』 권59.

번뇌의 근원을 파고들어 업병業病에까지 이르는 경우도 있다고 불교의학에서는 주장한다. 업병에서는 시간 축軸을 현세의 생명을 넘어 과거세에까지 연장시키게 된다. 근대 서양에서 일어난 심층심리학·정신분석학파가 질병을 적어도 유소기幼少期, 나아가 탄생의 시기 자체에까지 거슬러 올라가고 있는 것은 주지의 사실이지만, 불교의학은 전세로까지 거슬러 올라간다.

또 번뇌광란의 심병心病은 사대·오장의 생리기능에 영향을 미치고 신병身病의 발현에로 통하여 간다. 즉 심리적인 문제가 신체화되어 가는 것이다. 더욱이 만일 업병의 개념이 인정되면 선업先業은 반드시 현세의 병에 어떠한 영향성을 주게 되는 것이다. 사실 서양 근대의학에서의 병인의 과학적 분석은 어떤 측면, 특히 물질적 측면에서는 극히 상세하다. 불교의학이 귀鬼의 전달로 기술하는 귀병鬼病의 분석이라 해도 서양의학의 정밀함은 그에 비교가 되지 않을 정도로 뛰어난 것도 사실이다.

그러나 서양의학은 분석을 통하여 도리어 병든 인간상을 떠나 추상화의 길로 빠져가는 위험성을 내포하고 있다. 불교의학은 서양 과학적 사고·실험·고증을 거치지 않은 불교적 지혜에 의지된 의학이기 때문에 그 점에서 비판할 수 있고 검증을 받지 않으면 안 될 것이기는 하지만, 그럼에도 불구하고 이 의학의 토양이자 핵심인 불교사상과 함께 금후의 인간을 위한 의학의 발전에 수많은 기여를 할 수 있는 동양인의 지혜가 깃들어 있다고 볼 수 있는 것이다. 그 하나가 종합적·입체적인 병인론이고, 적어도 서양의학의 분석적 지견을 환자 자신에게 적용하는 데 있어서 통합적 기반을 제시할 수 있는 가능성을 갖는

것이다.[266]

제2절 심병의 개요

1. 심병의 원인과 병명

정신질환자는 마음의 엔진이 미쳐 있기 때문에 준엄한 수행도修行道에 오를 수가 없다. 그래서 『사분율』 35에서는 광인狂人, 『십송율』 21에서는 전병癲病, 『오분율』 17·『비나야출가사』 4·『유부비나야』 26 등에서는 전광癲狂된 자의 출가를 금하고 있다. 이와 같이 심병心病, 즉 정신적인 질병은 불교와 밀접한 관계를 갖기 때문에 경전에서도 상당히 많은 분량을 할애하고 있다. 그 가운데 먼저 심병, 즉 마음의 병의 종류를 살펴보면 심병의 원인과 병명을 드는 두 가지 종류의 분류법을 볼 수가 있다.

1) 심병의 원인으로 보아야 할 것을 심병으로 든 경우

여기에는 다시 단순한 감정을 든 것과 이른바 번뇌를 든 것의 구별이 있다. 전자의 예로는 『북본열반경』 11에 있어서의 용약踊躍·공포·우수憂愁·우치愚痴 등을 생각해 볼 수 있고, 후자의 예로서는 『심지관경』 6·『사유약요법』·『마하지관』 5 등에서 들고 있는 탐심·진심·치심 등과 『좌선삼매경』 권상에서 들고 있는 욕심·진에·근심 등, 그리고 『감로미경』 권하에서 들고 있는 음욕·분노·우치 등의 세 가지 병,

---

266 川田洋一編, 전게서, pp.46~51 참조.

혹은 『대반야경』 451에서 들고 있는 탐·진·치·만慢 등과 『현겁경』 1에서 들고 있는 탐욕·진에·치명癡冥·오아吾我 등의 네 가지 병을 생각해 볼 수 있다.

2) 심병의 병명을 든 경우

여기에는 『40화엄경』 11에서 설하고 있는 전광癲狂[267]·심란心亂[268] 등을 들 수 있다. 또 전광의 종류로서 『선견율』 7에서는 외첨外瞻·내첨內瞻의 구별을 하고 있다. 전자는 전신에 두루 퍼지는 것처럼 만일 병이 생길때는 몸에 옴이나 문둥병(疥癩)이 생기고 온몸이 진동하는 것으로 약으로 치유하지만, 후자는 광란이 생겨 경중을 모르고 약으로도 불치라고 한다. 이상 살펴본 심병을 전체적으로 보면 불전에서 설하는 것은 의학적인 심병보다 종교적인 개념으로서의 마음의 병이 많지만, 여기에서는 의학적인 것에 국한시켜 다음과 같이 간략히 살펴보기로 하겠다.

2. 광狂과 난亂의 개념과 산란

1) 난심亂心: 신경증

심병心病 가운데 광란에 대해서는 경전에서 여러 가지로 기록하고 있는 것을 볼 수 있다. 먼저 『지도론』 8에서는 이것을 광狂과 난亂으로 나누고 있다. 이에 의하면 난심亂心이란 미치지는 않았지만 마음이

---

267 전광癲狂은 정신병을 의미함.

268 심란心亂은 신경증을 의미함.

많이 산란하고 가만히 있을 수가 없거나, 혹은 바쁘고 바빠서 마음이 모든 일에 집착되어 심력心力을 잃고 도道에 참지 못하는 것이라고 한다. 그러므로 난심은 광狂보다 경증인 신경증(노이로제)이라고 볼 수 있다. 또 범부들이 가지고 있는 마음의 산란은 이 난심의 가벼운 증상이라고 볼 수 있는데, 『잡심론』 1에서는 산란을 자성自性·외外·내內·상相·추중麤重·작의作意의 6종류로 나누고 있다.

2) 광狂: 분열증

광狂에 있어서는 『지도론』 8에 의하면 또 두 가지가 있다. 하나는 사람들이 모두 미친 것을 아는 것이고, 둘은 사람들이 그 미친 것을 알지 못하는 것이다. 『대품大品』 2에서는 광狂을 포샤다(Poṣadha, 淨住) 또는 카르마(Karma, 業)를 회상해 내는지 못하는지, 또는 올지 안 올지에 따라서 두 가지로 나누고 있다.

3) 광狂과 난亂의 구별

이 광狂과 난亂의 차이에 대해 『대지도론』에서는, 광狂은 정正의 반대개념으로 본심本心을 잃은 것을 말하고, 난亂은 정定의 반대개념으로 본심을 잃지 않았으나 선심善心이 너무 적고 불선不善의 것을 기뻐하고, 세상일에 탐착하는 것이 심하여 그 마음이 잠시도 정주停住함이 없는 것을 말한다는 뜻을 논하고 있다. 이와 같은 논설을 현대 임상심리학적으로 보면 광狂은 정신분열증으로, 난亂은 신경증(노이로제)의 증상으로 볼 수가 있는 것이다.

그리고 『구사론』에서는 "첫째 광狂으로서 난亂이 아닌 것은 광인의 불염오不染污의 마음이다. 둘째 난亂으로서 광狂이 아닌 것은 광인이 아닌 자의 모든 염오심染污心이다. 셋째 광狂과 난亂은 광인의 염오심이다. 넷째 광狂이 아니고 난亂이 아닌 이것은 광인이 아닌 자의 불염오심이다"라고 하는 사구분별四句分別을 하고 있다.

4) 산란

산란散亂이란 심란心亂이라고도 한다. 신속하게 소연所緣의 대상이 바뀌어 마음이 일정하지 않음을 말한다. 『성유식론』 권6에는 "여러 가지 소연에서 마음으로 하여금 유탕(流蕩: 흘러 다님)하게 하는 것을 성性으로 하고, 능히 정정正定을 장애하고 악혜惡慧에 의지함을 업으로 한다"라고 한다. 즉 마음이 일정하지 않으면 정정을 장애하고 악혜를 일으키는 작용이 있다. 그리고 산란은 소연의 상분, 즉 대상이 바뀌어 마음이 안정되지 않음을 말한다. 그런데 이것은 염오심의 경우에는 항상 일어나는 것으로서 대상이 바뀌고 이해가 바뀌어 마음을 동란케 한다. 그러나 이것은 염念·정定 등의 수행력에 의해 제복할 수가 있는 것이다.

또 양역의 『섭대승론석』 권9에는 산란을 5종으로 나누고 있다. "① 자성산란自性散亂이란 이른바 5식五識이다. ② 외外산란이란 이른바 의식意識이다. 외진外塵으로 달린다. ③ 내內산란이란 이른바 마음의 고하高下 및 맛을 봄(瞰味) 등이다. ④ 추중산란麤重散亂이란 이른바 아我·아소我所를 꾀하는 등이다. ⑤ 사유산란思惟散亂이란 이른바 하열下劣의 마음이니 보살대승을 버리고 소승을 사유한다"라고 한다. 그리고 『아비담마잡집론』 권1에는 사유산란을 작의산란作意散亂으로 하고, 상산란相散亂을 더하여 6종으로 논하고 있다. 상산란이란 다른 사람의 믿음을 갖게 하기 위해서 바로잡아 수선修善의 상을 나타내는 것을 말하는 것이다.[269]

이상으로 보아 난심亂心은 신경증으로 보지만, 산란은 다만 의식의 흐트러짐으로 볼 수 있는 것이다.

3. 광혹

1) 광혹狂惑의 원인

대저 사람이 미치는(狂) 이유는 어떤 것인가 하면, 이것은 악인연惡因緣 때문에 의식의 분별작용이 요란하게 되고 그 마음의 통일성을 파괴당하여 소위 본심을 잃기 때문이다. 그 악인연이란, 『구사론』 권15에서는 『대비바사론』 권126에 실린 논설을 인용하여, 첫째는 일찍이 약藥·주呪·독毒·술·위세·화재·구덩이(坑穽) 등에 의해 다른 사람으로 하여금 마음을 미치게 하고 실념失念케 한 업인業因에 의해 반응하는 업이숙業異熟, 둘째는 귀신·비인 등의 두려움의 형상이 나타나서 핍박하는 데서 생기는 공포, 셋째는 귀신·비인非人 등의 격분한 타격 때문에 받는 상해, 넷째는 신체 내에 있어서의 사대종(四大種: 지수화풍)의 괴리乖離, 다섯째 사랑하는 자식 등을 잃음으로부터 오는 우수憂愁의 다섯 가지로 논하고 있다.

그런데 『대지도론』 권8에서는, 광狂이란 오직 악인연에 의해 본심을

---

269 龍谷, p.1769.

잃고 세간에서 인정하는 광인이라고 하는 자만이 아니라, 스스로 광이라고 알지 못하고 세간에서도 광인이라 말하지 않으나 또한 광이라 해야 할 자가 있으니, 즉 그 사견邪見과 악행 때문에 재(灰)를 몸에 바르고 맨몸인 나체로 하고도 부끄러운 줄을 모르고, 해골에 똥을 담아 먹고, 두발頭髮을 뽑고 칼 위에 눕는 등의 미친 모습을 하는 것도 이 광인狂人이라고 논하고 있다.

2) 광혹의 종류

광혹狂惑에는 광혹을 원인으로 하여 나타나는 탐광貪狂·약광藥狂·주광呪狂·본업연광本業緣狂의 네 가지가 있다. 이를 사종광혹四種狂惑이라고 한다. 이것은 『남본열반경』 권18 「범행품」에 부처님이 아사세왕을 위로하는 설법의 조에 나온다.

탐광貪狂이란 탐욕의 마음이 치성하여 마침내 본심을 잃고 광혹하는 것을 말하고, 약광藥狂이란 약을 잘못 복용하여 마침내 본심을 잃고 광혹하는 것을 말하고, 주광呪狂이란 주술의 힘으로 인하여 마침내 본심을 잃고 광혹하는 것을 말하고, 본업연광本業緣狂이란 숙업宿業 때문에 마침내 본심을 잃고 광혹하는 것을 말한다. 그리고 붓다는 이들 네 가지의 광혹은 나의 제자들 가운데도 있기 때문에 많은 악惡을 짓는 일이 있으나 이미 본심을 잃었으므로 이를 계戒를 범하였다고 하지는 않는다. 지금 대왕이 부왕인 빈비사라 왕을 살해하려고 하는 것도 이것은 실로 사종광혹 가운데 탐광이고, 따라서 또한 본심本心을 잃은 데서 지은 것이라면 반드시 악보惡報를 초래하지는 않는다고 말씀하신 것이다.

3) 광인의 재처

또『구사론』에서는 광인狂人의 재처在處를 논하여 욕계의 성자 가운데 오직 제불諸佛을 제하고 여타의 성문·연각에는 신체 내의 사대종이 괴리됨으로부터 오는 심광心狂이 있고, 제천 중에는 욕천欲天 또한 광자狂者가 있으며, 인간 중에는 죄업증상罪業增上의 과果가 없는 북주北洲를 제하고 다른 삼주三洲에 모두 있으며, 다만 지옥과 같은 곳은 많은 고통이 닥쳐와서 항상 광狂하기 때문에 지금의 소위 일시적인 광狂과는 다른 것임을 설하고 있다.[270]

4. 귀병과 마병

1) 귀병

귀병鬼病이란 귀매鬼魅가 사람에 대해 병을 만드는 것이다. 귀鬼의 종류로서는 야샤·락샤사·아귀 등등으로 매우 많고,『천수경』에서는 8만4천 종이라고 주하고 있다. 야샤(Yakṣa: 夜叉)는 첩질귀捷疾鬼 등으로 번역되는데, 야샤에는 16인의 대장이 있어 각기 7천의 부하를 거느리고 있다고 한다. 락샤사(Rākṣasa: 羅刹)는 남성이고 이에 반해서 여성은 락사쉬(Rāksaṣī)라 부르고, 여기에는 72종이 있다고 한다. 아귀에도 또 36종이 있다고 하므로 귀鬼의 총수는 엄청난 수에 이르는 것이다. 그 가운데서도 질병을 일으키게 하는 것은 신통력을 갖는 야샤와 락샤사라고 한다.

또 가라하(Graha)라고 하는 귀명이『유기경』이나『유희야경』등에

270 龍谷, p.2170.

보이고 있다. 이것은 또 가카카라고도 부르고, 『대일경소』 7에 의하면 경전에서 귀매에 씌우고 비인非人에게 매여 있다고 하고, 『지도론』에서 분명히 쇠약해진다고 하는 것은 이 귀鬼의 소행이라고 한다.

『능엄경』 8에서는 10종의 귀鬼를 들고 있다. ①괴귀怪鬼라 하여 재앙을 주는 초목 등의 정精과 같은 것, ②발귀魃鬼라 하여 풍風에 의탁하여 재앙을 주는 귀신과 같은 것, ③매귀魅鬼라 하여 늙은 여우나 너구리에 의탁하여 사람을 현혹시키는 것, ④고독귀蠱毒鬼라 하여 독사에 의탁하여 사람을 해치는 것, ⑤여귀癘鬼라 하여 역병신疫病神과 같은 것, ⑥아귀, ⑦염귀魘鬼라 하여 수면 중에 사람을 현혹시키는 것, ⑧망양귀魍魎鬼라 하여 수석水石 등의 정精과 같은 것, ⑨역사귀役使鬼라 하여 팔번신八幡神의 사자로서의 비둘기와 같은 것, ⑩전송귀傳送鬼라 하여 길흉화복의 말을 전하는 무당巫堂과 같은 것 등이다. 또 특히 소아에게 병을 일으키게 하는 귀鬼로서 구료소아질병경에서는 십이요모귀十二曜母鬼라 부르는 12종의 귀鬼를 들고 있다.

2) 마병

마병魔病이란 마魔의 작용에 의해 일어나는 병이다. 마魔란 마라(Māra)의 약어로 능탈명能奪命 혹은 장애 등으로 번역되고, 인명을 빼앗고 사람의 좋은 일을 장해하는 것이다. 마魔가 발병의 원인으로 되는 것은 『마하지관』 8에서 논하고 있는 6종류의 병인의 제5인으로서 마의 소행을 들고 있는 것으로 알 수 있다. 귀병鬼病과의 차이점에 대해서는 귀鬼는 단지 몸을 병들게 하거나 또는 죽게 하지만, 마魔는 관심觀心을 파괴하는 것이라고 설명하고 있다. 그러므로 귀병은 몸의 병에, 마병은 마음의 병에 속하는 것으로 보는 것이다. 마魔라고 하는 말이 인도로부터 처음 전해졌을 때는 마磨의 자를 쓰고 있었는데, 양무제梁武帝 때에 마魔 글자를 만들었다고 하는 설이 『강희자전康熙字典』에 있다.

마魔에는 3마·4마·8마·10마 등의 분류가 있다. 그 가운데 불교의학에 관한 것을 들면 4마설四魔說은 『지도론』 5에서 논하는 것으로, ①번뇌마煩惱魔는 번뇌가 심신을 괴롭히고 해害하기 때문에, ②온마蘊魔는 오온마五蘊魔를 말하는 것으로 오온 가운데 색온色蘊은 몸, 기타 4온은 마음이기 때문에, 즉 심신으로부터 여러 가지 고뇌가 생기기 때문에, ③사마死魔는 사람을 죽음에 이르게 하기 때문에, ④타화자재천자마他化自在天子魔는 타화자재천이 인간의 좋은 일을 해하기 때문에 마魔라고 부르는 것이다. 그러면 번뇌마와 온마는 심신의 병을, 사마는 신체의 병을 일으키는 것이라고 볼 수 있다. 10마十魔 가운데서도 이들 4마四魔가 포함되지만 그 밖의 것은 질병과 직접 관계는 없다.[271]

제3절 발광에 관한 문제

1. 『대비바사론』의 설

발광론에 있어서 아비달마, 특히 『대비바사론』은 심리학 논서라고도 볼 수 있는 것으로 여기에서는 다음과 같이 논한다.

첫째로 발광發狂은 유루심有漏心에 의한 것인가 무루심無漏心에 의

271 본절은 福永勝美, 『佛教醫學事典』, 雄山閣(東京), 平成2年, pp.227~231.

한 것인가 하는 것인데, 이것은 말할 것도 없이 발광은 유루심, 즉 번뇌가 있는 마음에 일어나는 것이라고 한다. 둘째로 발광은 제6식 분상分上의 사건인가 전5식에도 관계하는 것인가, 다시 말하면 발광이란 전혀 의식의 부조화에 의한 것인가 또는 감각 그 자체에 의한 것인가 하는 문제이다. 이에 대하여 아비달마 논사는 발광은 의식상의 것으로 감각에는 관계하지 않고, 광심狂心에 의해서 제2의 해(日)를 보는 것도 그것은 눈의 잘못이 아닌 판단의 고장 난 결과라고 해석하고 있다.

셋째는 좀 복잡하게 얽힌 문제로, 광란작용狂亂作用이 일어나는 것은 발광된 마음에 일어나는 것인가 또는 발광되지 않은 마음에 일어나는 것인가 하는 것이다. 대저 발광에는 돌발적으로 일어나고 곧바로 회복하는 경우도 있으므로, 발광이란 요컨대 본래는 건전한데 그 심작용心作用에 일시 고장이 난 것에 지나지 않는 것이 아닌가 하는 견해도 있다. 이에 대해 『대비바사론』은 약간 재미있는 해답을 내고 있다. 이에 따르면 우리들에게는 원래 광란심狂亂心이나 불광란심不狂亂心은 가능성으로서 갖추어져 있는 것인데, 광란의 연緣에 만날 때는 건강한 마음을 잃고 광심狂心이 일어나고, 건강할 만한 연緣을 만날 때는 광심이 없어지고 건강심이 일어나는 것이라고 하는 것이다. 이러한 견해는 우리들에게도 발광할 만한 요소를 구비하고 있다고 보는 데에 포인트가 있다.[272]

네 번째로 발광할 만한 가능성이 있는 유정有情에 몇 가지가 있는가

272 『바사론』 권제126(大正藏 27, p.658下).

하면, 이것은 욕계欲界에 한정된 현상으로 아귀·축생·인간·천상에까지 걸쳐 있지만, 인계人界 중의 북구로주에는 발광은 없다고 한다. 또 범凡·성聖에 대해 말하자면, 범부에게는 물론 있지만 때로는 성자도 광狂하는 경우도 있다고 한다. 이것은 대종大種의 위배, 즉 신체적인 병은 성자도 면할 수가 없기 때문이다.[273]

2.『성실론』의 설

그리고『성실론』권제4「근진합리품」제49의 끝부분에 의심意心의 파괴를 들어, 광전狂顚·귀착鬼著·교일(憍逸: 제멋대로 날뜀)·실심失心·주취酒醉·약미藥迷·민란심悶亂心·탐에貪恚 등과 번뇌가 치성한 방일放逸 등을 들고 있다.[274]

3.『발지론』의 설

1) 심광란의 발병 원인

그러면 심광란은 어떻게 해서 일어나는가.『발지론』은 자업론自業論 중에서 그것은 4연四緣의 세력에 부대끼어 일어나는 것이라고 한다. 4연이란 첫째는 비인非人이 악한 모습을 나타냄을 만나보고 나서 놀라

273『바사론』권제126(大正藏 27, p.658中);『잡심론』권제10(大正藏 28, p.960중);『구사론』권제15(日本國譯 p.176).

274『성실론』권제4「근진합리품」제49(大正藏 32, 269頁중); 木村泰賢,『小乘佛教思想論』, pp.503~504.

고 두려운 것에 의해서 마음을 광란케 하는 것이라고 한다. 이『발지론』의 내용에 대해서 비바사 논사는 그것은 어느 비인이 코끼리·말·낙타·소·양 등의 두려운 모습으로 변한 모습을 하고 와서 그 앞에 나타날 때, 그 사람의 마음은 광란하는 것이라고 설하고 있다. 그러면 그는 아직 한 번도 코끼리나 말 등을 본 일이 없었던 것도 아닌데 어째서 지금은 그것을 보고 놀라 두려운 것인지 하면, 그는 일찍이 본 일은 있지만 지금은 그것이 비시非時·비처非處·비도非道에서 홀연히 보기 때문에 놀라고 두려운 것이라고 말한다.[275]

논사가 말하는 비시란 그것은 밤중에 상마象馬 등을 보고 어째서 지금은 코끼리나 말들이 여기에 있어 자신이 있는 곳에 찾아왔는가. 이것은 비인이 변작變作하여 찾아와서 자신에게 위해를 가하려고 하는 것일 것이라고 생각하고 놀라고 두려워 마음은 갑자기 광란하는 것이라고 말하고 있다. 또 다음에 비처非處라고 하는 것은 당각堂閣이나 방각房閣 등의 곳에서 상마象馬 등을 보고는 어째서 이런 곳에 코끼리나 말 등이 있는 것일까. 이것은 딱 비인이 찾아와서 자신에게 위해를 가하는 것일 것이라고 생각하고 놀라고 두려워 마음은 돌연히 광란하는 것이라고 논하고 있다. 다음에 말하는 비도非道란 묘지(塚間)의 코끼리나 말 등이 이전에 가던 곳이 아닌 길에서 코끼리나 말 등을 보면 이것은 반드시 비인이 찾아와서 자신에게 위해를 가하는 것일 것이라고 생각하고 놀라고 두려워 마음이 돌연 광란하는 것이라고 논하는 것이다.

---

275 『대비바사론』 권126(大正藏 27, 658a).

심광란의 제2연緣에는 비인非人이 성이 나서 지절(支節: 뼈마디)을 칠 때 그 고통에 쫓기어 마음이 광란하다고 『발지론』은 설하고 있다. 이에 대해서 비바사 논사는 이것은 대중이 유지遊止하는 장소에서 경만심輕慢心을 가지고 모든 더러운 것을 버리거나 혹은 붓다·연각·성문의 정사精舍 등에서 음행을 행하거나 하면 선신善神이 성이 나서 지절, 즉 수족을 치는 것이다. 이때 사람의 수족에 조금이라도 맞는 일이 있으면 마음은 돌연 광란한다고 논하는 것이다.

심광란의 제3연緣으로서 『발지론』은 대종大種의 어그러짐에 의해 마음으로 하여금 광란케 한다고 한다. 이에 관해서 논사는 호두·마麻의 씨·호마胡麻를 많이 먹을 때는 열풍을 일으킬 때가 있다. 이때는 신체의 대종의 조화가 깨어져 마음은 돌연 광란한다고 논하고 있다.

심광란의 제4연緣으로서 『발지론』은 이것은 선업의 이숙異熟에 의해서 마음으로 하여금 광란을 하게 한다고 한다. 이에 대해서 비바사 논사는 다음과 같이 설명하고 있다. 그것은 어떤 사람이 먼저 환희용약하여 기뻐하고 있을 때 놀라고 두려운 일을 전하여 그 사람을 근심케 하거나, 혹은 구덩이를 만들어 중생을 그 속에 떨어지게 하거나, 혹은 또 맹렬한 불을 놓아 산야를 다 태워버리거나, 혹은 강력한 힘을 가지고 타인에게 술을 마시게 하거나, 혹은 전도된 생각을 가지고 계경을 해석하거나 하는 이와 같은 업業은 마음으로 하여금 광란케 하는 것이라고 한다. 이것은 『발지론』에서 설하는 업의 구체적인 내용이다.[276]

---

276 『발지론』(大正藏 26, 981a).

비바사 논사들은 이 『발지론』의 설명에 대해 널리 주석을 하고 있다. 비바사 논사에 의하면 심광란론은 계경契經과 율장律藏에서 설하고 있는 것이고, 지금 여기에서 널리 주석한다고 한다. 논사가 가리키는 계경이란 "바사비체婆私琵搋 바라문 여인은 여섯 아들(六子)을 잃고 마음에 광란을 발하여 나체의 형상으로 달려가는데 부처님을 뵙고 나서 마음을 돌리어 본심을 얻었다"[277]라고 하는 것이다. 다음에 율장에 설하는 것이란 "실리벌차室利筏蹉는 마음이 광란하였으므로 한량없는 비사문법非沙門法을 행하여 법행法行에 따를 수 없었다"라고 하는 것이다.

바사비체 바라문의 여(女: vaśiṣṭhī)의 기사는 『대비바사론』의 다른 곳에도 있고, 또 남전대장경에는 『장로니게長老尼偈』로서 제133게로부터 138게에 이르는 6게를 들고 있다.[278] 또 비나야에 있어서의 불범不犯에 관해서는 『오분율』 권1, 『사분율』 권38 등에 나오고 있다.[279] 비바사 논사는 이들 경經 및 율律에서 설명하는 것이 없기 때문에 지금 널리 주석하는 것이라고 말하고 있다.

그리고 논사는 이 광란은 이숙과異熟果가 아니라 악업의 이숙으로부터 생기는 것이라고 하고, 이 악업은 의지意地의 이숙을 초래하지 않는다고 설하고 있다. 즉 악업은 의지와 관계없이 그 이숙을 발생시키고 그에 의해서 마음은 광란하는 것이라고 설하는 것이다.[280]

---

277 『대비바사론』 권126(大正藏 27, 658a).

278 『대비바사론』에 있어서는 권83(大正藏 27, 4296).

279 『오분율』 권1(大正藏 22, 5a); 『사분율』 권38(大正藏 22, 8436).

280 大正藏 27, 658ab.

그러면 위의 4연이 마음으로 하여금 광란케 하는 것이라고 하는 것인데, 비바사 논사는 이 4연 이외에 다른 1연一緣을 더하고 있다. 그것은 "어떤 이가 설하기를, 광란은 5종의 연으로 말미암는다. 전4는 앞과 같다. 수우愁憂는 제5이다. 이른바 사랑하는 자녀들을 잃는 것으로 말미암아 수독愁毒이 마음을 얽어매어 드디어 광란을 발하는 것이다"[281]라고 설하고 있다. 이것은 계경의 바사비체 바라문 여인의 예에 해당된다. 즉 '수독愁毒'이 마음을 동여매어 일어난다고 하는 것이다.[282]

2) 광란심과 산란심의 관계

그러면 다음에 광란심狂亂心과 산란심散亂心의 관계에 대해 살펴보면, ①마음이 광란해도 산란에 있지 않은 자가 있다. 그것은 광자狂者로서 염심染心이 없는 것이다. ②마음이 산란해도 광란에 있지 않은 자, 이것은 불광자不狂者로서 염심을 가진 것이다. 범부의 대개가 이것이다. ③마음이 광란하고 또 산란한 자, 이것은 광자로서 염심을 가진 것이다. ④마음이 광란하지도 않고 또 산란하지도 않은 자, 이것은 불광자로서 무염심無染心이 현전하는 것이다. 이와 같이 나타낼 수가 있다고 한다.[283]

이상의 논술이 『발지론』에서 설하고 있는 심광란설의 개요이다. 즉 심광란心狂亂을 얻게 되는 4연 내지 5연 가운데 선업先業의 이숙에 의해 심광란을 일으킬 수 있는 것을 설하고 있는 것으로부터 보면,

---

281 大正藏 27, 658b.

282 福永勝美, 전게서 참조.

283 상동.

이 자업론自業論은 위치 지워질 수가 있는 것이다. 이 경우 심광란의 논술 가운데 선천적인 요소를 내포하고 있지 않고, 중생은 4연 내지 5연에 만남으로 말미암아 누구나 심광란을 일으킬 수 있는 것을 논하고 있다. 이 4연 내지 5연은 당시의 사회배경에 의거한 것일 것이기 때문에 비바사 논사가 들고 있는 4연은 오늘날은 거의 심광란의 중대한 연緣으로 될 수 있는 일은 드문 일일 것이다. 다만 어느 논사가 이에 다시 수독愁毒의 1연을 더하고 있지만, 이 수독의 쪽이 심광란의 중요한 동기로 될 수 있는 것이라고 볼 수 있다. 이 1연을 더하고 있는 논사는 『발지론』의 4연설四緣說보다 상당히 후에 이 수독의 1연을 더한 것일 것이다.[284]

제4절 『구사론』의 심광업心狂業

1. 심광의 원인

만일 그렇다면[285] 모든 유정에게 심광心狂이 있을 때, 그 '심광'은 어떠한 마음에서, 혹은 어떠한 이유에 의해서 있는 것인가.

"심광은 의意의 마음에 있다."

---

284 「自業自得論」, 『東洋學硏究』 20號, 東洋大學東洋學硏究所, 1985, pp.55~58 참조.

285 『俱舍論』, 梵文 p.233의 13행.

이 말은 의意[286]에 있다고 하는 의미이다. 왜냐하면 오식신五識身은 무분별이기 때문에, 오식신에서는 마음(心)[287]은 미치지 않는 것이다.

"또 그것은 업業의 이숙異熟으로부터 발생한 것이다."

또 그와 같은 이 심광은 모든 유정의 업業으로부터 발생한 것이다. 왜냐하면 만일 어떤 사람들이 있어 약물이나 주술을 써서 다른 사람들의 마음을 미치게 하고, 혹은 억지로 독毒이나 술을 마시게 하고, 혹은 수렵 등에서 야수野獸를 위협하고, 삼림에 불을 놓고, 혹은 깊은 구덩이를 만들어 떨어뜨리고, 혹은 기타 어떠한 방법에 의해 다른 사람들을 실념失念시킨다면, 그와 같은 사람들의 마음은 그 업業의 이숙異熟으로써 미래에 있어서 미치게 된다.

"및 공포와 위해危害와
부조화와 근심에 의한다."

먼저 공포에 의한다는 것은 어떻게 해서인가. 비인非人 등이 추악한 용모를 하여 모든 사람들에게 가까이한다. 그들에 대해 공포를 품는 사람들의 마음은 미친다. 위해危害에 의한다는 것은 어떻게 해서인가.

---

286 『구사론』에 있어서 심心·의意·식識의 의意 개념은 제7말나식의 의식으로서 현대심리학에 있어서의 의식의 개념보다 심층적인 무의식의 영역이다.

287 이 마음은 심心·의意·식識의 마음을 말하고 있는 것으로 마음의 본체를 논하고 있는 것이다.

똑같은 모든 비인이 노怒하여 모든 사람의 말마末摩[288]에 타격을 가하는 경우이다. 대종大種의 부조화에 의한다는 것은 어떻게 해서인가. 식풍息風과 담즙胆汁과 담액痰液이 어그러짐에 빠지는 경우이다. 근심에 의한다는 것은 어떻게 해서인가. 예컨대 파사(婆私: Vāsiṣṭhī)[289] 등에 있어서와 같은 것이다.

2. 염오와 불염오

만일 의식意識[290]이 미치고(狂)[291], 그리고 심광心狂은 업業의 이숙異熟으로부터 발생한 것이라면 어째서 심수心受이고 이숙으로는 되지 않는 것인가. 그 이유는, 우리들은 그 마음(心)[292] 그 자체가 이숙이라고는 말하지 않는다. 그것이 아니라 모든 대종大種의 어그러짐(乖違)이 있을 때 그것, 즉 모든 대종의 어그러짐이 이숙이고, '심광心狂의 심心'은 어그러짐으로부터 발생한 것이기 때문에 이숙으로부터 발생한 것이다. 왜냐하면 업業으로부터 발생한 계界가 부조화이므로 마음이 혼잡하고 자제력을 갖지 못하고 실념失念하기에 이르기 때문에 '심광心狂'이라고 한다. 이와 같이 해서 또 다음과 같은 사구四句가 도리에 따른다. 즉 마음이 미쳐 있기는 하지만 혼란되어 있지는 않은 자가

288 말마末摩: 몸 가운데 있는 64개소 혹은 120개소의 급소를 말함.

289 파사: 4 '성자들의 경우'를 참조할 것.

290 平川의 索引과 같이 '識'을 補함(p.288). 만일 識을 補하지 않으면 意뿐임.

291 梵文은 vikṣipyate이, 티벳트역에는 vi가 없다. 지금은 티벳트역에 의함.

292 平川의 索引과 같이 citta를 cittaṁ으로 정정함.

있다 운운이라고. 우선 미쳐는 있지만 혼란되어 있지는 않은 마음(心)은 심광자心狂者의 불염오심不染汚心[293]이다. 혼란되어는 있지만 미쳐 있지는 않은 마음(心)은 마음이 건전한 상태에 있는 자의 염오(心)이다. 미쳐 있는 것과 혼란되어 있는 것의 양쪽에 걸친 마음은 심광자의 염오심(心)이다. 어느 쪽도 아닌 마음은 마음이 건전한 상태에 있는 자의 불염오不染汚(心)이다.

3. 심광心狂하는 유정들

다음에 어떤 유정의 마음(心)이 미치는가.

"구로주俱盧洲를 제하고 욕欲 있는 자들의 〔마음(心)〕이다."(五八偈)

이 말은 구로주俱盧洲의 세계를 제외한 욕심 있는 자들의 마음(心)이다. 왜냐하면 모든 천天 가운데에 있어서 마저 광란狂亂하는 천天이 있다. 하물며 모든 인간·축생·귀鬼에 있어서는 더욱이나 그렇다. 그러나 모든 지옥의 유정有情은 항상 마음이 미쳐만 있다. 왜냐하면 그들은 기천幾千의 다양한 고苦를 갖추고 있으므로 말마末摩[294]가 꺾이고 맹렬하고 날카로운 모든 수受에 의해 부대끼고 어쨌든 간에 자신마저도 자각하고 있지 못하다. 하물며 해야 할 일 혹은 하지 말아야

293 염오染汚의 등지等持가 심란心亂이다. 『俱舍論』 4(대정장 29, 19c).

294 말마末摩란 인체 지절세포支節細胞의 세력을 뜻하는 것으로 해석된다. 또는 급소.

할 일을 자각하고 있을 리는 전혀 없다. 그리고 이 일에 대해서는 '탄차심(嘆嗟心: hācitta)'[295]이라고 하는 슬픔의 지옥이 예증으로 되어야 할 것이다.

4. 성자들의 경우

모든 성자의 마음(心)도 역시 붓다를 제하고 모든 대종의 부조화에 의해서는 미친다. 업業에 의해서가 아니니, 정定(業)은 이전에 이숙異熟되어 있기 때문에, 또 부정〔업〕은 이숙되어 있지 않기 때문이다. 공포에 의해서도 아니니, 다섯 가지의 공포를 초월하고 있기 때문이다. 위해危害에 의해서도 아니니, 비인非人을 격노시키는 원인인 증오憎惡를 하지 않기 때문이다. 근심에 의해서도 아니니, 법성法性을 증지證知하고 있기 때문이다.

"우憂는 이숙異熟이 아니다"[296]라고 하는 것을 인정하지 않고, "만일 그렇다면 운운"이라고 하였던 것이다. 즉 만일 우憂가 이숙이 아니라면, 만일 그렇다면 모든 유정에게 심광心狂이 있을 때 그 심광은 어떠한 마음(心)에 있어서 혹은 어떠한 이유에 의해서 있는가라고 하는 것이다. 그곳에 말하고 있는 것의 취지는 다음과 같은 것이다.

---

295 탄차(嘆嗟: hā)를 티벳트역이 kyi hud라고 번역하고 있는 것을 보면, 이 지옥은 팔한지옥八寒地獄의 하나인 학학바(臛臛婆: Hahava) 지옥 또는 호호바(虎虎婆: Huhuva) 지옥을 가리키는 것인지도 모른다. = 탄식하며 분개하는 마음이 탄차심이다.

296 稱友疏, 梵文 p.395, 27행.

"심광心狂은 5식신五識身에 있어서가 아니다. 그것들(五識身)은 무분별이기 때문이다. 그리고 그 〔심광心狂〕은 불선不善을 원인으로 하는 것이다. 불가애不可愛이기 때문이다. 그러므로 그 때문에 우憂는 이숙이 아니어서는 안 된다"라고.

무분별이기 때문이란, 오식신五識身은 사물을 분별하는 것과 회상하는 분별이 무분별이기 때문에(梵文 p.396의 1行), 그리고 심광心狂은 진실하지 않은 분별을 특징으로 하기 때문에 심광은 5식신에 있어서는 없는 것이다. 혹은 삼림에 불을 놓는다고 하는 가운데, 삼림이란 수풀 등이 우거져 있는 특수한 장소이다. 혹은 기타 어떠한 방법에 의해서란, 불가애不可愛의 수受 등에 의해서이다. 바사(婆私: Vāsiṣṭhī) 등에 있어서란, 경에 이르기를

"붓다는 미치라성(Mithilikā)의 관할인 미치라의 망고 숲에 머무셨다. 그러나 그때 바사(婆私: Vasiṣṭha)와 동성同姓인 바라문의 여인의 여섯 아이(六兒)가 죽었다. 그녀는 그들(六兒)의 죽음으로 말미암아 나체로 되어 혼미하여 마음이 광란狂亂하고 이곳저곳으로 방황하면서 미치라의 망고 숲 쪽으로 가까이 갔다. 그러나 그때 붓다는 수백의 비구 중 가운데 앉아 설법을 하고 계셨다. 바사와 동성인 바라문의 여인은 붓다를 멀리서 보았다. 보았지만 매우 수치스러운 모습으로 웅크리고 앉아 있었다. 그리고 정념定念을 얻었다. 붓다는 바사와 동성인 바라문의 여인을 멀리서 보았다. 보고 난 다음에 존자 아난을 부르셨다. '아난이여, 바사와 동성인

바라문의 여인에게 상의上衣를 주어라. 〔나는〕 이 〔여인을〕 위해서 법을 설하겠다'라고 하셨다. 존자 아난은 바사와 동성인 바라문의 여인을 위해서 상의를 주었다. 거기에서 바사와 동성인 바라문의 여인은 상의를 입고 붓다의 쪽으로 가까이 갔다. 가까이 가서 붓다의 양족에 머리를 대어 예배하고서 한쪽에 앉았다. 한쪽에 앉은 바사와 동성인 바라문의 여인을 〔붓다는〕 법의 이야기를 가지고 교시하고 고무하고 열광시켜 기쁘게 해주시고 운운."[297]

본문은 필요 이상의 경의 전문을 기록하지 않는다. 그 경에 설하고 있는 의미는 다음과 같은 것이다.

붓다는 그녀를 위해서 보시의 이야기 등을 하고 나서 사성제四聖諦를 설하셨다. 내지 그녀는 예류과預流果에 도달하였다. 그리고 예류과에 도달하고부터 붓다의 앞에서 물러갔다. 후일에 이르러 그녀의 일곱 번째 아이가 죽었다. 하지만 그녀는 그 죽음 때문에 근심하지 않는다. 그녀가 근심하고 있지 않을 때 그 남편은 그녀에게 말하였다. "당신은 이전에는 아이의 죽음 때문에 고뇌하였다. 지금은 고뇌하고 있지 않다. 아이들은 당신에 의해 압도당한 것임에 틀림없다. 그런데 〔당신은〕 고뇌하지 않는다"라고. 그녀는 그에게 답하였다.

"바라문이여, 천의 자식(子)과 손자(孫)와 백의 근친과 대중이 오랜 세월 동안 나에 의해 눌려 지냈다. 당신에 의해 〔눌려 지낸 것〕과 똑같이 제각기의 생生에 있어서 서로에게 눌려 지내고 있는 〔그〕 천의 자식과 손자의 전량全量은 알 수 없다. 세간에 있어서의 생과

297 『長老尼偈』 133-8의 註; 『婆沙論』 83, 126.

사를 벗어나는 길을 알면 누가 다시 근심하고 고뇌하고 슬퍼할 것인가. 붓다가 법을 말씀하셨을 때 나는 생과 사를 벗어나는 길을 알았으므로 근심하지 않고 고뇌하지 않는다" 운운.

어째서 심수心受[298]가 이숙異熟으로는 되지 않는 것인가. '그 불선업不善業의 이숙異熟'이라고 하는 것이 언외言外의 나머지(余) 의意이다. '모든 대종의 어그러짐(乖違)이 이숙이다'란, 이숙하는 것(vipakti)이 이숙(vipāka)이고, 마음(心)은 그와 같은 이숙으로부터 발생한 것이기 때문에, 그러므로 이숙으로부터 발생한 것이다. 그 때문에야말로 또 그 심광心狂은 '업業의 이숙으로부터 발생한 것'이라고 설하셨던 것이다.[299] 이에 반해, '또 그 심광은 업으로부터 발생한 것'이라고는 설하지 않았다. 이와 같이 하여 또 다음과 같은 운운이란 '업業으로부터 발생한 계界'가 내지 '마음이 혼잡하고 자제력을 갖지 못하고 실념失念하기에 이르기' 때문에, 그러므로 다음과 같은 사구四句가 도리에 따른다라고 하는 것이다. 여기에 있어서의 예증例證[300]은, 미쳐 있음과 혼란되어 있음의 양쪽에 걸친 마음은 심광자心狂者의 염오심이라고 하는 것뿐이

---

298 심수心受: 意根에 의해 생겨나는 감각.

299 『俱舍論』 梵文 p.397, 1행.

300 사구四句를 설하고 있지만, 여기에서는 '심광자心狂者의 마음은 항상 무부무기無覆無記만이 아니고 무부무기심無覆無記心 이외의 마음을 일으키는 경우도 있기 때문에 심광心狂 그 자체가 업의 이숙異熟이 아니다'라고 하는 것을 말하는 것이 그 취지이다. 또한 이숙은 무부무기이고 염오染汚는 불선不善과 유부무기有覆無記를 포함한다. 따라서 불염오不染汚 가운데는 무부무기도 포함되어 있다. 그리고 염오의 등지等持를 심란心亂이라고 하지만, 등지는 대지법大地法의 하나이기 때문에 어떠한 마음과도 상응한다.

다. 왜냐하면 염오심이 이숙이라고 하는 것은 도리에 따르지 않기 때문이다. "이숙異熟은 무기법無記法이다"[301]라고 설하고 있기 때문이다. 부대끼는 괴로움에 쫓기게 되어 있다.

그리고 지옥의 모든 유정은 마음이 미쳐 있다고 하는 이러한 이것에 대해서는, "탄차심嘆嗟心[302]이라고 하는 슬픔의 지옥이 예증으로 되어야 하는 것이다. 붓다를 제하고란, 붓다는 대복덕의 자량資糧이므로 모든 대종의 부조화에 의해서 마저 그와 같이 마음이 미치는 일은 없다. 업에 의해서가 아니라고 하는 것은, 어떻게 업에 의해서 없다고 하는 것에서 있는가. 모든 성자의 마음이 미치는 일은 없다고 하는 것이다. 모든 대종의 부조화만을 제한다. 왜인가 하면 이르기를, 정업定業은 이전에, 즉 이생異生의 분위分位에서 이미 이숙異熟하고 있기 때문이고, 또 부정〔업〕은 성자의 분위에 있어서는 이숙하지 않기 때문이다. 또 그렇기 때문에 "이 업業은 부정不定이다"라고 말하는 것이다.

다섯 가지의 공포를 초월하고 있기 때문이라고 하는 가운데, 다섯 가지의 공포는 생활할 수 없는 것을 두려워하는 부활외(不活畏: ājīvikā-bhaya)와 악명외(惡名畏: aśloka-), 겁중외(怯衆畏: pariṣac-chāradya)[303], 사외(死畏: maraṇa-), 그리고 악취외(惡趣畏: durgati-)이다. 그 가운데서 악명외惡名畏는 불명예의 두려움이고, 겁중외怯衆畏는 집회에 있어서 두려워 움츠려드는 것이다. '증오憎惡를'이란 '증오해

---

301 『俱舍論』「根品」57偈a. 無記란 善도 不善도 아닌 것.

302 탄차심: 탄식하며 분개하는 마음의 뜻으로, 八寒地獄의 한 곳인지도 모른다.

303 겁중외: 대중의 면전에서 설법하는 것의 두려움을 말함.

야 할 업業을'이다. '법성法性을 증지證知하고 있기 때문이다'란 일체의 유루有漏는 고苦이고, 일체의 제행은 무상無常이며, 일체의 제법은 무아無我이다라고 법法의 자성을 깨달아 알고 있기 때문이다.[304]

제5절 『대지도론』의 심병론

심병心病은 불교의학의 중심 테마의 하나이다. 불교의학은 심신일여心身一如의 생명체에 대하여 그 내면에 내재되어 있는 마음의 구조를 설명함과 동시에 마음의 병의 원인을 찾아내 가는 것이다.

1. 광병狂病

심병心病, 즉 마음의 병을 기술함에 있어서 『대지도론』에 설하고 있는 정신병의 일례를 들어보겠다.

문: 미친 자도 정상적이었거늘 어찌하여 미쳤는가.

답: 전생에 죄를 지어서 남의 좌선의 선정을 깨뜨리거나, 남의 좌선하는 집을 부수거나, 온갖 주술을 써서 사람을 저주하여 성내고 싸우고 음욕을 일으키게 하였거나, 금생의 온갖 번뇌가 두텁고 무거운 것이 마치 어떤 바라문이 그 복전을 잃고 그 부인마저 죽으매 즉시에 발광하여 알몸으로 벗고 달리거나, 또 시사가교담翅舍伽喬曇 비구가 본래 속가에 있을 적에 일곱 자식이 몽땅 죽으매 크게 슬퍼하여 실신하고 발광한 일이 있는 것이나, 어떤 사람이 몹시 화가 났는데 스스로

304 舟橋一哉, 『俱舍論の原典解明「業品」』, 法藏館, 昭和62, pp.282~289.

억제할 수 없어서 크게 광증을 일으킨 것이나, 어떤 어리석은 사람이 악하고 간사하여서 재를 몸에 바르고 머리칼을 뽑고 발가벗고 미쳐 날뛰면서 똥을 먹는 것이나, 어떤 사람이 풍병·열병·중병 등에 걸려 미친 것이나, 어떤 사람이 나쁜 귀신에 홀린 것이나, 어떤 사람이 어리석어서 빗물을 마시고 미쳐 날뛴 것이나, 이렇게 실신하고 이러한 갖가지 것들을 미쳤다 하는데, 부처님을 뵈면 모두가 광증狂症이 멈추고 바르게 될 수 있는 것이다.[305]

이것이 '광자狂者란 무엇인가'에 대한 답이다. 선세先世의 업이 소위 광자에의 소인素因으로 된다. 악업이 쌓인 생명체는 금세에 '결사結使'[306]가 더욱 무거워지고, 그것들이 여러 가지 유인에 의해 발동한다. 재산을 잃는 것, 처나 자식의 죽음에 직면하는 것, 또 귀鬼나 풍병 등의 신병도 유발 원인으로 된다. 이들의 유발 원인을 받아 생명체에 내재한 모든 번뇌가 거칠어지고 마음을 잃고 '광자狂者'로 된다고 하는 것이다. 그러나 미친 마음도 '부처님을 뵈올 수 있게 됨'으로써 정상적인 마음을 회복한다라고 설하고 있다. 업業은 현세의 마음의 병의 중요한 원인으로서 번뇌를 꼭 붙들고 있다고 하는 점에 주목하고 있는 것이다.

2. 난심

정신적 질환에 포함되지만 광자狂者로 되기 일보직전의 단계로서『대

305『대지도론』권8.

306 結使: 중생을 미혹의 경계에 결박한다는 뜻으로 번뇌의 다른 이름이다. 다만 結이라고도 한다. 三結·四結·五結·九結 등이 있다.

지도론』에서는 난심亂心을 설하고 있다. 이에 대한 설명을 보겠다.

문: 마음이 혼란스러운 자가 안정되었다고 하였는데, 산란함(亂)과 미친 것(狂)은 같거늘 어찌하여 구별하는가.

답: '어떤 사람은 미치지 않았더라도 마음이 많이 혼란스럽고 뜻(志)은 마치 원숭이와 같아서 오로지 가만히 있지를 못한다.' 이러한 것을 혼란한 마음(亂心)이라 한다. 현대에 말하는 노이로제에 해당하는 증상일 것으로 보인다. 난심亂心의 원인에 대해서 또 다음과 같이 설하고 있다.

문: 혼란한 마음에는 어떠한 인연이 있는가.

답: 선한 마음이 차츰 엷아지고 선하지 못한 경지를 따르나니 이를 마음의 혼란이라 한다. 또 이 사람은 무상함을 관찰하지 않고 죽음의 모습을 관찰하지 않고 세상의 공함을 관찰하지 않고서, 수명에 애착하고 갖가지 사무를 계교하고 집착하여 갖가지로 흩어져 달리나니, 그러므로 마음이 혼란해지는 것이다. 또 불법佛法 안의 즐거움을 구하지 않고 밖의 즐거움만을 구하여 즐거움의 원인을 따르고 좇나니, 그러므로 마음이 혼란해지는 것이다. 이렇게 혼란한 사람은 부처님을 뵈옴으로써 바르게 된다.[307]

선善하지 못한 주요한 심작용은 번뇌이다. 번뇌가 성해지기 때문에 인생의 실상, 생生과 사死의 실상을 여실하게 지견할 수 없고, 세상의 유전流轉에 휘말리어 심란하다고 하는 것이다. 여기에서 설하는 광狂과 난亂은 서양의학에서의 정신병·신경증에 해당하는 질환으로 보아

---

307 『대지도론』 권8.

야 할 것이다.

3. 번뇌 중심의 심병

마음의 병 가운데는 정신병·신경증도 포함되지만—신경증의 경우는 심적 측면으로부터의 추구로 한정되지만—마음의 병 자체로서는 다시 광범위한 질병을 포함하게 된다. 다시 말하면 질병의 파악 방법이 어디까지나 번뇌 중심인 것이다. 다음을 보겠다.

문: '말하기를, 벗은 자가 옷을 얻고 광증이 없어졌다' 하였거늘 어찌하여 다시 벗은 자가 있는가.

답: 미친 것이 두 종류가 있으니, 하나는 사람들이 다 아는 미침이요, 둘은 마음이 나쁘고 삿되므로 스스로 벗어버려 사람들이 그가 미친 줄을 모르는 것이다. …… 몸에 재(灰)를 바르고, 발가벗었으되 부끄러움이 없으며, 사람의 해골에다 똥을 담아서 먹고, 머리카락을 뽑고, 가시 위에 눕고, 거꾸로 매달리고, 코로 불을 쏘이고, 겨울에는 물에 들어가고 여름에는 불에 쪼이는 등 갖가지 하는 짓이 모두가 미친 짓이다.

또 너희들의 법[308]에 쇠고기를 팔거나 소금을 팔면 당장에 바라문의 법을 범한다 하고, 천사(天嗣: 天道를 잇는 사람) 안에서 소를 보시해 주는 이가 있으면 바로 갖다가 팔고서는 생각하기를 '법대로 행했다'고 하는데, 소가 곧 쇠고기이거늘 이것은 사람들을 속이는 짓이다. 어찌

308 너희들의 법: 붓다 당시 인도의 바라문교도에게 하는 법담의 형태임.

실수가 아니겠는가. 또 말하기를 “길한 강(吉河)에 들어가면 죄의 때가 사라진다 하는데, 그렇다면 죄와 복이 인연이 없다는 말이 된다. 그러면 쇠고기나 소금을 팔면 어찌하여 죄가 되겠는가. 길한 강의 물에 들어가면 죄의 때가 사라진다 하는데 죄가 없어진다면 복도 없어져야 할 것이다. 어떤 길함(吉: 복)이 이렇게 인因도 연緣도 없는 곳에서 구태여 인연이 되겠는가. 이것이 미친 짓이다…….”[309] 바로 이것이 벌거숭이의 광증이라고 논하고 있다.

분명히 광狂이나 난亂을 불러일으키는 것으로서 심리적·물리적인 유발인을 인정하고는 있다. 그러나 불교의학은 심병의 저변에 번뇌를 반드시 붙들어 두고 이번에는 번뇌에 초점을 두고 번뇌의 측에서 질병을 다시 파악하고 있는 것이다. 예컨대 탐욕에 의한 병, 진에에 의한 병, 우치에 의한 병, 등분의 병이라고 하는 분류에로 연결되어 가는 것이다.

4. 번뇌병의 분류와 대처 방법

『대지도론』에서는 탐·진·치·등분等分의 제각각 번뇌의 병에 2만1천의 종류가 있다고 논하고 있다. 반야바라밀도 또한 8만4천의 병을 없애주며 그 근본이 되는 병은 네 가지의 병이니, 탐냄(貪)·성냄(瞋)·어리석음(癡) 이 세 가지가 함께 합친 등분의 병이다. 탐욕의 병을 분류하면 2만1천의 병이 있고, 성내는 병도 분류하면 2만1천의 병이

309 『대지도론』 권8.

있으며, 어리석은 병도 분류하면 2만1천의 병이 있고, 세 가지가 합친 등분의 병(等分病)도 분류하면 2만1천의 병이 있다.[310]

탐욕의 병에는 부정관不淨觀으로써 대처하고, 성냄의 병에는 자비관慈悲觀으로써 대처하고, 어리석음의 병에는 인연관因緣觀으로써 대처한다. 그리고 위의 세 가지 약을 다 합쳐서, 혹은 부정관으로, 혹은 자비관으로, 혹은 인연관으로 세 가지를 합쳐 등분의 병을 없애는 것이다.[311]

---

310 『대지도론』 권59.

311 川田洋一편, 전게서, pp.60~65.

제8장 불교의 심리치료 방법(I)

제1절 좌선요법

1. 좌선요법이란

선禪은 공덕총림功德叢林이라고 불리고 있는 바와 같이 정신적으로는 물론이고 육체적으로도 여러 가지 공덕을 들고 있다. 정좌靜坐하는 것만으로도 음식은 소화되기가 쉽고, 기식氣息은 조화된다고 하는 육체적 효과가 있다고 하는 것이 『십이두타경』이나 『지도론』 68 등에 보이고 있다. 좌선할 때의 '결가부좌'는 양다리를 책상다리 걸듯이 구부려 한쪽의 발등을 다른 쪽의 대퇴부위에 얹고 교차시켜 앉는다. 이 효과로써 『대비바사론』 39에는 다음과 같은 9가지 덕(九德)을 들고 있다.

①이것은 성현聖賢의 평상시의 위의로서 부처님이나 불제자는 이 자세로 입정入定하고 있다. ②이것으로는 피로나 정신이 흐릿해지는

일이 없기 때문에 수행을 잘할 수 있다. ③이것으로는 음욕 등의 선善하지 못한 일을 할 수 없다. ④인·천·용·귀鬼·아수라 등을 인도하여 정법에 들게 하는 데는 이 자세가 가장 좋다. ⑤인·천 등은 이 자세를 가장 받들고 믿는다. ⑥이에 의해 무상보리심을 증득할 수 있다. ⑦마군이 이것을 두려워한다. ⑧이것은 외도에는 없는 좌법이다. ⑨선정禪定을 닦는 데는 이것이 가장 좋은 것이다.

선禪에는 많은 분류법이 있다. 그 가운데 특히 육체적 효과를 강조한 것으로서 오정심관五停心觀·육묘문六妙門·구종대선九種大禪·십육특승十六特勝 등의 분류가 있다. 이들을 다시 내용적으로 나누면 보통의 좌선과 호흡조절을 병용하는 수식좌선數息坐禪의 두 가지 요법으로 대별된다.

2. 보통의 좌선요법

이 보통의 좌선치료법으로는 구종대선九種大禪·지요법止療法·가상관요법假想觀療法·관심요법觀心療法 등을 들 수 있다.

1) 구종대선九種大禪

구종대선이란, 『보살지지경』 6에 의하면 자성自性·일체一切·난難·일체문一切門·선인善人·일체행一切行·제번뇌除煩惱·차세타세此世他世·청정정선清淨淨禪 등의 구선九禪이다. 이들 가운데 특히 치료적 효과를 든 것은 일체선과 제번뇌선이다. 일체선이라고 하는 것은 자행화타自行化他의 일체 모든 공덕이 얻어지는 선禪이라고 하는 의미이다. 이것은 세간선·출세간선의 2종으로 대별하고, 다시 그 각각에 현법낙주선現法樂住禪·출생삼매공덕선出生三昧功德禪·이익중생선利益衆生禪 등의 3종이 있다고 설하고 있다. 이들 가운데 이익중생선에 대해서는 11종의 이익이 있다고 하고, 그 둘은 중생을 위해서 뭇고(衆苦)를 제하고, 다섯은 여러 가지의 공포와 고난을 지켜주고 좋기 때문에 열어놓는다고 설하고 있다. 그러므로 일체선에는 병고를 제하고 병난病難을 없애는 치료적 효과가 포함되어 있는 것이다.

그리고 제번뇌선이라고 하는 것은 중생의 번뇌를 없애는 선禪이라고 하는 의미이다. 여기에는 주술소의呪術所依·제병除病·운우雲雨·등도等度·요익饒益·조복調伏·개각開覺·등작선等作禪 등의 8종이 있다고 한다. 이들 가운데 주술소의선呪術所依禪이라고 하는 것은 여러 가지 괴로움·해독·우박·열병·귀병鬼病을 없애는 것이고, 제병선除病禪이라고 하는 것은 사대부조에 의한 질병을 없애는 것이라 하여 분명히 치료적 효과를 설하고 있다. 『마하지관』 8상에서 논하고 있는 좌선육치坐禪六治 가운데 지止·가상假想·관심觀心 등의 3요법도 보통의 좌선요법에 속하는 것이다.

2) 지요법止療法

정신을 어느 한곳에 집중함으로써 병을 고치려고 하는 방법이다. 이 지止라고 하는 것은 원래 선정禪定의 다른 이름 또는 그 일종이지만 여기에서는 그것을 치료에 응용한 것이다. 『마하지관』 3상에 의하면, 지止라고 하는 의미에는 원래 식息·정停·대불지對不止 등의 세 가지가 있다고 한다. 그러므로 그들 가운데 정停, 즉 마음을 정지하여 움직이지 않게 하는 작용을 응용한 것이다. 그러면 정신을 어디에 정지시킬 것인가 하면, 『수습지관좌선요법』에 있어서는 ①병의 국소局所, ②제하단전臍下丹田, ③족하足下에 두고, ④마음 그 자체의 활동을 한정시키는 것을 들고 있다. 이상 가운데 ②·③에 대해서 치료의 원리를 소개하여 두겠다.

②의 제하단전臍下丹田: 즉 배꼽의 아래 일촌(一寸: 약 3센티미터) 내지 이촌 반(二寸半: 약 7.7센티미터)의 곳은 숨(息)이 나가고 또 돌아오는 배꼽의 바로 아래의 소위 기해氣海에 해당되는 곳으로, 만병을 없애버리는 곳이다. 그래서 여기에 마음을 멈추어 두면 기식氣息이 잘 갖추어지게 되어 질병은 나을 수 있다고 한다. 그리고 그 적응증으로서는 상기上氣·흉만胸滿·양협통兩脇痛·배려급背膂急·견정통肩井痛·심열오心熱懊·통번불능식痛煩不能食·심통心痛·제하냉臍下冷·상열하냉上熱下冷·음양불화陰陽不和·기수氣嗽 등의 12종을 들고 있다.

③의 족하足下에 마음을 멈춤: 마음이 신체의 상부에 있게 된 데서 야기된 사대부조화 또는 오장五臟의 뒤집힌 것을 정상적이게 한다. 특히 풍대부조風大不調에 대해서는 이것을 응용해야 할 것이라고 논하고 있다. 또 다리(脚)의 삼리三里를 들고 있는 것은 중국 침구술의 설에 의한 것으로 보이는데, 이와 같이 『마하지관』이나 『수습지관좌선법요』에서 설한 치료적 기록 가운데는 중국의학의 학설이 혼입되어 있는 것을 볼 수 있다.

3) 가상관요법假想觀療法

이것은 증상에 따른 치료법을 실시하고 있는 것처럼, 임시로 상상하는 것에 의해 병을 고치려고 하는 치료법이다. 이 예로서 『치선병비요법』 상上에 있어서는 치난도심법治亂倒心法·유연치사대내풍법柔軟治四大內風法·치화대삼매법治火大三昧法·치지대법治地大法·치수대법治水大法·치내풍대법治內風大法·범왕관정옹소관법梵王灌頂擁酥灌法·치열법治噎法 등을 들고 있다.

이들 가운데 치난도심법이나 범왕관정옹소관법은 머리 위에 연유(酥)가 있어 그것이 뇌로부터 점차적으로 오장五臟·오체五體로 펴져간다고 가상하는 치료법이다. 이것은 본래 선관禪觀의 하나로서 『선비요법경』 중中 등에 보이고 있는 관정법灌頂法을 치료에 응용한 것이다. 치열법治噎法은 목이 메는 병, 즉 근심 걱정을 고치는 치료법 가운데, 빈두로 존자가 아나바탑타(Anavatapta) 용왕이 복용하는 안바다 약을 먹여 준다고 가상하는 방법이 보이고 있다.

4) 관심요법觀心療法

이것은 심신心身은 공空하다고 관하여 질병을 초월함으로써 병을 고치는 방법이다. 이것은 불교에 있어서의 공관空觀의 치료적인 응용을 하는 것으로 공관치료법이라고 부르는 쪽이 이해하기가 쉬울 것이다. 그러나 공관에는 소승불교에 있어서처럼 실상實相을 분석하여 가서 공이라고 하는 결론에 이르는 석공析空과, 대승불교에 있어서처럼 분석하지 않고 곧바로 전체를 공이라고 파악하는 체공體空의 구별이 있다. 이러한 두 가지 방법론은 이 경우에도 적용된다. 『수습지관좌선법요』의 일설로서 몸속(身中)을 검색하건대 사대의 병이나 심중의 병도 얻을 것이 없으면 뭇 병(衆病)은 자연히 낫는다고 생각하는 것은 석공析空에 의한 것이고, 『마하지관』 8상에 관심치觀心治라 이름하여 곧바로 마음을 관하고, 내외 추구하나 마음을 얻을 수 없고 병이 와도 누구에게 닥쳐오고 누가 병을 받을 것인가라고 생각하는 것은 체공體空에 의거한 설명이라고 볼 수 있다.

또 보살의 141원願 가운데도 이 공관에 따라서 질병의 사람을 보면 참으로 원해야 하리니, 중생의 몸이 공적함을 알아서 어기어 다투는 법을 여의리라는 1원一願이 있고, 『유마경』 가운데서는 공한 심신에 병이 생기는 것은 전세의 망상과 전도, 번뇌에 의한다고 설하고 있다. 또 현교顯教[312]에서는 마병魔病이나 귀병鬼病도 이 관심요법에 의해 낫는다고 한다.

3. 수식좌선요법數息坐禪療法

1) 수신관數息觀

이것은 출입하는 호흡의 수를 헤아리는 관법으로, 범명은 아나파나스므르티(ānāpāna-smṛti)이다. 이 수식관은 선禪에 있어서 오정심관五停心觀의 하나로, 부정관不淨觀과 함께 초심자가 도에 드는 중요한 도구로 되어 있다. 그래서 『잡아비담심론』 5·8에 있어서의 삼관三觀, 『대반열반경』 36에 있어서의 사관四觀, 『수행도지경』 5에 있어서의 사사四事, 혹은 『좌선삼매경』 상·『육묘법문』 등에 있어서의 육묘문六妙門 가운데도 이 수식관은 반드시 수록되어 있다.

312 顯教: 密教란 표면으로부터는 알 수 없는 비밀스럽게 설한 가르침에 반해, 현교는 겉으로 나타내서 알 수 있게 설한 가르침을 말한다.

수식관의 치료적 효과로서는 『잡아함경』 29에서 이르기를, 아나파나 염(ānāpāna念)을 닦으면 몸이 피곤해져서 생기는 싫증이 생기지 않는다고 하고, 『좌선삼매경』 상에서는 몸이 게을러 잠을 즐기고 몸이 무겁더라도 이것을 모두 없애버린다고 하며, 『선견율』 11에서는 신체가 가벼워지고 땅 위에 앉아 있어도 마치 포단布団 위에 앉아 있는 것과 같다고 설한다.

수식관에 있어서 호흡을 헤아리는 방법에 대해서는, 『대집경』 22에서는 수증數增과 수감數減의 두 가지 법을, 『순정이론』 60에서는 수감·수증·잡란 등의 세 가지 법을 들고 있지만, 『대비바사론』 26이나 『구사론』 22 등은 다음의 다섯 가지 법을 들고 있다. ① 만수滿數란 1로부터 10까지 헤아리는 법, ② 감수減數란 거꾸로 10부터 1까지 헤아리는 법, ③ 증수增數란 1, 2, 3으로 순차적으로 헤아려가는 법, ④ 난수亂數란 10보다 많이 헤아리는 법이지만, 여기에는 입식入息을 출식出息, 출식을 입식으로 거꾸로 헤아리는 법, 혹은 수에 순서 없이 헤아리는 법 등의 이설도 있다. ⑤ 정수淨數란 예컨대 입식 5회를 5입五入, 출식 5회를 5출五出로 보통으로 헤아리는 법이다.

호흡의 방법에는 의식적과 무의식적인 두 가지가 있다. 『마하지관』 8상에서는 전자를 의식依息, 후자를 보식報息이라 부르고, 그리고 좌선육치坐禪六治 가운데 의식에 속하는 기요법氣療法과 보식에 속하는 식요법息療法을 들고 있다.

2) 식치료息治療

이것은 단지 출입식出入息을 사용하는 경우와, 그에 가상假想을 병용하는 경우가 있다. 먼저 전자에 있어서 출식出息은 지대地大 또는 수대水大의 부조화에 의한 병을, 입식入息은 풍대風大 또는 화대火大의 부조화에 의한 병을 다스리는 데 쓰인다.

다음에 후자에 있어서는 식息을 다음의 12종으로 나눈다. ①상식上息은 침중沈重을 다스리고, ②하식下息은 허현虛懸을, ③만식滿息은 말라 여윔을, ④초식焦息은 부어오르는 것을, ⑤증장식增長息은 약해진 것,을 ⑥멸괴식滅壞息은 증성增盛을, ⑦난식暖息은 냉증을, ⑧냉식冷息은 열증을, ⑨충식衝息은 옹색불통壅塞不通을, ⑩지식持息은 두려워 떠는 것을, ⑪화식和息은 사대四大 부조화를, ⑫보식補息은 사대의 쇠약을 다스린다고 한다.

또 수식관數息觀은 세별하여 십육특승十六特勝으로 하는 설이 『대안반수의경』·『수행도지경』 5·『좌선삼매경』 상, 기타 여러 논서에 보이고 있다.[313]

제2절 법의 위력요법威力療法

1. 참회요법

『열반경』 19·『화엄경』 48·『금광명경』 1·『심지관경』 3 등에서는 참회를 함으로써 죄업을 범한 것을 소멸하는 것을 설하고 있다. 그리고 『십주비바사론』 6에서는 죄장을 소멸하는 것 이외에 여의주와 같은, 즉 무엇이라도 생각한 대로 된다고 하는 공덕을 들고 있다. 불교에서는

---

313 福永勝美, 『佛教醫學辭典』, 雄山閣出版, 平成2年, pp.232~239.

병인病因을 자기의 악업의 응보로 돌리는 것이 병리학의 원칙이기 때문에 참회에 의해서 병근病根이 끊어졌다면 지엽枝葉은 자연히 마르게 되고 병상은 없어져가게 된다고 본다. 그 위에 참회에 의해서 원願은 여의주와 같이 이루어지게 된다고 하기 때문에 쾌차하는 것은 바라는 그대로 되는 것이다. 그래서 『심지관경』 3에서는 참회의 10공덕 가운데 금강수金剛壽를 늘리는 것을 들고, 『수습지관좌선법요』에서는 참회를 업병業病을 다스리는 방법이라고 설하고 있다.

그리고 불전에서 치병의 예를 찾아보면 『법유경』 2에, 연로하여 돌볼 사람도 없고 병마에 신음하고 있는 노승이 전세에 형리刑吏로서 많은 사람을 채찍질한 응보로 금세에 병이 드는 것을 붓다로부터 듣고서, 마음으로부터 참회를 하여 전세의 죄를 뉘우쳤기 때문에 오랜 병고도 씻은 듯이 없어졌다고 설하는 예가 있다. 이와 같이 자기의 죄업을 참회하는 것을 『마하지관』 2상에서는 사참事懺이라 부르고 있는데, 치병의 효과를 본 예로서는 이 사참에 속하는 것이 대부분이다.[314]

2. 법열요법法悅療法

법열法悅이란 법희선열法喜禪悅의 약칭으로. 법을 듣고 법을 음미하고 법에 의해서 희열이 생기고, 선정禪定에 의해 고요한 심신을 유지하고 있는 상태를 말한다. 『법화경』 제8 「오백제자수기품」에 "그 나라의

314 福永勝美, 전게서, pp.239~240.

중생은 항상 이식二食을 하니 하나는 법희식法喜食, 둘은 선열식禪悅食이다"라고 한다. 또 『대승본생심지관경』 제4 「무구성품」에 "감미甘味에 집착하지 않고 모든 탐貪을 여의고 마땅히 법희선열의 식을 구해야 한다"라고 한다. 법희식이란 법을 듣고 환희하고 선근善根을 늘리고 그에 의해서 혜명慧命이 증익되는 것이 세간의 음식과 같기 때문에 법희식이라고 부르는 것이다.

또 『법화경』 제11 「견보탑품」에서는 "저때에 사부대중은 대보탑이 공중에 머물러 있음을 보고, 또 탑 속에서 나오는 음성을 듣고 모두 법희를 얻고 미증유未曾有한 일이라고 괴이하게 여기고 자리에서 일어나 공경합장하고 물러나 한쪽에 머물렀다"라고 한다. 범문梵文에 의하면 "그때 사부대중의 사람들은 중공中空에 걸린 것 같은 커다란 보탑을 보고 몸의 터럭이 서는 희열(harṣa)이 생기고 감각적인 기쁨(prīti)과 전신 전령적인 기쁨(prāmodya)과 고요한 믿음(prasāda)에 도달하여"라고 한다.

법열의 내용으로서 prīti, prāmodya, prasāda를 드는 것은 『방광대장엄경』 제4장에도 있다. "친구여, 독실한 믿음(śraddhā)은 진리의 빛에 이르는 문으로, 부서지는 일이 없는 독실한 마음의 도움이 된다. prasāda는 진리의 빛에 이르는 문이고, 떨어진 마음을 진정시키는 데 도움이 된다. prāmodya는 진리의 빛에 이르는 문이니 성취하는 데 도움이 된다. prīti는 진리의 빛에 이르는 문이니 마음을 청정하게 하는 데 도움이 된다"라고 설하고 있다. 즉 법희法喜는 선열禪悅을 기대하지 않더라도 마음을 깨끗이 하고 마음을 가라앉히는 기능을 갖는 것임을 알 수가 있다. 그리고 이것을 다시 선열로써 강조한다.

선열에 대하여 『유마경』 제2 「방편품」에는 이르기를 "또 음식을 먹는다 하더라도 선열을 가지고 맛으로 삼는다"라고 한다. 선정에 들어 심신을 쾌락하고 혜명을 증익하는 것이 세간의 음식과 같기 때문에 선열식禪悅食이라 부른다. 선열의 입장을 강조하는 것은 세친의 『십지경론』 제2에 "환희란 이름하여 심희心喜·체희體喜·근희根喜이다"라고 한다. 환희는 심신의 안정을 유지하고 있는 선열의 상태를 강조하는 것이다.[315]

한편 법열法悅 또는 법희法喜란 법신을 기르는 음식물이라고도 할 수 있는 것으로, 『법화경』 4에서는 법희식法喜食이라 하고, 『대집경』 55에서는 희식喜食이라 부르고 있다. 이것들은 본래부터 '마음의 양식(糧)'을 의미하는 것이지만, 다른 면에서는 또 '신체의 양식(糧)'으로도 될 수 있고, 나아가 치병의 효과를 보이는 경우도 있다.

이 치병의 효과에 대해서는 불전에도 많은 예가 언급되고 있는데, 『잡아함경』 37에 의하면 아시바지트 존자(Aśvajit)는 붓다의 교설을 듣고서 환희 용렬하고, 『중아함경』 6에 의하면 급고독장자는 사리불 존자의 교화병敎化病의 법을 듣고서 환희하여 춤출 듯이 기뻐하고 몸의 병이 없어졌다고 한다. 또 『잡아함경』 5에서는 셰마(Kṣema) 비구가 가사카(Gāsaka) 비구에게 법을 설하면서 스스로도 몸에 법열이 쌓여 드디어 신환身患이 잊힌 듯이 좋아졌다고 한다. 또 동 『잡아함경』 5에 의하면 나이 120이 되어 많은 병을 갖게 된 나쿠라(Nakula) 장자는 붓다의 설법을 듣고서 제근(諸根: 안이비설신의 6근)이 화열하고 얼굴에 화색이 선명하게 되었다고 한다. 그러므로 법열은 젊어지는 법으로

315 望月, p.944.

도 되는 것이다.[316]

3. 위력요법威力療法

위의 참회요법으로부터 촉수요법까지의 제요법은 다시 말하면 붓다 또는 법의 위력이 나타난 것에 다름 아니지만, 또 다음과 같은 위력요법도 들고 있다. 붓다나 보살의 위력은 『유가론』 37에 의하면 성위력聖威力·법위력法威力·구생위력俱生威力 등의 3종으로 나누어진다. 그 가운데 구생위력이라고 하는 것은 붓다나 보살이 과거에 쌓아놓은 광대한 공덕의 힘에 의해 태어나면서 갖추어져 있는 위력을 말하는 것으로, 이에는 다시 견편요익소섭見便饒益所攝과 현성행주소섭賢聖行住所攝의 구별이 있다. 전자는 우리들이 붓다나 보살을 친견한 것만으로 전간癲癎·역태逆胎·눈이 먼 것·귀먹음 이외에도 탐욕·진에·치 등 마음의 병도 고치는 것을 가리킨 것이다. 붓다나 보살을 보지 못해도 단지 친견할 것이 예고된 것만으로 병이 낫은 예도 있다. 예컨대 『십송율』 26에서 설하고 있는 마하세나(Mahāseṇa) 여인의 이야기가 그것이다. 그녀는 남편으로부터 석가모니부처님이 당신을 부르고 계시다고 들었던 것만으로 상처가 완전히 좋아졌다고 설하고 있다.[317]

그리고 성자가 범부의 괴로움을 구원해 주려고 일으킨 원력의 힘에 의해 병이 낫는 것으로, 약사여래의 12원十二願과 같은 것이 있다. 『약사경』에서는 제6원으로써 기형이나 불구 외에 백라白癩·전광癲狂

---

316 福永勝美, 전게서, p.239.

317 福永勝美, 전게서, pp.244~245.

또는 기타 모든 병을 없앨 것을 서원하고, 제7원으로써 의사 없고 약 없는 병자에게 이것을 줄 것을 맹세하고 있다. 그래서 약사여래는 제병除病·안산安産·식재息災 등을 다스리는 법으로 보는 것이다.

또한 아미타여래의 본원 가운데도 수명장수나 제근구족諸根具足을 서원한 것이 있다. 예컨대 『대아미타경』 제21원, 『무량수경』 상권이나 『보적경』 17의 제15원, 『무량장엄경』의 제11원, 『평등각경』의 제15원, 『비화경』이나 『비분다리경』의 제13원 등에 있어서는 인천人天의 장수를 서원하고, 『무량수경』 상권이나 『보적경』 17의 제41원, 『범문무량수경』의 제39원, 『비화경』이나 『비분다리경』의 제16원에서는 제근구족을 서원한다고 설하고 있다. 그래서 아미타여래에게 귀의하는 자에게는 자연히 이상과 같은 육체적 이익도 있는 것이며, 다만 그 수익이 현세인지 또는 내세인지에 대한 차이가 있을 뿐인 것이다.[318]

4. 촉수요법觸手療法

보살에게는 열 가지의 손(手)이 있다고 한다. 즉 『화엄경』 27·57에 있어서의 보수寶手·화수華手·향수香手·의수衣手·화만수華鬘手·미향수末香手·장엄구수莊嚴具手·무변수無邊手·무량수無量手·보수普手 등의 십수十手를 말한다. 또는 심신수深信手·보시수布施手·문신수問訊手·공양수供養手·다문선교수多聞善巧手·초삼계수超三界手·피안수彼岸手·불린정법수不悋正法手·선용중론수善用衆論手·지보수智寶

318 상동.

手 등의 10수를 말하기도 한다. 이들 가운데 선용중론수란 지혜의 약을 가지고 심신의 병을 고치는 것에 예를 든 것이다.

석가모니부처님에게는 단지 손을 대는 것만으로 여러 가지 질병을 고친 이야기가 전하고 있다. 촉수觸手만으로 어떻게 치유하는가 하면, 『비바사론』 83에서는 묘촉妙觸, 즉 묘한 촉각을 느끼기 때문에 치료가 되고, 『화엄연의초』 16하에서는 존력尊力을 받음으로써, 즉 존귀한 힘을 내려주시기 때문이라고 설하고 있다. 그런데 촉수요법의 예로서 『승기율』 28에서는 이마(額)를, 『비바사론』 83에서는 두정頭頂을, 『십송율』 28이나 『지도론』 8에서는 붓다가 신체를 어루만지니 곧바로 병고는 없어졌다고 논하고 있다. 또 『비바사론』 83에서는 붓다가 제바달다의 두통을 이 요법으로 고친 것으로 되어 있고, 『비나야파승사』 14에서는 복통을 앓았을 때 두정을 어루만진 것으로 되어 있다. 다만 이 요법은 붓다만의 특기가 아닌 것 같다. 『준제경』에 의하면 보통사람이라도 가지加持[319]의 손(手)을 가지고 21회 머리를 어루만지면 바로 두통은 쾌차하게 된다고 설한다.[320]

319 加持: 주문呪文을 외우며 붓다의 도움과 가호를 빌어 병이나 재앙을 면함.

320 福永勝美, 전게서, pp.243~244

제3절 염력요법念力療法

1. 공空 – 병은 없는 것이라고 념念한다

1) 명상적 접근

"모든 현상은 공空이고, 무소유(無我)라고 깨닫고, 병의 상태에 잡혀있지 않는 것이다. 마음의 잊지 못하는 생각이 때로는 사대(四大: 지수화풍)를 해치는 작용을 하기 때문에 병이 생기는 것이다. 따라서 항상 마음을 안식케 하여 편안하고 기쁘게 해야 할 것이다."[321]

경전에는 "사대부조四大不調의 병은 약藥으로써 고치고, 귀신의 병(정신적)은 주呪로써 고친다"라고 설한다. 주呪란 '언어에 의한 힘', '염하는 힘'이다. 붓다의 가르치는 명상을 계속해 가면 어느 때 오관五官의 감각기능이 정지하여 앉아 있는 자신, 자신을 둘러싸고 있는 공간과 시간이 돌연 없어지고 마는 경우가 있다. 물론 병도 괴로움도 모두 없어지고 만다.

명상은 처음에 무엇을 위해서 앉는가 하는 것이 중요하다. 좌선이라고 하는 것은, 특히 붓다의 가르침으로서의 좌선은 분명히 무엇을 향해 앉는 것인지를 가르치고 있다. 명상은 먼저 마음에 정적靜寂을 펼쳐가는 것이다. 깊고 조용하게 해나가다 보면 차츰차츰 허공무변처虛空無邊處의 세계로 침투되어 간다. 그리고 자기 자신이 그 허공무변의 세계 가운데 용해되고 만다. 다만 한없이 넓은 무한감만이 있을 뿐이다. 허공만이 "오직 펼쳐져 있다"고 하는 경지에 들면 인간적인 가치관,

---

321 『천태소지관』.

인간적인 진리, 그 모든 것은 넓어진 가운데서 없어지고 만다. 즉 인간의 좋고 싫음·선악이라고 하는 표준이 없어지고 그 위에 심신心身이라고 하는 존재조차도 소멸되고 마는 경계이다.

거기에서는 건강이라든지 병이라고 하는 생명에의 대상은 단순한 이미지로밖에 생각되지 않게 되고, 끝내는 그 이미지조차 허공 가운데서 꺼져버리고 만다. 이 상태를 불전에서는 '청정淸淨'이라고 말하고 있다. 무색투명한 세계이다. 즉 인간중심의 가치관이 해소되어 우주법계라고 하는 본원적인 차원, 즉 '공空'·'무아無我'라고 하는 진실의 실감이 생겨나는 것이다. 사람은 '걱정되는 일'이나 '고통'이 있으면 편안하게 잘 수가 없지만, 명상에 의해서 비약한 차원에 들면 '걱정되는 일'이나 고통을 안은 채로 편안한 상태로 있게 되는 것과 같은 이치이다. 병을 안은 채로 본원本源의 차원으로 들어가는 것이 "병의 상태에 사로잡히지 않는다"고 하는 의미이다.

2) 자연치유력

'사로잡힘'·'집착'·'근심'이라고 하는 것이 자연적인 생명의 자연치유력을 약화시키고 있는 원흉에 다름 아니다. 생명력이라고 하는 것은 추울 때에는 추위에 적응하는 힘을 갖고 더울 때에는 더위에 적응하여 땀을 흘리거나 수분을 보급하거나 할 수 있는 힘을 가지고 있는 것이다. 즉 내면의 생명력이 자유롭게 플러스로도 마이너스로도 순응할 수 있는 작용을 가지고 있다. 그것은 생명 그 자체에 붙들려 있는 일이 없기 때문에 어떠한 경우에도 대응할 수 있는 것이다. 이것은 정신면에 있어서도 똑같은 것이다. '걱정되는 것' 등에 얽매이고 마는 것으로는 자유가 통하지 않고 더욱더 불안이 증폭될 뿐이다. 그러므로 "항상 마음을 안식에 둔다"고 하는 것은 명상수행 가운데서 마음의 얽매임을 해소시킨다고 하는 것에 다름 아닌 것이다.

2. 이미지 요법

1) 가상관

"가상관假相觀을 잘 이용하여 뭇 병(衆病)을 고친다. 사람이 냉증을 앓을 때는 몸속에 화기火氣가 있어 일어난다고 생각하면 즉 냉증을 고친다."[322]

가상관이라고 하는 것은 지금으로 말하면 이미지에 의한 치료라고 할 것이다. '공관空觀'·'무소유관無所有觀'이라고 하는 명상법보다 쉽고 누구나 바로 익혀 닦을 수 있는 것이 이 이미지 요법이 아닐까 생각된다. 이미지 요법에서 중요한 것은 몸과 마음 모두 긴장을 푸는 상태로 이끄는 것이다. 거기에는 먼저 자세를 바르게 하여 느긋한 호흡을 하는 것이다. 붓다의 명상에서는 아나파나법(安止法)이라고 한다. 아나파나법은 단지 호흡법만을 닦아 익히는 것이 아니라 그에 의해서 혈액순환에도 영향을 주고 자율신경이나 호르몬의 밸런스 등에도 관련되는 것이다. 호흡의 조정에 의해서 심신의 상태를 균형 있는 안식安息에로 유도한다.

---

322 『천태소지관』.

2) 아나파나법의 6단계

이 아나파나법(安止法)에는 다음과 같은 6가지의 수행단계가 있다.

(1) 수식數息: 호흡을 1로부터 10까지 센다. 10까지 세었다면 다시 1부터 센다. 이 수행을 거듭하여 가면 호흡이 점점 갖추어져 외계의 번거로운 일은 차단되고, 동시에 정신이 내면에서 응축되게 된다. 초심자에게 가장 어울리는 호흡법이다.

(2) 상수相隨: 호흡을 자연에 맡기고 심신을 자연의 상태로 두는 것이다. 즉 자신이 호흡을 하고 있다고 하기보다도 우주법계와 함께 호흡하고 있다고 하는 심경心境이다. 자연에 맡길 수가 있으면 심신 그 자체의 본래의 활력과 회복력은 증대하고, 그 위에 심신은 한없이 편안함을 느낀다.

(3) 지止: 심신이 안정되고 심경心境이 맑아지게 된 상태이다. 심경에 한 점의 구름도 없어지게 되면 우주법계의 진실은 진실대로 마음의 거울에 비추어지는 상태로 된다. 그리고 '바라는 이미지'가 순수하게 받아들여지는 상황이 생겨난다. '바라는 이미지'는 세간의 정定이지만 정신의 토대는 세간정이나 출세간정이나 같은 것이다.

(4) 관觀: 진리(法)을 관념한다고 하는 것이다. 세간정이라면 밝은 '바라는 이미지'를 관상하는 것이다. 병자라면 "병은 낫는다", "나는 건강 그 자체이다"라고 하는 이미지를 집중한다. 이미지는 바라는 것이기 때문에 '이미 좋아지고 있는 상태'를 마음에 관상하고 마이너스 이미지를 쫓아버린다. 명상·독경의 힘이 생명력을 증대시키는 것이다.

(5) 환還: 본원本源으로 돌아가는 것이다. 유무有無·손득損得·병건病健을 넘어선 세계에 투입하는 것이다. 우주법계 그 자체의 마음에

회귀하는 것으로 법계 그 자체는 사마디(定) 그 자체이다. 불상佛像은 좌선하고 있는 모습이다. 그것은 우주법계 그 자체가 좌선하고 있다고 하는 것이다. 명상의 차원에는 병이라고 하는 것이 없는 세계이다. 이 세계에 자기 자신을 도입하는 것을 '환還'이라고 한다.

(6) 정淨: 병이나 미혹이 완전히 없어지고 만 상태이다. 생명의 본원에 회귀하면 그것은 청정 그 자체이다. 정淨은 모든 병·괴로움·불안·공포 등이 모두 없어져버린 멸진의 세계이다.

이상과 같이 닦아 익히는 것은 병을 고치는 방법의 하나이다. 이미지에 의해서 생명 본래의 활기를 회복하고 심신의 '정체(막힘)'를 제거한다고 하는 방법은 정신적 치료법의 기본이다. 생명의 흐름을 자연에 돌리고 병의 원인으로도 되어 있는 심신의 '정체'를 배제하는 것이 이미지 요법의 효과이다. 그러나 이미지 요법에는 하나의 결점이 있다. 플러스 이미지를 강하게 하는 것에만 전념함으로써 거꾸로 마이너스 이미지를 잠재의식에 투영시키고 말게 된다는 것이다. 그러므로 세간을 넘어선 차원으로 정신을 높여가는 것이 중요하다.[323]

323 본절은 Garrett oppenheim 著, 片桐すみ子譯, 『輪廻體驗』, 人文書院, 1996, pp.222~229 참조.

제4절 광명요법

1. 광명요법

1) 광명요법이란

광명요법光明療法은 불·보살이 발하는 광명에 비추어져 질병이 낫는 경우이다. 『제개장보살소문경』 1, 『보설경』, 『보우경』 1 등에 의하면 보살의 광명을 받으면 기(飢: 굶주림)·갈(渴: 갈증)·맹(盲: 소경)·농(聾: 귀머거리)·아(瘂: 벙어리)·벽(躄: 앉은뱅이)·광(狂: 미친병)·난산難產 등도 낫는다고 하고, 『대반야경』 1, 『방광반야경』 1, 『마하반야경』 1 등에 의하면 붓다의 법체로부터 발하는 광명에도 똑같은 효과가 있다고 한다.

그러면 이러한 요법에 의한 예를 불전에서 찾아보면, 『열반경』 20에서는 아사세 왕이 악창惡瘡이 생겼을 때 붓다의 월애삼매月愛三昧의 빛에 비추어져 나았다고 한다. 또 『사분율』 40에 의하면 기바가 부처님을 위해서 조제한 나라야나(Nārāyaṇa)라고 하는 묘약을 제바달다가 가로채어 복용했기 때문에 그 죄로 중병에 걸렸을 때에는 부처님의 시약施藥의 광명에 비추어져 나았다고 한다. 그리고 『지도론』 8에 의하면 그란티(Granṭhi)라고 하는 하시노크 왕의 조카는 신체를 난도질당했어도 붓다의 광명에 의해서 본래의 건강체로 회복되었다고 전하고 있으며, 또 『동론』 9에서는 보현보살의 오른손에 들린 보거(寶渠: 연꽃)의 빛에 비추어져 나환자가 나았다고 설하고 있다.[324]

---

324 福永勝美, 전게서, pp.243.

2) 감응도교

명상에 의해서 생명의 근원과 교류하고 생명의 신비적인 힘을 감지하게 되었을 때 생명은 회복력(自然治癒力)을 높이고 활성화한다. 이는 생명 그 자체가 갖는 부사의한 기능으로밖에 말할 수가 없다. 그리고 명상에 의해서 한없이 내적인 것을 추구하여 가면 자신의 명상을 넘어 우주법계 전체가 명상삼매瞑想三昧라고 하는 깨달음에 이르게 된다. 자신의 명상이 우주법계의 삼매와 동화하고 있다고 하는 것을 감지하게 된다. 그러나 그보다도 오히려 법계의 삼매력三昧力에 의해서 우리들이 계발되고 있는 것을 깨닫게 된다. 즉 불보살의 위신력의 힘이 더함으로써 치유된다고 하는 방법이다.

경전에 의하면 '불보살의 공덕광명'에 의해서 고쳐진다고 설하고 있다. 광명이야말로 신력神力의 나타남이고, 불보살의 자비력과 본원력에 다름 아니다. 이들의 신앙과 오로지 경經을 읽었고 일심으로 빌었다고 해서 바로 불보살의 공덕광명을 받아 쾌유된다고 하는 것은 아니다. 역시 염念하는 것이 강하고 믿음의 깊이에 의한 것이다. 불보살은 인간계의 존재가 아니다. 그러므로 인간의 인정이나 욕망으로 움직일 수는 없다. 신앙하는 데 있어서나 명상하는 데 있어서나 불보살의 경계에 초점을 맞추지 않으면 불보살의 신통광명을 비추어낼 수가 없다. 불보살의 경계와 합쳐지지 않고 불보살과의 교류도 일어나지 않으면 감응도 없다. 예컨대 사람을 보고 있으면 사람끼리라면 사람의 마음을 알 수 있고, 사람은 서로 교류하고 감응하게 된다. 그러나 사람은 다른 동물 또는 천신의 마음 등을 읽어낼 수가 없다. 그러나 인간과 만나고 인간과 생활을 함께하고 있으면 점차로 사람의 마음과 감응하게 되고, 동물이라도 사람과 같은 차원에서 만나고 사람의 마음을 알 수 있게 된다. 이것을 '감응도교感應道交'라고 한다.

우리들도 신앙에 의해, 명상에 의해, 불보살의 마음으로 될 수 있을 만큼 깊이 교차하고 불보살의 경계와 동화되었을 때, 인간계에서는 일어날 수 없는 일이 일어나는 경우가 있다. 사람은 이것을 기특한 일이라고 하고 기적이라 하고 부사의한 일이라고 하지만, 깊은 명상세계에서 생각했을 때는 당연한 일로 볼 수가 있는 것이다.

3) 광명의 과학

불보살의 방사하는 광명에는 여러 가지 의미가 있지만, 주위의 것을 생각해 보면 불상佛像의 배광背光 등이 있다. 배광은 불보살의 덕력德力을 나타낸 것이라고 하지만 정신적 차원의 높이로부터 방광하는 광명으로 보아야 하는 것이다. 이 광명은 우리들의 보통 오관五官의 안식眼識으로는 바라볼 수가 없다. 최근에는 사진 등의 기계를 써서 어느 정도 생명체로부터 발광하는 빛 등을 증명하고 있다. 인간의 뇌腦로부터도 여러 가지 전파가 나오고 있고, 명상 중의 변화 등도 이러한 기계에 의해서 해명되고 있다. 이와 같은 현상이 모두 해명된 것은 아니지만 오로라 현상, 광명 현상의 존재를 증명하는 입구가 되는 것은 틀림없는 것이다. 『약사유리광칠불본원공덕경』 권하에서는 다음과 같이 설하고 있다.

"부처님은 대지가 진동하면서 대광명大光明을 놓아 일체중생의 병고를 모두 제하시고 안온케 하신다. 문수보살이여, 만일 남자여자의 병고病苦가 있는 자를 보면 실로 그 병자를 위해서 몸과 입을 씻는 청정한 물·음식물·약 혹은 식용수 등에 마음을 모아 일심으로 염주念呪하고 그 병자에게 음식을 주는 것이 좋다. 병고는 모두 소멸하리라."

'대광명을 놓아 일체중생의 병고를 모두 제하시고 안온케 하신다'고 하는 것은 언제나 불보살은 대광명을 놓고 계신 것이지만, 그 대광명을 감수感受할 수 없으면 대광명을 받은 것이 아니다. 불보살의 차원과 같은 마음의 경계로 자신을 이끌 때 비로소 거기에 대광명을 감수할 수 있는 것이다. 즉 불보살과의 마음의 교류가 생겼을 때, 광명의 세계는 비로소 열린다고 하는 것이다.

병을 고치기 위해서 약이나 음식물에 '염주念呪'를 베푼다고 하는 것은 생명을 기르는 음식물이나 병을 고치는 약에 대해서 일심을 모아 '감사합니다'라고 하는 감사의 마음을 가지고 한다는 것이다. 약에 대해서도 감사의 마음을 가지고 '낫는다'는 신념을 가질 때, 그 약의 효용은 몇 배나 높아졌다고 하는 보고도 있다. 보살이 병자를 위해서 마음을 집중하고 '반드시 낫는다'고 하는 염력念力을 갖는 것도 병자 자신의 정신생명의 기능을 끌어내기 위한 것이다. 광명요법과 염력요법은 표리일체의 치유방법이라고 할 수가 있다.[325]

325 본절은 Garrett oppenheim, 상게서, pp.230~236.

2. 사경요법寫經療法

1) 사경요법이란

사경寫經이란 부처님의 가르침을 우리의 마음으로 가져와 오로지 일심一心으로 옮겨 쓰며 베껴 쓰는 것으로, 부처님의 정신을 가장 깊이 느낄 수 있는 기도이며 수행이다. 사경은 대자비심으로 설하신 부처님의 성스러운 가르침을 눈으로 읽고 소리 내어 염송하고 마음으로 잘 이해한 뒤, 무아無我의 심경으로 마음을 집중하여 사경에 임할 때 부처님이 자신과 함께하는 경건함과 환희로움을 체험할 수 있는 것이다. 이에 사경의 방법과 그 효과를 중심으로 살펴본다.

사경은 엄숙한 분위기에서 조용히 정좌하고 호흡을 가다듬어 정신을 통일한 후, 정성들여 쓰지 않으면 안 된다. 그렇게 함으로써 사경은 번뇌와 미혹의 마음을 벗어나게 되고 청정한 심신心身으로 변화하게 되어 부처님의 마음과 통하게 될 수 있는 것이다. 부처님의 마음과 자신의 마음이 하나로 통하게 되면 지혜의 빛이 우리의 마음 속 깊이 스며들어 오게 되고, 그러면 몸과 마음의 안락과 행복을 느끼면서 인간의 생명에 대한 자비심이 일어나게 되는 것이다.

2) 사경의 공덕

사경의 공덕을 설한 경전의 말씀을 살펴보면, 『법화경』 제19권 「법사품」에서는 "만약 어떤 사람이 경전을 수지·독송·해설·서사書寫하면 대원을 성취한다"라고 하고, 『금강경』 제15권 「지경공덕분」에서는 "무수한 세월 동안 물질로 보시한 공덕보다 경전을 수지·독송·사경하고 다른 이를 위해 해설한 공덕이 수승하다"라고 하며, 『도행반야경』 「탑품」 제3에서는 "반야경 사경의 공덕이 탑을 조성하는 것보다 수승하다"라고 설하고 있다.

또 『법화경』의 「권발품」에서는 『법화경』을 서사하면 도리천忉利天에 태어날 수가 있다고 설하고 있다. 『금석이야기집(今昔物語集)』 권14에 보면 무츠노쿠니(陸奥國)의 미부노요시카도(壬生良門)는 아침저녁으로 화살을 가지고 논 사람으로 동물들을 죽이는 일을 업으로 하는 사람이었으나, 쿠쇼(空照) 스님의 가르침을 받고 도심道心을 일으켜 악심을 버리고 선을 행하여 활과 화살(弓箭)을 불태우고, 살생을 금하고 불법을 신앙하고 금니金泥의 『법화경』 1,000부를 서사하고 황금의 불상을 조성하여 공양한 후 기이한 서상瑞相이 있었으며, 도솔천에 태어났다고 하는 기록이 있다.

그에 이어서 "그러므로 악인이라 하더라도 지자智者의 권유에 의해 마음을 고쳐 도道를 얻는 것이 모두 이와 같고, 이것은 전적으로 『법화경』의 위력으로, 듣는 사람이 귀중히 여겨야 하는 것이라고 전한다"라고 적혀 있다. 즉 극악무도한 사람이라 하더라도 『법화경』을 서사한 공덕으로 도솔천에 태어났다고 하는 것이다. 이렇게 『법화경』을 서사한 공덕이 가장 많이 전해지고는 있지만, 『법화경』 이외의 경을 서사한 공덕도 『법화경』을 서사한 공덕과 같은 것이다. 이러한 사경의 공덕은 모든 중생들이 청정한 마음으로 부처님의 경전을 옮겨 쓰고 수지독송하고 해설하면 이생의 온갖 고통으로부터 벗어나고 내생에는 구원을 얻게 된다고 하는 것이다.

그리고 사경 생활을 계속하다 보면 부처님께서 항상 자기 옆에 함께 계시는 것 같은 행복감을 느끼게 되고 일체의 불안과 공포에서 벗어나게 되며, 때로는 법신사리法身舍利[326]를 영접하기도 한다. 이것이 법의 기쁨이며 환희심으로, 불법을 수행함이 일체의 선근을 기르고 성불의 길에 양식과 같은 역할을 하는 것이다.

또 사경한 경전을 불상과 불탑에 봉안하는 납경의식納經儀式을 행하면 부처님의 보호와 위신력으로 일체의 재앙이 소멸되고 현세와 내세에 있어서의 복락을 성취한다고 하고, 때로는 부처님의 방광放光하시는 모습도 직접 뵐 수가 있다.

그리고 사경을 시작하면 스스로 느낄 수 있는 이익으로는 다음과 같은 것을 생각할 수 있다.

(1) 부처님 말씀으로서의 경전 내용을 깊이 이해하게 된다.

(2) 매일 일정시간을 정해놓고 사경을 계속하면 몸과 마음의 불순물이 정화되면서 평안심과 즐거운 기분으로 차게 되어 몸과 마음이 건강해진다.

(3) 번뇌를 벗어나서 두뇌가 명석해지고 마음이 안정된다.

(4) 불법의 인연에 감사하게 되고 생활이 즐거워지면서 자녀교육과 가정의 평화를 이루게 된다.

(5) 자신의 하는 일에 정신적인 여유가 생기게 되어 실패하는 일이

---

326 사리舍利는 범어 Śarira의 음역어로 영골靈骨 또는 유골遺骨 등의 뜻으로 번역한다. 사리에는 진신사리眞身舍利와 법신사리法身舍利가 있다. 진신사리는 붓다의 불신佛身 혹은 고승대덕 등의 입멸入滅 후 화장 등에 의해 나타나는 사리를 말하고, 법신사리는 사경寫經이나 불전佛典 연구 등을 할 때에 허공으로부터 비래하여 영접하게 되는 사리를 말한다.

적어지게 된다.

이러한 것은 결국 사경 생활을 함으로써 마음이 안정되고 지혜가 생겨나게 되며 가정의 어려운 문제가 사라지고 기쁨과 축복이 넘치는 가정을 이루게 될 수 있다고 하는 것이다. 이에 한국에 있어서의 예를 들어 이해를 돕기로 하겠다.

3) 한국의 경우

『법화경』 사경 중심의 수행과 기도를 하고 있는 법화정사에서는 1993년 제주도의 「평화통일 불사리탑」 낙성 이후, 1994년 8월 15일에 「평화통일 불사리탑」에서 사경을 한 경전을 포장하여 봉안하는 납경의식納經儀式을 행하고 있을 때에는 다음과 같은 일이 있었다고 「불사리탑」의 사경탑에 기록되어 있다.

> 「법화경사경탑法華經寫經塔」
> 이 5층 석탑 속에는 법화경 사경 5만 권이 봉안되어 있습니다. 1994년(갑술년) 8월 15일(광복절) 저녁 9시부터 새벽 4시까지 사경탑이 크게 광명을 놓으셨습니다. 서 계신 관세음보살님이 감로수병을 들고 허공에서 탑을 돌고 계셨습니다. 수십만 개의 탑이 허공에 떠 있고 지금도 계속 나타나고 있습니다. 수많은 환자들이 탑돌이를 하고 병이 낫고, 법화경을 쓰고 운명이 바뀌고 있습니다. 혼탁한 세상을 깨끗하게 하고 미혹 중생을 깨어 있는 참 생명으로 만들기 위해 불자님들께 법화경 사경을 권하면서 이 엄청난 사실을 꼭 남기고 싶어 여기에 기록을 남깁니다.

이 탑을 조성해 주신 모든 분들께 깊은 감사를 드립니다.

대한불교조계종 평화통일 불사리탑 주지 석도림 합장

그리고 사경을 할 때에는 할 때마다 다음과 같이 지심발원을 하는 것이 좋을 것이다.

"불보살님께 지심으로 발원하나이다. 이 경전을 쓰는 공덕이 무량하여 선망부모는 왕생극락하시고, 가정은 평화로우며, 저희들로 하여금 위없는 깨달음을 얻게 하여 주시옵소서. 탐착심과 증오심과 어리석은 마음으로 지어온 한량없는 모든 악업을 참회하는 심정으로 이 사경을 올리옵나니, 저희들의 온갖 불행의 씨앗을 거두어 주시옵고 하는 일마다 두루 원만 성취케 하여 주시옵소서.
원컨대 이 공덕으로 저희들과 더불어 인연 있는 모든 중생들의 허물이 남김없이 소멸되고, 임종을 맞이해서는 정념正念으로 실상實相을 관하여 극락정토의 세계로 인도하여지이다."

이런 식으로 자신의 입장에 맞게 축원하는 마음으로 행하면 좋을 것이다.

제9장 불교의 심리치료 방법(II)

제1절 『구사론』의 심리치료

1. 마음병 치료(心病治療)－단혹법斷惑法

불교에서는 제8아뢰야식이 본래 과거의 업력業力을 지니고 있어 신체의 영고성쇠榮枯盛衰를 관리한다고 본다. 그러므로 신체의 건강을 바라면 먼저 정신을 쾌활하게 하여 모든 심적인 고뇌를 벗어나는 것이 필요하고, 심적인 고뇌가 있어 정신이 위축되고 쇠미케 되면 신체도 따라서 용기를 잃게 되기가 쉽다. 특히 심리적인 문제가 있으면 대개 부도덕으로 끌리게 되고, 심리적인 병을 고쳐서 완전한 정신이 갖추어지면 지식 도덕을 증장하고 행복하고 영화로운 경지에 머물게 한다. 그러므로 마음의 병을 고치는 것은 긴요하고 가장 중요한 것이다.

보통 사람은 나에게 마음의 병이 있는 것을 알지 못하기 때문에 이를 고치는 일에 주의를 기울이지 못한다. 그러나 탐욕·분노·산란·

질투·회한悔恨·우수憂愁·무참괴無慚愧 등의 모든 것에 진정 당당한 마음이 되지 못하는 사정이 있으면 마음의 병자라는 틀을 면할 수가 없다. 그러면 어떻게 해서 이들의 마음의 병을 정상적인 건전한 마음으로 고칠 것인가. 이 치료적인 기술을 설하는 완전한 치료의 방법을 보여주는 것으로 불교는 심식心識의 근원을 찾아 마음의 병의 근원을 밝히고 치료의 법약法藥을 주고 복용의 실천법을 설한다. 이에 그 개략을 살펴보면, 이들은 주로 『구사론』과 법상유식·삼론三論·화엄종·천태사상·진언眞言·선종禪宗 등에서 설하고 있는 것을 볼 수 있다.

먼저 『구사론』의 뜻을 보면, 6식의 심왕心王과 46의 심소心所[327]가 있어 이들이 화합하는 곳에 선심善心·악심惡心·무기심無記心이 있을 수 있고, 상응인相應因이라 해서 상응하는 심소가 있어 악심을 없애고자 하면 하나의 악심에 다른 악심이 따르지 않도록 해야 한다. 이를 성취함에는 혜慧의 심소가 무아의 진리를 관하여 아견我見을 여의지 않으면 안 된다. 이 아견을 없애면 거친 악심은 자연히 일어나지 않는다.

그리고 또 구생俱生의 혹惑이라 해서 생득적으로 일어나는 협소한 악심이 있는데 이 악심에 다른 악심이 따라 일어나지 않도록 하기 위해서는 어떻게 하면 좋은가 하면, 똑같이 혜慧의 심소가 무아의 진리를 관상觀想하지 않으면 안 된다. 그리고 이 무아관을 성취하기 위해서는 아我가 심리적으로나 신체적으로나 모두 가화합된 것으로

---

327 心所: 마음(心)에 소속되는 것을 말한다. 자세하게는 심소유법이라고 한다. 마음에 종속하는 여러 가지 정신작용을 말하고, 심소는 심心에 종속하고 따르기 때문에 심소에 대해 심心을 심왕心王이라고 말한다.

실은 변해 흘러가는 공空한 것이며, 무상한 것이라는 것까지도 관상하지 않으면 안 된다. 이렇게 관하여 실로 아我 및 아소我所의 집착을 여의면, 마음에 틀린 경우에 접했다고 해서 화내고 증오하는 마음을 발하는 일이 없고, 순탄한 환경에 만났다고 해서 탐애貪愛의 마음을 낼 일이 없으며, 기타 모든 원한·질투심·근심 걱정·놀람·비탄·오만함 등 마음의 병을 전부 치료할 수 있다. 마음의 상태는 다만 결백하고 태연무사泰然無事할 뿐이다. 그러므로 항상 차분한 마음이 되어 정신을 단련하는 정심定心의 수행이 필요한 것이다.

2. 정심定心의 성취 방법

1) 수식관과 선심善心

이 정심定心, 즉 어떻게 하면 지극히 가라앉은 마음이 될 수 있는가 하면, 불도수행의 입구에 수식관(數息觀: 수식좌선요법 참조)이라는 것이 있어 많은 산란심을 대치하니, 즉 이것은 출입하는 호흡을 헤아려 마음을 고요하게 하는 방법이다. 이 방법으로 몇 분인가 산란심을 진정하게 되더라도 또한 탐진貪瞋·도거掉擧·회의悔疑와 같은 심소心所가 있을 때는 정심을 방해하여 진정으로 안정된 마음이 되기 어렵다. 그럴 때에는 어떻게 하는가 하면, 악심을 다스리는 정심은 선심이기 때문에 이를 성취하는 데는 다른 선심소善心所가 따라야 할 것을 요하고, 이것 없이 정심이 독립하여 성취되는 것은 아니다. 선善의 심소란 『구사론』의 송頌에 "신信 및 불방일不放逸·경안輕安[328]·사捨[329]·참괴慚愧·무탐진無貪瞋의 이근二根[330] 및 불해不害·근勤[331] 등이 두루 선심善心"

이라고 하는 것이 이것이다.

2) 정심과 10의 선심소善心所

변선심遍善心이라고 해서 선심이 있는 데는 반드시 이 10의 선심소善心所가 따르게 되고, 따라서 악심을 다스리는 정심定心을 성취함에는 첫째 신信의 심소가 생겨야 한다. 둘째 불방일이니 즉 악심을 끊고 선심을 일으키기에 전력을 다하여 멋대로 노는 마음을 엄금한다. 셋째 경안輕安에 주해야 하니 지악작선止惡作善함에는 여러 가지 어려움이 있지만 좋은 일을 행함에 즐거이 견디어 내는 마음이 되어야 한다. 넷째 사捨의 심소를 가져야 하니, 즉 마음을 평등하게 갖고 잘못된 경우를 만나도 침울한 마음이 되지 않고, 순탄한 입장에 접해도 들뜬 마음이 되지 않고 마음의 부침이나 그 무엇에도 기울지 않는 것이다. 정심을 얻음에는 가장 쓸 만한 심소心所이다.

다섯째와 여섯째는 참慚과 괴愧이니, 참에는 괴를 잃지 말아야 한다. 참慚이란 자신이 말로는 선은 지어야 하고 악은 그쳐야 한다고 하면서 다른 사람이 없는 곳에서는 악을 지으려고 하는 것을 부끄러워하고 실로 좋은 일을 존숭하는 마음이고, 괴愧란 다른 이의 견문을 부끄럽게 여기어 나쁜 일은 무엇이나 좋아하지 않고 싫어하는 마음이다. 일곱째

---

328 輕安: 심신이 평안하고 융통성을 갖추어 경쾌한 것.

329 捨: 평정, 무관심의 뜻.

330 根: 힘이 있어 강한작용을 하는 것, 二根은 탐심과 진심을 의미함.

331 勤: 정진의 뜻. 선을 지켜 기르고 악을 끊어 생기지 않게 하기 위해서 용감한 마음.

는 무탐無貪이다. 객관적인 사물에 탐착하면 마음이 산란하는 것이니, 남김없이 단념하여 무탐착無貪着으로 되는 것이 정심을 얻는 데 필요하다.

여덟째는 무진無瞋이니, 정비정情非情의 일에 자기의 뜻에 맞지 않는 일이 있어도 말을 하지 않거나 마음이 태연자약하면 정심을 얻기 쉬운 것이다. 아홉째는 불해심不害心이니, 즉 다른 사람을 괴롭히거나 해치는 마음이 없는 것이다. 열째는 근勤의 심소를 북돋우어야 한다. 『논』에는 "근위령심용한위성勤謂令心勇悍爲性"이라 하여 지악작선止惡作善함에 용감한 마음이 있어 물러서는 마음이 없는 것이니, 즉 이것은 좋은 의지가 견고한 것이다. 본래부터 지극한 정심定心으로 되기에는 가장 뛰어난 잠복되어 있는 마음이 없어서는 성취되는 것이 아니다.

이상과 같이 10개의 선심소善心所를 상응시키는 곳에 악심을 다스릴 정심을 얻는 것이니, 대체로 말하면 계정혜의 삼학은 소위 "시라불청정尸羅不淸淨 삼매불현전三昧不現前"이라고 하는 말과 같이 신구의身口意의 악을 제지하는 것도 정심을 이루는 조력자로 되어 마침내 금강유정金剛喩定, 즉 미세하여 끊기 어려운 악자惡者의 뒤집힌 마음까지도 고칠 수 있는 정심을 얻게 되는 것이다.

3. 무아의 관지觀智

『성실론』에 "계는 적을 붙잡는 것과 같고(戒如捉賊), 정은 적을 묶어놓는 것과 같으며(定如縛賊), 혜는 적을 죽이는 것과 같다(慧如殺賊)"라고 설하는 바와 같이, 『구사론』도 올바로 악심을 다스리는 데는 무아의 관지觀智에 있고, 정혜定慧는 한 짝이기 때문에 정으로 악심을 다스릴 수 있다고 하는 것이다. 이미 정혜는 떼놓을 수 없는 것이기 때문에 정定에 10종의 선심소善心所의 상응이 필요한 것처럼, 혜慧에도 10종의 선심소가 상응하여 무아의 관지를 성취하고 분별기와 구생기[332]의 혹악惑惡을 대치하여 열반의 큰 즐거움을 얻는 것이라고 한다.

또한 이 무아관無我觀 및 상응의 정定에는 십대지법十大地法의 심소의 선한 것이 따르지 않으면 성취할 수가 없고, 따로 사思의 심소가 따르지 않으면 그들 정혜를 완성할 수가 없는 것이다. 왜냐하면 『구사론』에 "사위능령思謂能令 심유조작心有造作"이라고 하는데, 이것은 사思의 심소는 심왕과 심소를 활동시키는 것이기 때문이다. 사思의 심소에는 심려審慮[333]와 결정[334]과 동발動發[335]의 셋이 있고, 그 동발動發은 신구身口 2업의 인등기因等起, 찰나등기刹那等起로 되어 2업을 작용하게 하기 위할 뿐 아니라, 또한 이것이 심심소를 자극하여 활동케 한다. 이것은 마치 근세의 심리학에 무의식의 심리는 의지를 가지고 좌우할 수가 없다 하더라도 의식에 관계되는 모든 심리는 의지를 가지고 관리할 수가 있다고 하는 것과 같이, 강한 결정사決定思와

332 分別起와 俱生起: 번뇌가 일어나는 데 있어서의 두 가지 형태로, 구생기란 몸이 생김과 동시에 일어난다는 뜻으로 선천적인 번뇌이고, 분별기란 외부로부터의 세력이나 스스로의 부당한 추리분별에 의해 일으키는 후천적 번뇌를 말한다.

333 심려審慮: 결정 또는 확인하기 전에 숙고하는 것.

334 결정: 확정적인 것.

335 동발動發: 의지적 노력, 근용勤勇.

동발사動發思를 가지고 정혜를 성취하고 이 정혜의 능력으로써 모든 심병, 즉 악심을 대치할 수가 있는 것이라고 한다.

4. 의지박약의 심리적인 병

그러면 의지가 박약한 정신병자의 심리적인 병은 어떻게 해서 고칠 수가 있는가 하면, 불교에서 무릇 심광心狂은 의식(意)의 영역에 있는 것으로 보는 것이고, 전5식前五識에도 있는 것으로 보는 것은 전5식은 의식에 끌리기 때문이다. 그리고 무아의 관지는 의식에 있는 것으로 이 식識이 전광癲狂이 되면 그 관혜觀慧를 할 수가 없기 때문에 그 심리적인 병을 고칠 방법이 없는 것 같지만, 「업품業品」의 설에 의하면 심광을 발하는 것은 즉 업이숙業異熟과 포외怖畏·상해傷害·대종괴위大種乖違·우수憂愁 등으로 말미암기 때문에 앞의 것들처럼 무아의 관지를 성취하고 있으면 이미 심리적인 병이 전부 치료된 것이므로 제1의 업이숙의 몸을 받게 된다. 그리고 불활외不活畏·악명외惡名畏·대중외大衆畏·명종외命終畏·악취외惡趣畏를 없애 제2의 포외의 원인이 없어지고, 모든 사람이 공경하게 되기 때문에 제3의 상해의 원인도 없어지며, 또 뜻하지 않은 음식물을 수용하여 잠시 광란하는 일이 있지만 오래 계속되지 않으면 제4의 괴위의 원인도 없어지고 법성法性, 즉 만유의 진성眞性을 깨달아 얻으므로 제5의 원인인 우수도 일어나지 않는다. 따라서 『구사론』에 있어서의 심리적인 병을 고치는 것은 지금 세상에 말하는 정신병을 미연에 방지하는 것이고, 심리적인 병이 튼튼하게 완치되어 있으면 어쩌다 외부의 자극 등에 의해서 광란한다 해도 바로 본래대로 회복하여 정신이 건전하게 될 수 있는 것이다.

이상에서 살펴본 심리적인 병의 치료법은 『구사론』에서는 통례적으로 단혹斷惑의 법이라고 하는 것이다. 그러나 견혹見惑·사혹思惑을 번뇌라고 이름 지우는 것은 심신을 괴롭힌다는 말이므로 병의 근본이라고 하지 않을 수 없고, 또 붓다를 의왕醫王이라고 하는 것도 혹염惑染을 병이라고 보기 때문이다. 이에 지금은 단혹법斷惑法의 것을 심병의 치료법이라 하여 그 치료법의 일반을 살펴본 것이다. 이 법을 실행하면 염오심을 퇴치하여 세상의 지식과 도덕을 분명하게 하고, 따라서 육체의 병마까지도 구제하여 일거양득이 될 것이다. 그러므로 아함경의 병 치료비법 72종 가운데 불도의 지관止觀법이 단혹斷惑뿐만 아니라 심리적인 병의 치료 방법이 될 수 있는 뜻을 보여주는 것이다.[336]

제2절 『유식론』의 심리치료

1. 마음병(心病)의 근원

1) 번뇌장

법상유식法相唯識의 뜻은 무릇 우리들이 고통과 근심 걱정을 느끼는 것은 본래 번뇌장煩惱障이라고 하는 여러 가지의 마음병이 있는 데에 기초하고 있다. 자신은 모두 연생緣生 무성無性으로서 환幻과 같고 가유假有이며, 정해진 실질적 고통의 경애란 있을 수 없다. 또 그러한

---

336 佛教大學六條學會, 『六條學報』 第151號, 大正3年 5月, pp.87~93.

가유실무假有實無의 곳으로 초월하여 간 미혹된 감정을 여읜 자유평등한 진리가 있어 추호도 근심 걱정과 고통이 있을 것이 없다. 결국 우리들이 어렵고 괴로운 비경悲境을 만나는 것은 스스로의 마음의 망정妄情이 나타나는 것을 인정할 뿐이다. 어린 고양이가 거울을 향하여 자신의 영상임을 알지 못하고 두려워서 치아를 들어내어 신음하면 더욱더 거울 속의 적은 반항하고 눈을 부릅뜨고 노려보며 등을 솟구쳐 뛰어가서 물어 덮치려고 한다. 여기에서 어린 고양이는 더욱더 무서워서 불시의 액난에 괴로워하는 것과 같은 것이다.

고통은 마음 밖에 없는 것임을 확실히 알고, 만유의 진면목은 자유롭고 속박당하지 않는 것임을 확연히 깨달으면 육체를 가지고 있으면서 열반의 묘락을 얻는다. 이러한 즐거움은 천재千載에 불변하는 것으로 칠진만보七珍萬寶를 가지고 있는 행복도 이에 비할 수가 없다.

2) 마음병의 근본

그러면 어떻게 해서 번뇌장이라고 하는 마음병의 근본을 치료할 것인가. 먼저 이 마음병의 근본을 알지 않으면 안 된다. 이 마음병은 제6의식意識[337]에 있는 것으로, 자기라고 하는 것이 실유實有라고 고집하여 자기를 사랑함으로부터 생겨나는 마음의 병이다. 그러나 아我의 실유라고 하는 집착은 또 어느 곳으로부터 발생하는가 하면, 이것은 제7말나식末那識[338]의 아집으로부터 일어나는 것이고, 이 말나식의 아집은

337 눈과 귀를 폐쇄해도 볼 수 있고 들을 수가 있는 사물을 상상하는 것과 같은 心識.

338 밤이나 낮이나 心底에 자기를 인정하여 我를 집착하는 마음의 意地.

우리들의 정신의 근본체인 제8아뢰야식의 가유실무假有實無를 알지 못하고 아我의 실체가 있다고 고집함으로부터 생기는 것이다. 제6의식은 이와 같은 망집妄執이 있는 제7말나식을 소의로 하여 활동하는 것이다.

그러므로 제6의식은 제7말나식에 모방하여 제8아뢰야식의 자체 및 그로부터 변화하여 나타난 육체[339]의 가유실무임을 알지 못하고 실로 나의 몸 나의 마음이 있다고 집착하며,[340] 나의 심신心身이 실유라고 고집하기 때문에 자애自愛, 즉 이기주의가 일어나 자기생존의 자구資具를 탐구하는 욕번뇌欲煩惱를 일으켜 자기에게 해로운 경우를 싫어하는 진번뇌화瞋煩惱火를 일으키기에 이른다. 이러한 마음의 병이 있기 때문에 몸에 비단옷을 감고 입에 진미를 담고 잠자리가 금전金殿에 있다 해도 또한 족함을 알지 못한다. 그러나 이러한 만유의 진리에 어두운 미혹한 집착, 즉 마음병의 근원을 끊어 없애고 이공(二空: 人空法空)이 나타나는 진리를 깨닫게 되면 우주 전 세계 어느 곳에 있다 해도 지극히 즐거운 일이 나타나는 것이 만고萬古에 변함이 없는 것이다. 왜냐하면 참 즐거움(眞樂)을 감추어 덮어버리고 있는 마음병이 없어지기 때문이다.

339 우리들이 보는 이 몸은 제8식이 자신의 생각하는 상像을 그린 것이다.

340 이를 卽蘊의 我執이라고 함.

2. 번뇌장의 치료법

1) 아법이공관我法二空觀

그러면 소위 번뇌장인 마음의 병의 치료법은 어떤 것인가. 『유식론』 1에 "유아법집由我法執, 이장구생약증二障具生若證, 이공피장수단二空彼障隨斷"이라고 설하고 있다. 번뇌장과 소지장所知障[341]의 이장二障은 또 아법이집我法二執으로부터 발생하니, 이에 마음병을 치료함에는 아법이공我法二空을 관하여 증득해야 할 것이라는 것이다.

그러면 어떻게 아법이공을 믿을 수가 있는가. 아법이란 아我는 우리들의 심신을 말하는 것이고, 법法은 심신을 조성하는 원체原體 및 외계의 제물질을 말하는 것이니, 요컨대 물심物心의 둘이고, 공空이란 이 둘에 견실한 자성自性이 없는 것을 말하는 것이다. 어째서 견실한 자성이 없는가. 심신이라고 하는 물질은 극미極微라고 해서 지극히 정교한 현미경으로도 볼 수가 없는 극소의 것이다. 그러나 이것이 적취積聚[342]의 곳에서 사방상하의 방각方角이 있는 것으로부터 미루어 보면 그 극미에도 방분方分이 있는 것이고, 방분이 있으면 분석될 수 있는 것이다. 분석될 수 있는 것이 될 때는 현상계의 병甁이나 그릇 등과 똑같이 가화합의 것이며, 이것은 즉 물질이라고 해야 할

---

341 煩惱障과 所知障: 번뇌장은 깨달음에 이르는 도(성도)를 방해하여 열반을 얻지 못하게 하는 번뇌를 말하고, 소지장은 業을 일으켜 三界에 태어나게 하지는 못하지만 알지 않으면 안 되는 대상을 덮어 正智가 생기지 못하도록 방해하는 번뇌를 말한다. 즉 무도無倒의 경애를 은복隱覆하여 그 실체를 알지 못하게 하는 어두운 마음을 말하는 것이다.

342 적취積聚: 각종의 요소가 모여 하나의 사물을 형성하고 있는 것.

견실한 자성도 없는 것으로서 임시로 극미라고 할 수 있는 위치를 점하게 되는 것뿐이다. 그러면 이것은 어디로부터 와서 나타난 것인가, 그 근원을 찾아보면 제8아뢰야식으로부터 온 것이라고 하는 것이다.

2) 일처사견

그것을 어떻게 알 수 있는가 하면, 『아비달마경』의 일처사견一處四見의 설이 있다. 즉 일처의 물에서 아귀는 이것을 보고 불(火)이라고 하고, 인간은 이것을 보고 물(水)이라고 하고, 천인天人은 이것을 보고 유리지瑠璃地라고 하고, 어류는 이것을 보고 가택家宅이라고 한다. 이것은 다름 아닌 보이는 바 대상은 보는 자의 업인業因이 같지 않기 때문에 제8아뢰야식으로부터 떠오른 영상影像의 상분相分도 또한 같지 않음으로 말미암아 다른 모습의 견見이 있는 것이다. 하나의 썩은 흙에서 지렁이는 음식물이라고 보고, 인류는 흙이라고 보는 것도 또한 그렇다. 이미 물과 흙에서 이와 같이 될 때는 원래의 극미도 제8아뢰야식으로부터 떠올라 온 영상의 상분相分인 것이 명백하니, 즉 극미는 제8아뢰야식에 있는 물질의 종자로부터 나타나서 마침내 또 물질로서의 자성을 잃은 것이다. 그러면 색법色法, 즉 물질이라고 말해야 할 임시적인 것이기는 하지만 실實의 것은 없는 것이므로 이것을 법공法空이라고 말한다.

물심物心의 두 가지는 이미 연생緣生 무성無性으로서 실유實有의 것이 없을 때는 이 두 가지로부터 태어난 우주만상 또한 가유실무假有實無이다. 실체의 것이 있는 것처럼 보이는 것은 어떠한가 하면, 『유식론』에 "아법분별我法分別, 훈습력고薰習力故, 제식생시諸識生時, 변사아법

變似我法"이라고 설하여 삼라만상은 아뢰야식의 상분견분(相分見分: 소위 物心二者)이고, 이 2분二分의 종자가 제8식에 스며들 때 실체의 인법人法이 있다고 생각하고 스며들었기 때문에 그 종자가 실인실법實人實法의 기분을 띠고, 현행現行의 때 실인실법답게 태어난 것이지 실체의 인법人法이 있는 것은 아닌 것이다. 그런데 또 환영에 광혹되어 실체의 인법이 있다고 보는 것은 인법이집人法二執이 심안心眼을 가려 실체를 보지 못하게 하고 오직 집착되어 나타나는 것만을 보게 하며, 어두운 밤에 나무 기둥을 만나고서 호랑이가 잠복한다고 보는 것은 공포의 정이 참 눈(眞眼)을 덮어 실제를 보지 못하게 하고 오로지 치정癡情의 나타난 것만을 보게 하는 것과 같은 것이다.

이상 살펴본 의의에서 인법人法의 실체 없는 것을 믿고 이 이공二空의 도리를 관하여 전체적으로 망령된 집착을 제거하고 말을 떠난 묘지妙旨에 달하면 번뇌의 마음병을 근저로부터 끊어 없앨 수가 있다고 하는 것이다.

3) 십신위와 4선四禪

그러나 그 견고한 신심은 성취하기 어려우므로 십신위十信位에 정진·선정·지혜 등의 선근을 닦아 신심을 수양하고 마침내 신심을 성취한 곳에서 초주위初住位에 들고, 그로부터 십주十住·십행十行·십회향十回向[343]의 사이에 여러 가지 선행을 하는 것으로서 인법이공人法二空의 도리를 관하여 번뇌장의 마음병을 일으키지 않도록 한다. 십회향의

---

343 妄執을 일으키지 않도록 정신을 鍛練하는 단계이다.

끝에 이르러 대분발심을 발하여 제4선정第四禪定[344]에 들고 모두 주관적 객관적 사물의 자성차별 모두 가假의 것이기는 하지만 실實의 것이 아님을 확고하게 빠짐없이 관상觀想한다. 이를 위해서 분별상의 번뇌병은 완전히 숨어들어 일어나지 않고, 또 힘써 이공二空의 도리를 관하는 곳에서 분별심으로 생기는 번뇌병의 종자[345]를 단절하니 이곳을 초지初地에 든 것이라고 하고 통달위通達位라고 이름하여 일분이공一分二空의 도리를 증득한 것이라고 한다. 그러나 또한 구생기俱生起의 번뇌병이 있으므로 이를 끊기 위해서 똑같이 '유식'의 뜻에 의해 이공의 도리를 관하는 것을 수습위修習位라 하고, 이 구생 번뇌병의 근저, 즉 종자를 전부 끊은 것을 구경究竟의 불위佛位라고 한다.

그러나 아집을 끊고 번뇌의 종자를 멸하는 것은 매우 어려워서 이룰 수 없다고 생각하는 사람이 있어 근래에는 이를 비유해 이르기를, 대저 일체중생의 본성은 5종으로 나누어 인천정성人天定性·성문정성·독각정성·부정종성不定種性·보살종성菩薩種性의 것이 있다. 제1의 정성은 아무래도 번뇌병을 다스리는 성질의 것이지만, 후의 사성四性 가운데 어느 것인가 일성一性을 갖고 있는 것은 반드시 번뇌병을 다스리는 성질, 즉 종자를 갖고 있으므로 수행만을 쌓으면 반드시 번뇌의 마음병을 고칠 수가 있다고 하는 것이다. 그리하여 제1의 성性은 일체중생에 있어서 오직 이 성만이 있는 자와 다른 성문성聲聞性·보살성菩薩性을 겸유한 자가 있으므로 인천人天에 태어날 종성을 갖지

---

344 捨受만이 있어 어떠한 苦境에 만나더라도 감수하지 않고 마음 산란하지 않은 定이다.

345 제8식, 즉 방금 소위 잠재의식과 같은 것에 薰藏된 習慣.

않은 자는 없는 것이다. 그러므로 예컨대 번뇌병을 전치할 수가 없다 하더라도 오계십선五戒十善·사선정四禪定 등을 수행하여 이루고 인천에 태어날 수 있는 종성이 있으므로 삼악도에 떨어질 악심의 병도 퇴치할 수가 있는 것이니 스스로 버리는 일이 없어야 한다.

그러면 왜 악심惡心의 병이 일어나기 쉬운가 하면, 선악의 심소心所가 서로 상반하여 갈등함에 선심의 쪽에는 인공무루지人空無漏智의 조력이 없고, 악심의 쪽에는 아집이라고 하는 우두머리가 붙어 돌아서 크게 힘을 주기 때문에 선심이 지고 악심이 이기는 악심의 병이 생기기 쉬운 것이다. 즉 선善의 11심소인 신심信心·정진精進·참괴慚愧·무탐無貪·무진無瞋·무치無癡·경안輕安·불방일不放逸·행사行捨·불해不害에 대하여, 악심의 쪽에는 불신·해태·무참·무괴·탐욕·진에·우치·혼침·방일·도거[346]·해害 등의 것이 있어 전자는 후자를 굴복시키려고 하고, 후자는 전자를 쓰러트리려고 한다.

그러면 범인凡人에게 있어서는 어떻게 하면 악심을 조복하고 선심이 이길 수 있는가. 선악의 두 마음 어느 것에도 조력하는 오변행五遍行의 심소가 있으니, 즉 작의作意·촉觸·수受·상想·사思가 이것이다. 작의에서는 선심, 즉 정진[347]·불방일[348]·경안[349]·참괴[350]·행사[351] 등의 시든

---

346 掉擧: 마음을 흔들어대어 조용하지 못한 것을 말한다. 모든 번뇌가 안정되지 못하는 것은 도거의 마음과 상응하기 때문이다.

347 精進: 善을 닦아 惡을 그치는 데 용감한 마음.

348 不放逸: 惡心을 방지하고 善心을 갖추어 방자한 마음을 금함.

349 輕安: 心身 모두 좋은 일에 잘 참아 活潑하여 꺾이지 않는 마음.

350 慚愧: 나쁜 일을 부끄러이 여기고 천시하며 좋은 일을 좋아하고 존중하는 마음.

마음을 경각하고 분려케 하여 모든 악심을 심히 싫어하면 마침내 이무심정二無心定의 강한 염심厭心의 잠재세력이 있어 6종의 좋지 않은 심심소를 일으키지 못하게 함으로써 악심은 스스로 멸하고 선심은 이길 수 있는 것이다. 여기에서 인류 보통의 지식 도덕은 자연히 갖추어지게 되고 인생은 필연적으로 행복을 얻게 되는 것이다.[352]

제3절 전세요법

1. 윤회사상에 기초한 새로운 심리요법

전세요법前世療法이란 윤회전생 사상, 즉 영혼은 불멸이고 완전을 향하여 계속 성장하기 위해서 몇 번이건 새로 태어난다고 하는 가르침에 기초한 것이다. 이 가르침은 종교 그 자체와 같은 정도로 오랜 역사를 가지고 있음에도 불구하고 미국에서는 에드가 케이시의 리딩[353]에 의해서 알려지기까지는 반드시 진실된 것으로 받아들여지는 일은 없었다. 케이시는 최면 하에서 트랜스 상태[354]에 들어 사람의 전세前世에서의 생활을 자세하게 말하고, 그때 말한 일이 그 사람의 현재의 인생에 어떠한 영향을 미치고 있는지를 이야기할 수가 있었다. 카르

---

351 行捨: 外物에 대하여 마음 飛騰하지 않고 惛沈하지 않고 태연 침착한 마음.

352 『六條學報』 第152號, 大正3年, pp.20~26.

353 케이시가 투시透視에 의해서 얻은 정보로, 그는 생애에 1만4천 건 이상의 리딩을 남겼다.

354 五感을 통한 감각이 감퇴하고, 다른 차원과의 교신이 가능하게 되는 의식의 변성상태變成狀態, 케이시의 경우 깊은 수명상태에 가까운 것이었다.

마[355]의 법칙은 윤회사상의 근간이 되는 생각으로 행위의 결과는 현세를 넘어 내세에까지 영향한다.

전세에의 퇴행이 정신요법이라고 하는 식으로 사용할 수 있다고 생각하게 된 것은 비교적 최근으로, 하나의 조류潮流라고 말할 수 있기까지의 커다란 움직임으로 된 것은 1980년대의 일이다. 오늘날에는 전세요법이 환자가 지닌 문제의 핵심을 찾는 가장 빠르고 가장 직접적인 방법이라고 많은 심리요법가들은 생각하기 시작하고 있다. 전세를 아는 방법에는 몇 가지가 있지만 아마도 가장 일반적인 것은 '기시감旣視感'이라고 불리는 현상일 것이다. 기시감이란 이전에 온 적도 없고 이야기로 들은 적도 없는 장소에 왔을 때 느껴지는 것으로, 지금 보고 있는 것뿐 아니라 그곳의 커브가 꺾인 곳에 무엇이 있는지까지 알고 있다는 느낌의 것이다. 그리고 그 예감은 반드시 적중한다. 많은 사람들에 있어서 이 현상은 별도의 다른 인생에서 여기에 온 일이 있었다고밖에 설명할 수 없다.

또 하나는 과거의 기억이 자연히 생각이 나는 현상으로 어린아이들에게 잘 보이고, 동양이나 남미에서는 어린이가 그러한 과거의 기억을 생각해내도 그 일을 웃거나 하지 않는다. 세 번째 방법은 꿈(夢)에 의한 것이다. 전세의 환경이 촘촘한 곳까지 재현되는 일이 곧 잘 있지만, 어쨌든 현재의 인생에 있어서의 은유隱喩로밖에 해석되지 않는 일이 많다. 에드가 케이시는 자신의 전세나 그에게 상담하러 오는 사람들의 전세를 트랜스 상태에서 리딩했지만, 오늘날 이 방법은

---

355 불교에서 말하는 業. 산스크리트어로 행위를 의미한다.

널리 보급되어 있다. 그러나 초능력자에게 가서 전세에 대해 들어도 그것을 자신이 직접 체험할 수는 없고, 심리요법을 행함으로써 의의 있는 감정적인 임팩트(효과)를 완전히 얻을 수 있는 것도 아니다. 치료를 목적으로 하는 경우 가장 신뢰도가 높고 컨트롤 잘되는 전세를 아는 방법은 최면에 의한 것이다. 그리고 그것이야말로 거개의 심리치료가들이 쓰고 있는 방법이다.

2. 최면요법과 그 역사

최면催眠은 유사 이전부터 쓰이고 있었음에도 불구하고 실체가 무엇인지 확실하게는 알고 있지 못하다. 말할 수 있는 것은 최면이란 의식의 변성상태變成狀態이고, 묻혀 있던 기억이 떠올라 심신을 치유하는 암시가 즉시 효과를 낸다고 하는 것이다. 부족사회 시대에는 주술치료사나 주술의가 최면을 쓰고 있고, 고대문명에서는 승려나 신관神官이 이를 사용하였다. 고대 이집트나 그리스에서는 병자나 마음이 병든 사람은 '치료의 신전神殿'을 순례하였다. 신전에서 신관이 병자를 트랜스 상태로 이끌면 많은 경우 각성하였을 때 괴로움이 없어지고 병이 치유되는 것이었다. 오늘날 프란츠 메스메르(Mesmer, F. A, 1734~1815)가 최면의 창시자라는 것은 많은 사람들의 견해로 일치하고 있고, 메스메리즘(催眠術)이라고 하는 말은 그 이름에 유래한다. 메스메르는 그와 같은 특별한 능력이 있는 자를 통하여 유입하는 것이 가능한 '우주유체宇宙流體'[356]라고 하는 것이 존재하고, 이것이 병자를 고친다고 믿고 있었다. 메스메르의 시료施療를 조사한 프랑스의 위원

회는 이것이 정말이라고 결론을 내렸다.

다음 세기에 들자 두 명의 스코틀랜드 외과의가 환자에게 최면을 걸어 성공을 거둔다. 그 한 사람인 제임스 브레드는 그리스어의 '잠'에 해당하는 말에서 히프노티즘(Hypnotism, 催眠)이라는 말을 만들었다. 제1, 2차 세계대전이 일어나고 전선에서의 구급치료의 필요에서 다시 연구가 진행되고, 마취나 무통분만에서 최면의 새로운 응용법이 발견되었다. 1950년에는 영국과 미국의 의사회가 최면의 사용을 허가하고 걸출한 정신과 의사 밀튼 H. 에릭슨(Milton H. Erickson, 1901~1980)의 연구에 의해 최면은 새로이 권위 있는 것으로 되었다. 에릭슨은 환자에게 은유隱喩를 써서 이야기를 했다. 즉 환자가 품고 있는 문제와는 직접 관계가 없는 환자의 인생에 대한 예화를 들려주었던 것이다. 에릭슨은 종종 환자를 고치기 위한 의도를 교묘하게 반영시킨 간접적인 암시 등을 교묘하게 썼기 때문에 많은 환자들은 어떻게 해서 그의 치료가 이루어지는 것인지 알지 못했다. 권위를 내세우는 일 없이 상대방을 존중한 훌륭한 그의 대응 방법은 최면의 기법에 새로운 바람을 불어넣었다.

3. 전세요법前世療法

1) 전세요법의 방법

전문가의 사이에서는 최면을 받아들이는 사람이 늘어나고 있음에도

---

356 우주유체는 혹은 '動物磁氣'라고도 불렸다.

불구하고, 환자의 거개는 머뭇거리면서 최초의 세션(토론)에 다가온다. 소설이나 영화·최면 쇼 등이 전하는 최면에 대한 '신화'를 일소하기 위해서 카타기리스미코(片桐すみ子) 씨는 최초의 면접 시에 꽤 시간을 들여 이렇게 설명하는 것으로 하고 있다. ―"마음까지는 컨트롤되지 않을 것, 의식의 일부는 항상 무엇이 일어나고 있는지 알고 있고, 최면에 걸려 있는 동안에도 쭉 나와 좋게 접촉을 계속할 것, 하고 싶지 않은 일은 예컨대 의사라도 하게 하지 말 것, 바라보면 언제라도 눈을 뜨고 이야기를 하거나 방의 밖으로 나올 것, 트랜스로부터 각성할 때에는 아마도 일어난 것을 모두 기억하고 있을 것일 것, 종료 시에는 기분이 상쾌할 것."

전세에의 퇴행을 환자에게 제안한다고 결정해도 최면에 의한 퇴행이 문자대로의 신빙성을 갖는 것이라고 주장하고 있는 것은 아닌 것을 언제나 그는 강조한다. 그러나 반드시 환자가 무엇을 믿고 있는지 물어보고, 만일 상대방이 엄격한 종교교육을 받은 사람이라면 신약성서와 구약성서 가운데도 윤회의 신념이 광범하게 미치고 있는 적지 않은 증거가 있는 것을 지적한다. 끝으로 이러한 종류의 치료를 받는 데 있어서 윤회를 믿고 있을 필요는 없다고 환자를 안심시킨다. 그리고 자신이 품고 있는 문제에 주의를 집중해 받도록 암시를 걸면서 최면으로 이끄는 것이다.

특히 지시하지 않으면 환자가 전세의 어느 부근에 도달할지는 대개는 전혀 우연의 문제이다. 소녀가 형제와 뜰에서 놀고 있다든지, 양치는 목동이 양의 돌보기를 하고 있다고 하는 일상의 정경일지도 모른다. 혹은 절규나 공포의 표정이 따르는 비행기의 추락이나 비업非業의

사死의 장면도 있을 것이다. 그런 때는 바로 환자를 그 이전의 보다 행복한 장면으로 데리고 돌아가 그곳으로부터 시작하는 것이다. 환자는 어느 때는 자신을 방관자의 시점에서 바라보는 경우도 있고, 전세의 자신의 신체에 있는 경우도 있다. 처음은 관찰자인 경우가 많지만 점차로 당사자로 되어가고 장면을 직접 체험하여 간다. 이름이나 연령 등을 생각해 낼 수 없는 경우가 종종 있지만, 그런 때에는 수를 세면 좋다. "내가 셋을 세면 이름이 머리에 떠오릅니다"라든지, "바로 어머니인지 주인이 당신의 이름을 부를 테니까, 그 이름을 반복해서 말해주십시오"라고 그는 말하는 것으로 하고 있다.

환자를 퇴행시키는 데는 이 최초의 장면으로부터 어린 시절로 일단 돌아가서 서서히 죽음의 순간까지 시간을 가게 하는 방법을 취하고 있었으나, 최근에는 죽음의 장면을 먼저 하는 쪽이 좋을 수도 있다고 본다. 이렇게 하면 환자가 몇 살에 죽었는지 알 수 있고, 그 인생에서 이미 살아 있지 않은 연령에까지 나아가려고 하는 것 같은 실수를 하지 않고 끝난다.

죽음의 장면에서는 환자에게 그 인생에서의 포인트－가장 행복하였던 순간, 가장 상처받은 순간, 최악의 때, 최대의 잘못을 범했을 때, 최대의 공적을 올렸을 때 등－을 회상하여 받는다. 죽음의 장면도 포함하여 그 장면에서의 고통이 너무나 쓰라렸다고 알았을 경우는 환자에게 몸 밖으로 빼내어 감정이나 고통을 느끼는 일없이 냉정하게 사태를 지켜보도록 조언한다. 환자는 죽음의 장면이 되면 대개는 그 장에 머물기에 흥미를 보이지 않지만, 그럴 때에는 지금 마치려고 하고 있는 생애를 왼손에 내려보고, 오른손에는 현재의 인생이 넓어지고 있는 모습을 멀리 바라볼 수 있는 산정山頂에로 환자를 인도한다. 두 개의 인생을 바라보고 있는 환자에게 한쪽 생애와 또 한쪽의 생애를 연결하는 선線이 보이는 것을 알린다. 환자는 양자의 연결의 중요성에 깨달을지도 모르고 깨닫지 않았다고 해도 상관이 없다. 그 의미는 마침내 환자 자신의 무의식층으로부터 떠올라오게 될 것이다. 끝으로 지금까지 해온 것을 이해하기 위해서 잠시 시간을 두고 나서 산뜻하게 깨어나는 암시를 건다.[357]

2) 퇴행체면

전세요법前世療法이라니, 정말일까……라고 반신반의하던 저자가 갑자기 이에 흥미를 갖기 시작한 것은 취미로 전세에의 퇴행최면[358]을 하고 있는 친구의 덕분이었다. 1979년 어느 심포지엄에 참가했을 때 친구인 젤다 사브리가 저자를 실험대에서의 퇴행최면을 해보지 않겠는가 하고 말했던 것이다. 최면에 들자 바로 자신이 연못 위에 떠 있는 것에 마음이 쏠렸다. 도대체 공중에서 자신은 무엇을 하고 있는 것인지 '나는 죽고 말았던 것일까' 하고 자문자답하였다.

나는 마른 육지로 가는 것 같았다. 연못가에는 긴 터널과 같은 모습의 원시적인 집이 보이고 입구가 이쪽을 향하여 열려 있었다. … (중략) …

이 퇴행이 신뢰할 수 있는 것인지, 그렇지 않으면 무엇인가를 상징하

---

357 Garrett Oppenheim, 전게서, pp.14~20.

358 최면으로 피험자를 퇴행시키고 과거나 전세로 데리고 돌아가서 묻힌 기억을 끌어내는 기법.

는 환상인 것인지를 여기에서 논할 입장은 아니지만 이 1회의 면접[359]에 의해서 환자의 억압감이 없어지고 문제의 해명에 매우 도움이 되었던 것으로 여겨, 저자는 다시 전세요법을 시도해 보기로 하였다. 환자를 선택하고 사전에 동의를 얻은 후에 진중하게 이를 사용하기 시작하고, 한편 이 방면의 연찬研鑽도 하면서, 그리고 오늘날은 환자에게 언제나 이렇게 상대하고 있다. "당신은 전세에서 누구였을까요?"

3) 전세요법의 효과

전세요법을 행함으로써 점차로 마음에 뿌리를 내리게 되는 확고한 신념 가운데 중요한 것을 들어보겠다.

①윤회전생輪廻轉生의 개념에 의해 인생에 은총과 인생의 의미가 초래된다.

윤회전생이라고 하는 개념에 의해서 우리들은 사死에 의해서 소멸되는 것이 아니라고 확신할 수 있으면 인생은 일시적인 것이 아니라는 걸 이해하게 되고, 불운不運 혹은 행운이 영원히 계속된다고 하는 공포로부터도 해방된다. 이 개념은 비가 나무에 필요한 수분을 베풀어 주듯이 인간이라고 하는 살아 있는 자의 필요를 충족시켜준다. 확실히 자연은 모든 살아 있는 자의 필요를 충족시켜주는 것 같다.

②카르마(業)는 윤회의 논리이다.

금생의 인생은 과거에 범한 잘못을 고칠 기회가 되기도 하고, 또한 하다 남은 일을 완성할 수도 있는 기회이다. 저자는 환자 2인에게

---

359 심리요법을 위해서 행하는 면접.

다음과 같은 이야기를 해서 자살할 생각을 바꾸어 놓은 일이 있다.

"자살해도 또 처음부터 다시 하게 되는 것입니다. 금생에서 문제에 확실하게 몰두하여 다음의 인생에서는 출발을 유리한 쪽으로 해 주십시오."

③ 잘못이나 실패에 감사해야 한다.

잘못이나 실패는 카르마(業)를 통해 무엇인가를 배우는 좋은 기회이다. 후회하는 것보다 잘못을 검토하여 보다 좋은 방법을 찾아 한결같이 탐구를 계속해야 한다. 환자에게—그리고 자기 자신에게도—'언제나 잘못을 두려워하지 말도록'이라고 생각하는 것이 좋다. 금생에 그것을 바로 잡을 수 없었다고 해도 또 언제 그 기회가 있지 않을까.

④ 성공에 대한 공포는 실패에 대한 공포보다 강하다.

갑부가 되면 도둑이 노리게 되고, 유명하게 되면 비평가나 경쟁상대와 다투게 된다. 즉 형편이 위쪽으로 가면 그 나름대로의 괴로움이 따라다닌다. 새로운 생각을 신봉하게 되면 우리들은 미지의 영역에 발을 들여놓는 것 같다. 환자에 대해서나—자기 자신에 대해서나—걱정되는 일 등은 웃음으로 뛰어넘기면 좋다고 말하면 그것으로 좋다. 성공의 대가는 높은지도 모르지만, 그 가치는 더욱 높은 것이다. 그것은 금생에 행복을 초래할 뿐 아니라 더욱 우리들을 한 단계 더 높은 곳으로 밀어 올려주는 것이다.

⑤ 상처를 받아도 사람을 사랑한다.

타인을 마음으로부터 깊이 사랑하는 것은 당신에게 행복을 초래하는 힘만이 아니라 당신을 상처 지우는 힘까지도 상대방에게 바치는 것이다. 그러나 사랑하는 것 이외에, 금생에서든지 별도의 인생에서든지 당신의 신념이 바른 것을 확인하는 이 이상의 멋진 방법이 있을까. 윤회전생의 문제에 결론이 나고 있지 않은 것은 알고 있지만—결론이 나오면 현재의 우리들의 생각은 치졸하고 단순한 것이 될 것이다—자기 자신은 이 육체에 깃들기 훨씬 이전부터 존재해 왔고, 육체를 버린 후에도 또한 길이길이 존재하게 될 것이다.[360]

제4절 불교 간호의 소양

1. 마음의 준비

1) 율장의 간호법

수행자의 율律에는 "어떠한 수행자라 하더라도 동거하는 수행자의 병환을 간병하지 않고, 또 간병을 위해서 분주하지 않으면 죄가 된다"라고 한다. 병자를 간호하는 것은 붓다를 공양할 정도로 큰 공덕이 있다고 한다. 수행 생활을 하는 중에 병이 생기는 수행자도 있기 때문에 병자에의 위로에 대해 많은 율이 정해지고 병자의 입장, 간호자의 입장에서 여러 가지 주의를 촉구하는 율 가운데 '간호의 5법'이라고 하는 것이 있다.

①병자의 대소변을 싫어하지 말 것
②병자에게 줄 약, 식사의 의방을 알고 있을 것
③병자에 대해 마음의 이야기가 될 수 있고 격려할 수 있을 것
④이득을 생각하지 않고 간호할 것

---

360 Garrett Oppenheim, 전게서, pp.36~37.

⑤몸을 아껴 간호할 것

이상의 마음 준비가 없는 자는 간호자로서의 자격이 없다고 설하고 있다. 간호의 '간看'이라고 하는 글자는 손(手)과 눈(目)으로 성립되어 있는데, '손'과 '눈'으로 간호한다고 하는 의미이다. 눈으로 지켜본다고 하는 것은 마음의 케어이다. 언제나 돌보아지고 있다고 하는 안심감이 병의 상태를 좋게 해나가는 전제가 아닌가 본다. 다만 병의 상태를 보고 있는 것만이 아니라 병자의 마음까지도 잘 보살핀다고 하는 눈(目)이라고 볼 수 있다. 손(手)은 간호의 원점이다. '손으로 돌보아주는' 것이 치유의 원칙이다. 될 수 있는 한 병자와 접촉한다고 하는 것이다.

2) 환자의 태도

또 율의 경전에는 병자 측, 즉 환자의 마음가짐이라고 하는 것도 있다. 환자는 환자답게 해야 한다는 것이다. ①정해진 약, 정해진 식사는 확실히 취하지 않으면 안 된다. ②간호사(의사를 포함)가 말한 것에는 솔직하게 따른다. ③병의 경중을 알지 못하고 자기 본위로 행동해서는 안 된다. ④괴로운 것을 참지 못하고 내 마음대로 해서는 안 된다. ⑤병은 고치려고 하는 마음이 없이 지혜롭지 못한 일을 해서는 안 된다. 이상과 같이 병이 든 이상 병을 대상으로 수행할 것을 권하고 있다.

2. 병의 가르침에 따름

1) 마음가짐

• 병을 두려워해서는 안 된다. 병은 신체에 대한 공격이 아니다. 건강을 회복하려고 하는 괴로운 영위라고 생각해야 한다.

• 병을 그대로 받아들이자. 병을 생명을 사랑하는 마음으로 받아들이고 자기편으로 하자. 병은 명을 걸고 본래의 건강으로 돌아가려고 활동하는 모습이다. 병에 걸려 있는 세포의 힘을 염하고 그 세포에 감사하자. 합장한 손을 병이 난 곳에 대고 "감사하다. 감사하다"라고 소리를 지르자. 전신의 생명세포는 그 염에 감응하고 치유의 힘을 발휘할 것이다.

• 병과 건강과의 사이에는 구별이 없다. 생명의 본원本源을 깨달으면 병도 또한 위대한 생명력의 조작의 일부이다. 생명의 본원에 있어서는 건강도 병도 모두 같은 생명의 작용이다.

• 불교의 의료(스피리츄얼·힐링)이란 그대로 정신의 향상과 정신력의 충실의 수행에 다름 아니다. 즉 몸의 치료가 아니라 적극적인 활력화이다.

• 독경讀經은 호흡을 자연스레 복식으로 바꾸고, 생명계에 활력을 주며, 고뇌를 넘어가는 힘을 안겨준다. 그리고 독경 또한 일종의 불보살을 관하는 명상이다. 보살의 레벨에 감응하고 교류하는 하나의 방법이다.

• 명상독경은 마음의 물결을 진정시킨다. 그것은 병의 물결을 가라앉힐 것이다. 명상독경은 마음을 집중하고 활력을 높인다. 그것은

생명의 자연치유력을 높이는 것이다.

• 명상의 목적은 나의 정신생명의 경계를 보살의 차원으로까지 높이는 것이다. 보살과 같은 차원으로 되었을 때 보살계의 법칙에 감응하고 위신력이 거기에 출현하는 것이다.

• 병자에 대한 정신적 요법의 기본은 어디까지나 간호의 마음이다. 병자에 대해서 '반드시 좋아진다'고 하는 생각을 만들어내는 것이다. 가족과 친구 모두가 '좋아진다'고 하는 플러스 이미지를 발신하는 것이다. 정신적 염약念藥을 한없이 안겨주고 병자의 활력을 이끌어 내는 것이다.[361]

2) 병과 약

'율장律藏'이라는 경전은 수행자들의 생활법을 가르친 것인데, 이 가운데는 의료에 대한 기술이 놀라울 정도로 많다. 마음을 배우기 위해서는 역시 신체의 건강이 중요하기 때문일 것이다. 그러므로 마음의 세계를 배우는 불교도로서도 신체의 건강에는 충분히 신경을 쓰지 않으면 안 된다. 그러므로 율장을 조사해 보면 초기불교 시대의 의료는 영양학적 의료가 태반이었던 것 같다. 불전에 "소(牛)로부터 약藥이 생긴다"라고 설하고 있는데, 약이라고 하는 것은 우유나 버터 등 우유로부터 취하는 여러 가지 자양이 있는 물질이라고 하는 의미이다.

율장에 '시근時根'·'비시근非時根'이라고 하는 약을 복용하는 방법이 있다. 시근이란 오전 중에 식사와 함께 먹거나 마시거나 하는 약(滋養이

---

361 Garrett Oppenheim, 片桐すみ子 역, 『輪廻體驗』, 人文書院, 1996, pp.239~243.

있는 음식물)과 같은 것을 말하고, 비시근이란 오후에 약을 끓이거나 짜거나 한 것을 먹는 것을 말한 것 같다. 이들의 율장 경전을 통하여 느낄 수 있는 것은, 우리의 주위에 존재하는 것은 모두 '약'이라고 하는 사고방식이다. 그러므로 '성스런 말씀(만트라)'을 몇 번씩 반복을 하는 경우도 하나의 정신면(自然)으로부터의 치유로 생각하고 있었다. 모든 자연의 작용기전을 받아들여 병을 고치는 것이다. 말하자면 우주 법계 전체의 힘으로 병을 수정한다고 하는 치료관治療觀인 것이다.[362]

3. 병에 걸리지 않는 법

1) 붓다의 가르침

불교의학의 목적은 건강을 보전한다는 데에 중점이 두어진다. 특히 불교의학은 그 목적을 병의 치료법에 두는 것이 아니고 병에 걸리지 않게 하는 것이다. 병균을 죽이는 것이 아니고 그런 병균에 침범당하지 않도록 하는 것이다. 밖에 있는 악마를 퇴치하는 일이 아니고 안에 있는 자기를 연마하는 일이고 외계의 악마의 침입을 방지하는 일인 것이다.

불교에는 칠불통계게七佛通戒偈라는 것이 있다. 과거에서 오늘까지 일곱 부처님들이 나타나셨는데 그 일곱 부처님의 일관한 가르침을 설한 게문偈文인 것이다. 즉

362 Garrett oppenheim, 전게서, pp.237~238.

"모든 악을 행하지 말라. 많은 선행을 하라. 그리고 스스로의 마음을 청정하게 하라. 이것이 모든 부처님의 가르치심이니라."

라고 하였다. 악을 그치고 선을 행한다. 그리고 스스로의 마음을 깨끗하게 한다. 스스로의 마음을 청정하게 하여 악을 그치고 선을 행하는 일의 실행에 정진하는 모습이야말로 참으로 성실한 인간이 살아가는 자세이다. 아무런 불안의 그림자도 없고 슬픔과 괴로움의 마음도 없으며 당당히 백일하에 불도에 정진하는 구도자의 자태는 참으로 건강 바로 그것이다.

중국 불교도의 저술 가운데 5계五戒를 지키는 것은 불로장생不老長生의 약이고 연년장수延年長壽의 법이라고 적혀 있다. 5계라 함은 불교도가 반드시 지켜야 할 규칙으로서 죽이지 않는 일, 도둑질하지 않는 일, 사음하지 않는 일, 거짓말하지 않는 일, 술 마시지 않는 일의 다섯 가지이다. 정신적인 안정이 신체의 안정을 가져오고 건강체를 만든다는 것은 너무나도 당연한 일이다. 불교는 정신의 안정과 깨달음(覺)을 얻는 방법으로서 불교의 모든 교리는 사람들의 마음의 안정과 열반에 이르기 위한 것으로 짜여 있다.

2) 식사의 양생법

병은 마음에서 생긴다고도 하고 또 입에서 생긴다고도 한다. 마음으로부터의 병은 마음을 항상 유쾌하게 하도록 하는 것이 건강을 보전하는 방법이다. 입으로부터의 병이라 함은 음식물을 말한다. 건강을 보전하고 병에 침범당하지 않도록 하는 것은 먼저 나날의 식사 문제이다.

설사 병에 걸렸더라도 식사의 양생이 첫째이다. 당唐나라의 의정義淨 스님은 『남해기귀내법전』 제3권에 이르기를 "무릇 사대四大의 몸에 병이 생기는 일이 있는 것은 모두 많이 먹는 데서부터 일어나고, 혹은 힘에 부치는 일을 하는 데에서 일어난다"라고 하였다. 건강한 신체가 병에 침범되는 것은 거의가 과식이나 그렇지 않으면 과로라는 것이다. 의정 스님은 "소식小食은 성자도 특히 강조하였다. 몸의 상황에 따라 죽이나 밥을 조금씩 취하라"라고 하였다. 이것은 재가·출가의 구분 없이 다 같이 지켜야 할 건강법이자 양생법으로, 만약에 병에 걸렸을 경우에는 절식絶食이 제일이라고 설하고 있다.

의정 스님은 "서천西天의 나다국羅荼國에서는 대개 병에 걸리면 식사를 끊기를 반 달 또는 한 달을 겪고 반드시 병이 낫는 것을 보고 음식을 취한다. 중천中天은 7일, 남해南海는 23일이다. 이는 풍토의 차이나 신체의 차이에 따라 절식하는 날의 다소가 있는 것이므로 일률적으로 같이 할 수는 없다"라고 하였다.[363]

363 服部敏良, 이경훈 역, 『佛敎醫學』, 경서원, 1987, pp.262~269.

제10장 붓다의 법담과 최후의 설법

제1절 붓다의 법담 실제

1. 시사구담미의 사례(아이의 죽음)

붓다께서 민중에 대하여도 크나큰 구제자救濟者이었던 것을 보여주는 자료는 너무도 많이 전해지고 있다. 그 가운데도 시사구담미翅舍瞿曇彌의 사례는 가장 아름다운 법담사례의 하나이다. 맑스 뮐러는 이것을 일러 "참 불교의 시금석"이라고 하였을 정도이다.

사위성의 어느 빈한한 집에 한 여자아이가 태어났다. 이름은 구담미라 했는데, 수척하여 있었기 때문에 또 시사구담미(수척한 구담미)라고도 불렀다. 그 여아는 장성하여 결혼을 하였다. 그러나 빈가의 출신이라고 해서 남편의 가족으로부터 냉대를 받았으나, 얼마 후 아들을 낳고부터는 다소 존중을 받게 되었다. 그러나 그 아이는 불행하게도 뛰어다니며 놀 때쯤 되어서 그만 죽고 말았다. 그런데 죽음이라고 하는 것을 본 일이 없는 시사구담미는 사람들이 그 아이를 화장하기 위해 가지고 가는 것을 거부하고, 어쨌거나 이 아이를 고치는 법을 찾아보려고 그 죽은 아이를 품고 이 집 저 집으로 허겁지겁 찾아다니며, "이 아이를 고치는 법이 없겠습니까?" 하면서 묻고 다녔다. 어떤 사람은 "당신은 정신이 미쳤구나, 죽은 아이를 고치는 법을 찾아 돌아다니고 있으니"라고 말해 주었으나, 그녀는 "아니요. 확실히 이 아이를 소생시킬 방법을 알고 있는 사람을 꼭 만나겠습니다"라고 하면서 듣지를 않았다.

그때 한 사람의 현자가 그녀에게 "나는 그것을 소생시키는 법을 알지 못하지만, 그 법을 알고 있는 사람을 알고 있다"라고 말했다. 그러자 그녀는 "그는 도대체 누구입니까?" "나의 스승이 알고 있으니 가서 들어보는 것이 좋겠다."

그녀는 그가 가르쳐준 대로 붓다의 앞으로 가서 인사를 드리고 그 옆에 서서 말했다. "세존이시여, 이 아이를 구할 방법을 아시옵니까?" "잘 알고 있지." "어떻게 하면 좋겠사옵니까." "겨자씨(芥子種)를 한 줌 가지고 오면 좋겠다." "세존이시여, 그 겨자씨는 어디서 가지고 오나이까." "아들도 딸도 내지 누구 한 사람 죽은 일이 없다고 하는 집에서." "감사하옵니다." 이에 그녀는 그 죽은 아이를 걸치고 마을로 달려가 첫 번째의 집 문에 서서 한 줌의 겨자씨를 얻었다. 그리고 그녀는 그것을 받으면서 "이 집에서는 아드님도 따님도 그밖에 누구한 사람 죽은 사람이 있을 것 같지 않군요"라고 묻자, 집주인은 "당신은 무엇을 묻는 것인가. 죽은 사람이 많다. 살아 있는 자는 약간이다"라고 하였다. 그녀는 그 말을 듣고 놀라서 얻은 겨자씨를 돌려주고 다시 다른 집으로 갔다. 이렇게 해서 그녀는 이 집에서 저 집으로 헤매어 찾았지만 결국 구하는 겨자씨를 얻을 수는 없었다.

날도 저물어 가자 그녀는 문득 "아아, 아주 피곤한 일이다. 나는 이 아이만이 죽은 것이라고 생각하고 있었다. 그러나 마을에 가보니 살아 있는 자보다도 죽은 자가 더 많다고 말하는 것이 아닌가"라고 생각했을 때, 아들에 대한 애정으로 가냘파진 그녀의 마음은 빠르게 굳어져 갔다. 서둘러 죽은 아이를 숲속에 버리고서 세존의 앞으로 달려가 예를 갖추고 그 옆에 섰다. "겨자씨를 한 줌 가지고 왔는가?" 하고 붓다께서 물어보시자, "세존이시여, 그것이 될 수 없었사옵니다. 마을에 이르는 곳마다 죽은 자는 살아 있는 자보다도 많다고 하나이다" 라고 대답을 하였다.

그때에 붓다는 서서히 "당신은 다만 당신의 아들만이 죽었다고 생각하고 있다. 그러나 죽음이라고 하는 것은 살아 있는 모든 것에게 있는 영겁永劫의 법칙이다. 죽음의 신神의 왕은 몰아치는 폭풍우와도 같이 모든 살아 있는 것이 아직 그 목적을 이루지 못한 가운데 파괴의 바다로 던져버리고 만다"라고 하며 사死의 법칙을 말씀하시고, 다시 일게一偈를 가르쳐 주셨다.

"그 아이를 사랑하고, 그 가축을 사랑하고, 그 마음을 세속에 두고
있는 사람에게
죽음은 마치 촌락을 덮치는 홍수와도 같이 갑자기 이를 빼앗아버
린다."

게偈를 듣고 난 후 시사구담미는 홀연히 성과聖果의 제일위第一位를

얻었다. 그녀는 후에 비구니가 되고 그 게송은 『장노니게長老尼偈』 중에 편입되었다.[364]

2. 갖가지 비유

붓다는 또 의사의 비유를 많이 쓰셨다. 그밖에 비구를 위협하는 위험을 목욕하는 사람의 조난하는 물결이나 악어·소용돌이·해돈海豚 등의 위험에 곧잘 비유하셨다. 잘못된 방법으로 깨달음을 얻으려고 하는 고행승苦行僧이나 비구에 대해, 호마유胡麻油를 얻기 위해서 말구유에 모래를 넣어 몇 번씩 물을 부어 압착하는 사람, 또는 우유를 얻기 위해서 황소에게 새로 태어난 송아지의 뿔을 먹이는 사람, 항아리에 물을 부어 작은 막대로 휘저어 버터를 만들려고 하는 사람, 젖은 나무와 축축한 마찰 봉을 가지고와서 불을 피우려고 하는 것과 같은 사람들에게 비유하고 있다. 이러한 비유는 무진장이고, 경전의 각처에 전혀 같은 것이 몇 번씩 반복되고 있다. 예컨대 암탉과 계란의 이야기는 투르키스탄에서 발견된 범어 경전의 단편 가운데서도 같은 것이 발견되는 것이다.

"그대 비구들이여, 여기에 한 마리의 암탉이 있다. 8, 10 내지 12의 알을 가졌다고 한다. 만일 암탉으로서 이를 올바로 낳고, 올바로 따뜻하게 하고, 올바로 키웠다고 하면 암탉은 병아리가

---

364 ピツシエル著, 鈴木重信譯, 『佛陀の生涯と思想』, 新光社(東京), 大正十一年, pp.95~98.

스스로 발톱의 앞부분이나 혹은 부리로 교묘하게 곡식을 쪼아내는 요령을 보게 될 것이다. 병아리는 자연히 발톱 앞 혹은 부리로 교묘하게 곡식을 쪼아내는 능력을 가지고 있다. 그와 같이 그대 비구들이여, (해탈에 대한) 15분의 열심한 노력을 가진 자는 신앙과 정각正覺과 최상의 구제를 획득하는 힘을 보유하는 것이다."

붓다는 또 대담한 비유를 하심에 조금도 주저하지 않으셨다.

"여기에 어떤 사람이 구멍이 단지 하나 열린 어취농魚取籠을 바다에 설치했다고 하면, 그 어취농은 동풍이 불면 서쪽으로, 서풍이 불면 동쪽으로, 남풍이 불면 북쪽으로, 북풍이 불면 남쪽으로 흘러 갈 것이 틀림없다. 또 여기에 한 마리의 편안片眼의 거북이가 있어 백 년에 한 번씩 깊은 곳에서 해면海面으로 떠오른다고 하자. 그때 비구들이여, 이 편안의 거북이가 그 하나의 구멍이 있는 어취농에 머리를 틀어박는 일이 있다고 생각할까 어떨까?"
"세존이시여, 있어도 그것은 길고 긴 시간이 지난 후입니다."
"그렇다. 진실이 없는 것은 아니다. 그러나 그 편안의 거북이가 하나의 구멍의 어취농에 머리를 틀어박는 것보다도 어리석은 자(愚者)가 고苦의 사태(四態: 지옥·아귀·축생·수라)를 거쳐 다시 인간이 되는 쪽이 오히려 늦다고 하는 것을 잊어서는 안 된다."

인생과 자연에 대해 붓다께서 관찰하신 풍부한 비유는 우리들에게 있어서 인도의 도덕습관을 보여주는 데 가장 귀중한 것이다. 그밖에도 붓다의 사상이 법담대화의 형식으로 나타나는 경우는 매우 많다.

3. 본생담

붓다의 법담사法談史를 살펴보면, 붓다만이 상세하게 법을 말씀하시고 그 최후에 짧은 말로 가르침을 들은 자가 그 말씀에 감복한 뜻을 말하고 있는 것이 보통이다. 이들 이야기의 어느 것은 꽤 오래전부터 붓다 자신을 그 전생에 있어서의 보리살타(菩提薩埵: 후에 붓다로 되도록 정해진 사람)로서 이야기의 주인공으로 하고, 그 주위에 있던 사람이나 동물을 붓다의 친구·동반자·제자 및 반대자로 되도록 바뀐다. 그리고 이것을 하나의 원형原型으로 하여 다시 그러한 종류의 이야기로 제작하여 이루어진 경전을 자타카, 즉 본생담本生譚이라고 부르고 있다. 이것은 고대 본생담의 경우 34종이 있지만, 현재 남방불교에 전하는 것은 547종의 다수에 이르고, 북방불교의 전승은 이보다는 적다.[365]

본생담에 나타나는 것은 전생에 있어서의 붓다만의 것 혹은 다수의 인물의 것도 있지만, 어쨌든 악자惡者는 붓다의 일생에 악업을 지은 사람들과 동일시되고 선자善者는 붓다의 우인과 동일시되고 있다. 이야기의 끝부분은 대체로 송頌의 일구一句가 붙어 있는데, 본생담에는 그것을 전부 받아 전하고 있다. 송頌의 수는 매우 달라서 짧은 본생담에는 오직 하나이지만 가장 긴 것은 수백도 있다. 모든 송頌은 붓다의 금구金口로부터 나온 것이라고 한다. 그 일부분은 오래고 종종

365 ピッシエル著, 상게서, pp.101~103.

나오는 금언시金言詩이지만 다른 부분은 그때 만들어진, 말하자면 즉흥시이었다. 『보요경普曜經』과 같은 북방경전 중에도 간혹 이들의 이야기가 약간 다른 형태로 산문이나 시문詩文에도 나타나고 있다. 『대반열반경』에는 처처에 시구절이 전해지고 있는데, 이것은 시로 된 오랜 불전이 있었던 것을 증명하는 것이다.[366]

4. 참된 어자御者

붓다에게 있어서는 격렬한 감정의 분류奔流는 '진에瞋恚'라고 불리는 번뇌의 작용으로, 그것은 극복되고 괴멸되지 않으면 안 되는 것이었다. 만일 그 감정의 솟구침이 방치된다면 우리 내부에서 이끌어 주는-그 지혜는 덮여 가려지고, 사람은 고삐 없는 분마奔馬와 같이 생각지도 못한 재난 속으로 뛰어들게 될 것이라고 생각하였다.

> "격심하게 흔들리는 마차를 억지抑止하는 것과 같이 발발하는 분노를 잘 억지하는 사람, 나는 이 사람을 참된 어자御者라 부른다."
> "라마騾馬가 조어調御된 것은 좋고, 품격 있는 신도마(信度馬: 인더스 강 지방산의 준마)는 좋으며, 조어된 큰 코끼리는 좋다. 그러나 자기를 조어한 사람은 더욱 좋다."(「법구경」)

『법구경』의 일구一句는 그와 같이 붓다의 말씀을 전하고 있다. 감정은 그대로 방치되어서는 안 된다. 분노는 발발하는 대로 맡겨두어서는

---

366 ピツシエル原著, 상게서, pp.104~105.

안 된다. 그것들에 대해 사람은 지혜를 가지고 고삐를 조르지 않으면 안 된다. 지혜를 가지고 격정을 잘 가로질러 이것을 치닫지 못하게 하는 사람이야말로 붓다는 훌륭한 사람이라고 생각하셨다.

제2절 집단법담

집단법담集團法談에서는 『지혜와 자비의 말씀』(대장경)에 있어서의 16바라문 제자들과의 문답을 중심으로 살펴보기로 한다.

1. 피안에 이르는 길

1) 서문

베다에 통달한 바라문(바바린)은 무소유[367]의 경지에 이르고자 코살라족의 아름다운 도시에서 남국南國으로 내려왔다. 그는 앗사카와 아리카 두 나라의 중간을 흐르는 고다바리 강변에서 이삭을 줍고 나무열매를 먹으면서 살고 있었다. 그 강변 가까이 커다란 마을이 하나 있었다. 그곳에서 얻은 것[368]을 가지고 바바린은 큰 제사를 지냈다. 그가 제사를 끝내고 자기 암자로 돌아왔을 때 바라문 한 사람이 찾아와서 오백 금을 구걸하는 것이었다. 바바린은 그를 보자 앉을 자리를

---

367 무소유: 소유물과 도구도 가지지 않는다. 『우파니샤드』에 의하면 아트만을 깨달은 참 바라문은 자손이나 재물, 세상에 대한 욕망을 버리고 구걸하는 것을 이상으로 삼았다. 코살라족의 아름다운 도시는 사밧티(舍衛城)을 가리킨다.

368 그곳에서 얻은 것: 농가의 주인들이 앗사카 왕에게 제공한 수확을 왕이 받아들이지 않고 바라문에게 받도록 했다고 한다.

권하고, 그의 기분과 건강을 물으면서 다음과 같이 말하였다.

"내가 가지고 있던 물건은 다 베풀어 주었습니다. 바라문이여, 용서해 주시오. 내게는 오백 금이 없습니다." "내가 구걸하는 데도 당신이 베풀어 주지 않는다면 지금부터 이레 후에 당신의 머리는 터져 일곱 조각이 날 것이오."

거짓말을 한 그 바라문은 주문을 외우며 무서운 저주를 하였다. 그 말을 듣고 바바린은 괴로워했다. 그는 걱정의 화살을 받고 나서 음식도 먹지 않고 풀이 죽어 있었다. 이런 사람의 마음은 정신의 안정을 누릴 수 없는 법이다. 바바린이 두려워 괴로워하고 있는 것을 보자 암자를 지키는 여신女神은 그의 곁에 와서 이렇게 말했다.

"그는 머리를 알지 못합니다. 그는 재물을 탐내는 사기꾼입니다. 그의 머리도 머리가 떨어지는 일도 알지 못합니다."

"그럼 당신은 알고 있겠군요. 묻건대 머리와 머리가 떨어지는 일을 내게 가르쳐 주십시오. 나는 당신의 말을 듣고 싶습니다."

"나는 그것을 모릅니다. 그것에 대한 지식은 내게는 없습니다. 머리와 머리가 떨어지는 일은 모든 승자(勝者: 부처님)께서 알고 계십니다."

"그럼 이 지상에서 머리와 머리가 떨어지는 일은 누가 알고 있습니까? 여신이여, 그것을 내게 말해 주십시오."

"카필라 성에서 나온 세계의 지도자(붓다)가 계십니다. 그는 감자왕甘蔗王의 후예이고 석가족의 아들이며 세상을 비추고 있습니다. 바라문이여, 그는 참으로 눈을 뜬 사람이고 모든 사물에 통달했습니다. 모든 신통력을 가지고 있으며 모든 것에 대한 눈을 가졌습니다. 온갖 것을 소멸한 경지에 이르렀고 번뇌를 멸해 해탈하였습니다. 그 눈뜬 사람, 거룩한 스승, 눈 있는 분은 세상에서 법을 설하십니다. 당신은 그분께 가서 물으십시오. 그분은 말씀해 주실 것입니다."

'눈뜬 사람'이란 말을 듣고 바바린은 몹시 기뻐했다. 그의 근심은 가벼워졌다. 그는 많은 기쁨을 얻었다. 바바린은 기뻐 감동하여 여신에게 물었다.

"세상의 주인은 어느 마을, 어느 거리, 어느 고을에 계십니까? 그곳에 가서 가장 뛰어나신 정각자正覺者께 저는 예배드리겠습니다."

"승자, 지혜가 많은 사람, 티 없는 사람, 머리가 떨어지는 것을 알고 있는 사람, 우왕牛王 같은 분이신 저 석가족의 아들은 코살라의 서울인 사밧티에 계십니다."

그래서 그는 베다의 신주神呪에 통달한 제자 바라문들에게 말했다.

"오너라, 학생들이여. 나는 너희에게 알리노니 내 말을 듣거라. 세상에 출현하기 어려운 희귀한 저 눈뜬 사람이 지금 세상에 나타나셨다. 너희들은 어서 사밧티로 가서 그 뛰어난 사람을 뵈어라."

"그러면 스승이시여, 우리가 그분을 보고 '눈뜬 사람'이라고 어떻게 알아볼 수 있는지를 가르쳐 주십시오. 우리는 알 수가 없습니다."

"모든 베다 가운데 서른두 가지 완전한 위인의 모습(相)이 전해져 있고, 차례로 설명되어 있다. 몸에 이런 서른두 가지 위인의 모습이 있는 사람, 그에게는 두 가지 앞길이 있을 뿐 셋째 길은 없다. 만약 그가 집에 머문다면 이 대지를 정복하리라. 형벌에 의하거나 무기에 의하지 않고 법으로써 통치한다. 또 그가 집을 나와 집 없는 사람이 된다면 덮여 있는 것을 벗기고, 더없이 높은 눈뜬 사람, 존경받을 만한 사람이 된다. 내가 태어난 해와 성씨와 상相의 특징과 신주와 제자들과 머리와 머리가 떨어지는 것을 마음속으로만 그에게 물으라. 만약 그가 보는 데 아무 장애가 없는 붓다라면 마음속으로 물은 질문에 말로써 대답할 것이다."

바바린의 말을 듣고 제자인 열여섯 명의 바라문들, 아지타와 팃사멧테야·푼나카, 그리고 멧타구·도타카·우파시바·난다·헤마카·토데야·캅파·현자 자투칸닌·바드라아브다·우다야·포사라 바라문과 지자智者 모가라자와 대선大仙인 핑기야 등은 모두 바바린에게 절하고, 또 바른편으로 도는[369] 예를 갖추고 북쪽으로 떠났다. 무라카의 서울 파티타나에 들어가 옛날의 마힛사티로, 또 우제니·고낫다·베디사·바나사라는 곳으로, 코삼비·사케타·사밧티로 갔다.[370] 다음 세타비야·카필라바스투·쿠시나가라의 도시로 들어갔다. 그리고 향락의 도시 파바·베살리·마가다의 서울 라자그라하의 아름답고 상쾌한 석묘石廟에 이르렀다. 목마른 사람이 냉수를 찾듯이, 또 장사치가 큰 이익을 구하듯이, 더위에 지친 사람이 나무 그늘을 찾듯이 그들은 서둘러 거룩한 스승이 계신 산으로 올라갔다.

2) 바바린의 심정 질문

거룩한 스승께서는 그때 여러 비구들 앞에서 사자가 숲속에서 외치듯

---

369 바른편으로 도는: 자기 바른쪽 어깨를 대상자에게 향하고 도는 것. 예경의 한 가지로, 탑돌이 같은 것도 여기서 유래한 것이다.

370 사밧티로 갔다: 그들 열여섯 바라문들은 부처님이 사밧티에 계신다는 말을 듣고 남방에서 서쪽 길을 통해 북쪽 사밧티로 갔으나, 그때 부처님은 그곳을 떠나 다른 도시로 옮겨 가셨기 때문에 그들은 다시 뒤를 따라갔던 것이다.

이 법을 설하고 계셨다. 빛을 비치고 난 후의 태양 같은, 둥근 보름달 같은 눈뜬 사람을 아지타는 보았다. 그때 아지타는 붓다의 몸에 원만한 상호가 있는 것을 보고 기뻐하면서 한쪽 곁에 서서 마음속으로 이렇게 물었다.

"저의 스승 바바린의 생년을 말하시오. 성씨와 상을 말하시오. 베다에 통달해 있는 것을 말하시오. 제자는 몇 명이나 가르치고 있는지 말해 보시오."

"그의 나이는 백스무 살이다. 그의 성은 바바린이고, 몸에는 세 가지 특상特相이 있으며, 그는 3베다의 깊은 뜻에 통해 있다. 위인의 특상과 전설과 어휘와 의례에 통달하고 오백 명의 제자를 가르치며, 자기 진리의 궁극에 통달해 있다."

"애착을 끊어버린 으뜸가는 분이시여, 바바린이 가진 모든 특상을 자세히 말씀해 주십시오. 저로 하여금 의심을 갖지 않도록 해 주십시오."

"그는 혀를 가지고 자기 얼굴을 덮는다. 그의 양미간에는 흰털[371]이 있고 음부는 감춰져 있다. 학생이여, 그의 세 가지 특상은 이러하니라."

질문자가 아무것도 묻지 않는데 붓다께서 이렇게 대답하시는 것을 보고, 모든 사람들은 감격하여 합장하고 생각했다.

'그는 누구일까? 신일까 범천일까? 혹은 수자아[372]의 남편인 제석천일까?'

마음속으로 이와 같이 생각하였다. '도대체 누구에게 대답을 하신

---

371 흰털(白毫): 흰 양털 같은 한 가닥의 털이 미간에서 나오는 것을 말한다.
372 수자아: 제석천의 왕비.

것일까?'

바바린은 머리와 머리가 떨어지는 일에 대해서 물었다.

"스승이시여. 그것을 설명해 주십시오. 선인이시여, 우리들의 의혹을 풀어 주십시오."

고오타마 붓다는 대답하셨다. "무명이 머리인 줄 알아라. 신앙과 생각과 선정禪定과 욕심과 노력에 연결되어 있는 밝은 지혜가 머리를 깨어 떨어뜨리는 것이다."[373]

그래서 그 학생은 크게 감동하여 미칠 듯이 기뻐하며, 염소 가죽으로 만든 옷을 한쪽 어깨에 걸치고[374] 부처님의 발밑에 꿇어 머리를 조아리며 절하였다.

아지타가 물었다. "거룩하신 분이여, 바바린 바라문은 그의 여러 제자들과 함께 환희하여 거룩하신 스승의 발밑에 예배드립니다. 눈이 있는 분이시여."

고타마는 대답하셨다. "바바린 바라문은 여러 제자들과 함께 즐거워하라. 학생이여, 그대도 또한 즐거워하라. 오래 살아라. 바바린이나 그대들에게서 모든 의문이 해소되었을 것이다. 마음속에 묻고자 하던 것이 있거든 다 물어라." 눈뜬 분에게서 허락을 받았으므로 아지타는

---

373 밝은 지혜가 머리를 떨어뜨리는 것이다: 불교 이전의 바라문교에서는 분수에 지나친 논의를 하는 사람, 부당한 일을 하는 사람은 머리가 떨어진다고 생각했었다. 이와 같은 관념을 받아 불교식으로 변용된 것이다. 그러나 불교가 성해짐에 따라 이와 같은 설명은 필요 없게 되었다. 그래서 후기에 나온 경전에는 나타나지 않는다.

374 한쪽 어깨에 걸치고: 옷(가사)을 왼편 어깨에 걸치고 바른편 어깨를 내놓는다. 예법의 한 가지.

합장하고 앉아서 완전한 사람(如來)에게 첫째 질문을 하였다.[375]

2. 16제자들의 질문과 붓다의 답변

본 항목은 '피안에 이르는 길'을 위한 불제자들의 질문과 여래의 답변을 소개한다.

1) 아지타의 질문(세상의 초탈의 문제)

존자[376] 아지타가 물었다.

"세상은 무엇으로 덮여 있습니까? 세상은 무엇 때문에 빛나지 않습니까? 세상을 더럽히는 것은 무엇입니까? 세상의 커다란 공포는 무엇입니까? 그것을 말씀해 주십시오."

스승께서 대답하셨다. "아지타여, 세상은 무명으로 덮여 있다. 세상은 탐욕과 게으름 때문에 빛나지 않는다. 욕심은 세상의 때이며, 고뇌는 세상의 커다란 공포라고 나는 말한다."

존자 아지타가 말했다. "번뇌의 흐름은 어느 곳에나 흐르고 있습니다. 그 흐름을 막는 것은 무엇입니까? 그 흐름을 막고 보호하는 것은 무엇입니까? 그것을 말씀해 주십시오."

스승은 대답하셨다. "아지타여, 세상에서 모든 번뇌의 흐름을 막아

---

375 本文은 『숫타니파타』의 게송976부터 1031까지의 내용임.

376 尊者: 그 원어 āyasmā는 장로長老라고 번역할 수도 있다. 아지타가 이런 질문을 할 때는 아직 불교도가 아니었지만, 후에 불교도가 이 경전을 암송할 무렵에는 아지타를 불교의 장로로 보고 있었기 때문에 이와 같이 말한 것 같다.

내는 것은 조심하는 일이다. 그것이 번뇌의 흐름을 막고 보호한다. 그 흐름은 지혜로 막을 수 있는 것이다."

존자 아지타가 말했다. "지혜와 조심하는 일과 명칭과 형태는 어떠한 때 소멸하는 것입니까? 이것을 말씀해 주십시오."

"아지타여, 그대의 질문에 답하리라. 식별識別 작용이 없어짐으로써 명칭과 형태가 남김없이 멸했을 때에 이 명칭과 형태가 없어진다."

"이 세상에는 진리를 찾아 밝힌 사람도 있고 배우고 있는 사람도 있으며 범부도 있습니다. 바라건대 현자께서는 그들의 행동을 말씀해 주십시오."

"수행승은 여러 가지 욕망에 빠져서는 안 된다. 마음이 혼탁해서는 안 된다. 모든 사물의 진상에 숙달하여 정신을 차리고 편력하여라."

2) 팃사 멧테야의 질문(초월자의 문제)

존자 팃사 멧테야가 물었다. "이 세상에서 만족하고 있는 사람은 누구입니까? 흔들리지 않는 사람은 누구입니까? 양극단을 통달할 만큼[377] 깊이 생각해 양극단이나 중간에도 때 묻지 않는 사람은 누구입니까? 당신은 누구를 위인이라 부릅니까? 이 세상에서 만나는 여인(번뇌)을 초월한 사람은 누구입니까?"

스승은 대답했다. "멧테야여, 모든 욕망에 대해서 청정한 행을 지키고, 애착을 떠나 항상 조심하고 구명究明하여 평안에 돌아간 수행자,

---

377 양극단을 통달할 만큼: 자이나교에서도 이와 같이 말한다. "두개의 극단을 보지 않고 현자는 이를 알아 세상을 이겨냈다." 그러나 자이나교에서는 '중도中道'의 관념을 발전시키지 않았다.

그에게는 흔들림이 없다. 그는 양 극단을 통달하고 깊이 생각해 양 극단이나 중간에도 더럽혀지지 않는다. 나는 그를 위인이라 부른다. 그는 이 세상에서 만나는 여인(번뇌)을 초월해 있다."

3) 푼나카의 질문(제물의 초월의 문제)

존자 푼나카가 물었다. "흔들리지 않는 근본을 달관하신 당신께 여쭙고자 이렇게 왔습니다. 선인仙人이나 상인이나 왕족·바라문은 무엇 때문에 널리 신들에게 희생犧牲을 바쳤습니까? 스승이시여, 당신께 묻사오니 나에게 말씀해 주십시오."

스승은 대답했다. "푼나카여, 대개 선인·상인·왕족·바라문들이 세상에서 널리 신들에게 희생을 바친 것은 현재 우리들의 이러한 생존상태를 희망하여 노쇠에 걸리어 희생을 바친 것이다."

존자 푼나카가 물었다. "스승이시여, 대개 이 세상에서 선인·상인·왕족·바라문이 모두 신들에게 희생을 바쳤습니다만, 제사에 게으르지 않았던 그들은 생과 노쇠를 초월한 것입니까? 나의 사람이시여,[378] 당신께 묻사오니 그것을 제게 설명해 주십시오."

스승은 대답했다. "푼나카여, 그들은 희망하고 칭찬하고[379] 열망하여 공양을 바친다. 이득에 의해 욕망을 달성하고자 희망하는 것이다. 제물을 바치기에 몰두하는 사람들은 이 세상의 생존에 대한 탐착을 버리지 않는다. 그들은 생과 노쇠를 초월하지 못했다고 나는 말한다."

---

378 나의 사람이시여: 이 원어 marisa는 "나와 같은 사람이여"(mādṛśa)의 와전으로, 적어도 처음에는 친애親愛라는 뜻이 들어 있었던 것 같다.

379 칭찬하고: 제사 제례의 과보, 보시를 받을 만한 바라문을 칭찬한다.

존자 푼나카가 말했다. "만약 제물을 바치기에 몰두해 있는 그들이 제사로써도 생과 노쇠를 초월하지 못했다면 나의 사람이여, 신과 인간의 세계에서 생과 노쇠를 초월한 사람은 누구입니까? 스승이시여, 당신께 묻사오니 그것을 제게 말씀해 주십시오."

스승께서 말씀하셨다. "푼나카여, 세상에서 이런저런 상태를 구명하여 아무것에도 흔들리지 않고 평안에 머물러 연기煙氣[380]도 고뇌도 욕망도 없는 사람, 그는 생과 노쇠를 초월했다고 나는 말한다."

4) 멧타구의 질문(고苦를 여의는 문제)

존자 멧타구가 물었다. "스승이시여, 당신께 묻겠습니다. 이것을 제게 말씀해 주십시오. 당신은 베다의 달인, 마음을 수양하신 분이라고 저는 생각합니다. 이 세상에 있는 갖가지 괴로움은 도대체 어디서 나타난 것입니까?"

스승은 대답하셨다. "멧타구여, 그대는 내게 괴로움이 생기는 원인을 물었다. 내가 알고 있는 것을 그대에게 말하리라. 세상의 온갖 괴로움은 집착으로 인해 생긴다. 사실은 아무것도 모르면서 집착을 만드는 사람은 어리석음으로 되풀이해서 괴로움에 다가선다. 그러므로 아는 것이 있어 괴로움이 생기는 것을 본 사람은 집착을 만들어서는 안 된다."

"우리가 당신에게 물은 바를 당신은 우리에게 설명해 주셨습니다. 다른 것을 또 묻겠습니다. 어떻게 하면 현자들은 번뇌의 흐름, 생과

---

380 연기煙氣: 나쁜 행위, 혹은 분노를 말한다.

노쇠, 근심과 슬픔을 초월할 수 있습니까? 성인이시여, 그것을 제게 설명해 주십시오. 당신은 이 법칙을 분명히 알고 계시기 때문입니다."

스승은 대답하셨다. "멧타구여, 현세에 전해 내려온 것이 아닌 이 법칙을 나는 네게 말하겠다. 그 법칙을 듣고 명심해서 행동하여 세상의 집착을 초월하여라."

"위대한 선인이시여, 저는 그 으뜸가는 법칙을 받아 그지없이 기쁩니다. 그 법칙대로 행하여 세상의 집착을 넘어서겠습니다."

스승이 대답하셨다. "멧타구여, 상하·좌우·중앙에서 그대가 아는 어떤 것이라도 그것에 대한 기쁨과 집착과 식별識別을 제거하고, 덧없는 생존상태에 머물지 말라. 이렇게 해서 조심하고 게으르지 않는 수행자는 내 것이라 고집했던 것을 버리고 생과 노쇠, 근심과 슬픔을 버리고 지자智者가 되어 이 세상의 괴로움에서 벗어나리라."

"위대하신 선인의 말씀을 듣고 저는 기쁩니다. 고타마시여, 번뇌의 요소가 없는 경지가 잘 설명되었습니다. 확실히 스승께서는 괴로움을 버리셨습니다. 당신께서는 이 법칙을 있는 그대로 알고 계십니다. 성인이시여, 당신께서 간절히 가르치시고 이끌어 주신 사람들은 곧 괴로움을 버리게 될 것입니다. 용이시여, 그럼 당신 가까이 가서 예배드리겠습니다. 스승이시여, 저를 가르치고 이끌어 주십시오."

"아무것도 소유하지 않고 욕망의 생존에 집착하지 않는 바라문, 베다의 달인이라고 그대가 안 사람, 그는 확실히 이 번뇌의 흐름을 건넜다. 그는 피안에 이르러 마음이 거칠지 않고 의혹도 없다. 또 그는 이 세상에서는 지자이고, 베다의 달인이며, 여러 가지 생존에 대한 집착을 버리고 애착을 떠나 고뇌도 없고 희망도 없다. 그는 생과 노쇠를 뛰어 넘었다고 나는 말한다."

5) 도타카의 질문(열반의 길의 문제)

존자 도타카가 물었다. "스승이시여, 당신께 묻겠습니다. 이 일을 제게 말씀해 주십시오. 위대하신 선인이시여, 저는 당신의 말씀을 듣고 싶습니다. 당신의 음성을 듣고 저는 열반을 배우겠습니다."

스승께서 말씀하셨다. "도타카여, 그럼 이 세상에서 현명하게 정신 차려 정진하라. 내 입에서 나오는 말을 듣고 자신의 평안을 배우라."

"저는 신과 인간의 세계에서 아무것도 소유하지 않고 행동하는 바라문을 봅니다. 널리 보시는 분이여, 저는 당신께 예배드립니다. 석가시여, 저로 하여금 온갖 의혹에서 풀려나게 해 주십시오."

"도타카여, 나는 이 세상에서 어떠한 의혹을 가진 자라 할지라도 해탈시켜 주지는 못한다. 다만 그대가 으뜸가는 진리[381]를 안다면 그것으로 인해 그대는 번뇌의 흐름을 건너게 되리라."

"바라문이시여,[382] 자비를 베풀어 멀리 떨어져 있는 진리를 가르쳐 주십시오. 저는 그것을 알아야만 하겠습니다. 저는 마치 허공처럼 여러 가지 모양을 나타내지 않고 이 세상에서 고요하고 걸림 없이 행하겠습니다."

스승께서 말씀하셨다. "도타카여, 현세에서 전해 내려오지 않은 이 평안을 네게 말하겠다. 그것을 알아 정신 차려 행하고, 세상의 집착을 뛰어넘으라."

---

381 으뜸가는 진리: 불사不死, 열반을 말한다.

382 바라문이시여: 부처님을 향해 부른 것.

"위대한 선인이시여, 저는 그 으뜸가는 평안에 대한 가르침을 받고 그지없이 기쁩니다. 그것을 알아 정신 차려 행하고 세상의 집착을 끊겠습니다."

스승께서 대답하셨다. "도타카여, 상하·좌우·중앙에서 그대가 알고 있는 무엇이건 그것을 세상의 집착이라 알고, 이것저것 생존에 대한 애착을 가져서는 안 된다."

6) 우파시바의 질문(무소유의 문제)

우파시바 존자가 물었다. "석가시여, 저는 아무것에도 의존하지 않고 혼자서 큰 번뇌의 흐름을 건널 수는 없습니다. 제가 의지해 건널 수 있는 것을 가르쳐 주십시오. 널리 보시는 분이시여."

거룩한 스승은 대답하셨다. "우사시바여, 정신 차려 무소유[383]를 기대하면서 '거기에는 아무것도 없다'라고 생각하는 것으로써 번뇌의 흐름을 건너라. 모든 욕망을 버리고 의혹에서 벗어나 애착의 소멸을 밤낮으로 살펴라."

존자 우파시바가 말했다. "모든 욕망에 대한 탐착에서 벗어나 무소유에 의해 모든 것을 버리고 가장 높은 '유상해탈有想解脫'[384]에서 해탈한 사람, 그는 게으르지 않고 거기에 편히 머무를 수 있겠습니까?"

"우파시바여, 모든 욕망에 대한 탐착에서 벗어나 무소유에 의해 모든 것을 버리고 가장 높은 상념의 해탈에 도달한 사람, 그는 물러서지 않고 거기에 편히 머무르리라."

---

383 무소유: 가진 것이 하나도 없는 아무것도 존재하지 않는 것을 말한다.

384 유상해탈: 칠등지七等持 중 최상의 것인 무소유처정無所有處定을 말한다.

"널리 보시는 분이여, 만약 그가 물러나지 않고 여러 해 동안 거기에 머문다면 그는 해탈하여 청량淸凉하게 되겠습니까? 그리고 그러한 사람의 식별작용은 있는 것입니까?"

"우파시바여, 가령 사나운 바람에 불린 불꽃은 꺼져버려 불의 수에 들지 않는 것처럼, 성인은 명칭과 신체[385]에서 해탈해 없어지고 존재하는 수에 들지 않는다."

"멸해버린 그는 존재하지 않는 것입니까, 혹은 상주常住하고 무병한 것입니까? 성인이시여, 그것을 제게 말씀해 주십시오."

스승은 대답하셨다. "우파시바여, 멸해버린 자에게는 그것을 헤아릴 기준이 없다. 그것을 이렇다 저렇다 말할 만한 근거가 그에게는 없는 것이다. 모든 것이 깨끗이 끊어지면 논리의 길도 완전히 끊어져 버리는 것이다."

7) 난다의 질문(성자의 문제)

존자 난다가 물었다. "세상에는 여러 성자가 있다고들 합니다. 어째서 그렇습니까? 세상 사람들은 지혜가 갖추어진 사람을 성자라고 부릅니까, 혹은 생활이 갖추어진 사람을 성자라고 부르는 것입니까?"

스승은 대답하셨다. "난다여, 이 세상 진리를 통달한 사람은 견해로나 학문으로나 지식을 보고 성자라고 하지는 않는다. 번뇌인 마군을 깨뜨려 고뇌가 없고 욕망이 없이 행동하는 사람들, 그들이야말로 성자라고 나는 말한다."

---

385 명칭과 신체: 다른 곳에서 '명칭과 형태'라고 한 것과 같다.

존자 난다가 물었다. "대개 이런 사문인 바라문들은 견해나 학문에 의해서 청정해질 수 있다고 말합니다. 계율이나 서원에 의해서도 청정해질 수 있다고 합니다. 이와 같이 여러 가지 방법으로 청정해질 수 있다고 말합니다. 스승이시여, 그들은 거기에 의존하여 스스로 자제하고 있지만, 과연 생과 노쇠를 넘어선 것입니까. 존경하는 스승이시여, 당신께 묻사오니 그것을 제게 가르쳐 주십시오."

스승은 대답하셨다. "난다여, 이들 사문이나 바라문들은 모두 견해로 인해 청정해지고, 계승된 학문에 의해서도 청정해진다고 말한다. 그리고 계율이나 서원에 의해서도 청정해진다고 한다. 이 밖에 여러 가지 방법에 의해서 청정해진다고 한다. 그러나 그들이 그러한 것을 가지고 자제한다 할지라도 생과 노쇠를 초월한 것은 아니라고 나는 말한다."

존자 난다가 말했다. "대개 사문이나 바라문들은 견해나 학문에 의해서, 또는 계율이나 서원에 의해서 청정해진다고 합니다. 이밖에 여러 가지 방법으로 인해 청정해진다고 합니다. 성인이시여, 만일 당신께서 '그들은 아직도 번뇌의 흐름을 건너지 못했다'고 하신다면, 신과 인간의 세계에서 생과 노쇠를 초월한 사람은 누구입니까? 스승이시여, 당신께 묻사오니 그것을 제게 말씀해 주십시오."

스승은 대답하셨다. "난다여, 나는 모든 사문·바라문들이 생과 노쇠에 싸여 있다고 말하는 것이 아니다. 이 세상에서 견해나 학문·사색이나 계율 혹은 서원을 다 버리고, 또 온갖 방법을 다 버리고, 애착을 깊이 살펴 마음에 때가 묻지 않은 사람들, 그들은 참으로 '번뇌의 흐름을 건넌 사람들'이라고 나는 말한다."

8) 헤마카의 질문(애착을 끊는 문제)

존자 헤마카가 물었다. "고타마 이전에 옛 사람들이 '이전에는 이러했다, 미래는 이렇게 되리라' 하고 내게 말해 준 것은 모두 전해들은 바에 불과합니다. 그것은 모두 사색의 혼란을 더할 뿐입니다. 저는 그들의 말을 즐겨하지 않았습니다. 성인이시여, 애착을 끊어버리는 방법을 말씀해 주십시오. 그것을 알아 명심하고 행해서 세상의 집착을 뛰어 넘겠습니다."

"헤마카여, 이 세상에서 보고 듣고 생각하고 식별한[386] 아름다운 사물에 대해서 탐욕을 없애는 것이 영원한 열반의 경지이다. 이것을 잘 알고 명심하여 현세에서 번뇌를 완전히 벗어버린 사람은 항상 평안에 돌아가 있다. 세상의 애착을 뛰어넘은 것이다."[387]

9) 토데야의 질문(해탈자의 문제)

토데야 존자가 물었다. "모든 욕망에 머물지 않고 애착이 없이 온갖 의혹을 초월한 사람, 그는 어떤 해탈을 구하면 좋겠습니까?"

스승은 대답하셨다.

"토데야여, 모든 욕망에 머물지 않고 애착이 없이 온갖 의혹을 초월한 사람, 그에게는 따로 해탈이 없다."

"그는 소원이 없는 사람입니까? 또는 무엇인가를 하고 있는 것입니까? 그는 지혜가 있는 것입니까? 또는 지혜로써 무엇인가를 계획하는

---

386 보고 듣고 생각하고 식별識別한: 이 네게는 옛 『우파니샤드』에서 가끔 나오는데 그것을 따른 것이다.

387 전게서, 게송 1084~1087까지의 발췌 내용임.

사람입니까? 석가시여, 그가 성인임을 제가 알 수 있도록 말씀해 주십시오. 널리 보시는 분이시여."

"그는 아무 소원도 없는 사람이다. 그는 아무것도 희망하지 않는다. 그는 지혜를 가진 사람이지만, 지혜로써 무엇을 꾸미지는 않는다. 토데야여, 성인은 이러한 사람이라는 것을 알아라. 그는 아무것도 소유하지 않으며, 욕망의 생존에 집착하지도 않는다."

10) 칼파의 질문(피난처는 열반이라는 문제)

칼파 존자가 물었다. "무서운 폭류暴流가 밀려 왔을 때 호숫가에 있는 사람들, 노쇠와 죽음에 짓눌려 있는 사람들을 위해 섬(피난처)을 말씀해 주십시오. 당신은 이 괴로움이 다시는 일어나지 않을 피난처를 제게 보여주십시오. 나의 사람이시여."

스승은 대답하셨다. "칼파여, 아주 무서운 폭류가 밀려 왔을 때 호숫가에 있는 사람들, 노쇠와 죽음에 짓눌려 있는 사람들을 위한 섬을 너에게 말해 주리라. 어떠한 소유도 없고 집착하여 취할 일이 없는 것, 이것이 바로 피난처이다. 그것을 열반이라고 한다. 그것은 노쇠와 죽음의 소멸인 것이다. 이것을 분명히 알고 명심하여 현세에서 번거로움을 완전히 떠난 사람들은 악마에게 굻리지 않는다. 그들은 악마의 종이 되지 않는다."[388]

---

388 전게서, 게송 1092~1095까지의 내용임.

11) 자투칸닌의 질문(평안의 경지에 대한 문제)

자투칸닌 존자가 물었다. "저는 용사로 욕망이 없는 사람이 있다는 말씀을 듣고 거센 흐름을 건넌 사람(붓다)에게 '욕심 없는 것'에 대해 묻고자 이곳에 왔습니다. 평안의 경지를 말씀해 주십시오. 본래 눈이 있는 분이시여, 스승이시여, 그것을 사실대로 말씀해 주십시오. 거룩한 스승께서는 모든 욕망을 억제하고 사십니다. 마치 빛나는 태양이 빛으로 인해 대지를 이기는 것과 같습니다. 지혜 많으신 분이시여, 지혜가 적은 저에게 법을 설해 주십시오. 이 세상에서 생과 노쇠를 버리는 일에 대해서."

스승은 대답하셨다. "자투칸닌이여, 모든 욕망에 대한 탐욕을 억제하여라. 떠남(出離)을 안온으로 보아라. 그대에게는 취할 것도 버릴 것도 있어서는 안 된다. 과거에 있었던 것(번뇌)을 말려버려라. 미래에는 그대에게 아무 것도 없게 하라. 중간에 있어서도 그대가 아무 것에도 집착하지 않는다면 그대는 평안해질 것이다. 바라문이여, 명칭과 형태에 대한 탐착을 떠난 사람에게 여러 가지 번뇌는 있을 수 없다. 그러므로 그는 죽음에 지배될 염려가 없다."

12) 바드라우다의 질문(집착을 버리는 문제)

바드라우다 존자가 물었다. "집착의 주소를 버리고 애착을 끊어 괴롭거나 동요되는 일 없이 환희를 버리고 거센 흐름을 건너 이미 해탈하고 계략이 없는 현명한 당신께 원합니다. 용(부처님)의 말씀을 듣고 사람들은 이곳에서 물러날 것입니다. 용자勇者시여, 당신의 말씀을 듣고자 많은 사람이 여러 지방에서 모여들었습니다. 그들을 위해 잘 설명해 주십시오."

거룩한 스승은 대답하셨다. "바드라우다여, 상하·좌우·중간에 걸리는 애착을 모조리 없애라. 세상에 있는 어느 것에라도 집착하면 그것 때문에 악마가 따라다니게 된다. 그러기 때문에 수행자는 바르게 알고 명심해서 세상에 있는 어느 것에나 집착해서는 안 된다. 죽음의 영역에 애착을 느끼는 이런 사람들을 '집착하는 사람들'이라 보고서."

13) 우다야의 질문(해탈의 길의 문제)

우다야 존자가 물었다. "이 세상의 티끌과 때를 벗어나 명상에 잠겨 할 일을 다 마치고, 번뇌에 더럽힘 없이 모든 사물의 피안에 도달한 스승께 묻고자 이곳에 왔습니다. 무명無明을 깨뜨리는 일과 요해了解에 의한 해탈을 말씀해 주십시오."

거룩한 스승은 대답하셨다. "우다야여, 애욕과 근심, 이 두 가지를 버리는 일, 침울한 기분을 없애는 일, 후회하지 않는 일, 고요한 마음과 깨끗한 생각[389]과 진리에 대한 사색을 먼저 할 것, 이것이 무명을 깨뜨리는 일이며, 요해에 의한 해탈이라고 나는 말한다."

"세상 사람들은 무엇으로 인해 속박되어 있는 것입니까? 세상 사람들을 움직이게 하는 것은 무엇입니까? 무엇을 끊어버림으로써 평안(열반)이 있다고 말하는 것입니까?"

"세상 사람들은 환희에 속박되어 있다. 생각(思考)이 세상 사람들을 움직이게 한다. 애착을 끊어버림으로써 평안이 있다고 말한다."

---

389 깨끗한 생각: 『우파니샤트』의 관념이다.

"정신 차려 행하는 사람의 식별작용은 어떻게 없애는 것입니까? 그것을 스승께 묻고자 저는 온 것입니다. 당신의 그 말씀을 저는 듣고 싶습니다."

"안팎으로 감각적 감수感受를 기뻐하지 않는 사람, 이와 같이 정신 차려 행하는 사람의 식별작용은 없어지는 것이다."

14) 포사라의 질문(해탈자의 존재 문제)

포사라 존자가 물었다. "과거의 일들을 설명하고 괴로워하지 않고 동요하지 않으며 의혹을 끊고 모든 사물의 피안에 이른 스승께 묻고자 이곳에 왔습니다. 물질적인 형태의 생각을 떠나 신체를 모두 버리고 안팎으로 '아무것도 없다'고 보는 사람의 지혜를 저는 묻고 싶습니다. 석가이시여, 그러한 사람은 다시 어떻게 인도되어야 합니까?"

거룩한 스승은 대답하셨다. "포사라여, 모든 식별작용이 머무는 상태[390]를 알아버린 완전한 사람(여래)은 그가 존재하는 모양도 알고 있다. 즉 그는 해탈하여 거기에 의존하고 있음을 아는 것이다. 무소유가 성립되는 까닭, 즉 '기쁨은 속박이다'라고 알아 그것에 대해 조용히 관찰한다. 안정된 바라문에게는 이와 같은 분명한 지혜가 있다."

15) 모가라자의 질문(죽음의 왕도 못 보는 문제)

모가라자 존자가 물었다. "저는 지난날 두 번이나 석가님께 물었습니다. 그러나 눈이 있는 분께서는 설명해 주시지 않았습니다. 하지만

---

390 식별작용이 머무는 상태: 후대의 한역 불전에서는 '식주識住'라 변역한다.

신선(석가)께선 세 번째에는 설명해 주신다고 저는 들었습니다. 이 세상도 저 세상도 신과 함께 있는 범천梵天의 세계에서 명망이 높은 고타마의 견해는 모르고 있습니다. 이렇듯 오묘한 분께 묻고자 이곳에 왔습니다. 세상을 어떻게 보는 사람을 죽음의 왕(염라대왕)은 보지 못합니까?"

스승께서 대답하셨다. "항상 정신 차려 자기를 고집하는 편견을 버리고, 세상을 빈 것(空)으로 보라. 그러면 죽음을 넘어설 수가 있을 것이다. 이와 같이 세계를 보는 사람을 죽음의 왕(염라대왕)은 보지 못한다."

16) 핑기야의 질문(생사를 버리는 길의 문제)

핑기야 존자가 물었다. "나는 나이를 먹어서 기력도 없고 빛도 바랬습니다. 눈도 똑똑히 보이지 않고 귀도 잘 들리지 않습니다. 내가 헤매다가 그대로 죽지 않도록 하여 주십시오. 원컨대 진리를 말씀해 주십시오. 알고 싶습니다. 이 세상에서 삶과 늙어 쇠함을 버리는 길을."

스승은 대답하셨다.

"핑기야여, 물질적인 형태가 있기 때문에 사람들이 쇠퇴해 가는 것을 볼 수 있고, 물질적인 형태가 있기 때문에 게으른 사람들은 병에 시달리게 된다. 핑기야여, 그러므로 당신은 게으르지 말고 물질적인 형태를 버려 다시는 생존상태로 돌아오지 않도록 하라."

"사방과 그 사이와 상하 등 이 시방세계에서 당신이 보이지 않고 들리지 않고 생각하지 않고 또 인식되지 않는 것은 하나도 없습니다. 원컨대 법을 설해 주십시오. 그것을 저는 알고 싶습니다. 이 세상에서의 삶과 늙어 쇠함을 버리는 길을."

스승께서 대답하셨다. "핑기야여, 사람들은 애착에 빠져 고뇌하고 늙음에 쫓기는 것을 볼 수가 있다. 그러므로 핑기야여, 그대는 게으르지 말고 애착을 끊어 다시는 생존상태로 돌아오지 않도록 하라."[391]

3. 불제자들의 질문에 대한 결론

붓다께서 마가다국의 파사나카 사당에 계실 때에 위와 같은 법을 대담하시고, 바바린의 제자인 열여섯 바라문의 질문에 따라 답변하셨다. 만약 그 질문에 대한 낱낱의 뜻과 이치를 알고 그 이치에 따라 실천한다면 노쇠와 죽음의 피안에 이를 것이다. 이 집단적인 법담은 피안에 이르게 하는 내용이므로 이 법담을 '피안에 이르는 길'이라 부른다. 아지타와 팃사 멧테야, 위대한 선인 핑기야 등 16인의 제자들은 행이 갖추어진 선인仙人이신 눈뜨신 분(붓다)께 가까이 갔다. 미묘한 질문을 하면서 으뜸가는 붓다께 다가갔다.

그들의 질문에 따라 눈뜨신 분은 있는 그대로 답변을 하셨다. 성인은 모든 질문에 대해 시원스런 대답을 하셨기 때문에 바라문들은 만족하였다. 그들은 태양의 후예인 눈뜨신 분, 눈이 있는 분에게 만족하여 뛰어난 지혜인 밑에서 청정한 수행을 하였다. 낱낱의 질문에 대해서 눈뜨신 분의 말씀을 그대로 실천하는 사람은, 차안此岸으로부터 피안彼岸에 이를 것이다. 으뜸가는 길을 닦는 사람은 차안에서 피안으로

---

391 『숫타니파타』, 게송 1032~1123까지의 발췌 내용임.

갈 수 있을 것이다. 그것은 '피안에 이르는 길'이다. 그러므로 '피안에 이를 길'이라고 한 것이다.

핑기야가 바바린에게 돌아가 들은 그대로 말했다. "'피안에 이르는 길'을 외우겠습니다. 티가 없고 지혜가 많은 분(붓다)은 스스로 본 대로 말씀하셨습니다. 욕심이 없고 번뇌의 숲이 없어진 분께서 어찌 허망한 말을 하시겠습니까. 때와 미혹에서 벗어나 교만과 거짓을 버린 사람에 대한 찬사를 저는 말하겠습니다. 바라문이시여, 암흑을 지워 버린 눈뜬 사람, 널리 보시는 사람, 세상의 궁극에 이른 사람, 모든 생존상태를 초월한 사람, 티 없는 사람, 모든 괴로움을 버린 사람, 그는 참으로 '눈뜬 인간'이라고 불리기에 마땅한 사람입니다. 저는 그분을 가까이 모셨습니다. 이를테면 새들이 엉성한 숲을 떠나 열매가 풍성한 숲에 깃들듯이, 저도 또한 소견이 좁은 사람들을 떠나 백조처럼 큰 바다에 이르렀습니다. 고타마 이전의 옛 사람들이 '이전에는 이러했다 미래에는 이렇게 될 것이다'라고 저에게 말한 것은 모두 전해진 말에 지나지 않습니다. 그것은 모두 사색의 혼란을 더할 뿐입니다. 그는 홀로 번뇌의 암흑을 지워버리고 앉아 빛으로 비치고 있습니다. 고타마는 지혜가 많으신 분입니다. 그는 지혜가 넘치는 분입니다. 그 즉시 효과가 있는 시간이 필요치 않는 법, 즉 번뇌가 없는 애착의 소멸을 제게 말씀해 주셨습니다. 그분에게 견줄 사람은 아무 데도 없습니다."

바바린이 말했다. "핑기야여, 그대는 지혜가 많은 고타마, 지혜가 넘치는 고타마 곁에서 잠시라도 떨어져 살 수 있겠는가? 그 즉시 효과가 있는 시간을 초월한 진리, 즉 번뇌가 없는 애착의 소멸을 내게 말해 주었다. 그에게 견줄 사람은 아무 데도 없다고 했는데."

핑기야가 말했다. "바라문이시여, 저는 지혜가 많은 고타마, 지혜가 넘치는 고타마 곁을 떠나서는 한시라도 살 수가 없습니다. 그 즉시 효과가 있는 시간을 초월한 진리, 즉 번뇌 없는 애착의 소멸을 저에게 설명해 주셨습니다. 그분에게 견줄 사람은 아무 데도 없습니다. 바라문이시여, 나는 게으르지 않게 밤낮으로 마음의 눈을 가지고 그분을 보고 있습니다. 그분을 예배하면서 밤을 보냅니다. 그러므로 나는 그분을 떠나 살고 있는 것이 아니라고 생각합니다. 내 신앙과 기쁨과 마음과 생각은 고타마의 가르침에서 떠나지 않습니다. 지혜 많으신 분이 어느 쪽으로 가시거나 그곳을 향해 나는 예배하겠습니다. 나는 이제 늙어서 기력도 없습니다. 그러므로 내 몸은 그곳으로 갈 수가 없습니다. 그러나 생각은 항상 그곳에 가 있습니다. 바라문이시여, 내 마음은 그와 맺어져 있습니다. 나는 더러운 흙탕에 누워 여기저기 떠다녔습니다. 그러다가 마침내 거센 흐름을 건넌 티 없이 깨달은 분(正覺者)을 만났습니다."

이때 거룩하신 스승께서 나타나 말씀하셨다. "박카리와 바드라우다 또는 아알라비 고타마가 믿음에 의해서 깨달은 것처럼, 당신도 믿음에 의해서 깨달으십시오. 당신은 죽음의 영역에서 벗어난 것입니다, 핑기야여."

핑기야가 말했다. "저는 성인의 말씀을 듣고 더욱 더 믿게 되었습니다. 깨달은 사람은 덮여 있는 번뇌로부터 벗어나 마음이 거칠지 않고 말솜씨가 있는 분입니다. 신들을 초월했다는 법을 잘 알아 이것저것 모든 것을 다 알고 있습니다. 스승께서는 의심을 가지고 묻는 사람들의 질문에 분명한 대답을 해 주셨습니다. 아무데도 비할 바 없고, 빼앗기지 않으며, 흔들리지 않는 경지에 저는 틀림없이 도달할 것입니다. 이 일에 대해서 제게는 조금도 의심이 없습니다. 제 마음이 이와 같이 믿고 알고 있는 것을 인정해 주십시오."[392]

제3절 가야산의 산상설법

1. 치연熾燃의 설법

1) 불꽃의 비유

가섭 형제와 그 제자들 모두 1천 인을 교화한 붓다는 그들 새로운 비구들을 거느리고 우루벨라 마을로부터 라자가하(王舍城)의 도시로 향하여 유행遊行의 발길을 계속하였다. 그 출발 전에 붓다는 그들과 함께 가야산伽耶山에 올랐다. 이곳은 붓다에게 있어서 실로 버리기 어려운 추억의 생각들을 간직한 땅이었다. 이 산의 동북쪽으로는 가야의 마을이 있고, 그 동쪽을 물 맑은 네란자라(尼連禪那) 강물이 유유히 흐르고 있다. 그 동남쪽으로는 일찍이 6년 고행을 하셨던 곳이고, 그리고 지금 또 캇사파라를 교화한 우루벨라의 마을들이 있고, 그리고 남쪽 먼 곳으로는 붓다께서 대각을 성취하신 추억의 땅이 있다.

산상山上에 올라서신 붓다는 이 새로운 제자들을 앞에 두고 오래된 경전에서 '치연(熾燃: āditta)'이라고 이름 붙인 일장의 설법을 설하셨

392 『지혜와 자비의 말씀 외』, 동국역경원, 1995年 初版, pp.258~261의 발췌 내용임.

다. 그것은 종종 유럽의 불교학자들이 예수의 '산상수훈山上垂訓'에 비견하여 붓다의 '산상설법'이라 부르고 있는데, 그것은 무엇보다도 그 정경情景이 너무도 비슷한 것이었다. "예수는 군중을 보고 산에 올라가 앉자 제자들이 그 앞으로 몰려들었다. 예수는 입을 열어 가르치셨다." 그리고 예수가 설하신 일장一場의 설법은 저 "행복한지고. 마음이 가난한 자는 복이 있나니, 천국이 그대들의 것이다"라는 일구로 시작되는 가장 감명 깊은 것이었다.

그러나 일찍이 그보다 5백 년 전에 이미 붓다는 산상에서 이 새로운 제자들을 위해서 설하신 실로 감명 깊은 가르침이 있었다. 그리고 그 사상과 그 표현은 기나긴 불교의 역사 가운데 끊임없이 커다란 영향을 미치고 있었다.

"비구들이여, 모든 것은 타오르고 있다. 치연熾燃하게 불타오르고 있다. 그대들은 먼저 이것을 알지 않으면 안 된다."

그것은 그때까지 붓다의 설법과 그 구조에 있어서 너무나도 색다른 것이었다. 이로理路 정연하게 인생의 있는 그대로의 관찰로부터 출발하여 그 원인의 추구와 그 처리의 원리, 그리고 그 실천의 방법[393]에 대해 설하시던 붓다의 설법은 지금은 불꽃(焰)이라고 하는 하나의 비유를 가지고 번뇌하는 인간의 모습으로 장식하여 간명하게 표현되고 있는 것이다.

"비구들이여, 모든 것은 타오르고 있다고 하는 것은 어떠한 것일까.

---

393 그에 대한 전형적인 설법방식이 차제설법이었다.

비구들이여, 사람들의 눈은 타오르고 또 눈의 대상은 타오르고 있다. 사람들의 귀는 타오르고 또 귀의 대상은 타오르고 있다. 사람들의 코는 타오르고 코의 대상은 타오르고 있다. 사람들의 혀는 타오르고 혀의 대상도 타오르고 있다. 신체는 타오르고 또 신체의 대상도 타오르고 있다. 그리고 사람들의 마음(意)도 또한 타오르고 있고 그 대상도 또한 타오르고 있는 것이다. 비구들이여, 그들은 무엇에 의해 타고 있는 것일까. 그것은 탐욕의 불꽃에 의해 타오르고 있고, 진에의 불꽃에 의해 타오르고 있고, 우치愚痴의 불꽃에 의해 타오르고 있는 것이고, 또 생·노·병·사의 불꽃으로 되어 타오르고, 수愁·고苦·뇌惱·민悶의 불꽃으로 되어 타오르고 있는 것이다."

2) 해탈의 길

지금 붓다의 앞에서 이 새로운 붓다의 말씀에 귀를 귀울이고 있는 사람들은, 돌이켜보면 며칠 전까지만 해도 사화외도祠火外道로서 사화법(祠火法: aggihutta)을 닦는 사람들이었다. 불(火)은 일체의 것을 청정하게 하는 것으로서 불을 존중하고 이에 공양하여 복을 구하려고 하는 사람들이었다. 그런데 지금은 그들에게 있어서 세계는 일변하였다. 이 세상의 모든 것은 불에 의해서 시달리고 있다고 이 새로운 스승 붓다는 말씀하신다. 그대의 눈도, 코도, 혀도, 귀도, 몸도, 마음도 타고 있다고 말씀하신다. 번뇌의 불꽃이 일체 모든 것을 태우고 있는 것이 모든 사람들과 세계의 존재양식이라고 지적하신다. 이 세계와 인생을 바라보는 새로운 관찰은 그들에게 있어서 강한 인상으로 각인

되었을 것임에 틀림없다. 그리고 붓다는 다시 계속해서 말씀하신다.

"비구들이여, 그와 같이 관찰하는 자는 모름지기 일체 모든 것을 두고 싫은 마음을 내지 않으면 안 된다. 눈에서 싫고, 귀에서 싫고, 코에서 싫고, 혀에서 싫고, 몸에서 싫고, 또 마음에서 싫어지지 않으면 안 된다. 그리하여 일체에 있어서 싫은 마음이 생기면 즉 탐욕의 마음을 여윌 수가 있다. 탐욕의 마음을 여윌 수가 있으면 즉 해탈할 수가 있는 것이다."[394]

이상의 문맥으로 볼 때 불꽃이 타오른다고 하는 것은 중생들의 탐심이 타오르는 것을 의미하고 있고, 붓다가 그와 같이 말씀하셨을 때, 저 1천 인의 새로운 비구들은 그 마음이 순식간에 집착을 여의고 번뇌를 벗어날 수가 있었다고 경전은 설하고 있다.

2. 마음이 가난한 자

경전의 기록은 새로운 제자들이 바로 번뇌로부터 해탈할 수 있었던 것을 매끈하게 기록하고 있다. 그러나 "일체 모든 것은 타고 있는 것이다. 번뇌의 불길에 의해 그대들 자신도, 또 그대들의 세계도 타들어 가고 있는 것이다"라고 하는 붓다의 이 설법방식은 그들에게 얼마나 강렬한 쇼크를 주었을까. 그 상황을 상상할 수 있는 것만으로도 이 설법은 대단한 가치가 있는 것이다.

394 增谷文雄, 『佛陀-その生涯と思想』, 角川書店, 昭和44, pp.111~113 참조.

붓다를 따르게 되기 전까지 불을 존중하고 불을 섬기는 사화祠火의 사람들이었던 그들은, 어제까지 존중하여 쓰이던 불이 오늘은 '번뇌의 불길'로 쓰이고, 그것을 끄는 것이 그대들의 이제부터의 도道라고 가르치는 이 역전逆轉의 가르침 가운데 커다란 쇼크가 생겨나고, 이 커다란 쇼크는 그들의 회심回心에 커다란 박차를 가하였을 것이다.[395] 그리고 그러한 번뇌의 불길이 꺼지지 않는 한 마음이 가난해질 수가 없는 것이고, 마음이 가난해지지 않는 한 마음속이 비워진 본래청정심을 회복할 수가 없는 것이다. 왜냐하면 이때의 마음이 가난하다고 하는 것은 마음속에 탐·진·치 삼독이 없어져 비워진 상태를 의미하는 것이기 때문이고, 본래청정심을 회복할 때 우리는 천국에 태어날 수가 있으며, 이 길은 또 열반의 길로 가는 길이기 때문이다.

3. 구극의 경지 – 열반

우리들은 여기에서 붓다가 가르치신 도道의 목표인 구극의 경지가 '열반(涅槃: nirbāna)'이라고 하는 것을 생각하지 않으면 안 된다. 이 열반이라고 하는 말은 '번뇌의 불꽃'이라고 하는 비유에 관련되어 있는 것은 분명하다. 즉 이 말은 '불어 꺼지다'라는 동사를 어근으로 하여 만들어진 '불(火)이 꺼진 상태'라고 하는 의미인 것이다.

경전에 의하면 "그러면 세존이시여, 이와 같이 해서 심해탈心解脫을 하는 자는 도대체 어디로 향하여 가서 태어나는 것입니까?" 하고

395 增谷文雄, 상게서, p.113.

외도인 밧차(婆蹉)가 붓다에게 그 가르침인 도의 구극의 경지에 대해 질문한 적이 있었다. 그 외도는 붓다도 또한 생천生天의 공덕이라도 왜 설해 주지 않는 것인가 하고 생각한 것이다. 그에 대해 붓다께서는 '타는 불'·'꺼진 불'의 예를 가지고 해탈하는 자가 "어디로 가서 태어난다"고 하는 것과 같은 것이 아니라 오히려 나무장작에 '불이 꺼진 상태'에 비유한 것이라고 설하셨다. 거기에서는 붓다 스스로 문자 그대로 '불이 꺼진 상태'를 가지고 열반의 경지를 설하고 있다.

이와 같이 피안의 경지는 '열반', 즉 '번뇌의 불이 꺼진 상태'를 가지고 표현되고, 이에 대해 차안此岸의 상태는 '번뇌의 불꽃이 타오르는 상태'로서 표현되고 있는 것이다. 그리고 이 비유적인 설법은 오랜 불교의 역사 가운데 끊임없이 커다란 영향을 주고 있는 것이다. 예컨대 『법화경』에서도 이 비유를 빌려 '삼계화택三界火宅의 비유'를 설하고 있고, 또 염불문念佛門의 조사들은 이 비유를 가지고 '번뇌치성의 중생'이라고 하는 말로써 오늘날의 우리들에게도 끊임없는 영혼의 가르침으로 다가오고 있는 것이다.[396]

4. 빔비사라 왕의 귀의

1) 왕사성에서

드디어 붓다는 목표로 하던 라자가하(왕사성)에 이르러 그 교외의 스파팃타(善住)인 묘廟에서 걸음을 멈추셨다. 사람들은 붓다의 말을

---

396 增谷文雄, 상게서, pp.114~115.

전해 듣고, 소문은 곧바로 라자가하 마을로 펴져갔다. 옛 경전은 그 마을 사람들의 소리를 다음과 같이 적어놓고 있다.

"사문 고타마(Gotama: 瞿曇)는 석가족의 아들로, 출가하여 지금 이 도읍의 교외에 있다. 명성은 대단히 높아서 세간의 공양에 응하는 자(應供), 최고의 깨달음을 얻은 자(等正覺者), 지혜와 실천을 겸비한 자(明行具足), 천天 및 인人의 스승인 자(天人師), 세상에서 존중해야 할 자(世尊) 등으로 칭해지고 있었다. 그 설하시는 교법은 처음도 좋고 중간도 좋고 끝도 좋으며, 도리와 표현을 모두 갖추고 있다. 이러한 성자를 보는 자는 행복하다."

위의 기술은 물론 심히 유형화되어 있어 진상을 바로 찾아볼 수는 없다. 그러나 캇사파(迦葉) 이하 많은 제자들이 일거에 붓다를 따르게 된 것은 무어라 해도 세간의 이목에 귀 기울었던 것이었음에 틀림없었다. 그리고 그 사건은 마가다국의 이 도읍에서 멀지 않은 가야伽耶의 교외에서의 일이었기 때문에 이 도읍 사람들이 붓다가 돌아오신 것에 관심을 가진 것은 당연한 것이었다.

마가다국의 국왕 빈비사라 왕은 그 이야기를 듣고 깊은 관심을 가지고 있었다. 왜냐하면 이 왕은 일찍부터 대각을 성취하시기 이전의 붓다께서 이 도읍의 교외의 산굴山窟에 머무를 즈음 스스로 찾아가서 회견을 한 일이 있었고, 또 뛰어난 철인이고 각자인 붓다께서 이 나라에 오신 것은 이 왕의 염원이었다. 그는 곧바로 붓다가 계신 곳으로 가서 붓다가 가르치는 법法을 듣고 붓다에게 귀의하게 되었다.

그리고 이 왕의 귀의에 관해서는 소위 죽림정사竹林精舍의 기진寄進 문제가 있었다. 불교 정사精舍의 역사는 이로부터 비롯되는 것이다.

붓다의 가르침에 의해 더러움 없는 법안法眼을 얻은 빈비사라 왕은 "이 가르침을 두고 또다시 의지할 곳은 없다"라고 믿고 붓다 앞에서 말씀을 드렸다.

"세존이시여, 저는 태자였을 때 다섯 가지 소원이 있었습니다. 그런데 지금 저는 그것을 성취할 수가 있었습니다. 첫째로 원하는 것은 관정灌頂을 받아 왕의 자리를 얻고자 원했는데 저는 지금 그것을 성취하였습니다. 둘째로 원한 것은 저의 영국領國에 최고의 각자覺者가 오실 것을 원하였는데 저는 지금 그것을 성취하였습니다. 셋째로 제가 원한 것은 세상이 존중하는 자(世尊)에게 승사(承事: 일을 돌봐드림)할 것을 원하였는데 저는 지금 그것을 성취하였습니다. 넷째로 원한 것은 세상이 존중하는 자(세존)가 저를 위해서 법을 설해 주시기를 원하였는데 지금 저는 이 소원까지도 성취하였습니다. 그리고 다섯째로 제가 원하는 것은 세상이 존중하는 법의 깨달음을 얻고자 원하고 있었는데 이까지도 또한 지금 성취함을 얻었습니다. 저의 다섯 가지 소원은 하나하나 지금 세존에 의해서 이루어질 수 있었던 것입니다. 그렇게 해서 저는 지금 여기에 세존과 세존의 법과 세존의 비구중에게 귀의하여 받들겠습니다. 세존이시여, 원컨대 저를 재속의 신자로서 받아들여 주소서. 또한 원컨대 세존이시여, 저의 청대請待를 받아들여 내일 비구중과 함께 오셔서 공양을 받아주소서."

붓다는 여느 때와 같이 묵연히 왕의 말하는 것을 승낙하시고, 그 이튿날 아침 많은 비구들을 데리고 격조한 라자가하의 도읍에 들었다. 왕은 붓다와 비구들을 자리로 안내하고 손수 공양을 준비하였다.

2) 죽림정사竹林精舍의 기진

그리고 식사가 끝났을 때에 왕은 마음속으로 생각했다.

"세존께서 머무실 곳은 어디가 좋을까. 그것은 마을로부터 멀지 않고 또 가깝지도 않은 왕래하시기에 편리하고 법法을 구하는 모든 사람이 가기 쉬운 곳이 아니면 안 된다. 그리고 낮에는 혼잡하지 않고 밤에는 소음이 없고 조용하여 선禪을 함에 적합한 곳이 필요하다."

이렇게 생각했을 때 왕은 저 베르바나(竹林의 園)야말로 그 조건을 충분히 갖추고 있다고 생각을 했다. 이에 왕은 물병을 가지고 붓다의 손에 물을 부으면서 말씀을 드리고 있었다.

"세존이시어, 저는 지금 세존을 상수上首로 하는 비구중에게 저 베르바나를 기진寄進하고 싶습니다. 원컨대 받아들여 주시옵소서." 이것이 불교에 있어서 최초 정사精舍의 기진이 되었다. 그것이 죽림정사였다.[397]

---

397 增谷文雄, 상게서, pp.116~118.

제4절 최후의 설법 – 자등명·법등명

붓다는 아난다 등을 데리고 다시 최후의 유행전도의 길에 올랐다. 그 기록이 오늘날 『유행경遊行經』(한역 『중아함경』 2-4)과 『대반열반경』(남전 『장부경전』 16)으로 남아 있는 것이다. 『유행경』 또는 『대반열반경』은 더 말할 것도 없이 비할 바 없는 사람의 크나큰 죽음과, 그 죽음을 앞에 두고 설해 남기신 최후의 설법을 전하는 것이다. 그리고 이 경전이 갖는 무게와 가치, 그리고 매력 또한 그 크나큰 죽음의 사실과 최후 설법에 있어서의 주옥과도 같은 가르침의 말씀에 있다. 여기에서는 그 사실과 말씀을 살펴본다.

1. 최후의 여로

최후의 설법의 여정은 라자가하(王舍城)로부터 시작된다.

"자 아난다(阿難)여, 암바랏티카의 동산으로 가자."

"알겠습니다, 세존이시여."

그리고 세존은 라자가하(왕사성)를 떠나 북쪽으로 향하여 여정에 오르신다. 시자 아난다 외에 많은 비구들이 그에 따랐다. 라자가하로부터 암바랏티카의 동산으로, 그리고 나란다를 거쳐 파탈리풋타로. 그리고 세존은 이르는 곳마다 가르침을 청하는 사람들을 위해서 법을 설하셨다. 그 설법의 모습은 종종 유형화된 표현을 가지고 "이것은 계戒이다. 이것은 정定이다. 이것은 혜慧이다. 계와 함께 정을 닦으면 그 효과는 크고 그 이익은 크다. 정과 함께 혜를 닦으면 그 효과는 크고 그 이익은 크다. 혜와 함께 닦아지는 마음은 여러 가지 번뇌로부터 해탈한다"라고 말씀하셨다고 기록되어 있다.

파탈리풋타라고 하는 것은 현재 파트나의 지명으로 옛날이나 지금이나 갠지스 강 중류의 요충지이다. 세존은 그곳으로부터 저 강을 북으로 건너가셨다. 이 마을을 세존이 떠났을 때에는 저 국가의 대신大臣 밧사카라 등이 반향을 하면서 "오늘날, 세존께서 나가시는 문을 고타마(瞿曇) 문이라 이름하고, 또 세존께서 건너신 도장渡場을 고타마 도장이라 이름하겠습니다"라고 하고, 최후의 이름을 남겼다고도 기록되어 있다. 또 그 도장을 건너 북안北岸에 서신 세존은 강물을 건너는 사람들의 모습을 바라보시면서 다음과 같은 게송을 설하셨다고도 한다.

"세상 사람들이 뗏목을 맺는 사이에
깊은 곳을 뭉개어 다리(橋)를 설치하고
강의 흐르는 물을 건너는 자야말로
잘 건너는 사람, 현자賢者라고 한다."

그 마음은 말할 것도 없이 사람은 이 고苦로 차 있는 차안此岸을 버리고 궁극적으로는 안온한 피안彼岸으로 향해 건너가지 않으면 안 된다. 그러면 어떻게 건너가면 좋은가. 여기에 정밀하게 관찰하고 정밀하게 조직된 이 길(道)에 있는 것은 아닌가라고, 그 교법을 자신감을 가지고 가르치신 것이다.

2. 자기를 의지처로 하라

갠지스 강을 북쪽으로 건넌 붓다 일행이 다시 북쪽 비사리의 도읍 근처에 이르렀을 무렵 우기雨期가 시작되었다. 그것은 지독한 더위와 습도의 계절이었다. 붓다는 제자들에게 명하여 각자 지인이나 우인 등을 찾아 안거에 들게 하고, 스스로도 또 벨루바(竹林)라고 하는 마을에서 우안거雨安居를 보내셨다. 그러나 노쇠하신 이 성사聖師의 신체는 견딜 수 없는 더위와 기나긴 장마에 병환이 생기셨다. 그 고통은 죽음뿐이었다. 그러나 붓다께서는 정신력으로 그 병환과 겨루셨다.

"나는 여기에서 죽어서는 안 된다. 나의 제자들에게 최후의 가르침을 남기지 못하고 죽는다는 것은 나에게는 어울리지 않는 것이다. 나는 지금 정념正念을 가지고 이 병환을 이겨내고 수명을 지키지 않으면 안 된다."

이와 같이 생각하고 붓다는 그 노쇠한 신체로 잘도 병환을 이겨내셨다. 우기도 거의 끝나고 세존께서 병환을 극복하여 자리에 일어나 앉으셨을 때 아난다가 그 앞에 찾아와서 말씀드렸다.

"세존이시여, 세존은 건강해지셨습니다. 세존이시여, 세존은 병환을 잘 견디셨습니다. 세존의 병환이 중하시고 신체가 쇠잔해지셨을 때에는 저는 사방이 어두워진 것처럼 생각되었습니다. 그러나 저는, 스승님은 비구 승가의 일에 대해 무엇인가를 말씀하시기 전에는 떠나

실 리가 없다고 생각했을 때 조금 안도할 수가 있었습니다." 이에 붓다는 다음과 같이 설하고 계신 것이다.

"그러면 아난다여, 비구 승가는 나에게 무엇을 바라고 있다고 하는 것인가. 나는 이미 내외의 구별도 없이 모두 법을 설하였지 않은가. 아난다여, 여래의 교법에는 있는 것을 제자에게 숨기고 교사가 쥐고 있는 것 같은 비밀의 오의奧義는 없는 것이다. 또 아난다여, 만일 내가 '나는 비구들의 지도자이다'라든지 '비구들은 나에게 의지하고 있다'라고 생각했다면, 내가 떠난 후의 비구들에 대해 무엇인가를 말하지 않으면 안 될 것이다. 그러나 나는 비구 승가의 지도자라든지 또는 비구 승가는 나에게 의지하고 있다고도 생각지 않는다. 그러니 나는 비구 승가에 대해서 무엇을 말할까. 그러면 아난다여, 그대들은 다만 스스로를 등명燈明으로 삼고 스스로를 의지처로 하되 다른 것을 의지처로 삼지 말라. 법을 등명으로 삼고 법을 의지처로 하되 타他를 의지처로 삼는 일이 없이 사는 것이 좋다. 참으로 아난다여, 지금도 또 내가 떠나고 난 후에도 스스로를 등명으로 삼고 스스로를 의지처로 하되 다른 것을 의지처로 삼지 말고, 법을 등명으로 삼고 법을 의지처로 하되 타를 의지처로 삼는 일이 없이 수행하려고 하는 자야말로, 아난다여, 이러한 자야말로 우리 비구들 가운데서 최고처最高處에 있는 것이다."

붓다의 이 설법을 후세의 불교자들은 '자등명自燈明, 법등명法燈明'의 수훈垂訓이라 부르고, 혹은 '자귀의自歸依, 법귀의法歸依'의 가르침이라 하여 여래의 수많은 설법 가운데서도 가장 중요하고 가장 기본적인 설법의 하나로서 존중되고 있다. 왜냐하면 이것은 세존께서 남기신 가르침의 길을 따르려고 하는 사람들의 근본적인 태도를 가장 명확하고 가장 간결하게 가르쳐 주고 있기 때문이다.

만일 우리들이 그대는 불교인으로서 무엇을 의지처로 하는가 하고 자문해 본다면, 우리들은 단호히 "자기 자신이야말로 자기의 주主이다. 자기 자신이야말로 자기 자신의 의지처이다"라고 답하지 않으면 안 된다. 우리들에게 있어서 의지해야 할 것은 자기 외에 없고, 우러러 받들어야 할 것은 법法 이외에는 없다. 그리고 이 자주적이고 자신 있는 도道의 정신을 지금 붓다께서는 입멸入滅을 앞에 두고 가장 간결하고 명확한 수훈으로 남겨놓으신 것이다.

3. 사라의 쌍수 아래에서

붓다의 최후의 설법의 여로는 다시 북쪽으로 계속되었다. 그리고 드디어 쿠시나가라의 말라末羅족이 사는 근처 우파밧다바라고 불리는 사라沙羅의 숲에 이르렀을 때, 여래의 생신生身의 힘은 다하였다.

"아난다여, 나는 피곤하다. 나는 옆으로 눕고 싶다. 이 사라의 쌍수雙樹 사이로 머리를 북쪽으로 하여 침상을 깔아주면 좋겠다."

아난다는 침상을 설치하였다. 붓다는 우협右脇을 아래로 하고 발을 위로 포개어 여법하게 누어 안정하셨다. 그때 경전의 설에 의하면, 사라의 쌍수는 때 아닌 꽃을 피우고 허공으로부터는 향화香華가 여래의 신체에 내려 흐르고 미묘한 음악이 하늘 쪽에서 들려왔다. 그러한 것은 모두 여래 공양을 위해서였다고 한다. 그리고 그 오래된 묘사와 관련하여 거기에 기록으로 남아 있는 세존의 수훈은 천고千古에 빛날 말씀이었다.

"아난다여, 나무들은 때 아닌 꽃을 피우고 허공으로부터는 향화香華가 뿌려져 흐르고 미묘한 음악은 하늘 쪽에서 들려온다 해도, 이러한 수단을 가지고 여래는 숭배되고 존경받고 공양 받아야 할 사람이 아니다. 아난다여, 비구 또는 비구니, 우바새 또는 우바이로서 법法과 수법隨法에 따라서 잘사는 자야말로 여래를 위없이 숭배하고 존중하고 공양하는 자라고 알지 않으면 안 된다. 그러므로 아난다여, 그대들은 지금 법과 수법에 따라서 주하고 법에 의해서 행해야 할 것이라고 그렇게 배워야 하는 것이다."

다시 돌이켜 보아도 이 설법은 참으로 놀라운 수훈이다. 우리들이 불전佛前에 향화를 올리고 이런저런 공양을 올리는 그러한 것은 불교의 의례로서 한 옆으로 비켜 놓고, 반열반에 드신 세존이 아니고서는 도저히 나타낼 수 없는 법을 설하고 계신 것이다. 그대들은 다만 법을 알고, 법에 따라서 실천하라고 가르치고 계신다. 참된 여래 공양은 이밖에는 없다고 설하고 계신다. 그 많은 경전 가운데서도 붓다의 이 교법敎法의 핵심은 찬란하게 빛나고 있는 것이다. 그리고 이 위대하신 인류의 스승은 잠시 후 그 생애를 마감하고 계신 것이다. 아난다는 그때에 분명히 이 위대한 스승 세존의 입멸入滅이 가까워오는 것을 알고 있었다. 그는 홀로 물러나 하염없이 울고 있었다.

"아아, 나는 아직 배우지 않으면 안 될 것이 많은데, 나를 가련히 여기신 스승은 나를 남겨두시고 떠나려고 하시는구나."

그때 이 아난다를 불러 가르쳐 깨우치신 위대한 스승의 말씀은 인정에 넘치면서도 의연한 것이었다.

"아난다여, 슬퍼하지 마라. 한탄하지 마라. 나는 언제나 가르치고 있지 않았는가, 모든 사랑하는 자와는 드디어 헤어지지 않으면 안 된다. 생겨난 것은 모두 무너지지 않는다고 하는 것은 있을 수가 없다. 아난다여, 그대는 오랫동안에 걸쳐 나의 시자侍者로서 참으로 잘 도와주었다. 그것은 훌륭한 것이었다. 이후에는 다시 정진하여 조속히 구극의 목표를 실현하는 것이 좋다. 아난다여, 혹은 그대들은 이렇게 생각할지도 모른다. －스승의 말씀은 끝났다. 우리들의 스승은 이미 없다－라고. 그러나 아난다여, 그와 같이 생각할 것이 아니다. 아난다여, 나에 의해서 설해지고 가르쳐진 교법과 계율은 내가 떠난 후에 그대들의 스승으로서 존재할 것이다."

4. 크나큰 열반

세존은 다시 비구들을 병상의 옆으로 불러 놓으시고 그들에게 말씀하셨다.

"비구들이여, 그대들은 또 불佛에 관한 것, 법法에 관한 것, 승가僧伽에 관한 것, 혹은 도道에 관한 것, 실천의 방법 등에 대해서 의심 또는 미혹이 있으면 지금 묻는 것이 좋겠다. 후에 '나는 세존에게 면접하고 있었는데 질문할 수가 없었다'라는 후회를 크게 해서는 안 된다."

그것은 인도자로서의 붓다의 면목을 너무도 잘 나타내고 있는 말씀으로서 깊이 음미해 보지 않으면 안 된다. 스승은 지금 병상에 누우셔서 머지않아 사死를 향해 떠나시려고 하고 있다. 그곳에 이르러서도 이 스승은 또 설하시고 가르치려고 한다. 의심을 남겨두어서는 안 된다. 미혹으로 어지럽혀서는 안 된다. 그러므로 그는 또한 명命을 유지해 왔던 것이다. 그리고 지금이야말로 질문하라고 제자들을 재촉하셨다. 거기에 우리들은 인류의 위대하신 스승이셨던 세존의 진면목을 깊이 엿볼 수가 있는 것이다.

그러나 제자들은 누구하나 질문하는 자가 없었다. 이 스승의 임종을 앞에 두고 목소리를 낼 수 있는 자는 없었다. 두 번 그리고 세 번 스승께서는 재촉하셨다. 그러나 모두 묵묵히 있었다. 그러자 아난다가 말씀을 올렸다.

"세존이시여, 참으로 희유한 일이옵니다. 세존이시여, 이 비구 승가는 이미 한 사람의 비구라고 하지만 의심 또는 미혹을 남기는 자라고는 없다고 믿어지옵니다."

붓다는 이 말을 깊이 수긍하셨다. 그리고 잠시 묵념하고 나신 후에 조용히 입을 여시고 최후의 말씀을 하셨다.

"그러면 비구들이여, 나는 그대들에게 알려주겠다. —제행諸行은 회법懷法이다. 방일放逸하는 일 없이 정진하는 것이 좋다. —이것이 나의 최후의 말이다."

그리고 붓다는 조용히 눈을 감으시고 또 말씀을 하실 수도 없었다. 고요하고 아주 고요한, 그리고 정각자正覺者에 어울리는 임종이셨다. 그리고 아누룻다가 설한 게송이 있다.

"마음 평안한 구제자는 지금이야말로 들숨도 날숨도 없으시다. 욕欲 없는 자는 적정寂靜에 이르고 성자聖者는 지금 멸하셨다. 동요 없는 마음을 지니시고 괴로움에 잘도 견디시고, 등불(燈火)이 꺼짐과 같이 마음(心)의 해탈을 이루시었다."[398]

---

398 增谷文雄,『佛陀-その生涯と思想』, 角川書店(東京), 昭和44, pp.283~293.

찾아보기

【ㅊ】

이광준李光濬

심리학 박사.

동국대학교를 졸업하고, 고려대학교 석사를 거쳐 일본 고마자와대학(駒澤大學)에서 박사학위를 취득했으며, 카운슬링, 치료심리학, 선심리학 등을 전공했다.

백상창신경정신과 임상심리실장, 한림성심대학 교수, 일본 고마자와대학(駒澤大學) 심리학연구실 연구원, 일본 국제일본문화연구센터(国際日本文化研究センター) 국제선학연구소 연구원, 일본 류코쿠대학(龍谷大學) 비상근 강사 등을 역임했다.

현재 동서심리학연구소 소장, 일본 류코쿠대학(龍谷大學) 세계불교문화연구센터 객원연구원으로 있으면서 불교심리학과 태아학 연구에 전념하고 있다.

저서로 『한국적 치료심리학』, 『일본, 그 문화와 사회』, 『카운슬링과 심리치료』, 『정신분석 해체와 선심리학』, 『漢方心理學』, 『佛教의 懺悔思想史』, 『韓日佛教文化交流史』, 『法華思想史』, 『정토불교의 참회사상』, 『佛教とカウンセリング』(공저, 龍谷叢書), 『カゥンセリングにおける 禪心理學的研究』, 『佛教とカウンセリングの理論と實踐』(공저, 龍谷叢書) 외에 30여 편의 논저와 역서가 있다.

붓다의 법담학 연구

초판 1쇄 인쇄 2020년 2월 14일 | 초판 1쇄 발행 2020년 2월 21일
지은이 이광준 | 펴낸이 김시열
펴낸곳 도서출판 운주사
(02832) 서울시 성북구 동소문로 67-1 성심빌딩 3층
전화 (02) 926-8361 | 팩스 0505-115-8361
ISBN 978-89-5746-589-9 93220 값 25,000원
http://cafe.daum.net/unjubooks 〈다음카페: 도서출판 운주사〉